채 권 총 론

제 1 판

이 상 영

박영사

머 리 말

　　민법은 법조문도 많으며, 대부분의 민법 교과서들이 분량면에서 방대하여 법학도조차 학습하기 부담스러워하는 분야이다. 그럼에도 불구하고 현대사회를 살아가는 우리가 반드시 알아야 할 분야가 민법이라고 생각한다. 실례로 독일에서는 민법전이 베스트셀러가 되고 있다. 대부분 독일 가정의 거실 서가에 민법전이 꽂혀 있다는 사실만 보아도 민법이 얼마나 그들의 실생활과 밀접하게 연관되어 있는지 알 수 있다. 이처럼 과거에는 법학도와 법률가의 전유물로 여겨졌던 민법분야가 이젠 일반인도 알아야 하는 상식으로 변해가고 있는 시대에 살고 있다.

　　이 책에서 다루고 있는 채권총론은 민법 중에서도 가장 비중이 크고, 타인과의 거래관계를 규율하는 과목으로서 계약법의 체계적인 이해를 돕는다. 그러므로 이 책에서는 사적자치의 구체적 실현방법인 계약관계와 상거래 및 어음수표법과 연계하여 사법학 전반에 기초이론을 제공하고자 한다.

　　긴 세월동안 민법강의를 해오면서도 교과서를 집필하겠다는 욕심을 부리지 못했다. 그 이유는 능력을 고려하지 않은 채 민사소송법, 민사집행법 및 파산법까지 연구하겠다고 만용을 부렸기 때문이다. 강단 30년이 되도록 매학기 개강에 임박하여 개정된 법령과 새로운 판례를 찾아 강의안을 수정하는 것으로 만족해 왔으니 지금까지 변변한 교과서 한권 출판하지 못한 것은 당연한 귀결이다. 그렇기에 이 책을 출판하게 된 것은 필자가 의욕했다기보다는 매주 학생들에게 배포하는 강의안이 있다는 것을 알게 된 박영사 측의 제안이 있었기에 가능했다. 물론 강의안이 있다는 생각에서 가벼운 마음으로 제안을 수락했지만, 천성이 게으른 사람이 교과서를 집필하는 것은 결코 쉬운 작업이 아니었다. 우선 300쪽 이내의 분량으로 집필하겠다는 전제 아래 모든 분야를 폭넓게 골고루 다루면서도 중요한 내용이 누락되지 않도록 해야 하고, 그러면서 최신 판례들까지 챙겨야 했기 때문이다.

이 책은 채권총론 분야를 쉽게 학습하려는 학생들에게 초점을 맞추었으므로 매년 강의 때마다 조금씩 수정하여 학생들에게 배포해 왔던 축조식 강의안을 바탕으로 했으며, 한 학기 강의용이므로 가급적 내용을 줄여 학습자가 쉽게 이해할 수 있도록 하겠다는 의도로 집필하게 되었다. 그런 까닭에 제한된 분량에서 개인적 견해를 피력하거나 기존 교과서와 차별화를 꾀하는 것은 더욱 어려웠다. 그럼에도 불구하고 학설이나 기타 내용에 문제가 있다고 판단되는 부분에서는 간략하게 사견을 기술하였다.

그 밖에 이 책에서는 기존 법률학 교재와 달리 법조문을 독일의 법률서적에서 인용하는 표시방식인 Signum Sectionis(§)를 사용하였다. 또 대법원 판례는 주요 내용만 간략하게 기술하면서 판결연월일을 생략하고 사건번호만 기재하였으므로 보다 깊은 이해를 위해서는 학습자 스스로 직접 판례를 찾아 읽어보기를 권한다. 이 책이 채권총론을 공부하는 학습자들에게 좋은 길잡이가 되어주기를 바란다. 다만, 누구나 쉽게 이해할 수 있도록 집필하겠다는 목적이 제대로 실현되지 못한 것 같아 아쉽다.

끝으로 이 책이 나오기까지 도움을 주신 분들이 많다. 이 책의 출간을 적극 권유해 주신 박영사의 이영조 팀장과 편집과 수정을 도맡아 해주신 박영사 편집부의 도움도 잊을 수 없다. 그리고 편집된 원고를 꼼꼼하게 수정해준 제자들이 있다. 법과대학에 출강하고 있는 김인범 박사, 경기대학교 교수로 재직 중인 김세준 박사와 현재 박사논문을 준비 중인 김민주 조교의 수고에 감사의 뜻을 표한다.

2020년 2월
이 상 영

차   례

제1장 채권법 일반

제 1 절 채권법의 의의와 지위 ·· 1

　Ⅰ. 채권법의 의의 ··· 1

　Ⅱ. 채권법의 특질 ··· 2

　　1. 신의칙의 지배 2 / 2. 임의법규성 2 / 3. 국제적 보편성 2

　Ⅲ. 채권법의 법원과 민법 제3편의 내용 ··· 2

　　1. 채권법의 법원(法源) 2 / 2. 민법 제3편의 내용 3

　Ⅵ. 물권법과의 비교 ··· 3

　　1. 채권법과 물권법의 비교 3 / 2. 채권과 물권의 차이 4

제 2 절 채권관계 ·· 5

　Ⅰ. 채권관계의 의의 ··· 5

　Ⅱ. 채권관계와 호의관계 ··· 5

　Ⅲ. 채권관계와 채권 및 청구권 ·· 6

　　1. 채권관계와 채권 6 / 2. 채권과 청구권 6

　Ⅳ. 채무와 급부의무 ··· 7

　　1. 급부의무 7 / 2. 부수적 의무 7 / 3. 책무 8

　Ⅴ. 채무와 책임 ··· 8

　　1. 채권의 속성 8 / 2. 채무와 책임의 분리 9 / 3. 책임 없는 채무 10

　　4. 유한책임 있는 채무 10 / 5. 채무 없는 책임 10

제 3 절 채권의 발생원인 ·· 11

　Ⅰ. 채권의 발생원인 개관 ··· 11

　Ⅱ. 법률행위에 의한 채권의 발생 ·· 11

　　1. 계약에 의한 채권의 발생 11 / 2. 단독행위에 의한 채권의 발생 12

　Ⅲ. 법률의 규정에 의한 채권의 발생 ·· 12

　　1. 불법행위 12 / 2. 부당이득 13 / 3. 사무관리 13

제 4 절 채권의 효력 ·· 13

　[1] 채권의 효력의 구성 체계 ··· 13

　[2] 채권의 대내적 효력 ··· 14

　　Ⅰ. 청구력·급부보유력 ··· 14

　　Ⅱ. 소구력·집행력 ··· 14

　[3] 자연채무 ··· 15

　　Ⅰ. 연혁과 의의 ··· 15

　　Ⅱ. 자연채무의 특징 ·· 16

　　Ⅲ. 자연채무로 거론되는 채무 ·· 17

　　　1. 부제소합의(不提訴合意)가 있는 채무 17 / 2. 소멸시효가 완성된 채무 17

　　　3. 소송법상 채권자의 제소가 금지된 채무 18

　　　4. 파산절차나 개인회생절차를 통해 면책된 채무 19

　[4] 채권의 대외적 효력(제3자에 의한 채권침해) ····································· 19

　　Ⅰ. 개   요 ·· 19

　　Ⅱ. 채무불이행과 채권침해의 관계 ·· 20

　　Ⅲ. 제3자의 채권침해에 대한 불법행위의 성립 여부 ····························· 20

　　　1. 원칙 20 / 2. 학설 20 / 3. 판례 21

　　Ⅳ. 채권침해의 구체적 모습 ··· 21

　　　1. 채권의 귀속 자체를 침해한 경우 21

　　　2. 급부를 침해하여 채권이 소멸한 경우 22

　　　3. 급부를 침해하여 채권이 소멸하지 않는 경우 22

　　　4. 책임재산의 감소행위 23 / 5. 조건부 권리의 침해 23

　　Ⅴ. 불법행위의 성립요건과 효과 ·· 23

　　　1. 성립요건 23 / 2. 채권침해의 효과 24

　　Ⅵ. 제3자의 채권침해에 대한 방해배제청구권의 성부 ···························· 25

　　　1. 학설 25 / 2. 판례 25

제 2 장 채권의 목적

제 1 절 총   설 ·· 26

　　Ⅰ. 채권의 목적의 의의 ·· 26

Ⅱ. 급부의 일반요건 ·· 26

  1. 확정성 27 / 2. 실현가능성 27 / 3. 적법성 27 / 4. 사회적 타당성 27

  5. 급부의 금전적 평가 28

Ⅲ. 급부의 종류 ··· 28

  1. 작위급부와 부작위급부 28 / 2. 하는 급부와 주는 급부 28

  3. 특정물급부와 불특정물급부 28 / 4. 가분급부와 불가분급부 29

  5. 일시적 급부·계속적 급부·회귀적 급부 29 / 6. 결과채무와 수단채무 29

Ⅳ. 채권의 목적에 관한 민법규정 ·· 30

제2절 특정물채권 ·· 30

Ⅰ. 의   의 ··· 30

Ⅱ. 채무자의 특정물 보존의무 ·· 30

  1. 선관주의의무 30 / 2. 보존의무 31

Ⅲ. 목적물의 인도의무 ··· 32

  1. 현상인도 32 / 2. 인도장소 32 / 3. 과실귀속 33 / 4. 특정물의 불인도 33

제3절 종류채권 ··· 34

Ⅰ. 서   설 ··· 34

  1. 의의 34 / 2. 제한종류채권 34 / 3. 조달의무와 채무불이행책임 35

Ⅱ. 목적물의 품질 확정 ··· 35

Ⅲ. 종류채권의 특정 ·· 36

  1. 특정의 의의 36 / 2. 특정의 방법 36

Ⅳ. 특정의 효과 ·· 38

  1. 급부위험의 이전 38 / 2. 대가위험의 부담 39

제4절 선택채권 ··· 39

Ⅰ. 의   의 ··· 39

Ⅱ. 발생원인 ··· 39

  1. 약정선택채권 39 / 2. 법정선택채권 40

Ⅲ. 종류채권과 임의채권의 구별 ·· 40

  1. 종류채권 40 / 2. 임의채권 41

Ⅳ. 선택채권의 특정 ·· 41

  1. 선택에 의한 특정 41 / 2. 급부불능에 의한 특정 44

제5절 금전채권 ··· 45

Ⅰ. 의   의 ··· 45
Ⅱ. 금전채권의 이행 ··· 45
　　1. 금액채권 45 / 2. 금종채권 46 / 3. 특정금전채권 46 / 4. 외화채권 47
Ⅲ. 금전채무불이행의 특칙 ·· 47
　　1. 책임요건상의 특칙 47 / 2. 무과실의 항변 48 / 3. 손해배상액 48
제6절 이자채권 ·· 49
Ⅰ. 서   설 ··· 49
Ⅱ. 이자채권 ··· 49
　　1. 의의와 분류 49 / 2. 이자채권의 성질 50
Ⅲ. 이자와 이율 ·· 50
　　1. 이자의 의의와 발생원인 50 / 2. 이율 51
Ⅳ. 이자의 제한 ·· 52
　　1. 서설 52 / 2. 이자제한법에 의한 이자의 제한 53
　　3. 대부업법에 의한 이자의 제한 55

제3장   채무불이행

제1절 서   설 ·· 57
Ⅰ. 채무불이행의 의의 ··· 57
Ⅱ. 채무불이행의 유형 ··· 58
Ⅲ. 채무불이행의 요건 ··· 58
　　1. 채무불이행의 공통적 요건 58 / 2. 채무불이행의 개별적 요건 59
　　3. 채권자지체의 요건 60
Ⅳ. 채무불이행의 효과 ··· 60
제2절 채무불이행의 유형 ·· 61
[1] 이행지체 ·· 61
Ⅰ. 의의와 요건 ·· 61
　　1. 이행이 가능할 것 61 / 2. 이행기가 도래하였을 것 61
　　3. 채무자에게 귀책사유가 있을 것 64
　　4. 법정대리인·이행보조자에게 귀책사유가 있을 것 65 / 5. 이행지체가 위법할 것 67

Ⅱ. 이행지체의 효과 ··· 67
　1. 이행의 강제 67 / 2. 지연배상의 원칙 67 / 3. 전보배상 67
　4. 계약해제권의 발생 68 / 5. 책임의 가중 68
Ⅲ. 면책약관의 효력 ··· 69
Ⅳ. 이행지체의 종료사유 ··· 69
　1. 채권의 소멸 69 / 2. 지체 후의 이행불능 69 / 3. 채권자의 지체면제 69
　4. 이행의 제공 70
[2] 이행불능 ··· 70
Ⅰ. 의의와 요건 ·· 70
　1. 채권의 성립 후 이행이 불가능하게 되었을 것 70
　2. 채무자에게 책임 있는 사유로 이행이 불능으로 되었을 것 71
　3. 이행불능이 위법할 것 72
Ⅱ. 이행불능의 효과 ··· 72
　1. 전보배상청구권 72 / 2. 계약해제 73 / 3. 대상청구권 73
[3] 불완전이행 ·· 76
Ⅰ. 의   의 ·· 76
　1. 의의 76 / 2. 인정근거 76
Ⅱ. 성립요건 ·· 77
　1. 이행행위가 있을 것 77 / 2. 이행이 불완전할 것 77 / 3. 귀책사유의 존재 79
　4. 손해발생 및 인과관계 79 / 5. 입증책임 79
Ⅲ. 불완전이행의 효과 ··· 80
　1. 완전이행청구권 80 / 2. 계약해제권 80
[4] 채권자지체 ·· 80
Ⅰ. 의의와 성질 ·· 80
　1. 의의 80 / 2. 법적 성질 81
Ⅱ. 요   건 ·· 82
　1. 채무자의 이행에 채권자의 협력이 필요 83
　2. 채무자의 채무내용에 좇은 이행의 제공 83
　3. 채권자의 수령거절이나 수령불능 83
　4. 채권자의 수령거절이나 수령불능에 귀책사유가 있을 것 84
　5. 수령거절이나 수령불능이 위법할 것 84
Ⅲ. 효   과 ·· 84

1. 손해배상청구 및 계약해제 84 / 2. 주의의무의 경감 85

3. 쌍무계약에 있어서 급부위험이 채권자에게 이전 85

4. 이자의 정지 및 증가비용의 부담 85 / 5. 변제공탁 86

Ⅳ. 종   료 ·· 86

1. 채권의 소멸 86 / 2. 채권자지체의 면제 86 / 3. 급부불능의 발생 86

4. 채권자의 수령의사 통지 87

제 3 절 채무불이행에 대한 구제 ·· 87

[1] 서   설 ··· 87

Ⅰ. 근대법 이전의 구제방법 ··· 87

Ⅱ. 근대법 이후의 구제방법 ··· 88

[2] 손해배상 ·· 88

Ⅰ. 손해배상의 의의 ·· 88

1. 손해배상에 관한 규정 88 / 2. 손해와 손해의 종류 88 / 3. 손해의 배상 90

4. 손해배상청구권 90

Ⅱ. 손해배상의 방법 ·· 91

1. 금전배상주의와 원상회복주의 91 / 2. 지급방법 92

Ⅲ. 손해배상의 범위 ·· 92

1. 의의 92 / 2. 손해배상 범위의 결정기준에 관한 학설 92

3. 제393조의 해석 94 / 4. 손해배상액의 산정기준 96

Ⅳ. 손해배상 범위의 예외 ·· 97

1. 과실상계 97 / 2. 손익상계 99 / 3. 중간이자의 공제방법 100

Ⅴ. 손해배상액의 예정 ·· 100

1. 손해배상액의 예정 100 / 2. 배상액 예정의 효과 102 / 3. 위약금과 위약벌 103

Ⅵ. 손해배상자의 대위 ·· 104

1. 의의 104 / 2. 요건 105 / 3. 효과 105 / 4. 다른 대위제도와의 구별 105

[3] 강제이행(현실적 이행의 강제) ·· 106

Ⅰ. 강제이행의 의의 ·· 106

1. 의의 106 / 2. 현행법상 강제이행의 방법 106

Ⅱ. 직접강제 ·· 107

1. 원칙적인 강제이행방법 107 / 2. 허용범위 107

3. 직접강제의 절차와 방법 107

Ⅲ. 대체집행 ·· 108

　　1. 이행의 대체성 108 / 2. 대체집행이 부정되는 작위채무 108

　　3. 대체집행의 절차와 방법 108

Ⅳ. 간접강제 ··· 109

　　1. 최종적인 집행방법 109 / 2. 간접강제의 대상 109 / 3. 간접강제의 방법 109

Ⅴ. 부작위채무의 강제이행 ··· 110

Ⅵ. 의사표시를 필요로 하는 채무의 강제이행 ······························· 111

제 4 장   책임재산의 보전

제1절 서   설 ··· 112

　Ⅰ. 채무불이행과 책임재산 ·· 112

　　1. 손해배상과 책임재산 112 / 2. 채권자평등주의 112

　Ⅱ. 책임재산의 보전방법 ·· 112

　Ⅲ. 책임재산 보전청구권의 특징 ··· 113

제2절   채권자대위권 ··· 114

　[1] 의의와 성질 ··· 114

　Ⅰ. 채권자대위권의 의의 ·· 114

　Ⅱ. 채권자대위권의 기능 ·· 114

　Ⅲ. 법적 성질 ·· 114

　[2] 채권자대위권의 요건 ··· 115

　Ⅰ. 피보전채권의 존재 ··· 115

　　1. 피보전채권의 범위 115 / 2. 피보전채권의 존재 여부 조사 116

　　3. 피보전채권 부재시 법률문제 116

　Ⅱ. 피보전채권의 보전 필요성 ·· 117

　　1. 채권의 보전필요성 117 / 2. 보전필요성과 채무자의 무자력과의 관계 117

　　3. 보전필요성에 대한 판단 118

　Ⅲ. 피보전채권의 이행기 도래 ·· 120

　　1. 재판상 대위 120 / 2. 보전행위120

　Ⅳ. 채무자의 피대위채권 불행사 ·· 121

　　1. 의의 121 / 2. 채무자가 스스로 제3채무자에게 권리를 행사하는 경우 121

3. 채권자가 대위권을 행사한 후에 채무자도 자신의 권리를 행사하는 경우 121

[3] 피대위채권의 대위적합성 ·· 122

Ⅰ. 피대위채권의 존재 ·· 122

Ⅱ. 대위적합성이 없는 피대위채권 ··· 122

1. 채무자의 일신전속권 122 / 2. 압류금지채권 122

3. 기타 대위적합성이 없는 권리 123

Ⅲ. 대위적합성이 있는 피대위채권 ··· 123

[4] 채권자대위권의 행사 ··· 124

Ⅰ. 행사방법 ··· 124

Ⅱ. 행사범위 ··· 124

Ⅲ. 채무자에게 대위권 행사 통지 후의 효력 ································· 124

1. 재판 이외의 대위권 행사 124 / 2. 재판상 대위신청 125

3. 제3채무자의 항변권 125

Ⅳ. 직접 이행청구 여부 ·· 126

1. 원칙 126 / 2. 직접 이행청구의 필요성 127 / 3. 판례·통설의 입장 127

[5] 채권자대위권 행사의 효과 ·· 128

Ⅰ. 직접 채무자에게 귀속 ··· 128

Ⅱ. 총채권자를 위한 공동담보 ··· 128

Ⅲ. 비용상환청구권 ·· 129

Ⅳ. 대위소송 판결의 기판력 ·· 129

1. 대위소송의 기판력의 범위 129 / 2. 보조참가와 소송고지가 있었던 경우 129

3. 보조참가와 소송고지가 없었던 경우 130 / 4. 피대위채권의 소송물 130

제 3 절 채권자취소권 ·· 131

[1] 채권자취소권의 의의와 성질 ··· 131

Ⅰ. 의 의 ··· 131

Ⅱ. 성 질 ··· 131

Ⅲ. 유사제도 ··· 132

1. 채권자대위권 132 / 2. 부인권 132 / 3. 통정허위표시 132

[2] 채권자취소권의 요건 ··· 133

Ⅰ. 피보전채권의 존재 ··· 133

1. 피보전채권이 될 수 있는 채권 133 / 2. 피보전채권의 성립시기 135

Ⅱ. 사해행위(객관적 요건) ·· 136

1. 채무자의 법률행위가 있을 것 136 / 2. 재산권을 목적으로 하는 법률행위일 것 136

3. 채권자를 害하는 법률행위일 것 137

Ⅲ. 채권자를 해하려는 의사 ·· 140

1. 채무자, 수익자 및 전득자에게 모두 사해의사가 있어야 함 140 / 2. 입증책임 141

[3] 채권자취소권의 행사 ··· 141

Ⅰ. 행사의 방법 ·· 141

1. 채권자 이름으로 행사 141 / 2. 재판상 행사 142 / 3. 취소소송의 상대방 142

4. 취소소송과 채무자의 파산 142

Ⅱ. 행사의 범위 ·· 143

[4] 채권자취소권 행사의 효과 ··· 144

Ⅰ. 회복채권의 공동담보 ··· 144

Ⅱ. 상대적 효력 ·· 144

Ⅲ. 취소채권자의 우선변제 ·· 145

[5] 채권자취소권의 소멸 ··· 145

제 5 장 다수당사자의 채권관계

제 1 절 서 설 ·· 147

Ⅰ. 의의와 기능 ·· 147

Ⅱ. 다수당사자 채권관계의 주요 쟁점 ··· 147

Ⅲ. 채권·채무의 공동적 귀속 ·· 148

1. 채권·채무의 준공유 148 / 2. 채권·채무의 준합유 148 / 3. 채권·채무의 준총유 149

Ⅳ. 다수당사자의 채권관계 유형에 대한 판단 ·· 149

1. 원칙 149 / 2. 연대약정 없는 경우의 판단 149 / 3. 법률규정 150

제 2 절 분할채권관계 ··· 150

Ⅰ. 의의와 성립 ·· 150

1. 의의 150

2. 여러 채무자 중 1인이 무자력이면 다른 채권자가 분담해야 하는가? 150

3. 채무내용이 불가분이면 그 성질도 불가분채무인가? 151

Ⅱ. 분할채권관계의 성립요건 ·· 152

1. 급부가 가분일 것 152 / 2. 채권자 또는 채무자가 여러 명일 것 152

3. '특별한 의사표시'가 없을 것 153

Ⅲ. 분할채권관계의 효력 ·· 153

1. 대외적 효력 153 / 2. 대내적 효력 154

Ⅳ. 분할채권관계의 제한 ·· 154

제 3 절 불가분채권관계 ·· 155

Ⅰ. 의   의 ·· 155

Ⅱ. 불가분채권 ·· 156

1. 기본적 효력(절대적 효력) 156

2. 채권자 1인에 대해 발생한 사유의 효력(상대적 효력) 157

3. 내부관계(채권자 상호 간의 관계) 158

Ⅲ. 불가분채무 ·· 158

1. 절대적 효력 158 / 2. 상대적 효력 159 / 3. 내부관계(채무자 상호 간의 관계) 160

제 4 절 연대채무 ··· 161

[1] 의의 및 성질 ··· 161

Ⅰ. 의   의 ·· 161

Ⅱ. 기   능 ·· 161

Ⅲ. 연대채무의 특색 ·· 162

1. 주관적 공동관계 162 / 2. 변제할 채무의 범위 162 / 3. 공동면책과 구상권 162

[2] 연대채무의 성립 ·· 162

Ⅰ. 당사자의 법률행위에 의한 성립 ·· 163

Ⅱ. 법률의 규정에 의한 성립 ··· 163

[3] 연대채무의 대외적 효력 ·· 163

Ⅰ. 각 연대채무자에 대한 이행의 청구 ·· 163

Ⅱ. 연대채무자 파산시 파산절차의 배당참가 ·· 164

[4] 절대적 효력이 있는 사유 ·· 165

Ⅰ. 절대적 효력과 담보력 ·· 165

Ⅱ. 한도(限度) 없이 절대적 효력이 있는 사유 ·· 165

1. 이행의 청구 165 / 2. 채무이행 166 / 3. 채권자지체 166 / 4. 경개 166

5. 상계 166 / 6. 계약의 해지·해제 167

Ⅲ. 부담부분 한도에서 절대적 효력이 있는 사유 ·· 167

1. 면제 167 / 2. 혼동 168 / 3. 소멸시효의 완성 168 / 4. 상계 168

[5] 상대적 효력 있는 사유 ·· 169

Ⅰ. 무효·취소사유 ·· 169

Ⅱ. 이행청구에 의하지 않은 시효중단 ·· 169

Ⅲ. 채무자의 과실과 채무불이행 ·· 169

Ⅳ. 확정판결의 기판력 ·· 170

[6] 대내적 효력(구상관계) ··· 170

Ⅰ. 부담부분의 결정 ·· 170

 1. 의의 170 / 2. 연대채무자 사이의 부담부분 170

Ⅱ. 구상권의 성립요건 ·· 171

 1. 자기의 출재 171 / 2. 공동면책 171 / 3. 부담부분의 초과 여부 172

Ⅲ. 구상권의 범위 ·· 173

Ⅳ. 구상권의 제한 ·· 173

 1. 서설 173 / 2. 사전통지를 게을리 한 경우 173

 3. 사후통지를 게을리 한 경우 174

 4. 한 채무자는 사전통지를 게을리 하고, 다른 채무자는 사후통지를 게을리 한 경
  우 175

Ⅴ. 상환무자력자가 있는 경우 구상권자의 보호 ····························· 175

 1. 상환무자력자 부담부분의 분담 175

 2. 채권자의 연대의 면제와 무자력자의 부담부분 175 / 3. 구상권자의 대위권 176

[7] 부진정연대채무 ·· 176

Ⅰ. 의   의 ·· 176

Ⅱ. 부진정연대채무의 예 ··· 177

Ⅲ. 대외적 효력 ·· 177

 1. 채권자의 권리 177 / 2. 절대적 효력 178 / 3. 상대적 효력 178

Ⅳ. 대내적 효력 ·· 179

제 5 절 보증채무 ··· 179

[1] 서   설 ·· 179

Ⅰ. 보증채무의 의의 ·· 179

Ⅱ. 보증채무의 법적 성질 ·· 180

 1. 주채무와는 별개의 독립한 채무이다(독립성) 180

 2. 주채무의 존재를 전제로 한다(부종성) 181

 3. 주채무의 이전에 따라 이전된다(수반성) 181

 4. 주채무자가 이행하지 않는 경우에만 이행책임을 진다(보충성) 182

    5. 보증채무의 내용과 주채무의 내용과 동일하다(동일성) 182
  Ⅲ. 보증의 종류 ··· 182
[2] 성립에 관한 요건(보증계약) ·· 183
  Ⅰ. 보증계약의 요식성 ·· 183
  Ⅱ. 보증계약상 채권자의 의무 ·· 184
    1. 보증계약의 체결 및 갱신시 정보제공의무 184
    2. 보증계약 체결 후의 채권자의 통지의무 184
    3. 보증인의 청구에 따른 통지의무 185
    4. 채권자의 의무 위반시 보증채무의 감면 185
  Ⅲ. 주채무에 관한 요건 ·· 186
    1. 주채무가 존재할 것 186 / 2. 주채무의 내용이 대체적 급부일 것 186
    3. 조건부, 기한부 채무의 보증도 가능할 것 186
    4. 장래에 발생할 채무의 보증도 가능할 것 186
  Ⅳ. 보증인에 관한 요건 ·· 187
    1. 보증인의 자격 187 / 2. 주채무자와 보증인 간의 관계 187
[3] 보증채무의 내용 ·· 188
  Ⅰ. 급부의 내용 및 변경 ·· 188
    1. 원칙 188 / 2. 예외 188
  Ⅱ. 보증채무의 범위 ·· 189
    1. 주채무의 한도로 감축 189 / 2. 보증인의 변제범위 189
    3. 주채무계약이 해제·해지된 경우 189
[4] 보증채무의 대외적 효력 ·· 189
  Ⅰ. 보증계약상 보증인의 권리 ·· 189
    1. 채권자의 신의칙상 의무 위반에 대한 면책주장 189
    2. 정보제공의무와 통지의무 위반에 대한 면책주장 190
  Ⅱ. 보충성에 기한 보증인의 권리 ·· 190
    1. 최고·검색의 항변권의 특색 190 / 2. 최고(催告)의 항변권 191
    3. 검색(檢索)의 항변권 191
  Ⅲ. 부종성에 기한 보증인의 권리 ·· 192
    1. 주채무에 기한 항변 192 / 2. 보증인의 이행거절권 193
    3. 주채무자의 상계권 원용 193
[5] 주채무자 또는 보증인에게 생긴 사유의 효력 ····································· 193

Ⅰ. 주채무자에게 생긴 사유의 효력 ·· 193
  1. 주채무의 소멸 194 / 2. 주채무에 대한 시효중단 194
Ⅱ. 보증인에게 생긴 사유의 효력 ·· 194
[6] 보증채무의 대내적 관계(구상관계) ··· 195
Ⅰ. 구상관계와 구상권의 발생 ··· 195
  1. 구상관계의 특징 195 / 2. 구상권 발생의 공통요건 195
Ⅱ. 수탁보증인의 구상권 ··· 196
  1. 수탁보증인의 사후구상권 196 / 2. 수탁보증인의 사전구상권 197
  3. 사전구상권의 범위 198 / 4. 구상권의 제한 199
Ⅲ. 부탁 없는 보증인의 구상권 ··· 201
Ⅳ. 주채무자가 수인인 경우의 구상관계 ··· 202
  1. 주채무자 전원을 위하여 보증인이 된 경우 202
  2. 여러 주채무자 중 1인을 위하여 보증인이 된 경우 202
Ⅴ. 보증인의 대위권 ··· 203
[7] 특수한 보증 ··· 203
Ⅰ. 연대보증 ·· 203
  1. 연대보증의 의의 203 / 2. 연대보증의 성질 203 / 3. 연대보증의 성립 204
  4. 연대보증의 효력 204
Ⅱ. 공동보증 ·· 205
  1. 공동보증의 의의 205 / 2. 채권자에 대한 관계 205
  3. 공동보증인 상호 간의 구상권 205
Ⅲ. 근보증 ··· 206
  1. 의의 206 / 2. 채권최고액과 피담보채무의 범위 207 / 3. 근보증의 해지 207
Ⅳ. 신원보증 ·· 208
  1. 의의 208 / 2. 주요 내용 209

제 6 장 채권양도와 채무인수

제 1 절 총   설 ·· 211
제 2 절 채권양도 ·· 212
  [1] 서   설 ··· 212

Ⅰ. 채권양도의 의의 ……………………………………………………………… 212

Ⅱ. 채권양도의 모습 ……………………………………………………………… 212

Ⅲ. 법적 성질 ……………………………………………………………………… 213

　　1. 처분행위 213 / 2. 준물권행위 213 / 3. 채권양도의 무인성 214

[2] 지명채권의 양도 ………………………………………………………………… 214

Ⅰ. 채권양도의 기본구조 ………………………………………………………… 214

Ⅱ. 양도요건 ………………………………………………………………………… 215

　　1. 채권양도의 요건 215 / 2. 채권양도계약의 체결 215

　　3. 양도인이 채권을 보유하고 있을 것 216

　　4. 채권이 특정되었거나 특정이 가능할 것 216

Ⅲ. 지명채권의 양도성 …………………………………………………………… 217

　　1. 채권의 성질상 양도의 제한 217 / 2. 양도금지특약에 의한 양도의 제한 218

　　3. 법률에 의한 제한 220

Ⅳ. 채권양도의 대항요건 ………………………………………………………… 221

　　1. 채무자와 제3자의 보호 필요성 221 / 2. 채무자에 대한 대항요건(§450 Ⅰ) 221

　　3. 채무자 이외의 제3자에 대한 대항요건 226 / 4. 제3자 간 우열관계에 대한 판단 227

Ⅴ. 채권양도의 효과 ……………………………………………………………… 230

　　1. 채권의 양도 230 / 2. 종된 권리와 우선권의 이전 230

　　3. 양도인과 양수인의 법적 지위 230 / 4. 채무자 보호 230

[3] 증권적 채권의 양도 …………………………………………………………… 231

Ⅰ. 증권적 채권의 양도성 ……………………………………………………… 231

　　1. 의의와 본질 231 / 2. 종류 231

Ⅱ. 지시채권의 양도 ……………………………………………………………… 232

　　1. 의의 232 / 2. 양도방법 232 / 3. 배서(Indossament) 232 / 4. 양수인 보호 233

　　5. 채무자 보호 234 / 6. 증권의 멸실·상실 234

Ⅲ. 무기명채권의 양도 …………………………………………………………… 235

　　1. 무기명채권의 의의 235 / 2. 양도 방식 235 / 3. 채무자 보호 235

Ⅳ. 지명소지인출급채권의 양도 ………………………………………………… 235

　　1. 지명소지인출급채권의 의의 235 / 2. 양도 방식 236 / 3. 면책증서 236

[4] 채권양도와 담보책임 …………………………………………………………… 236

제 3 절　채무인수 ……………………………………………………………………… 237

[1] 채무인수의 의의 ………………………………………………………………… 237

Ⅰ. 의   의 ·· 237

Ⅱ. 법률적 성질 ·· 237

Ⅲ. 실무상 의미 ·· 238

[2] 채무인수의 요건 ·· 239

Ⅰ. 채무에 관한 요건 ·· 239

   1. 채무의 유효성 239 / 2. 채무의 이전성 239

Ⅱ. 인수계약의 당사자 ·· 240

   1. 채권자와 인수인 간의 계약 240 / 2. 채무자와 인수인 간의 계약 241

   3. 채권자·채무자·인수인의 3자 간 인수계약 242

[3] 채무인수의 효과 ·· 243

Ⅰ. 채무의 이전 ·· 243

Ⅱ. 인수인의 항변권 ·· 243

Ⅲ. 이전 가능한 권리 ·· 244

   1. 종된 권리 244 / 2. 법정담보권 244 / 3. 약정담보권 244

[4] 채무인수와 유사한 제도 ··· 246

Ⅰ. 병존적 채무인수 ·· 246

   1. 의의 246 / 2. 요건 247 / 3. 효과 249 / 4. 병존적 채무인수를 인정한 판례 249

Ⅱ. 이행인수 ··· 250

   1. 의의 250 / 2. 구별기준 250 / 3. 매매대금 지급방식에 따른 판단 251

Ⅲ. 계약인수 ··· 251

   1. 계약인수와 계약가입의 구별 251 / 2. 면책적 계약인수 252

   3. 병존적 계약인수(계약가입) 253

제 7 장 채권의 소멸

제 1 절 채권의 소멸원인 개관 ··· 254

Ⅰ. 채권소멸의 의의 ·· 254

Ⅱ. 민법상 채권의 소멸원인 ··· 254

Ⅲ. 채권의 소멸원인의 분류 ··· 255

   1. 목적의 도달 여부를 기준으로 한 분류 255

   2. 소멸의 원인이 되는 사실의 성질에 따른 분류 255

제 2 절　변　　제 ·· 256

　Ⅰ. 변제의 의의 및 성질 ··· 256

　　1. 의의 256 / 2. 변제의 법적 성질 256

　Ⅱ. 변제자 ··· 257

　　1. 채무자 257 / 2. 제3자의 변제 257

　Ⅲ. 변제수령자 ··· 259

　　1. 원칙 259 / 2. 변제수령권한이 제한된 채권자 259

　　3. 변제수령권한을 부여받은 자 260 / 4. 표현수령권자 260

　　5. 권한 없는 자에 대한 변제의 효력 262

　Ⅳ. 변제의 목적물 ··· 263

　　1. 특정물의 현상인도 263 / 2. 타인 물건의 인도 263

　　3. 양도능력 없는 소유자의 물건 인도 264

　Ⅴ. 변제장소와 변제비용의 부담 ·· 264

　　1. 변제의 장소 264 / 2. 변제비용의 부담 265

　Ⅵ. 변제의 시기 ··· 265

　Ⅶ. 변제의 증거 ··· 266

　　1. 증거의 필요성 266 / 2. 영수증청구권 267 / 3. 채권증서반환청구권 267

　Ⅷ. 변제의 충당 ··· 267

　　1. 변제충당이 필요한 경우 267 / 2. 변제충당의 방법 268 / 3. 합의충당 268

　　4. 지정충당 269 / 5. 법정충당 269

　Ⅸ. 변제의 제공 ··· 271

　　1. 변제제공의 의의 271 / 2. 현실제공 271 / 3. 구두제공 273

　　4. 변제제공의 효과 274

　Ⅹ. 변제에 의한 대위 ··· 275

　　1. 의의 275 / 2. 변제에 의한 대위의 요건 276 / 3. 변제자대위의 효과 278

제 3 절　대물변제 ··· 282

　Ⅰ. 서　　설 ··· 282

　　1. 의의 282 / 2. 법적 성질 283 / 3. 대물변제의 예약과 가등기담보 283

　Ⅱ. 대물변제의 요건 ··· 284

　　1. 본래의 급부가 존재할 것 284 / 2. 당사자 사이의 합의가 있을 것 285

　　3. 본래의 급부와 다른 급부를 현실적으로 이행했을 것 285

　　4. 본래의 급부에 '갈음하여' 다른 급부가 행하여질 것 286

Ⅲ. 대물변제의 효과 ·· 286

제4절 공   탁 ·· 287

Ⅰ. 공탁의 의의 및 성질 ·· 287

1. 의의 287 / 2. 법적 성질 288

Ⅱ. 공탁의 요건 ·· 288

1. 공탁원인의 존재 288 / 2. 공탁의 당사자 289 / 3. 공탁의 목적물 289

4. 공탁의 내용 289

Ⅲ. 공탁의 효과 ·· 290

1. 채권의 소멸 290 / 2. 채권자의 공탁물인도청구권 290

3. 공탁물의 소유권 이전 291

Ⅳ. 공탁물의 회수 ··· 292

1. 민법상의 회수 292 / 2. 공탁법상의 회수 292

제5절 상   계 ·· 293

Ⅰ. 상계의 의의 ·· 293

1. 의의 293 / 2. 법적 성질 293 / 3. 상계의 기능 294

Ⅱ. 상계의 요건(상계적상) ·· 294

1. 쌍방이 서로 대립된 채권을 가지고 있을 것 294

2. 쌍방의 채권이 동종의 목적을 가질 것 295 / 3. 두 채권이 모두 변제기에 있을 것 295

4. 성질상 상계가 가능할 것 296 / 5. 상계금지가 되어 있지 않을 것 296

Ⅲ. 상계의 금지 ·· 296

1. 당사자의 의사표시에 의한 금지 296 / 2. 법률에 의한 금지 296

Ⅳ. 상계의 방법 ·· 298

Ⅴ. 상계의 효력 ·· 299

1. 채권의 소멸 299 / 2. 상계의 소급효 299 / 3. 이행지가 다른 경우 299

제6절 경   개 ·· 300

Ⅰ. 경개의 의의 및 종류 ·· 300

1. 의의 300 / 2. 경개의 종류 300

Ⅱ. 경개의 요건 ·· 301

1. 구채권의 존재 301 / 2. 신채무의 성립 302 / 3. 채무의 중요부분 변경 302

Ⅲ. 경개의 효과 ·· 303

1. 구채권의 소멸(종된 권리 포함) 303 / 2. 신채무의 불이행과 경개계약의 해제 303

제 7 절 면   제 ··· 304

  I. 면제의 의의 ··· 304

  II. 면제의 요건 ··· 304

  III. 면제의 효과 ··· 305

제 8 절 혼   동 ··· 305

  I. 혼동의 의의 ··· 305

  II. 혼동의 효과 ··· 305

  III. 혼동으로 소멸하지 않는 경우 ······································· 305

판례색인 ··· 307

사항색인 ··· 314

참고문헌

곽윤직, 채권총론, 제6판, 2014, 박영사.

김형배, 채권총론, 1998, 박영사.

송덕수, 기본민법, 제2판, 2019, 박영사.

지원림, 민법강의, 제16판, 2019, 홍문사.

Brox·Walker, Allgemeiner Teil des BGB, 43 Aufl., 2019.

Brox·Walker, Allgemeines Schuldrecht, 43 Aufl., 2019.

Medicus·Lorenz, Schuldrecht I : Allgemeiner Teil, 21 Aufl., 2015.

Schwenzer, Schweizerisches Obligationenrecht Allgemeiner Teil, 7. Aufl., 2016.

제 1 장 채권법 일반

제 1 절 채권법의 의의와 지위

I. 채권법의 의의

민법에서는 개개인 상호 간의 법률관계를 정하고 있는데, 채권법은 채권관계를 규율하는 민법의 한 영역이다. 흔히 채권이라고 하면 채권자가 채무자에게 특정한 행위를 요구할 수 있는 권리라고 정의하는데, 채권관계는 2인 이상이 채권자 또는 채무자로서 서로 대립하여 일정한 행위를 요구할 수 있는 법률관계를 말한다(실질적 채권법). 예를 들어 매매계약에 의하여 매도인과 매수인의 권리의무가 발생하는데 이는 사법의 영역이지만, 매매대금에 부과된 부가가치세에 대해서는 공법의 영역인 세법에서 정한다.

민법은 공법관계와 달리 권리주체 사이의 대등한 법률관계를 정하고 있는데, 채권법은 민법의 제3편에 속해 있다(형식적 채권법).

실질적 채권법과 형식적 채권법은 중요한 내용에 있어서는 서로 중복된다. 그러나 형식적 채권법에서 정하고 있는 강제이행(§389)이나 조합재산의 합유(§704)에 대한 규정은 실질적 채권법으로 볼 수 없으며, 물권편에 있는 악의점유자의 수취한 과실의 대가보상(§201 II)과 점유자의 회복자에 대한 책임(§202) 및 첨부로 인한 구상권(§261) 등에 대한 규정은 실질적 채권법에 속한다. 또 주택임대차보호법은 특별법이지만 채권법적인 규정이 많다.

채권법 강의의 대상이 되는 것은 형식적 채권법뿐만 아니라, 실질적 채권법도 이에 해당된다.

Ⅱ. 채권법의 특질

1. 신의칙의 지배

신의성실의 원칙은 민법의 기본원리이며, 이 원칙은 특히 채권법에서 현저하게 작용한다. 채권이 당사자 사이의 특별한 신뢰관계를 바탕으로 성립하기 때문이다. 이처럼 채권법에는 신의칙이 지배되므로 채권의 행사·채무의 이행·계약의 해지와 해제·손해배상액의 결정 등에 있어서 신의칙이 고려된다.

2. 임의법규성

채권법에는 사적자치의 원리가 지배한다. 채권에는 배타성이 없고 그의 성립과 내용을 당사자의 의사에 맡긴다. 그러므로 채권법의 규정은 당사자의 의사를 보충하거나, 의사해석의 기준이 되는 임의규정이 대부분을 차지한다. 그러나 채권이 계약이 아니라, 법률의 규정에 의하여 발생하는 사무관리·부당이득·불법행위에 관한 규정은 강행법규성을 가진다. 왜냐하면 사적자치가 인정되는 범위가 좁기 때문이다.

3. 국제적 보편성

각국의 관습과 전통의 영향을 강하게 받는 물권법이나 가족법과 달리 채권법은 국제적·보편적 성질을 가진다. 이러한 경향이 특히 강한 것은 채권법 중에서도 매매를 중심으로 하는 거래관계에서 나타난다. 특히 채권법은 다민족·다종교·다문화의 공존공영에 적합한 법으로서 역할을 하였던 로마법으로부터 많은 영향을 받았다.

Ⅲ. 채권법의 법원과 민법 제3편의 내용

1. 채권법의 법원(法源)

채권법의 법원으로 성문법과 불문법이 있다. 성문채권법으로는 민법 제3편 채권(§§ 373~766)과 특별법(약관의 규제에 관한 법, 이자제한법, 주택임대차보호법, 상가건물임대차보호법, 보증인 보호를 위한 특별법, 신원보증법, 제조물 책임법 등)이 있다. 관습법도 채권에 관한 것은 채권법의 법원이 된다.

2. 민법 제3편의 내용

가. 민법전의 '제3편 채권'은 제1장 총칙, 제2장 계약, 제3장 사무관리, 제4장 부당이득, 제5장 불법행위로 구성되어 있다. 제1장 총칙에는 모든 채권에 공통적으로 적용되는 내용을 담고 있으며, 강학상 채권총론으로 부른다. 제2장 이하에서는 각종 채권의 발생원인에 대하여 정하고 있으며, 강학상 채권각론으로 부른다.

나. 채권편 제1장 총칙은 채권의 목적(§§ 373~386) · 채권의 효력(§§ 387~407) · 수인의 채권자 및 채무자(§§ 408~448) · 채권의 양도(§§ 449~452) · 채무의 인수(§§ 453~459) · 채권의 소멸(§§ 460~507) · 지시채권(§§ 508~522) · 무기명채권(§§ 523~526) 등 모두 8개 절로 구성되어 있다. 이러한 순서는 채권자와 채무자 사이의 다양한 채권관계의 성질에 따라 분류해 놓은 것이지 그 중요도에 따라 나열한 것은 아니다.

다. 채권편 제2장 내지 제5장에서는 채권발생원인으로서 계약 · 사무관리 · 부당이득 · 불법행위에 관하여 규정하고 있다. 여기서 계약은 법률행위에 의한 채권발생원인이고, 나머지는 모두 법률의 규정에 의한 채권발생원인이다. 그리고 제2장 계약은 모두 15개 절로 되어 있는데, 제1절 총칙을 계약총론이라고 하며, 제2절 내지 제15절까지를 계약각론이라고 한다. 계약각론에서는 2015년에 신설된 여행계약을 포함하여 모두 15개의 전형계약에 관하여 규정하고 있다.

Ⅵ. 물권법과의 비교

1. 채권법과 물권법의 비교

채권법과 물권법은 재산법으로서 서로 밀접하게 관련되어 있으나, 이들은 아래에 기술하는 바와 같이 여러 가지 차이가 있다.

채권법의 규정은 원칙적으로 임의법규이며, 강행법규인 물권법과 매우 대조적이다. 또 채권법은 국제적 · 보편적 성질을 갖지만, 물권법은 지역적 · 민족적 특색이 강하다. 채권법과 물권법은 지배원리에 있어서도 서로 다르다. 즉, 채권법은 신의칙이 지배하는 데 반하여, 물권법은 권리남용금지원칙이 지배한다. 끝으로 채권법은 사적자치의 원칙이 광범위하게 지배하는 데 비하여, 물권법은 물권법정주의가 지배한다.

2. 채권과 물권의 차이

채권과 물권은 넓은 의미에서 재산권이라는 공통점을 가지며, 상호 보완을 통해 민법체계의 근간을 이룬다. 그러나 채권과 물권의 가장 본질적인 차이는 채권이 채무자에 대한 요구 내지 청구를 내용으로 하는 청구권의 성질을 갖는 데 반하여, 물권은 물건을 직접 지배하는 권리로서 지배권의 성질을 가진다는 점이다. 또 권리에 대한 의무자의 범위를 기준으로 권리를 절대권과 상대권으로 분류하는데, 채권은 특정의 채무자에 대한 청구를 내용으로 하는 상대권·대인권인데 반하여, 물권은 특정의 상대방이 아닌 모든 사람에게 주장할 수 있는 절대권·대세권이다.

한편 하나의 물건에 두 개 이상의 권리의 성립을 부정하는 배타성과 관련하여 물권은 물건에 대한 직접적 지배를 내용으로 하는 권리이므로 배타성이 있어야 물권으로서의 효력이 있다. 또 물권은 성립 선후에 따라 우선순위가 결정된다. 이와 달리 채권에는 배타성 없기 때문에 동시에 두 개 이상의 채권이 존재할 수 있고, 이들은 성립시기와 무관하게 모든 채권은 평등하게 취급된다. 이와 같이 채권에는 배타성이 없어서 동일한 물건 위에 물권과 채권이 충돌할 경우에는 물권이 채권에 우선한다.

물권은 물건에 대한 지배를 내용으로 하고, 타인과의 인적 관계가 없는 절대권이므로 물권의 보유자는 자유롭게 양도할 수 있지만, 채권은 상대권이어서 채권을 양도하면 대인관계에 변화를 초래하므로 채권을 양도하려면 채무자에게 통지하거나 그의 승낙이 필요하다.

채권은 사회생활에 있어서 물권보다 훨씬 빈번하게 발생하는 재산관계이다. 이 점에서 채권은 정적(靜的) 안정성을 추구하는 물권과 달리 동적(動的) 흐름이 있는 유동성을 생명으로 한다.

제 2 절 채권관계

Ⅰ. 채권관계의 의의

채권관계에서는 최소 2인 이상이 일정한 법률관계에 기초하여 특정인이 다른 특정인에게 일정한 급부(Leistung)를 요구할 수 있는 권리 또는 급부해야 할 의무가 있는 것으로 이해한다. 즉, 채권관계를 유기적 조직으로 보고 이러한 유기적 조직체에서 일련의 권리와 의무를 도출할 수 있다고 한다. 여기서 유기적 조직체를 광의의 채권관계라고 하며, 채권관계의 내용에 따라 다양한 형태의 권리·의무 및 채권·채무가 도출되는데 이들을 협의의 채권관계라고 한다. 우리가 채권관계를 채권채무관계라고 부르는 것은 협의의 채권관계를 가리킨다. 이는 매매대금의 지급, 임대료의 청구, 겸업행위의 금지와 같은 부작위 의무, 기타 개별적 청구권 등으로 나타난다.

광의의 채권관계가 지닌 속성을 요약하자면, 채권자와 채무자라는 특정인 사이의 법률관계라는 점, 이들 특정인 사이의 신뢰관계를 기초로 서로 긴밀하게 협력하는 유기적 조직체라는 점, 단순히 채권·채무만 존재하는 것이 아니라 다양한 형태의 권리·의무도 포괄하는 법률관계라는 점이다.

Ⅱ. 채권관계와 호의관계

호의관계는 호의로 일정한 행위를 해주는 생활관계로서 법적 의무를 부담시키려는 의사가 없는 비법률관계이다. 채권관계는 법률관계로서 법적 구속력이 있지만, 호의관계는 비법률관계이므로 법적 구속력이 없다. 예컨대, 직장동료가 근무시간에 일할 수 없게 된 동료를 자신의 차로 그의 집에 데려다 주었다면 이는 법적 구속력이 없는 호의동승이고, 또 축제가 열리는 마을에 이웃사람을 차로 데려다 주기로 했는데 갑자기 일이 생겨 그곳에 가지 못한 경우도 호의관계이므로 이웃사람은 약속을 했으니 축제가 열리는 마을에 데려다 달라고 요구할 수 없다. 물론 호의행위라 하더라도 일정 부분 연료비를 분담하기로 합의했다면 법적 구속력이 있다.

흔히 무상성이 호의행위를 판단하는 기준이 되기는 하지만, 무상행위라고 하여 모두 호의행위라고 볼 수는 없다. 증여계약, 사용대차, 무상의 위임계약 등은 무상계약임에도 불구하고 채권관계가 존재하기 때문이다. 즉, 계약 당사자에게 일정한 이익이 있다면 채권관계를 따져야 한다. 예컨대, 이웃사람을 매일 아침 출근시간에 맞추어 호의로 직장까지 태워다 주었는데 어느 날 늦잠으로 출근이 늦는 바람에 동승자가 중요한 업무를 처리하지 못해 손해가 발생했다면 채권관계를 인정해야 한다.

결론적으로 단순한 호의행위에서는 상대방에게 이행을 청구할 수 없으며, 이행하지 않더라도 손해배상을 청구할 수 없다. 그러나 이에 수반하여 손해가 발생했다면 채권관계가 된다.

Ⅲ. 채권관계와 채권 및 청구권

1. 채권관계와 채권

법률관계가 주관적인 개인의 관점에서 보면 권리의무의 관계인 것처럼 채권관계도 채권자와 채무자 개인의 관점에서 보면 서로 이해관계가 다르다. 예를 들어 계약은 하나의 채권관계이지만 쌍방은 각각 서로 대립한 채권과 채무를 부담한다.

채권이라고 하면 채권자가 채무자에게 특정한 행위를 요구할 수 있는 권리라고 정의하는데, 채권관계는 2인 이상이 채권자 또는 채무자로서 서로 대립하여 일정한 행위를 요구할 수 있는 법률관계로서, 법률체계상 채권보다 상위하는 개념이다.

2. 채권과 청구권

청구권은 특정인이 특정인에 대하여 일정한 행위, 즉 작위나 부작위를 요구하는 권리로서 채권의 본질적 요소가 되지만 동일하지는 않다. 그러므로 청구권은 채권과 불가분적이며, 분리하여 양도할 수 없다. 또 청구권은 기초가 되는 권리관계가 물권인 경우는 물권적 청구권, 채권인 경우는 채권적 청구권, 친족권인 경우는 가족권적 청구권 등으로 성질상 차이가 있다.

한편 채권에 부관이 붙어 있는 조건부·기한부 채권이거나, 이행기가 도래하지 않은 채권이라면 청구권이 없다. 이 경우는 조건이 성취되거나, 기한의 도래 및 이행기가 도래해야 청구권이 발생한다(§§ 147, 152, 387 Ⅱ).

Ⅳ. 채무와 급부의무

1. 급부의무

채권자가 채무자에게 특정한 행위를 요구할 수 있는 권리를 채권이라고 하는데 이에 대응하는 채무자의 의무, 즉 채권자에게 특정한 행위를 해야 할 의무가 채무이다. 여기서 채권·채무의 내용이 되는 채무자의 행위를 '급부'라고 하는데, 급부는 채권의 목적으로서 채무자의 행위를 표현하는 통일적인 용어로 사용되고 있다. 채무자는 채권자에 대하여 급부의무를 부담하며, 급부의무는 채무불이행을 판단하는 기준이 된다.

급부의무에는 주된 급부의무와 종된 급부의무가 있다. 주된 급부의무는 매매에 있어서 목적물의 인도나 대금지급처럼 계약상 본질적·전형적인 기본의무이므로 상대방의 이행이 있을 때까지 자기의 채무이행을 거절할 수 있는 동시이행항변권을 주장할 수 있다. 만일 채무자가 이 급부의무를 이행하지 않으면 채권자는 채무불이행에 따른 손해배상을 청구할 수 있고, 또 계약을 해제할 수 있다. 이에 반해 종된 급부의무는 주된 급부의 이행을 보충하는 의무이므로 동시이행항변권을 행사할 수 없고, 이 의무에 위반하여도 채권자는 채무불이행에 따른 손해배상만을 청구할 수 있다.

2. 부수적 의무

채무자에게는 자신의 급부의무를 이행하는 과정에서 여러 가지 부수적 의무가 뒤따른다. 이 의무를 이행함에 있어서 채무자는 신의에 따라 성실하게 하여야 한다. 학자들은 부수적 의무를 주의의무, 보호의무, 성실의무, 설명의무, 배려의무, 기본채무 이외의 용태의무 등으로 표현한다. 비록 표현은 다양하게 사용하지만 이들 모두 신의칙에 근거를 둔 부수적 의무일 뿐이다.

부수적 의무의 위반은 불완전이행 내지 적극적 채권침해의 문제와 결부되기도 한다. 즉, 이 의무가 채무의 영역에 해당되는 경우 채무불이행책임을 지며(2000다38718, 2002다63275), 불법행위책임을 질 수도 있다(97다12082).

한편 부수적 의무는 기본채무가 존재하지 않기 때문에 급부의무가 없는 계약체결상의 과실책임에서 의미가 있다. 왜냐하면 계약의 준비행위로 인해 이미 당사자 간에 신뢰관계가 형성되었으므로 상대방에게 손해를 주지 않아야 할 신의칙상의 부수적 의무가 발생하기 때문이다. 그러므로 이 부수적 의무 위반으로 상대방이 입은 손해에 대하여 배상책임을 인정한다. 이는 불법행위책임이 아니라 신의칙상 부수의무 위반으로 인한 계약책임이다. 그러나 부수적 의무에 위반하더라도 채권자는 강제이행을 청구할 수 없고, 계약을 해제할 수 없다(2001다20394).

3. 책 무

채무자가 이행을 하지 않더라도 채권자가 이행을 청구할 수는 없지만, 이행을 하지 않은 데 대하여 채무자에게 불이익을 주는 의무를 책무라고 한다. 채무자에게 직접 해당되는 의무와 구별되는 간접의무이다.

예컨대, 승낙기간을 정한 청약에 대하여 승낙통지가 이 기간 이후에 도달했다면 청약자는 승낙자에게 즉시 연착통지를 해야 하고(§ 528 I), 증여계약이나 사용대차계약에서 증여자나 사용대주는 증여목적물이나 차용물에 대하여 알고 있는 하자를 수증자나 사용차주에게 고지하여야 한다(§§ 559, 612). 청약자가 연착통지의무를 이행하지 않은 경우는 승낙통지가 기간 내에 도달한 것으로 보아 계약이 성립되며(§ 528 II), 증여자나 사용차주가 하자를 고지하지 않았다면 하자에 대한 담보책임을 지게 된다. 또 의사가 환자에게 부담하는 진료채무의 성질도 책무로 본다(85다카1491).

V. 채무와 책임

1. 채권의 속성

채권자가 이행을 청구하여도 채무자가 이행을 하지 않는다면 우선 소송을 통해 판결을 구하고, 그래도 채무자가 이행을 하지 않을 경우 확정된 판결에 집행권원을 부여받아 민사집행을 통해 채권을 실현하게 된다. 여기서 채권자가 이행을 청구하는 것은 채권의 청구력에 기한 것이고, 소송을 통해 채무자의 이행을 강제하는 것은 채권의 소구력에 따른 것이며, 민사집행을 통해 채권을 실현하는 것은 집행력이 있기 때문이다. 이처럼 채권이 청구력에 의하여 실현되지 못하는 경우 이를 강제적으로 실현할 수 있도록 채권자에게 부여된 힘을 공취력이라고 한다. 즉, 공취력은 소구력과 집행력을 의미한다(이하의 '채권의 대내적 효력'에서 설명).

이들 채권의 속성을 부분적으로 결여하고 있다면 불완전채무이다. 예를 들어, 청구력은 있으나 소구력 및 집행력이 없는 채권은 자연채무이고, 청구력 및 소구력은 있으나 집행력이 없는 채권은 '책임 없는 채무'가 된다. 그러므로 채권은 청구력과 소구력, 집행력을 모두 갖추고 있어야 완전채권으로서 기능을 한다.

2. 채무와 책임의 분리

민법에서는 책임이라는 용어를 여러 제도에서 광범위하게 사용하고 있지만, 여기에서는 채무에 따르는 책임에 한정된 의미로 쓴다. 채무에는 책임이 따르기 마련인데, 채무자가 스스로 채무를 이행하지 않으면 채권자는 급부를 강제적으로 실현하기 위하여 강제력을 행사한다. 여기서 채무자의 일반재산이 채권자에게 주어진 강제력(공취력)에 복종해야 하는 의무가 바로 책임이다(급부강제).

이 점에서 책임은 채무의 한 부분 내지 내용이 된다. 그러므로 채무와 책임은 일반적으로 결합되어 있다. 그러나 고대법에서는 책임과 채무가 제도적으로 분리되어 있어서 로마법에서는 문답계약, 게르만법에서는 책임계약에 의하여 급부의무와 별도의 책임이 성립되었다. 이 책임은 고대시대의 인격책임에서 근대법 이후 재산책임으로 시대적 변천을 거쳐 왔다. 재산책임은 다시 담보물권이나 보증과 같은 특별책임과 채무자의 일반재산에 대한 일반책임으로 분리되었다. 오늘날 일반책임은 모든 채무에 따르는 채무자의 일반재산에 의한 재산책임으로서 채무와 밀접하게 결합하여 하나가 되었다. 그럼에도 불구하고 채권의 속성상 채무와 책임을 구별하는 것이 가능하고, 제도상으로도 분리된 경우가 있기 때문에 책임의 관념을 부정하기 어렵다.

3. 책임 없는 채무

채권자와 강제집행을 하지 않는다는 특약을 했다면 채무자가 채무를 이행하지 않더라도 민사집행을 할 수 없다. 이러한 특약에 위반하여 채권자가 강제집행을 하였다면 채무자는 집행방법에 대한 이의신청을 할 수 있다(민사집행법 § 16). 강제집행 면제특약은 채권의 포기가 아니라, 집행력의 포기를 의미하므로 '책임 없는 채무'가 발생하는 것으로 이해할 수 있다. 또 강제집행 면제특약이 있는 채권이 제3자에게 양도된 경우에도 양수인은 여전히 강제집행을 할 수 없다.

4. 유한책임 있는 채무

채무자가 채무를 이행하지 않으면 채권자는 채무자의 일반재산에 대하여 강제집행을 하게 되는데, 이는 채무자가 자신의 전 재산으로 책임을 지는 것이다. 이와 달리 채무자에게 책임이 인정되기는 하지만, 그의 책임의 범위가 특정한 재산(물적 유한책임)이나 일정한 금액(금액 유한책임)으로 제한되는 경우가 있다.

책임이 채무자의 일정한 재산에 한정되어 있어서 채권자가 한정된 재산에 대해서만 강제집행을 할 수 있는 경우가 물적 유한책임인데, 상속의 한정승인을 받은 상속인의 상속채무(§ 1028)가 여기에 속한다.

한편 책임이 일정한 금액의 한도로 제한되는 경우를 금액 유한책임(인적 유한책임)이라고 하는데, 강제집행의 대상이 되는 채무자의 재산에는 제한이 없으나, 그 책임한도가 일정한 금액으로 제한되는 채무이다. 예컨대, 상법상 유한책임사원의 책임(상법 §§ 279, 553), 주식의 인수가액 한도의 주주 책임(§ 331), 유한회사 사원의 책임(§ 553), 선박소유자의 일정채무 책임(§ 769) 등이 이에 속한다.

5. 채무 없는 책임

자기 채무가 아닌 타인의 채무를 보증하기 위하여 자기의 동산 또는 부동산에 질권 또는 저당권을 설정하는 경우가 '채무 없는 책임'이다. 물상보증인(§§ 329, 356)이나 저당목적물의 제3취득자(§ 356)가 여기에 해당한다. 이들은 담보로 제공한 동산·부동산이나 저당권이 설정된 부동산이 채권자에 의하여 강제집행이 되어도 이의신청을 할 수 없다.

제 3 절 채권의 발생원인

Ⅰ. 채권의 발생원인 개관

민법의 채권편에는 채권의 발생원인으로 계약·사무관리·부당이득·불법행위 등 4가지가 규정되어 있다는 것은 앞서 기술한 바와 같다. 이들 채권발생원인은 그 성질에 따라 법률행위에 의한 경우와 법률의 규정에 의한 경우로 구분된다. 전자는 당사자의 합의에 따라 채권이 발생하는 약정채권관계이고, 후자는 법률에 따라 채권이 발생하는 법정채권관계이다. 계약을 약정채권관계라고 한다면, 다른 3개는 모두 법정채권관계에 속한다. 그러나 채권의 발생원인이 채권법에 한정된 것은 아니다. 즉, 법정채권관계는 채권법에서 규정하고 있는 3가지 이외에 총칙·물권법·가족법에도 여러 가지 법정채권관계를 정하고 있다. 예컨대, 부재자 재산관리인의 보수(§26), 악의점유자의 과실반환(§201), 친족의 부양채권(§974) 등이다.

Ⅱ. 법률행위에 의한 채권의 발생

법률행위는 계약·단독행위·합동행위로 나뉘는데, 이들 중에서 계약과 단독행위만이 채권을 발생시킬 뿐이고, 합동행위는 채권발생원인으로 문제되지 않는다.

1. 계약에 의한 채권의 발생

사적자치의 원칙상 계약은 가장 중요한 채권발생원인이다. 민법은 제3편 제2장에서 계약의 총칙 및 전형계약에 관해 자세한 규정을 두고 있다. 제2장을 16개 절로 나누어 제1절에 계약총칙을 두고 있으며, 제2절부터 제15절에서는 증여·매매·교환·소비대차·사용대차·임대차·고용·도급·여행계약·현상광고·위임·임치·조합·종신정기금·화해 등 총 15개의 전형계약에 대하여 규정한다. 이들 전형계약에 관한 규정은 원칙적으로 임의규정이고, 채권법에는 계약체결의 자유가 실현되고 있으므로 당사자는 여기에 해당하지 않는 다른 계약을 체결할 수 있다.

그러므로 민법에서 정하고 있는 15개의 전형계약은 당사자들이 자율적으로 체결하는 계약을 해석하고 보충해 주는 표준을 제시한 것에 지나지 않는다. 물권법에서 물권법정주의(§185)를 채택하여 물권을 임의로 창설할 수 없도록 한 것과 대비된다.

2. 단독행위에 의한 채권의 발생

채권이 단독행위로 발생하는 경우로는 재단법인의 설립행위와 유언이 있을 뿐이다. 우리 민법에서는 채무면제(§506)를 단독행위로 보고 있는데 채무면제는 채권의 발생원인이 아니라, 채권의 소멸사유이므로 채권법에는 단독행위로 채권이 발생하는 경우가 없다.

Ⅲ. 법률의 규정에 의한 채권의 발생

채권이 법률의 규정에 의하여 발생하는 경우는 매우 많다. 즉, 민법뿐만 아니라, 제조물 책임법·자동차손해배상 보장법·환경오염피해 배상책임 및 구제에 관한 법률 등 여러 특별법에 의해서도 채권이 발생한다. 민법의 채권편에서 정하고 있는 채권의 발생원인으로는 불법행위·부당이득·사무관리가 있다.

1. 불법행위

고의 또는 과실로 인한 위법행위로 타인에게 손해를 가한 자는 그 손해를 배상하여야 한다(§750). 여기서 고의 또는 과실로 인한 위법행위로 타인에게 손해를 가하는 행위가 불법행위이다. 따라서 불법행위는 피해자에게 손해배상채권의 발생원인이 된다. 더구나 타인에게 손해를 끼치는 불법행위의 모습이 매우 다양함에도 불구하고 불법행위의 성립요건이 비교적 간단하여 적용할 수 있는 영역이 매우 넓다. 실제 피해자가 손해배상을 청구함에 있어서는 계약상 채무불이행책임(§390)을 묻기보다 불법행위책임을 묻는 경우가 더 많다. 그러므로 불법행위는 계약과 더불어 민법상 손해배상책임의 양대 산맥으로 불린다. 이들 책임에는 채권의 발생에 고의 또는 과실을 필요로 한다. 다만, 공작물 등의 점유자·소유자의 책임(§758)과 같은 위험책임에는 고의 또는 과실을 요건으로 하지 않는다.

2. 부당이득

법률상 원인 없이 타인의 재산 또는 노무로 인하여 이익을 얻고 이로 인하여 타인에게 손해를 가한 자는 그 이익을 반환하여야 한다(§ 741). 정당한 이유 없이 재산상 이득을 본 자는 이를 반환해야 하고, 손해를 입은 자는 부당이득의 반환을 요구할 채권을 취득하게 된다. 예를 들어 계약해제의 효과로서 원상회복(§ 548)이나 악의의 점유자가 수취한 과실(§ 201 Ⅱ)은 성질상 부당이득이 된다.

3. 사무관리

법률상 의무 없이 타인을 위하여 그의 사무를 처리하는 행위가 사무관리이다(§ 734 참조). 적법한 행위로서 사무관리 행위에는 관리자에게 가장 본인에게 이익이 되는 방법으로 적절하게 관리할 의무(§ 734 Ⅰ)와 관리계속의무(§ 737)를 부과시키는 한편, 비용상환청구권(§ 739)과 손해보상청구권(§ 740)을 인정하고 있다.

제 4 절　채권의 효력

[1] 채권의 효력의 구성 체계

민법 제3편 제1장 제2절에서는 제387조부터 제407조까지 채권의 효력에 관한 내용을 규정하고 있다. 우선 법조문에 기초해 살펴보면, 강제이행(§ 389) · 채무불이행(§ 390) · 손해배상(§§ 393~399) · 채권자지체(§§ 400~403) · 책임재산의 보전(§§ 404~407)으로 크게 분류해 볼 수 있다. 그러나 이러한 민법의 편제와 달리 채권의 효력은 앞서 기술한 채권관계를 근간으로 하여 우선 대내적 효력과 대외적 효력, 책임재산의 보전 3개로 분류할 수 있다. 여기서 대내적 효력은 앞의 '채권의 속성'에서 간략하게 언급한 것처럼 청구력 · 급부보유력 · 공취력으로 나뉘며, 대외적 효력은 제3자에 의한 채권침해로 인한 효력이다. 끝으로 채무자의 책임재산의 유지와 보전을 위한 효력은 채권자대위권과 채권자취소권을 가리키며, 별도로 제4장에서 상세하게 기술한다.

한편 채무불이행·강제이행·손해배상·채권자지체에 대한 효력은 채권의 대내적 효력에 속하지만 민법학에서 차지하는 비중과 중요성 때문에 제3장에서 따로 상세하게 설명한다.

[2] 채권의 대내적 효력

Ⅰ. 청구력·급부보유력

이미 설명한 바와 같이, 채권은 채권자가 채무자에게 일정한 급부를 청구하는 것을 내용으로 하는 권리이다. 청구력이란 채권자가 채무자에게 급부를 청구할 수 있는 효력이며, 급부보유력은 채무자의 급부를 받아서 이를 적법하게 보유할 수 있는 효력이다. 따라서 채권자의 청구를 받아 채무자가 채무의 내용에 좇아 채무를 이행하면(채무의 이행), 채권자가 급부를 보유함으로써 채권이 소멸한다(채권의 변제). 채무의 이행과 채권의 변제는 채무내용을 실현하는 과정으로서 채권의 청구력과 급부보유력에 의한 것이다. 그러므로 청구력과 급부보유력은 채권의 가장 본질적 효력이며, 최소한의 효력이다.

만일 채권자가 채권을 가지고 있지 않다면 청구력이 없으므로 그가 급부를 청구한다면 법률상 원인이 없는 청구가 되고, 그 행위가 위법하다면 불법행위가 될 수 있다. 나아가 채무자의 채무이행에 대해 급부를 수령하려면 이를 정당화시켜 주는 급부보유력이 있어야 하는데, 채권에 급부보유력이 없다면 부당이득이 된다.

Ⅱ. 소구력·집행력

채무자가 임의로 이행하지 않으면 채권의 청구력만으로 채권의 만족을 얻을 수 없게 된다. 이런 경우 공권력을 통해 채무내용의 실현을 강제하는 것이 법으로 인정되고 있다. 여기서 채권을 강제적으로 실현할 수 있도록 채권자에게 부여된 힘을 공취력이라고 하는데, 공취력은 다시 소구력과 집행력으로 나뉜다. 채무자의 재산에 대하여 민사집행을 하기 전에 소송을 제기하는 효력을 소구력이라 하고, 소송을 통해 얻은 이행판결에 집행권원을 받아 민사집행할 수 있는 효력을 집행력이라고 한다. 통상의 채권에는 소구력이 인정되므로 채권자는 소권(訴權)을 가진다.

채무의 이행을 강제하려면 채권자가 먼저 소송을 제기하여 이행판결을 받고 (민사소송법 §248 이하), 집행권원에 의거하여 민사집행법의 규정에 따라 강제집행을 신청하여야 한다(민사집행법 §61 이하). 강제집행은 국가의 강제집행권의 실행으로서 유효한 집행력 있는 집행권원에 의해 절차가 진행되므로 공신적 효과가 있으나, 저당권의 경매와 같은 담보권 실행절차는 피담보권의 존재를 전제로 하고 국가기관이 실행을 대행하는 것에 불과하므로 강제집행과 다르다. 일반적으로 자연채무에는 소구력과 집행력이 없다. 이에 대해서는 후술한다.

한편 앞서 기술한 강제집행과 달리 우리의 현행법은 '강제이행'이라는 용어를 사용하여 민법(§389)과 민사집행법(§§260 이하)에서 병행하여 규정하고 있다. 즉, 강제이행의 방법으로 직접강제·부작위채무의 강제이행에 대하여 정하고 있다(자세한 설명은 이하 제3장 제3절 [3] 참조).

채권의 속성과 관련하여 소구력·집행력을 채권의 속성으로 파악하지 않는 견해가 많다. 이는 채권의 본질을 실체법적인 측면에서 보고 있다는 점, 소구력과 집행력이 없는 자연채무와 명확하게 차별화하기 어렵게 한다는 점, 강제이행을 민법에서 규정하고 있는 근거를 합리적으로 설명할 수 없다는 점 등의 문제가 있다. 채권은 임의적 이행이나 강제적 실행이 있어야 궁극적으로 소멸하기 때문에 채권의 속성도 이 틀에서 이해하여야 한다. 그러므로 이들 속성을 전부 또는 부분적으로 결여하고 있다면 불완전채권으로 보아야 할 것이다.

[3] 자연채무

Ⅰ. 연혁과 의의

채권자가 이행을 소구할 수 없는 채권(채무)을 자연채무라고 한다. 민법에는 자연채무에 관한 규정이 없지만, 학설과 판례 모두 자연채무를 인정하는 데에 일치하고 있다. 역사적으로 자연채무는 '소권(訴權)이 있는 곳에 권리가 있다'라는 소권법 체계를 취했던 로마법에서 유래한다. 그러나 '권리가 있는 곳에 소권이 있다'라는 실체법 체계를 취하는 근대법에서는 원칙적으로 채권에 소권이 인정된다. 그러나 예외적으로 소구력이나 집행력이 없는 채무가 발생할 수 있다. 앞에서 설명한 것처럼 채권에 청구력 및 소구력은 있으나 집행력이 없는 채권은 '책임 없는 채무'가 된다. 이와 달리 일반적으로 자연채무라고 하면, 채무자가 임의로 이행하지 않는 경우에도 채권자가 소송을 제기하여 이행을 구할 수 없는 채무를 가리키는 것으로 이해한다. 그렇다면 소구력은 없는데 집행력이 있는 채무가 있을 수 있는지 의문이다. 결론적으로 말하자면 자연채무에 소구력이 없다면 집행력도 없게 된다. 왜냐하면 소구력이 있어야 소송을 제기할 수 있고, 이행판결에 따른 집행권원을 받아야 집행력이 발생하기 때문이다. 이 점에서 채권의 속성을 이해하는 데 자연채무가 도움이 된다.

Ⅱ. 자연채무의 특징

자연채무라도 채무자가 임의로 변제하면 유효한 변제가 되므로 반환을 청구할 수 없다. 즉, 채권자에게 급부보유력이 인정되기 때문에 비채변제가 되지 않는다. 이와 같이 자연채무는 법률상 정상채무와 마찬가지로 취급되므로 상계(§492) 및 경개(§500)의 기초가 될 수 있으며, 피담보채권의 확보를 위하여 유효하게 인적·물적담보를 설정할 수 있다. 또 자연채무를 채권자가 양도하거나, 타인에게 채무를 인수시킬 수 있고, 이 경우 자연채무는 있는 상태 그대로 양도 또는 인수된다.

그러나 단순한 도의상 채무와 사회질서위반의 채무는 법률상 채무가 아니어서 임의의 이행이 있더라도 그 반환을 인정하지 않는다. 반환을 부정한다는 점에서 결과적으로 자연채무와 유사한 것처럼 보이지만, 도의상 채무를 이행한 경우는 비채변제(§742) 또는 도의관념에 적합한 비채변제(§744)로서 급부자를 보호할 필요가 없다는 입법정책상의 고려에서 반환을 청구할 수 없게 한 것이며, 사회질서위반의 채무를 이행한 경우에는 불법원인급여(§746)에 따라 사회적 타당성이 없는 행위의 결과를 복구하려는 자에게 협력을 거절하려는 법률정책적 목적에서 반환을 부정한 것이다. 그러므로 이들 채무는 법률적으로 의미가 있는 채무가 아니다.

Ⅲ. 자연채무로 거론되는 채무

1. 부제소합의(不提訴合意)가 있는 채무

채권의 당사자가 합의를 통해 채무자가 임의로 변제하는 것은 가능하지만, 채권자가 소송으로 이행을 청구할 수 없는 채무를 발생시킬 수 있다. 이른바 부제소합의 또는 소구력을 배제하는 특약을 의미하는데, 이는 계약 당시에도 할 수 있고 또 이미 발생한 채무에 관하여 사후에 할 수도 있다.

일반적으로 소송상 합의는 명문으로 정하고 있는 경우(관할합의 민소법 §29, 불항소합의 §390 Ⅰ)를 제외하고는 절차의 안정성 보장을 위한 소송법상 '임의소송금지의 원칙'에 따라 금지된다. 다만 부제소합의나 소취하합의는 명문규정이 없음에도 불구하고 절차안정에 영향이 적어 예외적으로 인정된다.

부제소합의에 위반하여 제기한 소는 권리보호의 이익이 없다고 하여 자연채무성을 인정한다(92다21760). 그러나 부제소합의는 소송당사자에게 헌법상 보장된 재판청구권의 포기와 같은 중대한 소송법상의 효과를 발생시키는 것이어서 판례는 그 유효성의 판단에 매우 신중을 기한다. 즉, 당사자의 의사가 불분명할 때에는 가급적 소극적 입장에서 해석하고(2017다217151), 당사자가 예상하지 못한 손해에 대해서는 영향이 없다고 한다(88다카4994).

2. 소멸시효가 완성된 채무

소멸시효완성의 효과에 대해서는 절대적 소멸설과 상대적 소멸설이 대립하고 있다. 절대적 소멸설은 시효의 완성으로 채무가 당연히 소급적으로 소멸한다고 본다. 그러므로 절대적 소멸설에 따른다면 시효완성에 따라 소급적으로 소멸된 채무에 대하여 자연채무성을 인정할 수 없다. 왜냐하면 자연채무는 채권의 법적 유효성을 전제로 하기 때문이다. 또한 이 학설에 따르면 채무가 이미 소멸되어 포기 또는 상계할 대상이 없어졌으므로 시효이익의 포기(§184)와 소멸시효가 완성된 채권에 의한 상계(§495)의 근거를 설명하지 못한다.

이와 달리 상대적 소멸설에서는 시효의 완성으로 채무가 당연히 소멸하지 않고, 채무의 소멸을 주장할 권리가 생기고 이를 원용한 때에 채무가 소멸한다고 한다. 이 학설에 따르더라도 시효를 원용하면 채무가 소멸하므로 자연채무가 될 수 없다. 또 시효가 완성되었더라도 채무자가 이를 원용하지 않으면 아직 채무가 유효하므로 자연채무가 아니다. 이들 학설의 차이점은 채무의 소멸을 시효의 완성이냐 원용이냐에 두고 있을 뿐이지, 소급적으로 소멸한다는 점에서는 동일하기 때문에 어느 학설을 취하더라도 자연채무가 인정될 수 없다.

그렇다면 소멸시효가 완성된 채무는 자연채무가 될 수 없는가? 위와 같은 결론은 시효완성의 성질을 잘못 이해한 데 기인한다. 예를 들어, 살인죄를 범하고 공소시효가 지났다거나 살인죄로 복역을 하고 출소했다고 하여 살인죄의 사실조차 사라지지 않는다. 단지 국가가 동일한 죄목으로 형사소추를 할 수 없다는 것이지, 피해자와 유가족에게 준 상처까지 치유되었다고 볼 수는 없다. 이런 판단에 기초한다면 시효가 완성되더라도 채무는 그대로 존재하는 것이며, 다만 시효가 완성된 이후에는 법으로 채권자의 권리를 보호해 주지 않는다는 것이다. 다시 말하면, 시효가 완성되어도 채권자는 채무자에게 이행을 청구할 수 있고 채무자가 임의이행을 하더라도 비채변제가 되지 않는다. 또 채권자가 소송을 제기하여 이행을 청구해도 채무자가 시효완성을 원용한다면 법으로 보호받을 수 있다. 즉, 시효의 완성에 의한 소멸은 상대적이어서 채권의 발생원인까지 소멸되는 것이 아니고, 채권자의 재판상 청구에 대하여 시효를 원용할 수 있을 뿐 청구권 자체까지 소멸되는 것이 아니므로 소멸시효가 완성된 채무는 자연채무로 볼 수 있다. 이러한 관점에서 보면 시효의 완성 또는 원용으로 채무가 완전하게 소멸한다는 기존의 학설은 옳지 않다. 나무기둥에 박혀 있는 못을 시효완성으로 뽑아내도 못이 박혀 있던 흔적까지 소멸되었다고 볼 수는 없기 때문이다. 결론적으로 시효가 완성된 채무는 청구력은 있으나 소의 이익이 없어 소구력이 없는 자연채무가 된다고 보는 것이 옳다.

3. 소송법상 채권자의 제소가 금지된 채무

가. 채권자가 승소의 종국판결을 받은 후 소를 취하한 경우의 채무

민사소송법에서는 채권자가 승소의 종국판결을 받은 후에 소를 취하한 때에는 같은 소를 제기하지 못한다고 정한다(§ 267 Ⅱ). 여기서 채권자가 승소의 종국판결을 받았다면 채권의 존재가 인정된 것이므로 소를 취하하였다고 채권 자체가 소멸하는 것은 아니며, 청구력까지 상실했다고 볼 수는 없다. 다만 제소금지

규정에 따라 다시 소송을 제기할 수 없기 때문에 소구력이 없는 채무가 되었으니 자연채무성을 갖게 된다. 그러므로 채무자가 임의로 이행하면 유효한 변제가 되고, 채권자도 자동채권으로 상계할 수 있다(84가합1090 참조).

나. 채권이 존재함에도 불구하고 채권자의 패소판결이 확정된 경우의 채무

채권이 존재한다는 확실한 증거가 있음에도 불구하고 소송에서 채권자의 패소판결이 확정되었다면 판결의 기판력으로 다시 소송을 제기할 수 없기(민사소송법 §216, 218) 때문에, 이런 경우의 채무는 소구력이 없는 자연채무가 된다.

4. 파산절차나 개인회생절차를 통해 면책된 채무

파산절차를 통해 면책을 받은 채무자는 파산절차에 의해 배당된 채무를 제외한 채무 전액에 대한 책임이 면제되고(채무자회생법 §566), 또 개인회생절차를 통해 면책을 받은 채무자는 변제계획에 따라 변제한 것을 제외한 채무에 대해 책임이 면제된다(채무자회생법 §625). 여기서 책임을 면제한다는 것은 채무 자체는 존재하지만 이행을 강제할 수 없다는 의미로 이해한다(2001다3122). 나아가 면책의 허가나 결정은 법원이 하는 것이어서(채무자회생법 §564, 625) 채권자가 제소하더라도 소의 이익이 없기 때문에 면책된 채무는 자연채무가 된다고 보는 것이 옳다.

[4] 채권의 대외적 효력(제3자에 의한 채권침해)

Ⅰ. 개   요

제3자에 의한 채권침해란 채권의 목적 실현이 제3자에 의해 방해를 받아 채권자가 손해를 입는 것을 말한다. 여기에는 두 가지 문제점이 있다. 첫째는 제3자의 불법한 채권침해행위가 채권자에게 불법행위가 될 수 있는가이고, 둘째는 제3자가 채권자의 권리행사를 방해하는 경우에 채권자는 채권에 기한 방해배제를 청구할 수 있는가이다. 이하에서 이들을 차례로 살펴보기로 한다.

Ⅱ. 채무불이행과 채권침해의 관계

채권침해는 내용실현을 방해하는 자가 누구인가에 따라 채무자에 의한 침해와 제3자에 의한 침해로 나눌 수 있다. 이 중에서 후자가 채권의 대외적 효력에 관한 것이며, 전자는 대내적 관계로서 채무불이행책임을 구성할 뿐 불법행위책임이 성립하지 않는 것이 원칙이다. 그러나 채권도 재산권으로서 불법행위의 대상이 될 수 있으며, 위법성이 있는 고의의 침해행위가 채무의 내용에 좇은 행위와 무관하다면 침해행위자가 비록 채무자라도 불법행위책임을 인정하는 것이 타당할 것이다. 독일에서도 채무자의 침해행위로 인신손해가 발생하였다면, 이 경우 계약책임에 따른 위자료청구가 불가능하기 때문에 불법행위책임이 성립할 수 있다고 한다. 우리 학설도 계약책임에 불법행위의 위자료청구권에 관한 제751조를 유추적용하는 것으로 해석한다. 이는 계약책임의 흠결을 불법행위책임으로 보충한다는 것이지 계약책임을 위자료청구권까지 확장하는 것으로 이해해서는 안 된다. 즉, 계약책임에 위자료청구권을 끌어오는 것이 아니라, 계약책임으로 청구할 수 없는 경우에 불법행위의 위자료청구권을 행사할 수 있도록 한다는 것이다.

Ⅲ. 제3자의 채권침해에 대한 불법행위의 성립 여부

1. 원   칙

채권은 상대권이므로 급부의 실현에 의하여 취득하게 될 소유권 기타 지배권과 달리 제3자의 침해행위에 대하여 구체적인 권리를 행사할 수 없다는 것이 원칙이다(불성립의 원칙). 또 우리 민법은 채권의 대외적 효력으로서 제3자에 의한 채권침해에 대하여 정하고 있지도 않다. 그럼에도 불구하고, 학설과 판례에서 이를 인정하고 있다.

2. 학   설

학설은 제3자의 채권침해에 의하여 급부만족을 받을 수 없게 되는 채권자를 보호하기 위하여 불법행위의 성립을 제한적으로 인정하고 있다. 다만, 그 근거에 대하여는 견해가 대립하고 있다. 즉, 권리불가침성설에 의하면 모든 권리는 불가침의 성질을 가지므로 채권이 침해되어도 역시 불법행위가 성립한다고 주장한다. 이에 반하여, 위법성설에 따르면 권리를 침해하기 때문에 불법행위가 성립하는 것이 아니라, 제3자의 채권침해가 위법성의 요건을 충족할 때 비로소 불법행위가 성립한다고 한다. 생각건대 권리불가침성설은 채권도 당연히 침해의 대상이 된다는 것이고, 위법성설은 채권이 침해되었더라도 침해유형별로 불법행위의 성립가능성을 제한적으로 인정해야 한다는 점에 차이가 있다. 결국 제3자의 채권침해에 대하여 불법행위책임의 성립을 인정하는 근거를 채권의 고유한 성질에서 찾을 것이 아니라, 불법행위의 성립요건의 관점에서 찾는다면 별로 문제될 것이 없어 보인다. 즉, 후술하는 바와 같이 불법행위의 성립요건을 충족한다면 침해의 대상이 채권이라도 불법행위의 성립을 인정해야 한다.

3. 판 례

판례는 제3자에 의하여 채권이 침해되었다는 사실만으로 바로 불법행위로 되지는 않고 침해되는 채권의 내용, 침해행위의 태양, 침해자의 고의의 유무 등을 참작하여 채권침해의 위법성을 구체적으로 판단하여야 한다고 하면서(2000다 32437), 특히 제3자의 위법성을 인정하려면 그가 채무자와 적극 공모 또는 기망·협박 등 사회상규에 반하는 수단을 사용하거나 채권자를 해할 의사로 채무자와 계약을 체결하였다는 등의 특별한 사정이 있어야 한다(99다38699)는 입장을 취하고 있다. 이러한 판례의 태도는 다수설인 위법성설과 같은 입장이다.

Ⅳ. 채권침해의 구체적 모습

제3자의 채권침해가 불법행위가 되는지를 검토하려면 먼저 침해유형별로 그 성립가능성을 탐색해야 한다. 채권침해행위에는 다음과 같은 것들이 있다.

1. 채권의 귀속 자체를 침해한 경우

타인의 지시채권이나 무기명채권을 훼손하거나 이를 횡령하여 선의의 제3자에게 취득시킨 경우, 제3자가 불법한 채권의 준점유자(§470) 내지 영수증소지자(§ 471)로서 유효한 변제를 받은 경우와 같이 제3자가 채권자의 채권을 상실하게 하였다면 제3자의 채권침해로서 불법행위가 성립한다. 또 제3자가 채권자의 대리인을 사칭하여 채권을 처분하였는데 상대방이 표현대리 법리(§§ 125, 126, 129)에 따라 보호받게 된 경우에도 제3자에 의한 채권처분으로서 불법행위가 성립한다.

2. 급부를 침해하여 채권이 소멸한 경우

특정물의 인도를 목적으로 하는 특정물채권에 있어서 채무자의 귀책사유 없이 제3자가 급부를 침해함으로써 급부불능이 발생한 경우 채무자에게 책임 없는 이행불능이 되어 채무가 소멸하지만, 채권자는 불법행위를 근거로 제3자에 대하여 손해배상을 청구할 수 있다.

한편 바이올린 연주자를 구금·납치·감금하거나 부상·사망하게 하여 독주회에 출연하지 못하게 한 경우와 같이 행위채권을 침해하였다면 연주자(채무자)에게 책임 없는 사유로 연주를 못하게 되어 연주할 채무는 소멸하지만, 채권자(연주회 티켓구입자)는 불법행위를 근거로 제3자에 대하여 손해배상을 청구할 수 있다. 이 경우 연주회를 기획한 기획자는 티켓구입자에 대해서는 채무자로서 책임이 있지만, 제3자에 대해서는 채권자로서 불법행위책임을 추궁할 수 있다.

3. 급부를 침해하여 채권이 소멸하지 않는 경우

가령 제3자가 채무자와 공모하여 목적물을 파손한 경우, 채무자를 교사·방조하여 채무를 이행하지 않도록 한 경우 또는 채무자와 공동으로 채권자의 권리행사를 방해한 경우에 채무자의 채무불이행책임은 소멸하지 않으며, 손해배상책임으로 변하여 존속한다. 그렇지만 이 경우에도 제3자는 채권자에 대하여 불법행위책임을 진다.

한편 부동산 이중매매의 경우 제2매수인이 매도인의 이중매매에 적극 가담한 경우 선량한 풍속 및 사회질서의 위반(§ 103)으로서 제2의 매매는 무효가 되고, 제1매수인은 제2매수인에 대해 불법행위책임을 물을 수 있다(91다28740). 또한 이미 분양된 아파트에 대하여 금융기관의 임직원이 이중분양행위에 적극 가담하여, 이중분양을 요청하거나 유도하여 이중분양계약에 기한 대출과 근저당권설정행위가 있었다면 최초 수분양자의 분양계약에 기한 채권을 침해하는 것으로서 불법행위책임을 진다(2000다41820).

4. 책임재산의 감소행위

제3자가 채무자의 책임재산을 감소시키는 행위를 함으로써 채권자로 하여금 채권의 실행과 만족을 불가능 내지 곤란하게 한 경우 채권침해가 된다(2008다 81534). 예컨대, 채무자와 공모하여 허위의 채권증서를 작성하고, 이를 기초로 하여 가압류함으로써 채권자의 집행을 곤란하게 하는 경우 또는 채무자의 유일한 책임재산을 은닉하는 경우에는 사해행위의 취소를 통하여 책임재산의 회복이 가능하지만, 제3자에게는 독자적인 불법행위책임을 추궁할 수 있다는 것이다. 이 경우 제3자의 위법성이 인정되려면 단순히 채무자 재산의 감소행위에 관여하였다는 것만으로는 부족하고 채무자와 적극 공모 또는 기망·협박 등 사회상규에 반하는 수단을 사용하거나 채권자를 해할 의사로 채무자와 계약을 체결하였다는 등의 특별한 사정이 있어야 한다(2005다25021).

5. 조건부 권리의 침해

조건부 권리는 조건의 성부가 미정한 동안에는 성취로 인한 이익을 침해할 수 없다(§148). 그러므로 조건부 권리는 제3자에 의해서도 침해될 수 없다. 가령 낙제하면 되돌려 주기로 하고 물건을 증여받았는데 이런 사실을 알면서 수증자로부터 매수한 물건을 분실한 상황에서 수증자가 낙제하였다면 물건의 반환불능으로 인하여 매수인이 증여자의 기대권을 침해한 것으로 불법행위책임이 문제된다. 물론 매입 및 분실과정에서 매수인에게 위법성과 귀책사유가 있는지 구체적으로 검토해야 할 것이다.

V. 불법행위의 성립요건과 효과

1. 성립요건

제3자의 채권침해행위가 불법행위로 되려면 채권침해가 가능한 것만으로는 부족하고, 불법행위의 요건도 아울러 갖추어야 한다. 그중에 특히 문제가 되는 것이 고의·과실과 위법성이다.

가. 고의·과실

채권에는 공시방법이 없으므로 가해자인 제3자가 채권의 존재를 몰랐던 데 대하여 과실을 인정하기 어렵다. 따라서 제3자에게 일반적 주의의무를 부과하는 데 한계가 있으므로 사실상 고의에 의한 채권침해만이 문제가 된다. 그러나 등기된 부동산임차권, 대항요건을 갖춘 주택임차권 및 가등기된 부동산채권의 경우에는 일반적 주의의무가 부과될 수 있으므로 과실에 의한 채권침해라도 불법행위가 성립될 수 있다.

나. 위법성

제3자의 채권침해가 불법행위가 되려면 그 침해행위가 위법하여야 한다. 그런데 채권에는 배타성이 없기 때문에 채권이 침해되었더라도 위법성 여부는 보호법규 위반, 선량한 풍속 기타 사회질서 위반 등을 고려하여 구체적으로 판단하여야 한다. 즉, 앞서 기술한 바와 같이 이중매매가 사회질서에 반하여 무효인 경우에는, 채권침해의 위법성이 인정되어 채권자인 제1매수인은 제2매수인에 대하여 불법행위를 이유로 직접 손해배상을 청구할 수 있다고 할 것이다. 판례는 채권이 침해되었다는 사실만으로 바로 불법행위로 되지는 않고 침해되는 채권의 내용, 침해행위의 태양, 침해자의 고의의 유무 등을 참작하여 채권침해의 위법성을 구체적으로 판단하고 있다(2000다32437).

2. 채권침해의 효과

제3자의 채권침해로 불법행위가 성립되는 때에는, 그 효과로서 손해배상청구권이 발생한다.

Ⅵ. 제3자의 채권침해에 대한 방해배제청구권의 성부

제3자가 채권자의 채권행사를 방해하는 경우에 채권자가 채권에 기하여 방해한 제3자에 대하여 방해배제를 청구할 수 있는지가 문제된다. 소유물에 대한 방해제거 및 방해예방청구권(§ 214)은 지상권(§ 290)·지역권(§ 301)·전세권(§ 319)·저당권(§ 370) 등 다른 물권에 준용되지만, 채권에 준용한다는 규정이 없기 때문이다.

1. 학 설

다수설은 채권에 있어서는 불가침성이 논리적·필연적인 것이 아니기 때문에 원칙적으로 방해제거·방해예방청구권을 부정한다. 다만, 채권을 보호하기 위하여 정책적·예외적으로 방해제거·방해예방청구권은 인정한다. 즉, 공시방법이나 대항력을 갖춘 채권, 특히 임차권의 경우에는 방해배제청구권을 인정하자는 것이다.

이와 달리 제3자가 채권자의 채권행사를 방해하는 경우 채권의 불가침성 입장에서 방해배제·방해예방 및 목적물반환청구권을 모두 인정하여야 한다는 견해도 있다. 이 학설은 채권의 불가침성을 인정하는 입장에서 채권의 일반적 성질로서 침해배제청구권이 생긴다고 한다.

2. 판 례

판례의 태도 역시 다수설의 입장에서 제3자의 채권침해에 대한 방해제거·방해예방청구권을 부정한다. 즉, 채권적 권리인 일시경작권을 매수하였다는 사유만으로 불법점유 중인 제3자에게 직접 토지의 인도를 청구할 수 없다고 한다(80다1362). 다만, 등기된 임차권이 원인 없이 말소된 경우 임차권의 침해로 보아 임차권에 기한 방해배제청구를 인정하고 있다(99다67079).

제 2 장   채권의 목적

제 1 절 총   설

I. 채권의 목적의 의의

채권의 목적은 채권자가 '채무자에 대하여 청구할 수 있는 일정한 행위'를 말한다. 우리 민법은 제373조에서 금전으로 가액을 산정할 수 없는 것이라도 '채권의 목적'이 될 수 있다고 정하여, 일본민법상의 급부(Leistung)라는 용어를 배제하였다. 그럼에도 불구하고 아직도 급부(이행행위)는 이행, 지급, 변제 등과 함께 널리 사용하고 있다(본서에서도 관행에 따라 급부라는 용어를 사용함). 이러한 용어상의 혼용으로 인해 채권의 목적을 채권의 목적물과 동일한 것으로 오해할 수 있다. 그러나 채권의 목적물은 급부와 달리 급부의 객체로서 매매의 경우 물건이나 금전을 말한다.

앞서 설명한 바와 같이 채권의 목적인 '급부'의 발생은 법률의 규정에 의한 경우(불법행위, 부당이득, 사무관리 등)와 법률행위, 특히 계약에 의한 경우로 분류할 수 있는데 본장에서는 급부가 계약에 의해 발생한 경우에 한정하여 기술한다. 계약은 사적자치의 표현이므로 급부의 종류나 내용의 결정은 원칙적으로 당사자의 의사에 달려있다. 따라서 급부의 종류나 성질에 따라 급부의 목적도 달라진다(Ⅲ. 급부의 종류 참고).

Ⅱ. 급부의 일반요건

급부에는 최소한 법률행위의 목적에 관한 일반요건을 갖추어야 한다. 법률행위의 목적은 법률행위를 하는 자가 그 법률행위에 의하여 발생시키려고 하는 법

률효과를 의미하며, 그 법률행위가 유효하려면 그 목적·내용이 법적 보호를 주는
데 적합하여야 하므로 확정·가능·적법하고 또한 사회적 타당성이 있어야 한다.

1. 확정성

채권의 목적인 급부가 채권이 성립할 당시 확정되어 있거나, 적어도 확정될
가능성이 있어야 한다. 목적물의 표시가 너무 추상적이어서 이를 구체적으로 특
정할 수 있는 방법과 기준이 정해져 있지 않아 이행기까지 급부를 확정할 수 없
는 경우 채권은 성립되지 않고, 그 채권을 발생시키는 법률행위도 무효가 된다(96
다26176).

2. 실현가능성

급부는 실현이 가능하여야 한다. 실현이 불가능한 급부를 목적으로 하는 채
권은 성립하지 않으며, 이러한 채권을 발생시키는 계약은 무효이다(원시적 불능).
불능을 판단함에 있어서 물리적으로 절대 불가능한 것은 물론이고, 물리적으로
가능하더라도 사회관념상 불가능한 것도 불능에 속한다. 그리고 불능은 확정적인
것이어야 하고, 일시적으로 불가능하더라도 가능하게 될 수 있다면 불능이 아니다.

3. 적법성

급부는 적법한 것이어야 한다. 즉, 강행법규에 위반되지 않아야 한다. 물권법
정주의를 취하고 있는 물권편과 친족 및 상속편의 규정, 경제적 약자를 보호하기
위한 민사특별법의 규정과 같은 강행법규에 위반하는 내용의 계약을 체결한 경
우 채권은 성립하지 않으며, 계약 또한 무효가 된다. 이러한 무효는 확정적·절대
적이어서 추인에 의하여 유효로 할 수 없다.

4. 사회적 타당성

급부는 사회적 타당성이 있어야 한다. 즉, 선량한 풍속 및 사회질서에 위반
하지 않아야 한다(§ 103). 예컨대 개인의 신체적 자유를 구속하는 인신매매나 일부
일처제(一夫一妻制)의 혼인질서를 흐리는 첩계약을 하는 경우와 같이 급부의 내용
이 사회질서에 반할 때 채권은 성립하지 않고, 이러한 계약은 무효가 된다.

5. 급부의 금전적 평가

금전으로 가액을 산정할 수 없는 급부라도 채권의 목적이 될 수 있다($\S 373$). 예컨대 돌아가신 부모의 천도제나 취업기원 100일 기도를 해주기로 약속하고 사찰에 기부한 경우는 금전으로 가액을 산정할 수 없는 채권이라고 볼 수 있다. 이런 경우 불이행시 현실적 이행을 강제하거나($\S 389$), 손해배상을 청구할 수 있을 것이다($\S 390$).

Ⅲ. 급부의 종류

채권의 목적, 즉 급부는 그 내용이나 모습에 따라서 다음과 같이 분류할 수 있다.

1. 작위급부와 부작위급부

급부의 내용이 적극적 행위, 즉 작위인 경우를 작위급부라고 하고, 소극적인 행위, 즉 부작위인 경우를 부작위급부라고 한다. 채권법은 대부분 작위급부를 대상으로 규정하고 있지만, 부작위도 채권의 목적이 될 수 있다($\S 389$ Ⅲ). 이들의 구별 실익은 강제이행 방법에 있다.

2. 하는 급부와 주는 급부

'하는 급부'와 '주는 급부'는 작위급부를 그 내용에 따라 분류한 것이다. 물건의 인도 이외의 작위를 내용으로 하는 것을 하는 급부라고 하고 채무자 자신의 급부행위를 중시한다. 이에 반하여 주는 급부는 작위가 물건의 인도이므로 급부의 결과가 중요하고 급부행위 자체는 중요하지 않다. 또한 하는 급부와 주는 급부는 강제이행 방법도 다르다($\S 389$ 참조).

3. 특정물급부와 불특정물급부

앞서 기술한 주는 급부에 있어서 인도할 목적물의 특정 여부에 따른 구별이다. 특정물급부에 있어서는 매매목적물을 한번 인도함으로써 계약의 목적을 달성하는 경우와 임대인의 임대목적물 인도와 같이 임대기간 동안 계속적 용익을 목적으로 하는 경우가 있다. 그리고 불특정물급부는 금전급부와 인도해야 할 물건의 종류로만 정해진 종류물급부로 나눌 수 있다. 특정물급부와 불특정물급부를 구별하는 것은 특정의 필요성, 이행방법, 이행장소에 관하여 실익이 있다.

4. 가분급부와 불가분급부

급부의 본질이나 가치를 손상시키지 않고 급부를 분할하여 실현할 수 있는지의 여부에 따른 구분이다. 불가분급부는 성질상 불가분인 것과 성질상은 가분이지만 당사자의 의사표시에 의하여 불가분인 것이 있다(§409 참조). 불가분급부는 급부 전체가 일체로 다루어지기 때문에 일부이행, 일부불능이 문제되지 않는다. 이들을 구별할 실익은 채권자나 채무자가 다수인 경우에 있다(§§408, 409).

5. 일시적 급부·계속적 급부·회귀적 급부

이는 급부를 실현하는 모습에 의한 구별이다. 일시적 급부는 1회의 작위 또는 부작위로 채권관계를 완료하는 급부를 말하며, 계속적 급부는 채무자의 작위나 부작위가 계속적으로 반복되어야 급부를 완료할 수 있는 급부이다. 이는 임대차계약, 고용계약과 같이 계속적 채권관계에서 비롯된 급부로 설명된다. 회귀적 급부는 일시적 급부와 계속적 급부를 결합한 것으로서 일정한 시간적 간격을 두고 일정한 행위를 반복하여야 하는 급부이다(예: 일간신문, 주간뉴스, 월간잡지 등). 회귀적 급부를 목적으로 하는 채무에서는 기본채무와 여기서 파생된 지분채무가 있다. 지분채무의 내용으로 지분급부가 행해진다. 급부를 실현하는 모습에 따라 구별하는 이들 급부는 채무불이행의 판단, 동시이행항변권, 사정변경의 원칙 등에서 차이가 있다.

6. 결과채무와 수단채무

일정한 결과의 발생을 목적으로 하는가, 결과를 얻지 못하더라도 결과발생을 위한 노력만으로도 급부가 실현될 수 있는가에 따른 구분이다. 결과채무는 도급계약상 '일의 완성'(§664)과 같은 수급인의 채무처럼 일정한 결과가 있어야 하지만, 수단채무는 의사의 진료의무처럼 환자의 치료를 위한 주의의무를 다했다면 완치라는 결과를 얻지 못했더라도 급부를 인정하여 반대급부를 청구할 수 있는 채무이다(2001다52568).

Ⅳ. 채권의 목적에 관한 민법규정

민법은 채권의 목적이라 하여 특정물채권, 종류채권, 금전채권, 이자채권, 선택채권의 5가지를 규정하고 있다. 이들 급부는 여러 형태의 계약으로 발생하지만, 불법행위·부당이득·사무관리와 같이 법률의 규정에 의해서도 발생하기 때문에 이들 급부에도 마찬가지로 적용된다.

제 2 절 특정물채권

Ⅰ. 의   의

특정물채권이라 함은 특정물의 인도를 목적으로 하는 채권이다. 임대차나 전세권과 같이 특정된 물건의 점유를 이전하는 것이 특정물의 인도이다. 그러나 여기에는 점유와 더불어 소유권을 이전하는 경우도 포함된다(매매, 증여, 교환 등). '특정물'이란 당사자의 주관적 의사에 따라 지정된 물건을 말하며, 거래상 대체물로 다루어진다고 하더라도 특정물이 될 수 있다. 즉, 특정물채권은 채권이 성립할 당시 목적물이 특정되지 않았더라도 뒤에서 설명하는 종류채권이나 선택채권의 경우 목적물이 특정되면 그때부터 특정물채권이 된다. 따라서 특정물은 물건의 객관적 성질에 의해 구분되는 부대체물과는 다르다고 할 수 있다.

Ⅱ. 채무자의 특정물 보존의무

1. 선관주의의무

특정물채권의 채무자는 목적물을 인도할 때까지 선량한 관리자의 주의로 보존하여야 한다(§374). 이 주의의무는 임의규정이어서 당사자 사이의 특약이 있거나 법률에 특별한 규정이 있는 경우에는 예외로 한다.

선량한 관리자의 주의, 즉 선관주의는 거래상 일반적으로 평균인에 요구되는 객관적 주의를 말한다. 이러한 일반적·객관적 표준에 따른 주의의무를 게을리 하는 것을 '추상적 과실'이라고 하는데, 민법상 주의의무의 원칙이다.

이러한 주의의무를 경감하려고 할 때에는 행위자의 구체적·주관적 주의능력에 따른 주의만을 요구하는데, 민법은 무상수치인의 주의의무(§695), 친권자의 자에 대한 법률행위 대리권 행사시의 주의의무(§922), 상속인의 상속재산 관리상의 주의의무(§1022) 등에서 선관주의와 다른 '자기재산과 동일한 주의'를 정하고 있다. 이 주의를 게을리 하는 것을 '구체적 과실'이라고 한다. '자기재산과 동일한 주의'는 선관주의의무에 대한 예외로서 특별규정이라고 할 수 있다.

2. 보존의무

특정물채권의 채무자는 선관주의를 가지고 목적물을 '보존할 의무'가 있다. 여기서 보존이라 함은 자연적·인위적인 멸실·훼손으로부터 물건을 보호하여 그 것의 경제적 가치를 유지하는 것을 말한다. 채무자가 목적물을 보존할 기간에 관하여 제374조는 '물건을 인도하기까지'로 정하고 있는 것은 원칙적으로 물건의 현실적 인도시점까지 채무자가 보존의무를 진다는 의미이다. 물론 이행기 이후라도 불가항력으로 인하여 인도를 못하거나 동시이행항변권을 행사하여 물건을 인도하지 않은 경우에는 이행지체의 책임 없이 인도할 때까지 보존의무를 부담한다. 그러므로 채무자가 목적물을 인도할 때까지 선관주의로 이를 보존했다면 비록 그 목적물이 멸실 또는 훼손되었다 하더라도 채무자는 이에 따른 책임을 지지 않는다. 만일 채무자가 이 보존의무에 위반하여 목적물이 멸실·훼손된 경우에는 그에 대한 손해를 배상해야 한다. 그러므로 보존의무를 지는 채무자는 목적물을 인도할 때까지 선관주의를 다하였다는 사실을 입증해야 하고, 이를 입증하지 못하면 목적물의 멸실·훼손으로 인한 손해배상책임을 부담한다(91다22605).

그러나 채무자가 선관주의의무를 다했음에도 불구하고 목적물이 멸실·훼손된 때에는 채권자에게 그 불이익이 돌아가게 된다. 이 경우 채무자는 손해배상의무가 없으며, 목적물이 멸실된 경우 채무자는 인도의무를 면하고, 훼손된 경우 그 상태로 인도하면 충분하다. 이와 같이 특정물채권에 있어서 당사자 쌍방의 유책사유 없이 목적물이 멸실·훼손된 경우 채무자에게 급부의무를 면해주는 것은 채권자가 급부위험을 부담하는 것으로, 쌍무계약에서 문제되는 위험부담(§ 537)과 구별된다. 즉, 쌍무계약에서 대가위험을 채무자가 부담하는 것과 달리 보존의무에서 급부위험을 채권자가 부담한다는 것은 '그 급부'의 이행 내지 2차적 효과로서의 손해배상을 청구할 수 없다는 것을 의미한다.

Ⅲ. 목적물의 인도의무

1. 현상인도

채무자는 선량한 관리자의 주의로 목적물을 보존하고, 이를 인도할 때까지 현상(現狀) 그대로 인도하여야 한다(§ 462). 즉, 채무자는 이행기의 현상대로 특정물을 인도하면 족하다. 그렇다면 채권 성립 당시의 목적물의 현상과 이행기의 현상 사이에 뚜렷한 차이가 있다고 하더라도 채무자가 선관의무를 다한 이상 아무런 책임을 지지 않는가? 제374조와 제462조의 취지가 매매목적물에 하자가 있음에도 매도인이 이행기의 현상대로 인도함으로써 모든 책임을 면한다는 것은 아니다. 판례는 불법으로 폐기물이 매립된 토지를 정화하지 않은 상태에서 매각한 소유자는 매매당사자가 아니지만 이를 전전 취득한 현재의 소유자에 대하여 오염토양의 정화비용 또는 폐기물 처리비용 상당의 불법행위책임을 인정하였다(2009다66549). 반면에 공익사업을 위한 토지 등의 취득 및 보상에 관한 법률(구 토지수용법 § 63)에 따라 인도의무가 있는 토지소유자는 수용목적물에 숨은 하자가 있는 경우에도 수용시기까지 토지를 현존 상태 그대로 인도할 의무가 있다고 하였다(98다58511). 토지수용에 의한 소유권취득을 승계취득이 아닌 원시취득으로 보았기 때문이다.

2. 인도장소

특정물채권에 있어서 목적물의 인도장소는 당사자의 의사표시나 채무의 성질에 따라 정해진다. 그러나 이들에 의하여 특별히 정해진 것이 없으면 채권성립 당시 물건이 있던 장소에서 인도해야 한다(§ 467 Ⅰ). 특정물 이외의 인도는 지참채무로서 채권자의 현주소(채무이행 당시의 주소)에서 하여야 한다(§ 467 Ⅱ). 그러나 채권자가 미리 수령을 거절하거나 그의 협력이 필요한 경우 채무자는 변제준비의 완료를 통지하고 수령을 최고하면 된다(§ 460 단서).

3. 과실귀속

특정물을 인도하기까지 생긴 천연과실은 누구에게 귀속되는지 문제된다. 채무자가 과실수취권을 갖는 경우에 채무자는 이행기까지 목적물로부터 분리한 과실을 수취할 수 있다. 그러나 매매, 교환 등의 유상계약에서는 이행기 이후 인도 전에 목적물로부터 생긴 과실은 매도인에게 속한다(§ 587).

4. 특정물의 불인도

매수인이 매매대금의 지급을 지체했더라도 목적물을 인도받지 않았다면 지체에 따른 손해배상책임이 없다(95다14190). 또 임대차계약 존속 중 발생한 화재로 인하여 임차인이 목적물을 반환할 수 없게 된 경우, 그는 목적물 반환의무의 이행불능으로 인한 손해를 배상할 책임을 진다. 이 경우 당사자 쌍방의 귀책사유 없이 임차목적물이 화재로 멸실되었다면 쌍무계약상 위험부담이 문제된다(§ 537). 즉, 임차인은 대가위험을 부담하여 임차보증금의 반환을 청구할 수 없고, 임대인은 급부위험을 부담하므로 임차목적물 반환을 청구할 수 없게 된다. 그러나 이 화재가 임대인이 지배·관리하는 영역에 존재하는 하자로 인하여 발생한 것으로 추단된다면, 임차인이 하자를 미리 알았거나 알 수 있었다는 등의 특별한 사정이 없는 한, 임차인은 목적물 반환의무의 이행불능으로 인한 손해를 배상할 책임이 없다(2012다86895·86901). 이 경우 임차인은 임차목적물의 인도의무를 면하면서도 임차보증금의 반환을 청구할 수 있고, 임대인은 임차보증금의 반환의무를 부담한다(§ 538).

제 3 절 종류채권

I. 서 설

1. 의 의

종류채권은 일정한 종류에 속하는 일정량의 물건의 급부를 목적으로 하는 채권이다. 예를 들어 천일염 40kg, 백미 80kg의 급부를 목적으로 하는 경우이다. 종류채권은 대량생산·대량소비의 현대사회에서 중요한 의미를 가진다.

소비대차(§ 598) 및 소비임치(§ 702)에서는 종류물이 인도의 목적물이 된다. 종류채권이라도 실제로 이행이 되려면 일정한 물건이 구체적으로 확정되어야 하므로 궁극적으로는 특정물채권으로 변한다. 또한 거래관행상 대체물이 종류물에 해당하는 경우가 일반적이고, 부대체물이 특정물로 되고 있다. 하지만 종류물과 특정물에 대한 판단은 계약내용이나 당사자의 의사에 의해 결정되므로, 거래관행상 부대체물(이중섭의 작품 10점을 전시하는 경우)도 종류물이 될 수 있다.

2. 제한종류채권

지정된 범위 내의 종류물을 급부의 목적으로 하는 채권을 제한종류채권이라고 한다. 예컨대 농협창고에 보관중인 백미 100가마 중에서 10가마를 급부하기로 한 경우(4288민상232). 보유주식 일정량을 담보로 제공하기로 한 경우(93다20191)가 제한종류채권에 해당한다. 제한종류채권은 종류물이 한정되어 있기 때문에 한정된 종류물이 모두 멸실된 때에는 채무자는 급부의무를 면한다. 그리하여 채무자가 다른 물건으로 다시 조달할 필요가 없다.

그렇다면 빈센트 반 고흐의 작품 중에서 10점만 국내에 전시하기로 약정한 경우 채권의 성질은 제한종류채권인지 선택채권인지 문제된다. 이때에는 각각의 작품의 개성을 중요시하느냐(선택채권), 작품의 개성보다 고흐의 여러 작품 중에서 일정 범위만을 중요시하느냐(제한종류채권)에 따라 판단해야 할 것이다. 판례는 1필의 토지 중 일정 면적을 매도하는 계약을 체결하였으나 양도할 토지 위치가 확정되지 않은 경우, 매수인이 토지소유자에게 가지는 채권은 선택채권으로 보았다(2010다16090).

3. 조달의무와 채무불이행책임

종류채권의 채무자는 급부를 위해 준비한 물건이 멸실되더라도 급부의무가 면제되지 않는다. 채무자에게 유책사유가 없어도 마찬가지이다. 종류채권의 채무자에게는 조달의무가 있기 때문이다. 조달의무란 채무자가 지정된 종류물을 이행기까지 구입·인도해야 할 의무로서 지정된 종류물이 이행기 전에 채무자의 과실 없이 멸실·훼손되어도 채무불이행책임을 진다. 이와 같이 종류채권에서 조달의무는 선관주의의무보다 중한 책임을 부과한다.

또한 종류채권은 급부목적물이 특정되기 전에는 다른 물건으로 급부해야 하므로 그 자체가 불능으로 되는 경우가 거의 없다. 따라서 종류채권에서 채무자는 급부의무·조달의무를 부담하므로 급부위험부담이 문제되지 않지만, 종류물채권이 특정되면 그때부터 위험부담의 문제가 발생한다. 이에 대해서는 아래 특정의 효과에서 설명한다.

Ⅱ. 목적물의 품질 확정

종류채권에 있어서 급부목적물의 품질이 상, 중, 하로 여러 등급이 있는 경우 채무자는 어떤 품질의 물건을 급부하여야 하는가? 이에 관하여 민법은 세 가지 표준을 정하고 있다(§ 375 Ⅰ).

첫째는, 법률행위의 성질에 의해 결정된다. 예를 들어 소비대차, 소비임치에 있어서 차주와 수치인은 그가 처음에 받은 물건과 동일한 품질의 물건을 반환해야 하는 것과 같다. 둘째로, 당사자의 의사에 의하여 물건의 품질이 정해진다. 즉, 당사자들이 계약 당시에 목적물의 품질에 대해 합의했다면 그에 따른다. 셋째로, 목적물의 품질을 법률행위의 성질이나 당사자의 의사에 의하여 정할 수 없는 때에는 중등품질의 물건으로 급부하여야 한다. 유상계약상 목적물의 품질은 급부의 대가균형을 고려해야 하므로 중등품으로 이행하는 것이 가장 합리적이다.

중등품을 급부하기로 했는데 정해진 품질이 아닌 상등품을 이행했다면 대가가 증가하여 채권자에게 유리하다 볼 수 있지만, 상등품의 판매가 곤란하다면 오히려 채권자에게 불리할 수도 있다. 반대로 중등품을 급부하기로 했는데 하등품을 이행했다면 대가가 감소하여 채권자에게 불리하다 볼 수 있지만, 하등품이 희귀하여 가격이 상승했다면 오히려 채권자에게 유리할 수도 있다. 원래 약속한 대로 이행하지 않았다는 점에서 이들 모두가 채무불이행이 문제된다. 그러나 채무불이행에 대한 최종판단은 그때그때의 상황에 따라 결정되어야 할 것이다.

Ⅲ. 종류채권의 특정

1. 특정의 의의

종류채권은 수량과 종류만이 결정되어 있으므로 종류채권이 실제로 이행되려면 종류로만 정해진 물건을 구체적으로 특정하여야 한다. 이를 종류채권의 특정이라고 한다. 여기서 특정이란 채무자의 조달의무가 제거되고 선관의무를 부담하는 특정물채권으로 전환된다는 것을 의미한다. 나아가 급부위험은 특정에 의해 채권자에게 이전된다.

2. 특정의 방법

민법은 특정의 방법으로 두 가지를 정하고 있다(§375 Ⅱ). 즉, '채무자가 이행에 필요한 행위를 완료'한 경우와 '채권자의 동의를 얻어 이행할 물건을 지정'한 경우이다. 그 밖에도 사적자치의 원칙상 당사자들이 합의로 목적물을 특정하거나 당사자 사이의 계약으로 목적물의 특정방법을 따로 정할 수 있을 것이다.

가. 채무자가 이행에 필요한 행위를 완료한 경우

채무자가 이행에 필요한 행위를 완료한 것이란 '채무의 내용에 따라서' 채무자가 급부에 관하여 필요한 행위를 다하는 것을 말한다. 이행의 완료, 즉 특정에 대한 구체적 시기는 채무의 이행장소에 따라 달라진다. 채무의 이행장소에 의하여 지참채무, 추심채무, 송부채무로 나뉘는데 채무자의 이행행위에 각각 차이가 있다.

(1) 지참채무의 경우

채무자가 목적물을 채권자의 주소지나 영업소에서 현실제공으로(§460) 이행하여야 하는 채무가 지참채무이다. 특정물채무 이외의 채무는 지참채무가 원칙이다(§ 467 Ⅱ). 따라서 종류채무도 원칙적으로 지참채무이다. 그러므로 지참채무에 있어서는 채무자가 채권자의 주소에서 채무의 내용에 좇아서 변제제공을 한 때, 즉 목적물이 채권자의 주소에 도착하고 채권자가 언제든지 수령할 수 있는 상태에 놓인 때에 특정이 있게 된다(§ 460 참조). 따라서 운반 중 채권자가 수령할 수 있는 상태에 놓이기 전에 목적물이 멸실되었다면 그 멸실이 불가항력에 의한 경우에도 채무자는 이행의무를 면하지 못한다. 운송 중의 위험은 채무자가 부담하고, 채권자에게 제공된 물건으로 종류물이 특정되기 때문에 채무자는 다른 종류물을 채권자에게 제공하여야 한다. 그러나 채권자가 미리 수령을 거절한 경우에는 변제준비를 완료하고 구두제공을 하면 된다(§ 460 단서).

(2) 추심채무의 경우

추심채무는 채권자가 채무자의 주소로 와서 목적물의 추심을 통해 변제를 받는 채무이다. 추심채무에 있어서는 채무의 이행에 채권자의 추심행위가 필요하므로 채무자가 목적물을 조달하여 채권자가 추심하러 온다면 언제든지 수령할 수 있는 상태에 두고, 채권자에게 변제 및 인도할 준비를 완료하였음을 통지하면 특정이 있게 된다(§ 460 단서). 즉, 구두의 제공이 있을 때 특정이 생긴다. 여기서 구두의 제공은 채권자 지체시 발생하는 구두제공과 달리 채권자에게 제공할 물건을 조달하여 변제 및 인도할 준비까지 하여야 한다.

(3) 송부채무의 경우

송부채무란 채무자가 채권자의 주소나 영업소 또는 제3의 장소로 발송하면 모든 의무를 면하는 채무로서 이 채무에서는 채무자가 목적물을 분리 지정하여 운송기관을 통해 발송하는 때에 특정된다(다른 견해 있음). 송부채무에 대한 합의가 없고 이행장소가 채권자의 주소지라면 운송기관은 단지 채무자의 이행보조자에 불과하여 종류물의 특정은 지참채무와 같이 채권자의 주소에 도착하여 현실 제공되는 때이다.

한편 채권자의 주소지가 이행장소는 아니지만, 그의 부탁을 받아 호의로 송부해 준 경우는 채무자가 목적물을 조달하여 채권자가 부탁한 장소로 발송한 때에 특정이 있게 된다.

나. 채권자의 동의를 얻어 채무자가 이행할 물건을 지정한 때

여기서 채권자의 동의는 채무자가 급부할 물건을 지정해도 좋다는 동의로서 지정권이 채무자에게 있다는 것을 의미한다. 채권자의 동의로 채무자에게 지정권이 부여되고, 채무자가 지정권을 행사하여 급부할 물건을 지정한 때 종류물의 특정이 있게 된다(2005다52214). 종류물이 특정되어도 목적물에 하자가 있는 등 채무내용에 적합하지 않은 지정일 경우에는 지정행위가 무효로 되고, 채권자는 완전물의 인도청구권을 보유한다.

한편 당사자 간에 지정권에 관한 합의가 없고, 채무자가 이행에 필요한 행위를 하지 않거나 지정권자로 된 채무자가 이행할 물건을 지정하지 않은 경우는 어떻게 해결해야 할까? 판례는 선택채권에 관한 규정을 유추적용하여 채권의 기한이 도래한 후 채권자가 상당한 기간을 정하여 지정권이 있는 채무자에게 그 지정을 최고하여도 채무자가 이행할 물건을 지정하지 않으면 지정권이 채권자에게 이전한다고 한다(2006다37465).

다. 기타 특정의 방법

당사자 사이에 합의한 것만으로는 특정이 생기지 않고, 목적물을 분리하여 정한 때에 특정이 생긴다. 또 당사자 사이의 특약으로 제3자에게 지정권을 부여하는 것도 가능한 방법이다.

IV. 특정의 효과

1. 급부위험의 이전

종류채권의 목적물이 특정되면 채무자의 조달의무가 면제되고 특정물채권으로 전환되면서 특정물을 인도하기까지 채무자에게 선관주의의무가 발생한다. 그 결과 목적물의 멸실·훼손으로 인한 급부위험은 채무자로부터 채권자에게 이전한다. 따라서 채무자는 특정된 물건이 천재지변에 의해 멸실·훼손되더라도 다른 물건을 조달하여야 할 의무가 없다. 특정된 물건이 채무자의 책임 있는 사유로 멸실·훼손된 경우에도 다른 물건을 조달하여야 할 의무는 없고 단지 손해배상책임을 진다. 이 경우는 채무자의 선관주의의무 위반에 따른 채무불이행이 문제되기 때문이다.

2. 대가위험의 부담

매매 기타 쌍무계약에서 종류채권의 목적물이 특정되기 전에는 불능이라는 상황이 발생하지 않기 때문에 급부위험이나 대가위험을 채무자가 부담한다는 것은 큰 의미가 없다. 그러나 쌍무계약에서 종류채권의 목적물이 특정된 경우에는 급부위험 이외에도 대가위험이 문제된다. 종류채권에서 대가위험을 누가 부담할 것인가는 제537조와 제538조의 규정에 따라 판단한다. 즉, 불가항력으로 인해 특정된 목적물이 멸실·훼손된 경우 급부위험은 채권자에게 이전되지만 대가위험은 여전히 채무자가 부담한다. 다만 채권자의 수령지체 중에 당사자 쌍방의 책임 없는 사유로 이행불능이 된 때에는 채권자가 위험을 부담한다(§ 538 I).

제 4 절   선택채권

I. 의   의

선택채권은 채권의 목적이 수개의 급부 중에서 장래 선택권자의 선택에 좇아 확정되는 채권이다. 예컨대 독일제 중고 벤츠자동차나 해변의 주말별장 가운데 어느 하나의 급부를 목적으로 하는 경우가 선택채권이다. 선택에 의하여 어느 하나의 급부로 특정될 때까지 채권의 목적은 확정되지 않는다. 목적물이 불특정된 것이 아니라, 급부 자체가 선택적이다. 또 종류와 수량으로 정해지는 종류채권과 달리 선택채권에서는 각 급부의 개성이 중시된다.

II. 발생원인

1. 약정선택채권

선택채권은 당사자의 편의나 위험분산 및 제3자의 합리적인 판단을 구하기 위하여 이용된다. 당연히 매매, 증여 등 법률행위를 통해 선택채권을 약정한다. 판례는 토지소유자가 토지 중 일정 면적의 소유권을 상대방에게 양도하기로 계약하였으나 그 위치가 확정되지 않은 경우 상대방이 토지소유자에게 가지는 권리를 선택채권으로 보았다(2010다16090).

2. 법정선택채권

상대방의 선택에 따른 무권대리인의 책임(§ 135 I), 회복자의 선택에 따른 점유자의 유익비상환청구권(§ 203 II), 소유자의 선택에 따른 전세권자나 유치권자의 유익비상환청구권(§§ 310, 325) 등과 같이 법률의 규정에 의하여 선택채권이 발생하기도 한다.

또 신축 중인 아파트를 부도로 완공하지 못하여 수분양자들에게 분양계약상의 주택공급의무를 이행할 수 없게 된 경우 수분양자가 주택사업공제조합에 대하여 가지는 납입된 계약금과 중도금의 환급 또는 완공 후 주택공급이행은 주택법(구 주택건설촉진법)에 따른 법정선택채권이다(99다52831).

III. 종류채권과 임의채권의 구별

1. 종류채권

선택채권은 급부가 확정되어 있지 않다는 점에서 종류채권과 유사하다. 그러나 선택채권에서는 선택대상인 급부의 수가 확정되어 있고, 각 급부의 개성이 중요시된다. 그러므로 수개의 급부 중 하나가 이행불능이 되면 잔존 급부 중에서 선택할 수 있다. 또 선택에는 소급효가 인정된다. 선택의 대상이 되는 급부는 개성의 차이가 뚜렷하므로, 선택·특정이 이루어지기 전에는 이행청구 내지 강제집행을 할 수 없다.

이에 반해 종류채권에서는 급부의 범위가 개별적으로 예정되지 않고 종류에 속하는 물건이 모두 동일가치를 지니고 있어 개성이 없다. 그러므로 이행불능에 의해 특정될 수 없고, 특정의 소급효도 인정되지 않는다.

2. 임의채권

임의채권이란 채무의 내용이 하나의 급부로 정해져 있으나, 채권자 또는 채무자가 본래의 급부에 갈음하여 다른 대용급부로 이행하거나 이행을 청구할 수 있는 권리이다. 임의채권은 당사자의 법률행위나 법률의 규정(§§ 378, 443, 607, 764 등)에 의하여 발생한다. 본래의 급부에 갈음할 수 있는 대용권, 보충권을 갖는 채권이다. 예컨대 공사도급계약에서 하자보수보증금을 납부할 수 있도록 약정한 경우 수급인은 하자보수보증금을 본래 현금으로 예치해야 하나 이에 갈음하여 보증서로 예치할 수 있는 권리가 대용권이다(2013다86076).

임의채권은 하나의 확정된 급부가 본래의 채권의 목적이고, 그것에 갈음하는 급부는 보충적 지위에 있는 점에서 수개의 급부가 동등한 지위를 갖고 선택적으로 채권의 목적이 되어 있는 선택채권과 다르다. 그러므로 수개의 급부 중 하나가 이행불능이 되어도 남은 급부 중에서 선택이 가능한 선택채권과 달리, 임의채권에서는 선택·확정이 불필요하고, 본래의 급부가 이행불능이 된 때에는 대용채무로 특정되지 않고 채무불이행 내지 위험부담 문제로 남는다.

Ⅳ. 선택채권의 특정

선택채권은 선택적으로 정해진 급부가 수개나 있으므로 채무를 이행하려면 이들 수개의 급부 중에서 하나로 확정하여 단순채권으로 변경해야 한다. 이를 선택채권의 '특정'이라고 한다. 민법에는 선택채권의 특정방법으로 선택권의 행사와 급부불능의 두 가지를 정하고 있다. 물론 사적자치의 원칙상 합의에 의한 특정도 가능하다.

1. 선택에 의한 특정

가. 선택권

선택채권에서 수개의 급부 중 구체적으로 이행될 하나의 급부를 선정할 수 있는 법적 지위가 선택권이다. 이는 선택권을 가진 자가 일방적 의사표시로서 채권내용의 변경을 발생시키는 형성권의 일종이다.

나. 선택권자

선택권자는 선택채권의 발생원인에서 정해지는 것이 보통이다. 따라서 선택채권자는 법률행위나 법률의 규정(§§ 135 Ⅰ, 203 Ⅱ, 310 Ⅰ, 325 Ⅱ, 626 Ⅱ)에 의해 결정된다. 그러나 선택권자를 정하는 당사자의 약정이나 법률의 규정이 없다면 선택권은 채무자에게 귀속한다(§ 380). 예컨대 매립공사 후 일부양도하기로 약정하면서 선택권자를 정하지 않았다면 소유권보존등기와 소유토지의 위치와 면적이 확정된 때부터 채무자인 매립사업자가 선택권을 행사할 수 있다(98다23195).

다. 선택권의 이전

선택권은 권리이지 의무가 아니므로 특약이 없는 한, 선택권의 행사를 강제할 수 없다. 여기서 민법은 일정한 경우 선택권이 당연히 이전하는 것으로 정하고 있다.

(1) 당사자 일방이 선택권을 가지는 경우

선택권의 행사기간이 정해진 경우 선택권자가 그 기간 내에 선택권을 행사하지 않으면, 상대방은 상당한 기간을 정하여 그 선택을 최고할 수 있고, 선택권자가 그 기간 내에 선택하지 아니하면 선택권은 상대방에게 이전한다(§ 381 Ⅰ). 선택권의 행사기간이 정해지지 않은 경우 채권의 기한이 도래한 후 상대방이 상당한 기간을 정하여 그 선택을 최고하여도 선택권자가 그 기간 내에 선택하지 않으면 상대방에게 이전한다(§ 381 Ⅱ).

(2) 제3자가 선택권을 가지는 경우

선택권을 가진 제3자가 선택할 수 없는 경우 선택권은 채무자에게 이전한다(§ 384 Ⅰ). 제3자가 선택할 수 있음에도 불구하고 선택하지 않은 경우 채권자나 채무자는 상당한 기간을 정하여 그 선택을 최고할 수 있고, 제3자가 그 기간 내에 선택하지 않으면 선택권은 채무자에게 이전한다(§ 384 Ⅱ).

라. 행사방법

당사자의 일방이 선택권을 가진 경우 그 선택은 상대방에 대한 의사표시로 한다(§ 382 Ⅰ). 그 의사표시는 상대방의 동의가 없으면 철회하지 못한다(§ 382 Ⅱ).

그러나 선택권자가 선택권을 행사했는데 상대방의 방해행위로 선택의 목적을 달성할 수 없었다면 그의 동의 없이도 기존 선택을 철회하고 다른 급부를 선택할 수 있다(68나588, 70다877).

한편 제3자가 선택하는 경우에는 채권자 및 채무자에 대한 의사표시로 하여야 하며(§ 383 Ⅰ), 그 의사표시는 채권자 및 채무자의 동의가 없으면 철회하지 못한다(§ 383 Ⅱ). 선택채권에 있어서 선택의 의사표시에는 의사표시에 관한 일반규정(§§ 107~113)이 적용되지만, 원칙적으로 조건이나 기한을 붙일 수 없다.

마. 선택의 효과

선택에 의하여 급부가 특정되면 선택채권은 단순채권으로 전환된다. 그러나 반드시 특정물채권으로 되는 것이 아니라, 선택된 급부의 성질에 따라서 특정물채권·종류물채권·금전채권으로 바뀐다. 예컨대 결혼선물을 줄 테니 하나만 선택하라고 하면서 소유 중인 벤츠자동차, 현금 5000만 원 또는 롤렉스시계를 구입해 주기로 했는데 선택권자가 롤렉스시계를 선택했다면 롤렉스시계는 종류채권이므로 이행을 위해 다시 특정할 필요가 있다.

선택의 효력은 채권이 발생한 때에 소급한다(§ 386). 즉, 채권이 발생한 때부터 선택된 급부만을 목적으로 하는 채권이 성립하게 된다. 이는 선택의 대상이 되는 급부가 채무자에 의해 훼손되는 것을 방지하기 위해 둔 규정이다. 그러므로 선관주의의무의 발생, 이자계산, 시효 등을 판단함에 있어서 채권이 발생한 때가 기준이 된다. 판례도 무권대리인에 대한 손해배상청구권의 소멸시효가 채권이 발생한 때와 동일한 선택권을 행사할 수 있는 때부터 진행한다고 하였다(64다1156).

위의 예에서 선택권자가 화재로 소실된 벤츠자동차를 선택했다면 선택의 소급효와 관련해 채권이 효력을 발생한 후 소실된 것으로 되어, 채무자에게 이행불능(§§ 546, 390)의 책임을 물을 수 있다. 그러나 종류물인 롤렉스시계를 선택했다면 다시 특정이 필요하므로 이행불능이 문제되지 않고, 현금 5000만 원을 선택했다면 이행기에 따라 채무불이행의 책임을 따질 수 있다. 이처럼 선택된 급부의 성질에 따라서 선택의 효과가 다르게 된다.

한편 민법은 선택의 소급효로 제3자의 권리를 해하지 못한다고 정하고 있다(§ 386 단서). 예컨대 선택권자가 중고 벤츠자동차를 선택했는데 선택 이전에 채무자가 이를 제3자에게 처분한 경우 선택권자가 소급효를 주장하여 이미 인도받아 점유하고 있는 제3자에게 중고 벤츠자동차의 반환을 청구할 수 없다는 것이다.

2. 급부불능에 의한 특정

가. 원시적 불능의 경우

수개의 급부 가운데에서 채권이 성립할 때부터 원시적으로 불능한 것이 있는 때에는 잔존하는 급부에 대해서만 채권이 존재한다(§385 I). 예컨대 앞에 제시한 사례에서 약정 당시 중고 벤츠자동차는 이미 화재로 소실된 상태였고, 롤렉스시계가 더 이상 생산되지 않는다면 처음부터 선택채권이 아니라 현금 5000만 원의 금전채권이 성립한다는 것이다.

나. 후발적 불능의 경우

(1) 선택권 없는 당사자의 과실로 수개의 급부 중에서 일부가 이행불능이 된 경우 잔존급부에 특정되지 않는다(§385 II). 따라서 선택권 없는 채무자의 과실로 하나의 급부가 불능이 된 경우 선택권자(채권자)는 불능이 된 급부를 선택하여 이행불능을 이유로 계약해제나 전보배상을 청구할 수 있다. 즉, 앞의 사례에서 증여자의 과실로 중고 벤츠자동차가 화재로 소실되었는데 선택권자가 중고 벤츠자동차를 선택했다면 증여자는 이행불능의 책임을 지게 된다. 또 선택권이 없는 채권자의 과실로 하나의 급부가 불능이 된 경우 선택권자(채무자)는 불능이 된 급부를 선택하여 채무를 면할 수도 있다. 즉, 증여를 받기로 한 수증자의 과실로 중고 벤츠자동차가 화재로 소실되었을 경우 선택권을 가진 증여자가 소실된 중고 벤츠자동차를 선택하면 중고 벤츠자동차를 이행할 의무가 없다는 것이다.

(2) 선택권을 가진 당사자의 과실에 의하거나, 당사자 쌍방의 과실없이 급부가 불능이 된 경우 채권은 잔존급부에 존속한다(§385 I). 결혼선물로 중고 벤츠자동차, 시중 롤렉스시계 또는 현금 5000만 원 중에서 하나를 선택하라고 했더니, 시운전한다고 벤츠를 타고 나가 대파시켜놓고 현금 5000만 원을 달라고 하는 것과 같다. 이런 상황에서 과실 있는 선택권자에게 오히려 잔존급부(롤렉스시계나 현금 5000만 원)를 선택할 수 있도록 한다면 채무자에게 불이익이 될 수밖에 없다. 비록 잔존급부에 대한 채권을 인정하더라도 선택권자의 과실부분은 남아 있는

것이므로 채무자는 선택권자에게 대파된 차량에 대한 계약체결상의 과실책임이나 불법행위상 손해배상책임을 물을 수 있을 것이다. 이 경우 소급효를 인정하게 되면 대파된 차량에 대한 이행불능을 주장할 수 있게 되어 잔존급부 존속이란 입법취지에 반하게 되므로 급부불능에 의한 특정은 선택에 의한 특정과 달라서 선택의 소급효가 적용되지 않는다.

한편 수개의 급부가 전부 불능이 된 경우에는 각 급부의 불능순서에 따라 순차적으로 판단해야 한다.

제 5 절 금전채권

Ⅰ. 의 의

금전은 자본주의 경제활동을 원활하게 하는 가치척도, 가치저장 및 매개물로서 자본주의 경제사회의 중추적 기능을 하지만, 개성과 특정성이 없다. 이런 특징 때문에 금전 내지 금전채권은 현대 경제사회를 움직이는 대동맥과 같은 역할을 한다. 광의로 금전채권이라고 하면 금전의 지급을 목적으로 하는 채권을 모두 포괄하지만, 일반적으로 금전채권이란 '일정액'의 금전 지급을 목적으로 하는 금액채권을 지칭한다(§ 376, 특별한 종류채권).

매매, 이자부 소비대차, 유상임치 등 금전의 지급이 계약의 중심적 목적이 되는 경우와 유상계약에서 반대급부의 내용을 이루는 경우 등 금전채권의 발생원인은 매우 다양하고 광범위하다. 특히 채무불이행 또는 불법행위로 인한 손해배상채권은 원칙적으로 금전채권이다(§§ 394, 763).

Ⅱ. 금전채권의 이행

1. 금액채권

금액채권은 일정액의 금전의 지급을 목적으로 하는 채권이며 본래 의미의 금전채권이다. 금액채권은 특약이 없는 한, 국내의 통화 중 어떠한 종류의 것이든 채무자가 자유롭게 선택하여 각종의 통화로 변제할 수 있다(§376 참조). 예를 들어 100만 원을 빌린 채무자가 변제기에 1천원권으로 1,000장을 지급할지 5만원 권으로 20장을 지급할지 채무자가 정할 수 있다. 그러므로 금전채권은 일종의 종 류채권이다. 그러나 금전채권은 금전에 중요성이 있는 것이 아니라, 금전이 표상 하는 명목가치 및 강제통용력에 중점을 둔다. 따라서 화폐개혁과 같은 경제변혁 이 아니라면 이행불능이 문제되지 않으며, 개성이 없으므로 목적물의 하자나 위 험부담이 문제될 여지도 없고, 특정을 요하지 않는다는 점에서 종류채권과도 구 별된다. 판례는 화폐가치의 극심한 변동을 사정변경의 원리로 내세운 금전채권의 증액청구를 허용하지 않고 있다(63다452).

2. 금종채권

금종채권은 당사자의 특약에 의하여 일정한 종류에 속하는 통화를 일정한 금액으로 지급할 것을 목적으로 하는 채권이다. 예를 들어 100만 원을 빌려주면 서 지급할 때 5만원권으로 달라고 하는 경우이다. 이때 변제기에 5만원권이 강제 통용력을 상실했다면 채무자가 채무를 변제할 의무를 면하는가? 민법은 이런 경 우 다른 통화로 변제해야 한다는 규정을 두고 있다(§376). 그러나 이 규정은 임의 규정이어서 당사자가 5만원권 이외의 다른 통화로 변제할 수 없도록 약정할 수 있다. 이런 금종채권을 절대적 금종채권이라고 칭한다.

이 경우에는 5만원권이 강제통용력을 상실하더라도 채무자는 5만원권으로 지급해야 한다. 여기서 5만원권은 명목가치를 가진 본래의 금전이 아닌 단순히 종류물로 취급한 것이어서 금전채권이라기보다는 종류채권으로 보는 것이 옳다. 따라서 종류채권에 관한 규정을 적용하여 조달의무와 특정의 문제가 발생하고, 만일 5만원권이 전혀 존재하지 않는다면 이행불능이 된다.

3. 특정금전채권

봉투에 넣은 축의금과 같이 특정한 금전의 급부를 목적으로 한 채권이다. 이 는 특정물의 급부를 목적으로 한다는 점에서 금전채권으로서의 특질이 없는 특 정물채권이다.

4. 외화채권

가. 외국화폐는 우리나라에 강제통용력이 없어서 통화로서 효력이 없으나 국제거래상 편의를 위하여 민법에 규정을 두고 있다(§§ 377, 378). 외화채권은 외국의 금전 내지 통화의 급부를 목적으로 하는 채권이다(§ 377). 외화채권 역시 금전채권과 마찬가지로 외국금액채권, 외국금종채권, 절대적 외국금종채권으로 분류할 수 있고, 그 특성도 금전채권에 있어서와 같다.

나. 채권의 목적이 외국의 통화로 지급하기로 한 경우 당사자 사이에 별도의 특약이 없으면 채무자의 선택에 따라 당해 국가의 각종 통화로 변제할 수 있다(§ 377 Ⅰ). 예를 들어 국내에 거주하는 프랑스인에게 1만 유로(100€ 100장)를 빌려주었는데, 50€·100€·200€·500€ 등 여러 종류의 유로화 지폐로 합산한 1만 유로를 지급하더라도 문제가 없다. 이때 채무자는 유로를 환전하여 지급하는 것이 번거롭기 때문에 외국의 통화로 지급하는 것에 갈음하여 지급할 때에 있어서의 이행지의 환금시가에 따라 국내통화로 변제할 수 있다(§ 378). 즉, 채무자가 외국화폐로 환전하는 대신에 지급일의 환율시세로 환산한 원화로 변제할 수 있다는 것이다. 외화채권의 지급에 임의채권(대용권)을 인정한 것이다. 환산시기에 관하여 제378조가 '지급할 때'라고 정함으로써 판례는 변제기가 아닌 현실이행시로 판시하였고(90다2147, 2015다55397), 법원이 채무자에게 외화채무의 이행을 명함에 있어서는 채무자가 현실로 이행할 때에 가장 가까운 사실심 변론종결 당시의 외환시세로 환산한 원화로 변제할 수 있다고 한다(90다2147, 2009다77754, 2015다55397).

다. 채권의 목적이 외국의 특별한 종류의 통화로 지급하여야 하는 경우에 그 통화가 변제기에 강제통용력을 잃은 때에는 그 나라의 다른 통화로 변제하여야 한다(§ 377 Ⅱ). 이 경우에도 채무자는 지급할 때 이행지의 환금시가에 따라 환산한 국내 통화로 변제할 수 있다(§ 378).

Ⅲ. 금전채무불이행의 특칙

1. 책임요건상의 특칙

금전채권에서는 채무자가 변제기에 이행하지 아니하면 곧바로 이행지체에 빠지게 될 뿐, 이행불능이 발생할 여지가 없다. 일반적으로 채무자가 고의 또는 과실로 채무를 이행하지 않으면 손해배상책임을 지는데(§390), 채권자가 손해배상을 청구하려면 손해의 발생 및 손해액을 증명하여야 한다. 그런데 금전채무의 불이행에 관하여 민법은 제397조의 특칙을 두고 있다. 즉, 채권자는 채권의 존재사실만 입증하면 될 뿐, 손해발생 및 손해의 정도를 입증할 필요가 없다(§397 Ⅱ 전단). 그러나 채권자가 주장하지 않은 손해발생 사실을 기초로 손해를 산정할 수 없다(99다49644).

2. 무과실의 항변

금전채권의 채무자는 자기에게 과실없음을 항변할 수 없다(§397 Ⅱ). 따라서 금전채권에서는 채무자에게 아무런 과실이 없어도 채무이행을 지체한 것만으로 손해를 배상할 책임을 진다. 즉, 무과실책임을 지는 것이다. 그러나 채무자의 이행지체가 불가항력에 의한 것이었다면 책임을 면할 수 있을까? 불가항력은 위법성 조각사유로서 면책의 근거가 되므로 이행지체가 불가항력에 의한 것임을 입증하면 손해배상책임을 면할 수 있다.

3. 손해배상액

금전채무의 불이행으로 인한 손해배상에서는 변제기부터 현실이행시까지의 지연손해만이 문제된다(§397). 지연손해에 대하여 당사자의 약정이 있으면 약정이율에 따라 손해배상액이 산정된다. 또 약정이율은 법령의 제한에 위반하지 않아야 한다(§397 Ⅰ 단서). 당사자의 약정이 없으면 법정이율에 의한 지연손해금을 지급해야 한다. 그렇다면 법정이율보다 현저하게 낮게 이율을 약정한 경우에도 약정이율에 따라 지연손해를 산정해야 하는가? 판례는 약정이율이 법정이율보다 높은 경우에 법정이율에 의한 지연손해금만으로 충분하다고 하면 채무자가 이행지체로 오히려 이익을 얻게 되는 불합리가 발생하므로, 제397조 제1항 단서는 약정이율이 법정이율보다 높은 경우에만 적용되고, 약정이율이 법정이율보다 낮은 경우는 법정이율에 의한 지연손해금을 정해야 한다고 하였다(2017다22407).

한편 금전채무의 변제기가 없는 경우는 채권자로부터 이행을 청구받은 때로부터 약정이율이 없으면 법정이율에 따라 산정한 지연손해금을 지급해야 한다(2004다11582, 2009다59237).

제 6 절   이자채권(Zinsschuld)

I. 서   설

IMF의 금융지배는 고금리정책을 강요하였고, 이의 수용이 불가피하였던 정부는 1998년 1월 이자제한법을 폐지하였다가, 2007년 3월 다시 제정하여 오늘에 이르고 있다. 최고이자율의 범위설정과 관련한 판례는 차주에게 과도한 부담을 지우는 것이어서 선량한 풍속 기타 사회질서에 위반하여 무효가 되려면 경제적·사회적 여건에 비추어 사회통념상 허용되는 한도를 초과해야 한다고 한다(§103, 2009다12399). 2021년 2월 현재 한국은행의 기준금리는 0.75%로서 이자제한법 시행 당시에 비하여 엄청난 변화를 가져왔다. 종전의 판례 및 학설의 논의는 이자제한법에 상당부분 녹아들어 있다(§§2 IV, 3, 4, 5).

II. 이자채권

1. 의의와 분류

이자채권이란 이자의 지급을 목적으로 하는 채권으로서 원본채권에 부종한다. 이자채권은 일종의 종류채권이고, 이자가 금전일 때에는 금전채권에 속한다. 이자채권에 관해서는 법정이율에 관한 규정(§379) 하나만 있지만, 이와 관련한 규정은 민법 전반에 산재되어 있다. 즉, 소멸시효(§163), 변제충당순서(§§323 II, 479), 피담보채권의 범위(§§334, 360, 429), 소비대차(§600) 등이다.

이자채권은 그 발생원인에 따라서 당사자의 특약에 의하여 발생하는 약정이자채권과 법률규정에 의하여 발생하는 법정이자채권으로 나눌 수 있다. 그리고 부종성의 정도에 따라 기본적 이자채권과 지분적 이자채권으로 분류된다. 예컨대, 원금 1000만 원을 1년간 소비대차하면서 연간 1.2%의 이율로 매월 0.1%의 이자를 지급하기로 약정을 하면, 1개의 기본적 이자채권(연1.2%)과 12개의 지분적 이자채권(월 0.1%)이 발생한다.

2. 이자채권의 성질

기본적 이자채권은 원본채권에 대하여 부종성, 수반성을 갖고 있으나, 변제기가 도래한 지분적 이자채권은 원본채권과 분리하여 양도할 수 있고, 별도로 변제할 수 있으며 시효로 소멸하는 등 어느 정도 독립성이 있다(88다카12803).

가. 부종성

이자채권은 원본채권의 종된 권리로서 원본채권을 전제로 성립한다. 그러므로 이자채권의 성립과 존속은 원본채권에 의존한다. 원본채권이 소멸시효로 소멸한 경우에는 시효완성 전에 발생한 이자라도 소급하여 소멸하게 된다(2006다2940). 이는 소멸시효의 효력이 그 기산일에 소급하고(§167), 주된 권리의 소멸시효가 완성한 때에는 종속된 권리에 그 효력이 미치기 때문이다(§183).

나. 독립성

이자채권의 종속성은 지분적 이자채권에서는 차이를 보인다. 즉 원본채권이 변제 또는 면제로 인하여 소멸하였다고 하여 지분적 이자채권이 당연히 소멸하지 않고 존속한다. 변제기가 도래한 지분적 이자채권은 원본채권과 분리하여 양도할 수 있고, 별도로 변제할 수 있으며 시효로 소멸하는 등 어느 정도 독립성이 있다(88다카12803). 주의할 점은, 이자채권이 원본채권에 종속적이긴 하나, 변제로 소멸한 원본채권에서 발생한 이자와 시효완성으로 소멸한 원본채권에서 발생한 이자는 독립성에서 차이가 있다는 점이다(2006다2940). 보통의 지분적 이자채권과 달리 원본채권이 시효완성으로 소멸되기 전에 이미 발생한 이자채권은 별도의 단기시효가 완성되지 않더라도 원본채권이 시효로 소멸되면 이자채권도 동시에 소멸된다(§§167, 183).

Ⅲ. 이자와 이율

1. 이자의 의의와 발생원인

이자는 '금전 기타 대체물의 사용대가로서 원본액과 사용기간에 비례하여 지급되는 금전 또는 대체물'을 말한다. 이자는 금전 기타의 대체물이므로 원본과 이자가 반드시 동종의 대체물일 필요는 없다.

이자와 유사하지만 법적 성질에 따라 차이가 있는 것들을 비교해 보면, 우선 이자는 유동자본의 사용대가이며 법정과실의 일종이라는 점에서, 고정자본의 사용대가인 지료나 차임과 다르고, 원본의 사용대가가 아닌 배당금과 상환금도 이자가 아니다. 또한 이자는 원본채권을 전제로 하므로 원본채권이 없는 종신정기금(§725)과도 구별된다. 주의할 것은 금전채무의 이행지체로 인하여 발생한 지연손해금 역시 손해배상금이지 이자가 아니다(94다57800).

2. 이 율

원본액에 대한 이자의 비율을 이율이라고 한다. 이율은 원본이용의 일정기간을 단위로 하여 정해지며, 이자는 일정한 이율에 따라 산정된다. 이율에는 법률이 정한 법정이율과 당사자가 법률행위를 통해 정하는 약정이율이 있다.

가. 약정이율

당사자의 약정에 의하여 정해진 이율이다. 손해배상액은 원칙적으로 약정이율에 의해 산정되고, 보충적으로 법정이율이 적용된다. 당사자는 원칙적으로 자유롭게 이율을 정할 수 있지만, 금전소비대차에 관하여는 이율을 제한하고 있다(이하의 이자제한법 참조).

나. 법정이율

민사에 있어서 법정이율은 연 5%이고(§379), 상사이율은 연 6%이다(상법 §54). 법정이율은 실종선고 취소시 악의의 수익자가 받은 이익의 반환(§29), 이자부 소비대차(§600), 수임인이 위임인에게 인도할 금전을 소비한 날 이후의 이자(§685), 조합원의 금전출자 지체시의 이자(§705) 등 이자의 산정 외에 금전채무불이행으로 인한 손해배상, 즉 지연이자의 산정에도 적용한다. 그러나 법정이율은 공탁법과 소송촉진 등에 관한 특례법(약칭 소송촉진법)으로도 조정하고 있다(공탁법 §5). 특히 「소송촉진법」(2017.10.31.) 제3조 제1항에서는 금전채무의 이행을 명하는 판결을 선고할 경우, 채무불이행으로 인한 손해배상액 산정의 기준이 되는 법정이율은 소장부본 송달일 익일부터 연 100분의 40 이내의 범위에서 대통령령으로 정하는 이율에 따른다고 규정하고 있다. 이는 채권자의 실손해를 전보해 주고, 소송지연 및 고의로 채무를 불이행하는 등 악의의 채무자를 응징하기 위한 것이다. 현재 '대통령령으로 정하는 이율'은 연 12%이다(소송촉진법 제3조 제1항 본문의 법정이율에 관한 규정 2019.5.21. 대통령령 제29768호).

다. 복리약정

복리란 이자의 이자, 즉 변제기에 도달한 이자를 원본에 산입하여 그에 대한 이자를 다시 붙이는 것을 말한다. 복리는 원본채권액을 증가시켜 채무자에게 부담을 가중시키기 때문에 이를 원칙적으로 금지하는 입법(獨 BGB § 248, 佛 c.c § 1154)도 있지만, 우리 민법은 이에 관한 제한규정을 두고 있지 않으므로 사회질서에 위반하여 폭리행위가 되지 않는다면 유효하다. 즉, 원본에 포함시킨 이자와 이 이자에 대한 이자의 합산액이 처음 원본채권과 비교하여 폭리가 되는 때에는 무효가 된다고 할 것이다.

Ⅳ. 이자의 제한

1. 서　설

융자의 혜택을 받지 못하는 일반 서민들은 고리대금융에 의존하는 정도가 높아 고율의 이자에 시달리는 채무자를 보호하기 위하여 일찍부터 이율을 제한하고 폭리행위를 금지할 필요성이 제기되었다. 그리하여 1962년 이자제한법이 제정되었고 30년이 넘는 동안 이자제한과 폭리행위 억제에 큰 역할을 하였다. 그러나 1997년 외화부족으로 인한 국가부도의 위기를 맞아 IMF의 통제를 받으면서 1998년 1월 이자제한법을 폐지하였으나, 그 이후 고리대금업자에 의한 폭리행위가 만연하자 2002년 8월 「대부업의 등의 등록 및 금융이용자보호에 관한 법률」(약칭 대부업법, 2002년 법률 제6706호)을 제정하여 대부업자의 등록과 감독에 관하여 규제하게 되었다. 그럼에도 불구하고 미등록대부업자들의 폭리행위가 증가하고 신용불량자의 급증으로 인한 사회문제가 야기되면서 과거의 이자제한법을 부분적으로 보완하여 2007년 3월 다시 이자제한법을 제정하여 오늘에 이르고 있다. 그리하여 현행법제상 이자의 제한은 이자제한법과 대부업법에 의한 제한으로 이원화되어 있다.

2. 이자제한법에 의한 이자의 제한

가. 이자제한법의 적용범위

본법은 금전소비대차에 있어서의 약정이자에만 적용된다(동법 §2 Ⅰ). 또 대차원금이 10만 원 미만인 대차의 이자에 관하여는 적용하지 않는다(동법 §2 Ⅴ). 본법은 제2조 제1항에서 금전대차에만 한정하고 있어 대체물의 소비대차에는 적용되지 않는다. 판례도 대여미 형식을 취하였지만 백미를 환산대금으로 차용하여 이자를 현금으로 지급한 경우 금전대차로 보았다(83다카195).

본법은 타법에 의해 허가·등록한 금융업 및 대부업, 대부업법 제9조의4에 따른 미등록대부업자에 대해서는 이자제한법을 적용하지 않는다(동법 §7).

나. 제한이율

금전대차에 관한 약정이율은 이자제한법상 최고이율을 초과할 수 없고, 최고이자율은 연 25% 범위 내에서 대통령령으로 정한다(동법 §2 Ⅰ). 경제변화의 탄력적 대응을 위하여 대통령령에 위임한 현재의 최고이자율은 연 24%이다(동법 §2 Ⅰ의 최고이자율에 관한 규정, 일부개정 2017.11.7. 대통령령 제28413호). 최고이자율을 초과한 약정이자는 무효이다(동법 §2 Ⅲ). 대부업 등록 없이 사실상 대부업을 하는 자에게도 이자제한법의 최고이율이 적용된다(대부업법 §11 Ⅰ).

다. 간주이자

예금, 할인금, 수수료, 공제금, 체당금, 그 밖의 명칭에도 불구하고 금전의 대차와 관련하여 채권자가 받은 것은 이를 이자로 본다(동법 §4 Ⅰ). 이 규정의 취지는 이자제한법을 잠탈하기 위한 수단으로 사용되는 탈법행위를 방지하기 위한 것이다(91다37270). 채무자가 금전대차와 관련하여 금전지급의무를 부담하기로 약정하는 경우 의무 발생의 원인 및 근거법령, 의무의 내용, 거래상 일반원칙 등에 비추어 그 의무가 원래 채권자가 부담하여야 할 성질인 때에는 이를 이자로 본다(동법 §4 Ⅱ). 판례는 대출 중개수수료와 공증료 명목으로 사전에 공제한 금원을 간주이자로 보았다(2009도11576).

라. 제한위반의 효과

이자가 제한이율을 초과하는 경우 초과부분의 이자는 무효이다(동법 §2 Ⅲ). 채무자가 최고이자율을 초과하는 이자를 임의로 지급한 경우에는 초과 지급된 이자 상당금액은 원본에 충당되고, 원본이 소멸한 때에는 그 반환을 청구할 수 있다(동법 §2 Ⅳ).

마. 선이자 문제

원본을 차주에게 교부할 때 미리 공제하는 이자를 선이자라고 한다. 선이자를 사전공제한 경우에는 그 공제액이 채무자가 실제 수령한 금액을 원본으로 하여 제한이자율에 따라 계산한 금액을 초과하는 때에는 그 초과부분은 원본에 충당한 것으로 본다(동법 §3). 가령 대주가 차주에게 금 100만 원을 2개월간 월 4%의 이율로 대여약정하고, 1개월분의 이자 4만 원을 미리 공제하고 96만 원을 교부했다면 제한최고이율을 연 25%라고 할 경우 이를 초과한 이자는 대여원금에서 공제하여 그 잔액에 대하여만 금전소비대차계약이 성립된다는 것이다(80다2694). 원본은 차주가 실제 수령한 96만 원이고, 96만 원의 최고이율 25%에 의한 1개월 이자는 2만 원인데 4만 원을 이자로 지급하였으므로 초과이자 2만 원을 원금 100만 원에서 변제충당하므로 98만 원에 대한 소비대차가 성립하는 것이다.

바. 복리약정의 제한

복리약정을 금지하는 규정은 민법뿐만 아니라, 이자제한법에도 없다. 다만 이자제한법에는 이를 제한하는 규정만 두고 있다. 즉, 이자에 대하여 다시 이자를 지급하기로 하는 복리약정은 제한이자율을 초과하는 부분에 해당하는 금액에 대하여는 무효로 한다(동법 §5).

사. 배상액의 감면

법원은 당사자가 금전을 목적으로 한 채무의 불이행에 관하여 예정한 배상액을 부당하다고 인정한 때에는 상당한 액까지 이를 감액할 수 있다(동법 §6). 여기서 감액의 요건이 되는 '부당성'은 거래관행 등 모든 사정을 참작하여 일반 사회관념에 비추어 예정액의 지급이 경제적 약자인 채무자에게 부당한 압박을 가하여 공정성을 상실한 경우에 인정된다고 한다(2016다52265).

3. 대부업법에 의한 이자의 제한

대부업법은 대부업·대부중개업의 등록 및 감독에 필요한 사항을 정하고 대부업자와 여신금융기관의 불법적 채권추심행위 및 이자율 등을 규제할 목적으로 2002.8.26. 제정된 법이다(대부업법 §1). 대부업자는 금전의 대부(어음할인·양도담보, 그 밖에 이와 비슷한 방법을 통한 금전의 교부를 포함한다) 또는 대부계약에 따른 채권을 양도받아 이를 추심하는 것을 업으로 한다(동법 §2 i).

가. 제한이율

대부업자가 개인이나 중소기업기본법 제2조 제2항에 따른 소기업에 해당하는 법인에 대부를 하는 경우 그 이자율은 연 100분의 27.9 이하의 범위에서 대통령령으로 정하는 율을 초과할 수 없다(동법 §8 Ⅰ). 그리고 대통령령으로 정한 현재의 최고이율은 연 24%이며(동법 시행령 §5 Ⅱ), 월 또는 일 기준으로 적용하는 경우에는 연 100분의 24를 단리로 환산한다(동법 시행령 §5 Ⅲ).

대부업자가 이자율을 산정하면서 사례금, 할인금, 수수료, 공제금, 연체이자, 체당금 등 그 명칭이 무엇이든 대부와 관련하여 받는 것은 모두 이자로 본다(동법 §8 Ⅱ). 다만, 해당 거래의 체결과 변제에 관한 부대비용으로서 담보권 설정비용이나 신용조회비용 등은 이자로 보지 않는다(동법 §8 Ⅱ 단서, 동법 시행령 §5 Ⅳ).

한편 대부업자가 개인이나 중소기업기본법 제2조 제2항에 따른 소기업에 해당하는 법인에 대부를 하는 경우 '대통령령으로 정하는 율'을 초과하여 대부금에 대한 연체이자를 받을 수 없다(동법 §8 Ⅲ). 그리고 대통령령으로 정하는 율이란 금융위원회가 대부자금의 조달비용, 연체금의 관리비용, 연체금액, 연체기간, 대부계약의 특성 등을 고려하여 정하는 연체이자율을 말하며, 현재 대통령령으로 정한 연체이율은 연 24%이다(동법 시행령 §5 Ⅴ, 2019.5.21. 신설된 조항이다). 또 미등록대부업자의 이자율은 이자제한법 제2조 제1항 및 대부업법 제8조 제2항 내지 제5항까지의 규정을 준용한다(동법 §11 Ⅰ).

나. 제한위반의 효과

대부업자가 최고이율을 위반하여 대부계약을 체결한 경우 이 이자율을 초과하는 부분에 대한 이자계약은 무효로 한다(동법 §8 Ⅳ). 그리고 채무자가 대부업자에게 제1항과 제3항에 따른 이자율을 초과하는 이자를 지급한 경우 그 초과 지급된 이자 상당금액은 원본에 충당되고, 원본에 충당되고 남은 금액이 있으면 그 반환을 청구할 수 있다(동법 §8 Ⅴ).

다. 선이자

대부업자가 선이자를 사전에 공제하는 경우에는 그 공제액을 제외하고 채무자가 실제로 받은 금액을 원본으로 하여 제1항에 따른 이자율을 산정한다(동법 §8 Ⅵ).

제 3 장 채무불이행

제 1 절 서   설

Ⅰ. 채무불이행의 의의

1. 'Pacta sunt servanda'(계약은 이행되어야 한다)는 계약법의 대명제이다. 누구든 계약상 합의가 있었다면 거래상 관행이나 신의칙에 비추어 적절한 이행이 뒤따라야 한다는 것이다. 채무자가 이러한 합의내용에 좇은 이행을 하지 않는 객관적 상태를 광의의 채무불이행이라고 하며, 광의의 채무불이행에서 채무자에게 고의 또는 과실이 있고, 또한 위법한 것으로 평가되는 경우를 협의의 채무불이행이라고 부른다(§ 390). 그러므로 채무자에게 손해배상책임이 발생하는 것은 협의의 채무불이행의 경우이다. 다만, 무과실책임이 인정되는 금전채무 불이행과 같은 광의의 채무불이행에서도 채무자의 손해배상책임이 발생한다(§ 397 Ⅱ).

2. 채무불이행을 판단함에 있어서 기본적인 급부의무 이외에 신의칙상의 부수의무(보호의무로도 표현함)에 대한 위반도 포함해야 하는지 의문이다. 가령 특정물의 보존의무에 위반하여 목적물이 훼손된 경우(§ 374), 계약 또는 목적물의 성질에 위반한 사용·수익으로 손해가 생긴 경우(§ 617), 여행지에 대한 충분한 조사나 안전배려의무를 해태하여 여행자에게 피해를 준 경우(§ 674의2) 등이다. 우선 기본적 급부의무와 부수의무는 상호 밀접하게 관련되어 있기 때문에 이를 면밀하게 구분하는 것이 쉽지 않고, 기본적 급부의무를 이행했더라도 부수의무에 위반하여 손해가 발생했다면 역시 채무불이행으로 처리하는 것이 옳다. 그러므로 채무불이행을 판단할 급부의무에는 부수의무도 포함되어야 한다.

Ⅱ. 채무불이행의 유형

제390조는 채무불이행의 모습을 '채무의 내용에 좇은 이행을 하지 아니한 때'로 정하고 있다. 이처럼 민법이 채무불이행을 포괄적·일반적으로 정하면서도, 이행지체에 대한 규정은 여러 개 두고 있지만(§§ 387, 392, 395, 517, 544), 이행불능에 대한 표현은 선택채권(§ 385), 위험부담(§ 538)과 계약해제(§ 546)에서 찾을 수 있을 뿐이다(§ 390의 단서도 이행불능에 한정된 의미가 아님). 이러한 민법의 태도로 인하여 채무불이행의 유형에 대한 견해가 일치되어 있지 않다.

이행지체는 이행기에 이행이 가능함에도 불구하고 이행을 하지 않은 경우이고, 이행불능은 채권이 성립된 이후에 이행이 불가능하게 된 경우이며, 불완전이행은 채무를 이행하였으나 그 이행에 흠결이 있어 이행이 불완전한 경우이다. 이 세 가지 유형만으로는 모든 채무불이행을 포괄하지 못한다. 즉, 보호의무위반이나 부작위의무의 위반, 이행거절 등은 세 가지 유형에 해당하지 않기 때문이다. 그러나 어느 유형을 취하더라도 채무불이행에 해당하는 경우에는 모두 제390조로 집약된다는 점이다. 이하에서는 일반적인 유형으로 확립된 이행지체, 이행불능, 불완전이행의 세 가지로 분류하여 설명한다.

한편 제400조부터 제403조에서 정하고 있는 채권자지체는 제390조와 별도로 책임을 논할 수밖에 없어 협의의 채무불이행에 속하지는 않지만, 채권의 효력에서 보면 채권자의 책임을 검토해야 하기 때문에 본절에서 기술하는 것이 합리적이다.

Ⅲ. 채무불이행의 요건

위 세 가지 유형의 요건과 효과에 대한 자세한 설명은 이하에서 기술하기로 하고, 이해의 편의를 위하여 개괄적으로 정리하면 다음과 같다.

1. 채무불이행의 공통적 요건

채무불이행이 되려면 채무내용에 좇은 이행을 하지 않고 있다는 객관적 사실만으로는 안 되고, 주관적·객관적 요건이 필요하다. 이들 요건을 채무불이행에 요구되는 공통적 요건으로 본다.

가. 주관적 요건

채무불이행이 되려면 채무자의 고의·과실 등 책임이 있는 사유(귀책사유)가 있어야 한다는 것이다. 제390조 단서를 근거로 민법이 이행불능의 경우에만 귀책사유를 규정한 것으로 파악하고 있으나, 제390조는 모든 채무불이행에 귀책사유를 필요로 한다는 일반규정이다.

나. 객관적 요건

객관적 요건으로 채무불이행 자체에 위법성이 존재해야 한다는 것이다. 제750조에서는 '고의 또는 과실로 인한 위법행위로'라고 하여 불법행위 요건으로 위법성을 명시하고 있으나, 제390조에 이를 언급하지 않고 있어 위법성이 부정되는 것으로 오해할 수 있다. 그러나 계약상 급부의무의 소극적 위반에 정당성이 없다는 점에서 위법성을 판단해야 한다. 즉 유치권, 동시이행항변권(§536), 긴급사무관리(§735), 긴급피난(§761 Ⅱ) 등 채무불이행을 정당화할 수 있는 사유가 있는 경우를 제외하고는 채무불이행만으로 위법성이 존재한다.

2. 채무불이행의 개별적 요건

채무불이행이 성립하려면 채무불이행의 각 유형에 따른 개별적 요건을 충족해야 한다.

가. 이행지체가 성립하려면 이행기가 도래하고 이행이 가능함에도 불구하고 이행하지 않았어야 한다. 채무의 성질이 강제이행을 할 수 없는 경우를 제외하고는 현실적 강제이행을 청구할 수 있다(§389 Ⅰ). 또 손해배상을 청구함에 있어서는 지연배상이 원칙이고, 이행을 최고하고 이행이 없으면 계약을 해제할 수 있다(§544).

나. 이행불능이 성립하려면 계약성립 후 이행이 후발적으로 불능이 되어야 한다. 이행불능에서는 이행이 불가능하므로 이행지체와 달리 현실적 강제이행을 할 수 없다. 또 손해배상을 청구함에 있어서는 전보배상을 청구하고, 이행을 최고함이 없이 계약을 해제할 수 있다(§546). 나아가 판례와 통설은 대상청구권을

인정한다.

다. 불완전이행이 되려면 이행행위가 있었지만 그 이행에 하자가 있어야 한다. 이 경우에는 제569조 이하의 담보책임 여부도 동시에 검토될 수 있다.

3. 채권자지체의 요건

채권자지체에서는 채무자의 채무내용에 좇은 이행의 제공이 있었으나, 채권자가 수령을 거절하거나 수령할 수 없는 경우 채권자에게 지체책임을 인정하고 있다(§400). 그러나 추가 요건으로 채권자의 협력의무와 귀책사유에 있어서 이를 부정하는 법정책임설과 이를 긍정하는 채무불이행설로 나뉘어 있다.

Ⅳ. 채무불이행의 효과

일반적으로 채무불이행의 효과로 강제이행, 손해배상, 계약의 해제·해지 등을 든다. 강제이행은 채무자의 임의이행에 대립되는 것으로서 자발적 이행이 가능함에도 불구하고 채무자가 채무를 이행하지 않을 때 채권자가 국가권력을 통해 채무내용인 급부를 실현하는 제도이다. 그리고 손해배상은 채무불이행의 가장 중요한 효과로서 당초 채무가 이행된 것과 같은 상태로 만들려는 데 목적이 있다. 물론, 손해배상과 원상회복이 함께 이루어진 경우, 손해배상액을 산정함에 있어서 원상회복 내용을 고려하여 공제해야 한다. 끝으로 계약의 해제·해지권은 채무불이행으로 된 채무가 계약을 원인으로 발생한 것인 때에 계약의 구속관계에서 해방시키는 데 목적이 있다.

한편 채권자지체에서는 채무자의 주의의무 경감(§401), 이자발생의 정지(§402), 채권자의 증가비용 부담(§403)과 같은 효과가 발생한다. 여기에 추가하여 채무불이행설에서는 손해배상 및 계약해제를 인정하지만, 법정책임설에서는 이들 모두를 부정한다.

제 2 절 채무불이행의 유형

[1] 이행지체

Ⅰ. 의의와 요건

객관적으로 채무의 이행이 가능하고, 이행기가 도래하였음에도 불구하고, 채무자가 자신의 책임이 있는 사유로 위법하게 채무의 내용에 좇은 이행을 하지 않은 상태를 이행지체라고 일컫는다. 원칙적으로 지연손해가 문제된다. 이행지체가 성립하기 위한 요건은 다음과 같다.

1. 이행이 가능할 것

이행이 불가능한 경우는 이행불능이 문제되므로 이행지체가 되려면 우선 이행이 가능하여야 한다. 그리고 이행기에는 이행이 가능하였으나, 그 이후에 이행이 불능으로 된 경우라도 이행불능으로 다룬다. 이행지체 후의 이행불능이 채무자에게 책임 없는 사유에 기인하여도 채무자가 책임을 지는 것이다(§392).

2. 이행기가 도래하였을 것

이행지체가 되려면 반드시 이행기가 도래하여야 한다. 그러나 이행기가 도래하였는지 여부는 기한의 종류에 따라 달리 판단하여야 하고, 기한이 도래하였다고 하여 곧바로 지체의 책임이 있는 것은 아니다. 또 경우에 따라서는 채무자에게 기한이익을 상실하도록 하여 채권자가 즉시 이행을 청구할 수 있도록 하고 있다.

가. 기한이 없는 채무

채무의 이행에 관하여 기한이 정해져 있지 않은 때에는 채무자는 이행의 청구를 받은 때부터 지체의 책임이 있다(§387 Ⅱ). 기한이 없는 채무는 발생과 동시에 이행기에 있게 되나, 이행지체가 되려면 채권자의 최고가 필요하다. 이 경우 채무자가 지체책임을 지는 것은 채권자로부터 이행청구를 받은 다음 날부터이다. 예컨대, 이행기가 없는 채권의 양도에서는 채권양도통지가 채무자에게 도달된 다음 날부터(2012다29557), 부당이득반환의무 또한 이행기 없는 채무로서 이행청구받은 다음 날부터(2017다242409), 잔여지 손실보상금 지급의무는 이행기 없는 채무로서 잔여지 소유자가 사업시행자에게 이행청구를 한 다음 날부터(2017두68370) 지체의 책임을 진다고 한다. 이와 같은 원칙에는 몇 가지 예외가 있다. 즉, 기한의 정함이 없는 소비대차는 상당한 기간을 정하여 최고하여야 하고(§ 603 Ⅱ), 이 기간을 경과한 후에 지체책임이 발생하며(66다663), 불법행위로 인한 손해배상청구권은 최고 없이 불법행위시에 채무의 성립과 동시에 당연히 지체책임을 진다(93다38444).

나. 기한이익을 상실한 채무

일정한 사유가 있는 때에는 기한이익을 상실한다. 즉 채무자가 담보를 손상, 감소 또는 멸실하게 한 때, 채무자가 담보제공의 의무를 이행하지 아니한 때, 채무자가 파산선고를 받은 때(채무자회생법 § 425) 채무자는 기한이익을 주장하지 못한다(§ 388). 기한이익을 상실하면 기한 없는 채무가 되므로 채권자는 즉시 이행을 청구할 수 있다. 결국 기한이익의 상실사유가 있는 때에는 채권자의 이행청구가 있는 때부터 지체책임을 지게 된다. 한편 기한이익 상실의 특약을 한 경우 이는 일정한 사유가 발생한 후 채권자의 청구가 있어야 기한이익을 상실하면서 이행기가 도래하는 형성권적 기한이익 상실의 특약으로 추정한다(2008다42416).

다. 기한부 채무

(1) 확정기한부 채무

채무이행에 관하여 확정기한이 있는 경우에는 그 기한이 도래한 때부터 지체책임이 있다(§ 387 Ⅰ). 이 경우에는 채권자가 이행을 최고할 필요가 없다. 이 원칙에는 다음과 같은 예외가 있다.

① 지시채권과 무기명채권은 그 이행에 관한 기한이 정해져 있더라도, 그 기한이 도래한 후 소지인이 그 증서를 제시하여 이행을 청구한 때부터 지체의 책임이 있다(§§ 517, 524). 면책증권의 경우에도 마찬가지이다(§ 526).

② 추심채무나 기타 채무이행을 위해 먼저 채권자의 협력이 필요한 채무의 경우에는 확정기한이 정해져 있더라도 채권자의 협력이 있어야 비로소 지체가 될 수 있다.

③ 당사자 쌍방의 채무가 동시이행관계에 있는 때에는 이행기가 도래했더라도 상대방이 이행의 제공을 할 때까지 지체책임을 지지 않는다(2001다3764). 그러나 원인채무의 이행의무와 어음 반환의무가 상호 동시이행의 관계에 있더라도, 채권자가 어음을 반환하지 않은 채 채무자에게 이행을 최고할 수 있고, 원인채무의 이행기를 도과하면 원칙적으로 채무자는 이행지체의 책임을 진다(98다47542).

(2) 불확정기한부 채무

채무이행에 관하여 불확정기한이 있는 경우에는 채무자가 그 기한이 도래하였음을 안 때부터 지체책임이 있다(§ 387 Ⅰ 후문). 가령, 대금지급일을 '소유권이전등기를 필한 후'로 정한 경우에는 채무자가 소유권이전등기의 경료 사실을 안 때로부터 지체책임이 발생한다(2010다77699). 불확정한 사실이 발생한 때를 이행기로 정한 경우에는 그 사실이 발생한 때는 물론 그 사실의 발생이 불가능하게 된 때에도 이행기가 도래한 것으로 보아야 한다(2001다41766).

라. 이행을 미리 거절한 경우

제544조는 이행지체 시 이행을 최고하고 최고기간 내에 이행이 없는 경우의 계약해제를 규정하고 있지만, 채무자가 미리 이행을 거절한 경우에는 최고 없이 계약을 해제할 수 있도록 정하고 있다(§ 544). 이와 관련하여 지체책임을 판단함에 있어서 이행기의 존재는 의미가 없다. 즉, 기한이 없는 채무에서 채무자가 이행을 거절하면 채권자가 이행을 청구하지 않아도 곧바로 변제기가 도래하고, 기한이 있는 채무인 경우에도 채무자가 이행을 거절하면 신의칙상 이행기의 도래를 기다릴 필요 없이 이행거절과 동시에 변제기가 도래하여 지체책임이 발생하기 때문이다.

판례에서도 채무불이행에 따른 지연배상을 청구하려면 거절의 의사표시가 명백하고 위법한 것으로 평가되어야 하고(2014다227225), 이행거절로 지연배상을 청구할 수 있는 시점은 이행거절이 있었던 때로 본다(2005다63337).

3. 채무자에게 귀책사유가 있을 것

채무자가 고의나 과실로 채무내용에 좇은 이행을 하지 않은 경우 채무불이행 책임을 진다(§ 390). 민법은 채무불이행의 유형에 관계없이 과실책임주의를 원칙으로 한다.

가. 과실책임주의

이행지체라는 위법한 결과의 발생을 의욕 내지 인식하는 것이 고의이고, 자신의 행위로부터 신의칙상 요구되는 정도의 주의를 게을리 하였기 때문에 이행지체라는 위법한 결과의 발생을 인식하지 못한 것이 과실이다. 여기서 요구되는 주의는 원칙적으로 선량한 관리자의 주의이다(§ 374). 이를 추상적 경과실이라고 하고, 무상임치에서 '자기 재산과 동일한 주의'와 같이 경감된 주의에 위반하는 것을 구체적 경과실이라고 한다.

이행지체 중 채무자에게 과실없이 손해가 발생한 경우에도 채무자는 지체 중에 생긴 손해를 배상하여야 한다(§ 392). 그러나 채무불이행의 상태에서 채권자의 귀책사유가 병존하는 경우에는 과실상계에 의해 채무자의 책임이 경감된다(§ 396).

나. 입증책임

이행지체에 있어서 귀책사유의 입증은 누구에게 있는가? 채권자의 이행청구에 대하여 채무자는 채무불이행이 자기에게 책임이 없는 사유로 발생하였다는 것을 입증하지 않는 한 불이행책임을 면하지 못한다. 이는 채무불이행의 모든 유형에도 적용된다. 판례에서도 채무자가 채무불이행책임을 면하려면 자신의 귀책사유에 의한 것이 아님을 스스로 입증해야 한다고 한다(82다카254, 80다177). 다만 금전채무의 특칙(§ 397 Ⅱ)에서는 손해의 증명을 요하지 않고, 채무자는 과실없음을 항변하지 못하므로 채무자가 귀책사유 없다는 것을 입증해도 책임을 면할 수 없다. 그러나 금전채무 불이행을 원인으로 한 손해배상을 청구하려면 채권자가 지연이자 상당의 손해가 발생했다는 주장은 해야 한다(99다49644).

4. 법정대리인·이행보조자에게 귀책사유가 있을 것

가. 제391조의 입법취지

제391조는 법정대리인이나 이행보조자의 고의·과실도 채무자의 고의·과실로 파악한다(§391). 본조를 통해 채무자의 귀책사유를 확장한 것은 채무자가 법정대리인에 의한 거래영역의 활동을 통해 분업의 이익을 향유하기 때문에 채권자를 보호하기 위하여 인적 위험을 부담하는 것이 신의칙에 부합하기 때문이다.

나. 법정대리인·이행보조자

(1) 법정대리인

법정대리인은 채무자를 위하여 대리행위를 할 권한이 법률의 규정에 의해 주어진 자를 말하는데, 제391조에서 의미하는 법정대리인은 친권자, 후견인, 법원에서 선임한 부재자의 재산관리인뿐만 아니라, 파산관재인, 가사대리권을 가진 부부, 유언집행자 등도 포함하는 것으로 해석한다.

(2) 이행보조자

이행보조자는 채무자가 스스로 채무를 이행함에 있어서 채무자의 의사에 기하여 마치 수족과 같이 그의 채무이행에 보조자로 사용하는 자를 말한다. 이행보조자가 이행을 보조하는 관계는 가족이나 친구와 같이 사실상·호의상의 관계로도 충분하며, 고용·위임·도급 등 계약관계가 있어야 하는 것은 아니다. 그러나 채무자가 간섭할 가능성, 즉 채무자의 관여 아래 이행행위에 속하는 활동을 하는 사람이면 족하고, 반드시 채무자의 지시 또는 감독을 받는 관계에 있어야 하는 것은 아니므로 채무자로부터 종속적 또는 독립적 지위에 있을 필요는 없다(2001다44338, 2015다246186).

한편 복이행보조자의 책임과 관련하여 그가 이행보조자에 의해 선임·감독을 받는다면 채무자의 책임을 긍정한다. 즉, 현지 여행업자와 선택관광 서비스약정을 한 여행업자는 현지 여행업자(이행보조자)가 고용한 운전자(복이행보조자)의 과실로 인해 여행자에게 발생한 손해에 대하여 배상할 책임이 있다고 한다(2011다1330).

(3) 이행대행자

이행대행자는 채무자의 이행을 단순히 보조하는 것이 아니라, 독립하여 채무의 전부 또는 일부를 채무자에 갈음하여 이행하는 자이다. 그러므로 그는 채무자에 대하여 채무를 부담할 뿐이지, 채권자에 대한 관계에 있어서는 이행보조자이다. 승강기의 제작·설치공사를 수급받은 수급인으로부터 일부공사를 하수급받은 하수급인이 그 예이다(97다29264).

명문의 규정이나 채무의 성질상 이행대행자의 사용이 금지되는 것이 아니라면 이행대행자를 사용하는 것이 가능하므로 채무자가 이행대행자를 선임하였다면 제391조가 적용되어 대행자의 고의·과실은 곧 채무자의 고의·과실로 본다.

다. 이행관련성

이행보조자의 행위에 대하여 채무자가 책임을 진다는 것은 이행보조자의 행위와 채무자에게 맡겨진 이행업무가 객관적, 외형적으로 서로 밀접하게 관련이 있다는 것이다. 그러므로 이행보조자의 행위가 채무의 이행에 관련된 행위이면 비록 그의 행위가 채권자에 대한 불법행위가 된다고 하더라도 채무자가 면책될 수 없다(90다카10343, 2017다275447). 가령 리조트 숙박권 구매계약에 포함된 승마체험을 위해 제3자가 단순히 호의로 행위를 한 경우에도 채무자의 용인 아래 이루어졌다면 이행보조자에 의한 채무의 이행행위에 속한다(2017다275447).

라. 사용자책임과의 구별

제756조의 사용자책임은 제750조의 불법행위책임과 독립된 청구권으로서 피용자의 사무집행에 대한 사용자 자신의 책임이며, 사용자가 피용자의 선임·감독상 상당한 주의를 한 때에는 책임을 면할 수 있다. 사용자가 피용자의 사무집행에 대하여 책임을 지더라도 피용자 자신의 불법행위책임을 면하는 것은 아니다. 결국 피용자는 사용자와 연대하여 책임을 지게 된다.

한편 제391조는 제390조를 보충하는 규정으로서 독립된 청구권이 아니며 우선 채권관계를 전제로 한다. 또 채무이행에 있어서 이행보조자의 고의·과실은 곧 채무자의 고의·과실이 되어 이행보조자의 책임주체성이 부정되기 때문에 이행보조자는 채권자에 대하여 채무불이행책임을 지지 않는다. 그러나 불법행위책임을 질 수는 있다. 제391조는 이행보조자의 선임·감독과 관련하여 채무자의 면책가능성을 정하고 있지 않다.

5. 이행지체가 위법할 것

위법성이 채무자의 귀책사유와 별개의 요건인가? 위법성을 귀책사유의 요소로 파악하는 견해에서는 위법성을 별개의 요건으로 보지 않는다. 그러나 위법성은 유치권, 동시이행항변권(§536)과 같은 위법성을 정당화시켜주는 사유, 즉 위법성 조각사유가 없으면 당연히 인정되는 소극적 요건이다. 채무불이행, 즉 의무위반이 있으면 위법성을 인정한다(앞 제1절 [3] Ⅰ. 2 참조).

Ⅱ. 이행지체의 효과

1. 이행의 강제

이행지체의 경우에는 원칙적으로 이행이 가능하므로 채권자는 채무자에게 원래의 채무이행을 청구할 수 있다. 채권자의 이행청구에도 불구하고 채무자가 이행하지 않는 때에는 채권자는 법원에 강제이행을 청구할 수 있다(§389). 이 경우는 채무자의 귀책사유를 요하지 않는다.

2. 지연배상의 원칙

이행지체로 인한 손해배상은 원칙적으로 지연배상이다(§390). 이 경우 채권자는 지연배상과 함께 본래의 채무이행을 청구할 수 있다. 따라서 채무자는 본래의 급부와 함께 지연배상도 아울러 제공하여야만 채무의 내용에 좇은 이행의 제공을 한 것으로 된다(§460).

이행거절로 인한 지연배상은 거절의사의 표시와 동시에 지체책임이 있으므로 이 시점부터 지연배상을 청구할 수 있으며, 손해액의 산정은 이행거절 당시의 급부목적물의 시가를 표준으로 한다(2005다63337).

3. 전보배상

이행지체의 효과로 계약을 해제한 경우, 채권자는 이행에 갈음하는 손해배상, 즉 전보배상을 청구할 수 있다(§548). 또 채무자의 이행지체 시 채권자가 계약을 해제함이 없이 곧바로 전보배상을 청구할 수도 있다. 즉, 채권자가 상당한 기

간을 정하여 이행을 최고하여도 그 기간 내에 이행을 하지 않거나, 지체 후의 이
행이 채권자에게 이익이 없는 때에는 수령을 거절하고 전보배상을 청구할 수 있
다($ 395). 이행지체로 인한 전보배상에 있어서의 손해액 산정은 이행을 최고한 후
상당한 기간이 경과한 당시의 시가를 표준으로 하지만(2005다63337), 정기행위에
있어서 이행을 지체한 경우에는 최고 없이 곧바로 계약을 해제하고 전보배상을
청구할 수 있다($ 545).

4. 계약해제권의 발생

채무자가 이행지체에 빠진 경우 채권자에게는 일정한 요건하에 계약해제권
이 발생한다. 즉, 채권자는 상당한 기간을 정하여 이행을 최고하고, 채무자가 그
기간 내에 이행을 하지 않으면 계약을 해제할 수 있다($ 544). 여기서 이행지체에
빠진 것과 계약을 해제할 수 있는 것은 다른 문제이다. 기한이 없는 채무에서 채
권자가 이행청구를 하면 곧바로 이행지체에 빠지지만($ 387 Ⅱ), 계약을 해제하려
면 채권자가 '상당한 기간을 정하여 이행을 최고'하고 그 기간 내에 이행하지 않
아야 하기 때문이다. 그러나 채무자가 미리 이행하지 않을 의사를 표시한 경우
또는 정기행위의 경우에는 최고 없이 곧바로 계약을 해제할 수 있다($$ 544 단서,
545).

한편 계약해제권의 성질은 형성권이므로 권리자가 해제권을 행사하지 않으
면 계약은 해제되지 않는다. 예컨대, 부동산매매에서 중도금 지급이 지체된 후
매도인이 해제권을 행사하지 않은 채 잔금기일이 도래했다면, 매도인은 중도금
지급의 지체를 이유로 계약을 해제할 수 없다. 왜냐하면 잔금기일 도래 후에는
중도금 부분에 대해 지체책임을 지지 않기 때문이다(88다카33442). 중도금지급의무
가 당연히 채무자의 선이행의무지만, 매도인이 해제권을 행사하지 않은 채 잔금
기일을 도과했다면, 중도금과 잔금 지급에 대응하는 소유권이전등기서류의 교부
는 상호 견련관계에 있으므로, 이를 동시이행관계에 있다고 본 것이다.

5. 책임의 가중

민법은 이행지체 중에 발생한 손해에 대해서는 채무자의 귀책사유 없이도
책임을 부과하고 있다($ 392). 다만, 이행기에 이행하였어도 발생하였을 손해에 대

해서는 지체와 손해 사이에 인과관계가 없기 때문에 채무자는 책임을 지지 않는다(§392 단서). 채무자는 지체 후에는 손해발생이 불가항력에 의한 것이라는 이유로 대항할 수 없다.

Ⅲ. 면책약관의 효력

면책약관이란 당사자의 합의로 손해배상책임을 배제하는 특약을 말한다. 이와 관련하여 민법은 아무런 규정을 두고 있지 않다. 그렇다면 사적자치의 원칙상 계약을 체결하면서 책임의 종류와 귀책사유 및 배상범위를 제한하는 것으로 합의할 수 있을 것이다. 그러나 「약관의 규제에 관한 법률」에는 면책조항을 금지하는 특별규정을 두고 있다. 즉, 채무자와 이행보조자의 고의 또는 중과실로 인한 법률상의 책임을 배제하는 조항과 상당한 이유 없이 채무자의 손해배상 범위를 제한하거나 채무자가 부담하여야 할 위험을 고객에게 떠넘기는 조항 등은 무효임을 선언하고 있다(동법 §7 참조). 계약상의 면책특약을 불법행위책임에도 적용하기로 합의하지 않는 한 불법행위책임에는 적용되지 않는다(99다8711).

Ⅳ. 이행지체의 종료사유

1. 채권의 소멸

변제의 제공(§460) 등 채권의 소멸사유로 채권이 소멸하면 그 원인을 묻지 않고 채무불이행 책임을 면한다(§461).

2. 지체 후의 이행불능

이행지체 후에 이행불능이 되면, 이행지체의 책임이 이행불능의 책임으로 전환된다. 이로써 이행지체는 종료한다.

3. 채권자의 지체면제

채권자가 지체책임을 면제하면 지체책임은 소멸한다.

4. 이행의 제공

채무자가 지연배상과 함께 본래의 채무를 이행하면 이행지체는 종료한다.

[2] 이행불능

Ⅰ. 의의와 요건

채권이 성립한 후에 채무자의 귀책사유로 인하여 채무의 이행이 확정적·영구적으로 불가능하게 되어 채무가 이행될 수 없게 된 경우가 이행불능이다(후발적 불능). 주로 전보배상이 문제가 된다. 그러나 이행이 후발적으로 불능인 경우라도 채무자에게 귀책사유가 없으면 위험부담이 문제된다(§537). 이행불능이 성립하기 위한 요건은 다음과 같다.

1. 채권의 성립 후 이행이 불가능하게 되었을 것

가. 이행불능의 판단

민법상 불능은 단순히 절대적·물리적 불능인 경우가 아니라, 사회생활에 있어 경험법칙 또는 거래상 관념에서 볼 때 채무자의 이행을 기대할 수 없는 경우라고 할 수 있다. 판례(2005다39211)와 통설이 일치하고 있다. 자연법칙상 실현하는 것이 불가능한 경우(물리적·사실적·객관적 불능)뿐만 아니라, 건축법에 따라 분할이 금지된 토지의 일부매매(2016다212524)와 같이 채무의 이행행위가 법률로 금지되어 그 행위의 실현이 법률상 불가능한 경우도 불능에 포함된다.

이행의 불가능을 사회생활에 있어서의 경험법칙이나 거래관념에 따라서 결정해야 한다면 채권자가 채무자의 이행을 기대할 수 없는 것도 불가능으로 보아야 한다. 예컨대, 이행에 너무 많은 비용이나 노력이 따르거나, 채무자 아닌 타인이 이행하는 것은 가능하더라도 채무자에게는 그 이행의 실현을 기대할 수 없는 때에는 이행불능으로 판단한다. 또 목적물을 이중매매하여 타인에게 등기를 이전해준 경우, 매도인이 제3자에게 지상권과 매매가의 75% 상당의 저당권을 설정해준 경우(73다1133)에는 이행불능이 되지만, 제3자에게 가등기를 설정한 경우(91다

8104) 또는 가압류가처분 등기가 된 경우(2005다39211)에는 소유권이전이 가능하므로 이행불능이 부정된다. 한편 임대인이 임차목적물의 소유권을 상실하더라도 임대차계약은 이행불능이 되지 않는다. 임대차계약 자체가 소유권의 존재를 전제하는 것이 아니고, 목적물을 사용수익하게 할 의무만 있기 때문이다. 다만, 임차인이 임차목적물을 계속 사용수익하는 것이 불가능하게 되었다면 이행불능이 된다.

나. 불능의 판단시기

이행이 가능한지 불가능한지는 이행기를 기준으로 판단하여야 한다. 즉, 이행기 전에 일시적으로 불능이라도 이행기에 이행이 가능하게 되면 이행불능이 되지 않는다. 다만, 이행기 이전이라도 불가능이 확정적인 경우에는 이행기를 기다리지 않고 곧 이행불능이 된다. 이행지체 후에 이행불능이 발생하면, 이행불능이 된다는 것은 기술한 바와 같다.

한편 원시적 불능과 후발적 불능을 구별하는 기준은 이행기가 아니라, 법률행위가 성립한 때이다. 그러므로 이행불능의 요건으로서의 불능은 법률행위가 성립할 당시에는 이행이 가능했으나, 이후에 불가능으로 된 경우, 즉 후발적 불능을 의미한다. 후발적 불능의 경우에 이행에 대신하는 전보배상은 이행불능이 된 시기의 손해액이지만(74다584), 계약 당시 이미 이행이 불가능했다면 특별한 사정이 없는 한 이행에 대신한 전보배상은 청구할 수 없고, 계약체결상의 과실책임에 따른 신뢰이익의 손해배상을 청구할 수밖에 없다(2016다212524).

2. 채무자에게 책임 있는 사유로 이행이 불능으로 되었을 것

채무자가 채무의 존재를 알면서 고의 또는 부주의로 목적물을 멸실·처분하면 이행불능이 된다. 이처럼 이행불능에 있어서도 채무자에게 귀책사유가 있어야 채권자는 손해배상을 청구할 수 있다(§390). 민법은 채무불이행의 유형에 관계없이 과실책임주의를 원칙으로 하고 있으므로 귀책사유의 내용은 또한 앞서 이행지체에서 기술한 바와 같다. 따라서 법정대리인이나 이행보조자의 고의·과실에 의한 이행불능이 채무자의 귀책사유가 된다는 점도 이행지체의 경우와 같다.

이행지체 후에 이행불능이 발생한 때에 채무자는 자기에게 과실이 없었음을 항변하지 못한다(§392). 다만 이행지체가 없었다고 하더라도 이행불능이 발생했으리라는 것을 입증하면 책임을 면할 수 있다(§392 단서).

한편 원인을 알 수 없는 화재로 임차물이 소실되어 반환이 불가능하게 되었다면 임차인에게 귀책사유가 없으므로 책임을 면할 수 있을까? 기존 판례는 임차인이 책임을 면하려면 임차건물의 보존에 관하여 선량한 관리자의 주의의무를 다하였음을 입증해야 한다고 하였는데(2000다57351, 92다16652), 최근에는 기존 입장을 바꾸어 임대인이 임차인에게 이행불능의 책임을 물으려면, 임차인이 계약상 보존·관리의무를 위반하였고, 이 의무위반과 손해 사이에 상당인과관계가 있다는 점을 임대인이 주장·증명하여야 한다고 한다(2012다86895).

이행불능이 채무자의 귀책사유 없이 발생한 경우에는 채무자는 채무를 면한다. 만일 이때 소멸한 채무가 쌍무계약상의 채무인 경우에는 상대방의 채무도 소멸하는가의 문제가 생기는데, 이것이 곧 위험부담의 문제이다(§§537, 538).

3. 이행불능이 위법할 것

이행불능이 되려면 여기에 정당성이 없어야 한다. 즉, 위법성 조각사유가 없어야 한다. 예컨대 취득시효완성을 알고 있는 등기명의자가 제3자에게 부동산을 처분했다면 등기의무를 면탈하기 위한 것으로 위법하여 이행불능의 책임을 져야 한다(91다8104).

Ⅱ. 이행불능의 효과

1. 전보배상청구권

이행불능의 요건이 충족되면 채권자는 손해배상을 청구할 수 있다(§390). 이때의 손해배상은 성질상 이행에 갈음하는 전보배상이다. 본래의 급부를 목적으로 하는 청구권이 소멸하고, 이에 갈음하여 전보배상청구권으로 채무의 내용이 변경된다. 본래의 채무내용은 '동일성을 유지'하면서 전보배상청구권으로 전환되며, 이 청구권은 이행불능이 된 때부터 발생한다(73다1516).

한편 이행의 일부가 불능이 된 경우 채권자는 이행이 가능한 부분의 이행과 함께 나머지 부분의 전보배상을 청구할 수 있다. 그러나 가능한 부분의 이행이 채권자에게 아무런 이익이 없고, 그것만으로 계약목적을 달성할 수 없는 경우에는 가능한 부분의 수령거절과 동시에 전부에 대하여 전보배상을 청구할 수 있다. 일부불능을 원인으로 계약을 해제하려면 이행이 가능한 나머지 부분만의 이행으로 계약목적을 달성할 수 없을 경우에만 계약을 해제할 수 있다(94다57817).

주의할 것은 물권적 청구권의 이행불능으로 인한 전보배상청구권이 부정된다는 점이다(2010다28604). 대법원은 기존 판례를 변경하여 채무불이행을 이유로 하는 손해배상청구권은 채권관계에서 본래 채권이 동일성을 유지하면서 그 내용이 확장되거나 변경된 것으로서 발생하는데, 등기말소청구권 등 물권적 청구권은 소유자가 소유권을 상실하면 발생기반 자체가 없어지므로 물권적 청구권도 부정된다고 한다. 이 판결로 물권적 청구권의 이행불능으로 인한 전보배상청구권의 소멸시효 기산점에 대한 판례는 무의미해졌다(2005다29474, 72다2600).

2. 계약해제

채무자의 책임 있는 사유로 이행이 불가능하게 된 경우에는 채권자는 최고 없이 계약을 해제할 수 있다(§546). 해제의 효과로서 상대방은 반대급부를 면하고, 이미 지급한 부분의 원상회복을 청구할 수 있다(§548). 계약해제의 효과로 손해배상을 청구할 수 있는 것이 아니며, 이들은 서로 병존할 수 있다(§551). 즉 채권자는 계약을 해제하지 않고 손해배상만 청구하거나, 계약을 해제한 후 손해배상을 청구할 수도 있다.

3. 대상청구권

가. 의 의

대상청구권은 이행불능이 발생한 것과 동일한 원인으로 채무자가 이행의 목적물에 대신하는 이익을 취득하는 경우에 채권자가 채무자에게 그 이익의 반환을 청구할 수 있는 권리이다. 우리 민법에 이를 인정하는 규정이 없으나, 다수설과 판례는 이행불능의 효과로서 채권자의 전보배상청구권, 계약해제권과 별도로 해석상 이를 인정하고 있다(92다4581, 2010다71431). 대상청구권의 기본이념은 일정한 자에게 흘러들어온 재산가치가 그 원인이 된 경제적 상황으로 보아 마땅히 그에게 돌아갈 몫이 아니라면 이를 진정한 권리자에게 돌려주어야 한다는 것이다. 이와 유사한 제도로서 물상대위(§342), 손해배상자의 대위(§399), 변제자의 대위(§

480) 등이 있다. 이들은 이행불능의 효과로 인정되는 대상청구권과 달리 채권관계를 연장하는 효력을 가진다.

나. 요　건

(1) 급부가 후발적으로 불능할 것

원시적 불능인 경우에는 채무가 성립하지 않으므로 대상청구권이 문제가 될 여지가 없다. 또 교환계약에서 쌍방의 부동산이 모두 수용된 경우처럼 쌍무계약상 쌍방의 급부가 모두 불능이 된 경우에는 대상청구권을 행사할 수 없다(95다6601). 당사자 일방이 대상청구권을 행사하려면 쌍무계약상 상대방에 대하여 반대급부를 이행할 의무가 있기 때문이다.

(2) 채무자의 귀책사유를 요하지 않음

매수인이 매입한 토지가 국가에 의해 수용되었다면 매도인에게 귀책사유가 없으므로 매수인은 매도인에게 손해배상이나 계약해제를 청구할 수 없다. 아직 매매대금을 지급하지 않았다면 위험부담에 따라 반대채권이 소멸하므로 매수인에게 큰 손해가 없지만, 이미 매매대금을 상당부분 지급했다면 잔금지급과 동시에 이전등기를 받아야 하는데 토지가 수용되는 바람에 이전등기를 할 수도 없다. 더구나 매도인에게 귀책사유가 없어 이행에 갈음한 전보배상을 청구할 수도 없다. 이러한 모순을 대상청구권으로 해결할 수 있다. 즉, 매도인은 소유권이전등기의무가 불능이 됨으로 인하여 그 급부의무를 면하게 되고, 그 대신 국가에 대해 수용보상청구권을 취득하게 된다. 이에 채권자는 채무자에게 그가 취득한 수용보상청구권의 양도를 청구하거나, 이미 보상금을 수령하였다면 그 반환을 청구할 수 있도록 인정한 것이다.

이와 같이 대상청구권은 채무자에게 귀책사유가 없는 후발적 불능의 경우에 실익이 있다. 또 상대방이 무자력이거나, 다른 채권자가 있을 때도 실익이 있다. 채무자에게 귀책사유가 있으면 손해배상을 청구하면 되므로 굳이 대상청구권을 행사할 필요가 없다.

(3) 급부불능의 결과로 목적물에 '대신하는 이익'을 취득했을 것

'대신하는 이익'의 예로는 토지수용보상금(99다23901), 보험금(2013다7769), 손해배상청구권, 담보권자가 수령한 경낙대금(2010다71431), 매매대금 등을 들 수 있다.

독일민법에서는 이를 代償(Ersatz)으로 표현하고, '이행을 불가능하게 한 상황에서 취득한 것'으로 본다(BGB §285). 그리고 '불가능하게 된 상황'을 대용물과 반환불능 사이의 경제적인 측면에서 이해하여 특정물의 멸실이나 훼손에 의해 받은 것뿐만 아니라, 법률행위로서 취득한 이익도 代償이 될 수 있다고 한다.

(4) 급부불능의 사정과 '대신하는 이익' 사이에 상당인과관계가 존재할 것

급부를 불가능하게 하는 화재와 화재보험금, 타인에 대한 처분과 매매대금과 같이 경제적으로 볼 때 하나의 일체적 행위로 이해된다면 상당인과관계가 있는 것이다(2003다35482).

(5) 물권적 청구권의 이행불능이 아닐 것

대상청구권은 채권적 청구권의 이행불능의 효과로서 인정되므로 소유물반환청구권과 같은 물권적 청구권의 이행불능의 효과로서 대상청구권은 부정된다(2016다220044). 그러므로 자동차의 인도집행 불능에 대비하여 대상청구권을 행사할 수 없다.

다. 손해배상청구권과 대상청구권의 경합문제

대상청구권과 손해배상청구권이 경합할 때 채권자는 자신에게 유리한 청구권을 행사할 것이다. 예를 들어 채권자가 대상청구권을 행사하여 얻을 이익이 손해배상청구권을 행사하여 수령할 수 있는 급부보다 많다면 당연히 대상청구권을 행사하려고 할 것이다. 이와 관련하여 독일민법은 채권자가 대상청구권을 행사하여 이익을 얻은 때에는 그 한도에서 손해배상청구권에서 공제된다고 정하고 있다(BGB §281 Ⅱ). 이 규정은 두 청구권 사이에서 취득할 급부에 차이가 있을 경우 채권자가 자신에게 유리한 청구권을 행사하여 이익을 취득할 가능성을 배제하려는 의도에서 둔 규정이다.

[3] 불완전이행

I. 의   의

1. 의   의

채무의 이행행위는 있었으나, 채무자의 귀책사유로 인하여 급부의 내용이 불완전하거나, 기타 부수손해 내지 확대손해를 초래한 경우를 불완전이행이라고 한다. 새 차를 구입했는데 주행거리가 조작된 중고차인 경우, 생선을 사다가 구이를 해 먹었는데 온 가족이 식중독에 걸린 경우, 프로축구를 관람했는데 승부가 조작된 경기였던 경우가 그 예이다. 여기서는 채무자가 이행행위를 하였고, 이행이 불가능하지도 않았기 때문에 채무자에게 이행지체나 이행불능의 책임을 물을 수 없다. 이런 경우 채무자에게 손해배상책임을 묻기 위한 새로운 형태의 채무불이행이 불완전이행 내지는 적극적 채권침해이다.

불완전이행에서는 하자있는 이행의 결과로 이행이익을 넘어 채권자의 다른 법익이 침해됨으로써 손해가 확대되기도 한다. 이 경우 늘어날 손해를 '확대손해' 또는 '부가적 손해'라고 부른다.

물론 매매계약에 담보책임에 관한 규정(§§ 569~584)이 있고, 이를 매매 이외의 유상계약에 준용하고 있으며(§ 567), 또 도급계약에서 하자담보책임에 관한 규정(§§ 667~672)을 보강하였기 때문에 불완전이행이 성립하는 경우가 줄어들었다.

2. 인정근거

제390조가 정하고 있는 '채무의 내용에 좇은 이행을 하지 않은 때'라는 것은 기본채무를 위반한 경우는 물론이고, 그 밖의 부수적인 용태의무(보호의무)에 위반한 경우도 채무불이행의 책임을 진다는 것이다. 여기서 기본채무의 급부위반이 이행지체와 이행불능이며, 부수적인 용태의무의 위반이 불완전이행 내지 적극적 채권침해가 된다. 여기서 유의할 것은 부수적인 용태의무의 위반이 꼭 불완전이행이 되는 것은 아니며, 불법행위책임을 질 수도 있다(97다12082). 불완전이행을 인정한 판례를 열거해 보면, 숙박업자의 투숙객 보호의무 위반(2000다38718), 입원환자의 휴대품 도난방지를 위한 신의칙상 보호의무 위반(2002다63275), 학교법인의

안전배려의무 위반(2016다33196), 근로계약상 부수적 의무로서 사용자의 피용자 안
전보호의무 위반(2004다44506) 다량의 폐기물이 매립된 토지를 매도한 매도인의
신의칙상 의무 위반(2002다51586), 건축법상 행정절차 없이 복층구조 아파트를 분
양한 시공사의 수분양자에 대한 의무 위반(2012다15060, 15077) 등이 있다.

II. 성립요건

1. 이행행위가 있을 것

불완전이행이 되려면 이행행위가 있어야 한다. 즉, 이행이 있었지만 '채무내
용에 좇은' 이행이 아니어서 변제제공의 효과(§461)가 발생하지 않은 것이다. 만
일 이행행위가 없었다면 이행지체나 이행불능이 된다.

2. 이행이 불완전할 것

가. 급부가 불완전한 경우(하는 채무)

급부행위의 내용에 하자가 있는 경우로서 이행방법이 잘못되었거나 부수적
의무(주의의무 등)를 게을리 한 경우에 주로 문제된다. 여기에는 성질상 두 가지가
있는데, 일정한 결과를 실현해야 할 결과채무와 일정한 결과의 획득을 위하여 최
선을 다해야 할 수단채무가 있다.

(1) 결과채무

임차인이나 운송인이 임차물의 보존의무 또는 운송물의 운송의무를 해태하
여 물건이 멸실·훼손되거나, 양복을 수선한 수급인이 주의의무를 위반하여 양복
이 맞지 않는 경우가 이에 속한다. 이런 경우 채권자는 보완이나 지연배상을 청
구할 수 있고, 또는 불완전부분의 전보배상을 청구할 수도 있다. 그리고 이들 각
경우에 채권자에게 확대손해가 있을 때에는 이에 대한 배상을 청구할 수 있다.

(2) 수단채무

수단채무는 일정한 결과를 실현시킬 필요는 없고, 일정한 결과의 획득을 위
하여 최선을 다해야 할 채무이다. 그러므로 결과를 위해 최선을 다하지 않은 때
에 불완전이행의 책임이 있다. 가령 의사의 진료의무(2001다52568, 85다카1491), 소
송대리인의 의무와 숙박업자의 고객안전배려의무(96다47302, 93다43590)가 여기에

속한다.

나. 목적물이 불완전한 경우(주는 채무)

(1) 특정물의 경우

특정물에 당사자가 예상하지 못한 하자가 있었다고 하더라도 채무자는 이행기의 현상대로 인도하면(§462), 채무의 내용에 좋은 이행이 되어 불완전이행이 문제되지 않는다. 단지 목적물의 하자담보책임이 문제될 뿐이다. 하자담보책임은 무과실책임으로서 매도인(채무자)에게 과실이 없어도 책임을 물을 수 있다. 그러나 불완전이행에서는 채무자에게 귀책사유가 있어야 한다. 즉, 채무자가 선관주의의무에(§374) 위반하여 하자가 발생한 경우에는 불완전이행이 될 수 있다.

예를 들어 중대한 결함이 있는 자동차를 매수한 매수인은 매도인에게 과실이 없더라도 일단 하자담보책임에 따라 손해배상을 청구할 수 있고, 하자로 인하여 계약의 목적을 달성할 수 없는 경우에는 계약을 해제할 수 있다(§§580, 575). 그러나 자동차의 결함으로 인한 교통사고로 부가적 손해가 발생하였다면 불완전이행이 된다고 해석해야 한다. 다시 말해 인도된 목적물의 결함으로 사람의 신체 또는 재산상의 손해가 발생하였다면 매도인은 확대된 손해에 대하여 주의의무의 위반에 따른 불완전이행의 책임을 진다는 것이다. 식당의 부패된 음식물 제공으로 식중독이 발병하거나, 병든 가축을 매매하여 다른 가축에게 전염된 경우, 유독사료를 공급하여 가축이 폐사한 경우가 이에 속한다.

이와 같이 채무자는 하자담보책임뿐만 아니라, 확대손해에 대한 배상책임도 부담한다. 물론 하자담보책임은 제척기간이 짧아서 오염된 토지를 인도받은 때로부터 6개월 이내에 하자를 통지하지 않으면 하자담보책임을 물을 수 없다(2013다522).

(2) 종류물의 경우

매매목적물이 종류물이라고 하더라도 이행이 되면 특정물이 되므로 위 특정물의 경우에서 기술한 내용과 동일하다(§581 I). 다만, 목적물이 특정된 이후에라도 매수인은 완전물급부청구권을 행사할 수 있다(§581 II). 그렇다면 신차를 매수하였는데 5일 만에 속도계기판이 작동하지 않자 이를 이유로 신차로 교환을 요구할 수 있을까? 판례는 매도인에게 지나친 불이익이나 부당한 손해로 등가관계를 파괴할 경우에는 완전물급부청구권의 행사를 제한할 수 있다고 하였다(2012다72582). 목적물의 결함으로 채권자에게 확대손해를 야기한 경우가 아니라면, 종류물 인도채무에서는 하자가 있더라도 하자담보책임만이 문제되고, 불완전이행은 문제되지 않는다고 할 것이다.

3. 귀책사유의 존재

불완전이행 또한 채무불이행이라고 한다면 채무자에게 책임 있는 사유가 있어야 한다. 여기서 말하는 귀책사유는 이행지체, 이행불능에서 설명한 것과 같다. 채무자의 귀책사유와 관련하여 새롭게 경영권을 인수한 대표자가 하자의 존재를 몰라서 고지하지 못했다면 귀책사유가 없다고 보았다(2006다79742).

4. 손해발생 및 인과관계

불완전이행, 특히 의료계약에서는 채무자의 과실과 손해발생과의 인과관계를 추정하여 손해배상책임을 지울 수 있도록 입증책임을 완화하는 것이 손해배상제도의 이상에 적합하다고 한다(99다10479).

5. 입증책임

채무자가 불완전이행의 책임을 면하려면 자신에게 귀책사유가 없었음을 스스로 입증하여야 하지만, 결과의 획득을 위하여 최선을 다해야 하는 수단채무에서 불완전이행으로 인한 확대손해가 발생하였다면 예외적으로 채권자가 입증책임을 부담한다. 왜냐하면 외형상 이행행위가 있었음에도 불구하고 채무자의 주의의무 위반으로 손해가 확대되었다는 주장은 불법행위책임에서 피해자의 주장과 다를 바가 없기 때문이다.

한편 숙박계약에서 숙박업자가 투숙객에 대한 보호의무를 위반하여 투숙객에게 손해를 입힌 경우 숙박업자는 채무불이행에 관하여 자기에게 과실이 없음을 주장·입증해야 하고, 투숙객은 피해자로서 구체적 보호의무의 존재와 그 위반 사실을 주장·입증해야 한다(96다47302).

Ⅲ. 불완전이행의 효과

1. 완전이행청구권

불완전이행은 본래의 채무내용에 좇은 이행이 아니므로 채권이 소멸하지 않는다. 그러므로 채권자는 불완전한 이행의 수령을 거절하거나, 비록 수령했더라도 완전이행이 가능하다면 완전한 급부를 청구할 수 있다. 이때 완전이행을 하지 않더라도 불완전이행을 완전하게 해주는 추완방법이 있으면 추완청구권만 행사할 수 있다. 그 밖에 채무자는 완전이행이 늦은 데 대한 이행지체의 책임을 지며, 불완전이행으로 손해가 확대된 때에는 상당인과관계에 따라 그 배상을 청구할 수 있다(§393).

앞에서 설명한 바와 같이 '주는 채무'에서는 주로 하자담보책임으로 해결이 가능하지만, '하는 채무'에서는 완전이행을 청구하는 것이 의미가 있다.

한편 완전이행이 불가능하거나 무의미한 경우 채무자는 이행불능의 책임을 진다. 즉, 채권자는 수령을 거절하고 이행에 가름한 전보배상(§395) 및 불완전이행으로 확대된 손해의 배상을 청구할 수 있다(§393).

2. 계약해제권

완전이행이 가능한 경우에 채권자가 상당한 기간을 정하여 최고를 해도 이행하지 않으면 계약을 해제할 수 있다(§395). 또 의무위반으로 계약목적을 달성할 수 없거나, 완전이행이 불가능한 경우에 채권자는 곧바로 계약을 해제할 수 있다.

[4] 채권자지체

Ⅰ. 의의와 성질

1. 의 의

채권자지체란 채무의 이행에 채권자의 수령 또는 협력이 필요한 경우에 채무자가 채무의 내용에 좇은 이행의 제공을 하였음에도 불구하고 채권자가 수령을 거절하거나 협력을 하지 않았기 때문에 이행이 완료되지 않고 있는 것이다

(흔히 수령지체라고 칭함). 부작위채무 이외의 거의 모든 채무에서는 채권자의 협력
이 필요하다. 예를 들어 딸기 10상자를 오전 10시에 배달해 달라고 하여 약속장
소로 갔는데 매수인의 사정으로 배달하지 못하여 일부멸실 또는 보관비용이 증가
한 경우 이러한 불이익이나 비용을 모두 매도인이 부담해야 한다면 형평성에 어
긋난다.

　　이 점에서 민법에서는 채무불이행에 관한 규정과 별도로 채권자지체에 관하
여 4개 조문을 두고 있다.

2. 법적 성질

　　채권자지체의 본질은 채권자에게 채무자의 이행에 협력해야 할 의무 내지
수령의무가 있는가 여부이다. 이와 관련하여 채권자에게 수령의무(협력의무)가 있
는지 여부에 따라 학설은 크게 채무불이행책임설과 법정책임설로 나누어진다.

가. 채무불이행책임설

　　채무불이행책임설은 채권관계에 있어서 채권자도 채무자의 변제이행에 대하
여 협력할 의무가 있다고 한다. 민법 제401조에서 '이행의 제공이 있는 때로부터
지체책임이 있다'고 규정하면서, 제401조 내지 제403조에서 수령지체 중 채권자
의 책임에 대하여 보다 구체적으로 규정하고 있다. 이처럼 채권자지체에 관한 규
정을 채무불이행과 분리하여 정하고 있는 것은 채권관계에 있어서 급부의 내용
과 방법 및 성질에서 서로 차이가 있기 때문이다. 즉, 채무자의 급부는 이행인 반
면에, 채권자의 급부는 수령 또는 협력이므로 변제수령을 채무이행과 동일시 할
수는 없는 것이다. 그렇다고 하여 채권자의 수령지체와 채무자의 채무불이행이
동가치성을 지닌다는 것을 간과해서는 안 된다. 왜냐하면 이들은 채권자·채무자
로 서로 대립하고 있지만, 채무의 이행과 변제의 수령이라는 각각 다른 역할분담
을 통해 채권관계를 유지하고 있으며 이들의 위반행위가 있으면 채무관계가 지
연된다는 공통된 결과를 가져오기 때문이다. 그러므로 채권자지체에 관한 규정에
서 채권자의 채무불이행 책임에 대한 언급이 없다고 하여 채무불이행책임을 부
정하는 것은 채권자에게 협력의무가 없다는 주장과 다를 바 없다. 여기서 채권자
의 수령지체는 채권자 입장에서의 채무불이행인 것이다. 더구나 민법 제544조가

계약을 해제할 수 있는 이행지체를 수령지체와 같은 의미로 사용하고 있는 것도 이를 반증하는 것이다.

결국 채권자지체도 일종의 채무불이행이므로 채권자가 수령을 지체한 데 대하여 채권자 측의 귀책사유를 인정하여 채권자에게 불이익이 돌아간다. 그러므로 채권자에게 귀책사유가 없는 수령지체는 채권자지체로 볼 수 없다. 채무불이행의 경우와 달리 채권자지체에서는 채무자가 채권자에게 손해배상은 물론 계약해제도 청구할 수 있다.

나. 법정책임설

법정책임설은 채권관계에 있어서 채권자는 채무자의 변제이행에 대하여 협력할 의무가 없다고 본다. 채무자의 이행에 대하여 채권자가 수령을 하지 않으면 단지 불이익을 받는 간접의무만 있을 뿐이라고 한다. 다만, 수령을 지체함으로 인해 문제가 발생하면 법에 의해 특별히 채무자를 보호하면 된다는 것이다. 이 학설은 권리는 포기하면 그만인데 채권자에게 수령할 의무까지 부담시킬 수 없다는 관념에서 출발한다. 그리하여 채권자지체에 관한 규정을 채무불이행과 차별화되는 법정책임의 근거규정으로 파악한다. 그러나 이들 규정 역시 임의규정으로서 신의칙을 바탕으로 하는 채권관계의 특성상 채무자와 대등한 지위에서 채권자의 협력의무를 명시한 것으로 보아야 한다.

결국 채권자지체는 채무불이행책임이 아니므로 채권자에게 귀책사유가 없어도 그가 수령지체의 책임을 지지만, 채무자는 채권자에게 손해배상이나 계약해제를 청구할 수 없고, 단지 채무자의 책임만 경감될 뿐이라고 한다.

II. 요 건

채권자지체를 채권관계라는 넓은 영역에서 보면 채권자의 수령지체나 수령거절이라는 사유로 인하여 채권관계가 소멸되지 않은 채 지연되고 있는 것이다. 그리고 지연의 원인을 채권자가 제공하고 있다는 점에서 채권자지체는 채권자에 의한 채무불이행인 것이다. 이러한 견해에 따라 요건을 설명하면 다음과 같다.

1. 채무자의 이행에 채권자의 협력이 필요

채무자의 채무내용이 실현되려면 채무자의 이행행위가 있어야 하고, 이에 대응하는 채권자의 협력이 요구된다. 예컨대, 근로자의 노무공급채무에 대하여 사용자가 적절한 지시를 통해 노무를 활용해야 할 의무, 의사의 진료의무에 대하여 환자가 자신의 몸을 맡기는 협조의무, 금전채무를 제공할 때 채권자의 수령의무, 각종 계약에서 특정물이나 불특정물의 인도채무에서 채권자가 이를 수령할 의무 등이다. 예외적으로 부작위채무나 단지 의사표시만 필요한 채무에서는 채권자의 협력이 필요하지 않으므로 채권자지체가 생길 여지가 없다.

2. 채무자의 채무내용에 좇은 이행의 제공

변제제공이 없거나, 변제제공이 채무내용이 아닌 경우에는 채권자지체가 성립하지 않는다. 그러므로 채무자는 원칙적으로 채무내용에 좇은 현실의 제공을 해야 한다(§ 460). 변제제공이 있으면 일단 채무자는 채무불이행책임을 면하지만(§ 461), 채무가 종국적으로 소멸하는 것은 아니다. 다만 채권자가 미리 변제받기를 거절하거나 채무의 이행에 채권자의 행위를 요하는 경우에는 구두의 제공으로 하더라도 무방하고, 채권자가 변제를 받지 아니할 의사가 확고한 경우에는 구두제공조차 필요하지 않다(2001다79013).

한편 채무자의 변제제공으로 채권이 종국적으로 소멸하려면 채권자가 이를 수령해야 한다. 경개(§ 500), 면제(§ 506), 혼동(§ 507)의 경우에는 채무가 확정적으로 소멸하고, 상계(§ 500)에서는 상계적상에 있는 대등액에 한하여 소멸하지만, 공탁의 경우에는(§ 487) 공탁을 한 때에 변제의 효력이 발생하고(2001다2846), 회수한 때에는 소급하여 소멸하지 않는다.

3. 채권자의 수령거절이나 수령불능

채권자지체가 되려면 채권자가 이행을 받을 수 없거나(수령불능), 미리 수령을 거절해야 한다(§ 400). 그 동기나 이유는 묻지 않는다. 여기서 채권자의 수령불능이 채무자가 이행할 수 없기 때문이라면(이행불능) 채권자지체의 요건이 되는 수령불능이 아니다. 그러므로 수령불능에 의한 채권자지체가 되려면 채무자가 이행할 수 있는 급부라는 것이 전제가 되어야 한다.

이에 따라 채권자지체를 판단하려면 이행불능인지, 수령불능인지를 먼저 판단해야 한다. 이행불능은 채무자에게 귀책사유가 있는 경우이지만, 수령불능은 급부를 불가능하게 하는 장애가 채권자에게 있는 경우이다. 그러므로 수령불능의 경우에는 채무자의 구두제공만으로 채권자에게 지체의 책임을 물을 수 있다. 물론 채권자지체를 법정책임으로 보는 학설에 따르면 채권자의 책임 있는 사유 없이도 수령불능이 될 수 있다.

4. 채권자의 수령거절이나 수령불능에 귀책사유가 있을 것

채권관계에 있어서 채권자도 채무자의 변제이행에 대하여 협력할 의무가 있다는 채무불이행책임설에 의하면 수령거절이나 수령불능만으로도 채권자에게 귀책사유가 인정된다. 그러나 채권자지체가 발생한 사실에 대한 증명책임은 채무자에게 있다(2015다249383).

한편 법정책임설에 따르면 채권자의 귀책사유는 채권자지체의 요건이 되지 않는다.

5. 수령거절이나 수령불능이 위법할 것

채무자에게 채무내용에 좇은 이행을 할 의무가 있는 것과 같이 채권자에게 도 이행행위에 협력할 의무가 있다는 것은 앞에서 기술한 바와 같다. 즉, 채권자의 수령지체나 수령거절은 채권자 입장에서의 채무불이행인 것이다. 귀책사유나 위법성을 채무자와 채권자가 각기 다른 역할분담을 통해 동일한 채권관계를 유지하고 있다는 점에서 판단한다면 채권자의 지체책임만으로도 위법성을 인정해야 옳다.

Ⅲ. 효　　과

1. 손해배상청구 및 계약해제

채무자는 채권자에게 그의 수령지체로 생긴 손해의 배상을 청구할 수 있으며(§§ 400, 390), 채권자가 수령이 가능함에도 불구하고 수령하지 않는 경우 채무자는 상당한 기간을 정하여 수령을 최고하고 그 기간 내에 수령하지 않으면 계약을 해제할 수 있다(§544). 정기행위 또는 수령불능인 경우에는 수령을 최고하지 않고 즉시 해제할 수 있다(§§545, 546). 판례도 부동산매도인이 중도금의 수령을 거절하고, 계약을 이행하지 않을 의사를 표시했다면 이행기를 기다릴 필요 없이 계약해제를 인정하였다(93다11821). 그러나 법정책임설에서는 채무자의 손해배상청구 및 계약해제 모두 인정하지 않는다.

2. 주의의무의 경감

채권자지체 중에는 채무자의 고의나 중과실이 없으면 불이행책임도 없다 (§401). 채무자의 주의의무가 경감된다는 것이다. 예를 들면 이전등기의무가 있는 매도인(채무자)이 등기서류를 제공하였으나 매수인(채권자)이 수령지체에 빠진 상태에서 매도인이 부동산을 제3자에게 처분함으로써 등기의무가 이행불능이 되었더라도 제3자에 대한 처분에 고의나 중대한 과실이 없는 한 매도인은 채무불이행책임을 지지 않는다. 즉, 매도인은 등기를 이전할 의무가 없다. 그러나 반대급부는 소멸하지 않으므로 매도인은 매수인에게 매매대금을 청구할 수 있다(§§401, 538 Ⅰ 단서). 이와 관련하여 민법 제538조의 위험부담과 충돌한다.

3. 쌍무계약에 있어서 급부위험이 채권자에게 이전

채권자의 수령지체 중 '쌍방의 책임 없는 사유로' 목적물이 멸실된 경우(§538 Ⅰ 후단) 채무자는 채권자에게 반대급부의 이행을 청구할 수 있다. 가령 도급계약상 수급인이 신축건물의 완성된 부분의 인도 최고에도 불구하고 도급인이 수령을 거절하던 중 쌍방의 과실없이 제3자의 행위로 기성부분이 철거되었더라도 수급인은 공사대금의 지급을 청구할 수 있다(91다14116). 수령지체가 아닌 상태에서 채권자의 귀책사유로 목적물이 멸실된 경우도 마찬가지로 채무자는 채권자에게 반대급부의 이행을 청구할 수 있다(§538 Ⅰ 전단).

4. 이자의 정지 및 증가비용의 부담

채무자는 채권자지체 중에는 이자있는 채권이라도 이자를 지급할 의무가 없다(§402).

채권자지체로 인하여 그 목적물의 보관 또는 변제의 비용이 증가된 때에는 그 증가액은 채권자의 부담으로 한다(§ 403). 예를 들어 분양자가 수분양자에게 명의변경절차의 인수를 최고하였음에도 정당한 이유 없이 인수를 거절한 경우, 그 이후 발생한 목적물의 보존비용은 수분양자가 부담한다(2010다49892).

5. 변제공탁

채권자의 수령지체나 거절로 채권자지체에 빠질 경우 채무자는 채무불이행책임을 면하면서 채권자에게 지체책임을 물을 수 있지만(§§ 461, 400), 채무 자체는 소멸하지 않는다. 변제를 통해 채무관계의 구속으로부터 완전히 벗어나려는 채무자로서는 여기에 만족할 수 없다. 이러한 모순을 해결하는 제도가 변제공탁이다. 즉, 채무자는 금전 기타 물건을 채무의 이행에 갈음하여 공탁함으로써 채무를 면할 수 있게 된다(§ 487). 제487조에서는 공탁원인의 하나로 '변제를 받지 아니하거나 받을 수 없는 때'라고 정하고 있는데, 이 문구는 제400조에서 정하고 있는 채권자지체의 요건과 동일하다는 점이다. 다만 공탁을 위해서는 채권자에게 귀책사유를 요하지 않으므로 수령지체나 수령거절이 전제되어야 하는 것은 아니다(아래 제7장 제4절 공탁 참조).

Ⅳ. 종   료

1. 채권의 소멸

채권자의 변제수령이나 채무면제, 공탁, 이행불능 등으로 채권이 소멸하면 채권자지체도 소멸한다. 특히 공탁이 중요하다.

2. 채권자지체의 면제

채무자가 채권자에 대하여 지체를 면제한 때에는 채권자지체가 종료한다. 채무자에 의한 지체의 면제는 일방적 의사표시로 할 수 있다.

3. 급부불능의 발생

채권자지체 후에 채무자의 귀책사유로 이행불능이 되면 채권자지체가 종료한다. 이행불능의 발생에 대하여 채무자에게 고의나 중과실이 없으면 채무자는 채무불이행 책임이 없다(§401). 그러나 지체 후의 이행불능에 당사자 쌍방에 책임이 없으면 채무자의 급부의무는 소멸하나 상대방의 이행을 청구할 수 있다(§538 Ⅰ).

4. 채권자의 수령의사 통지

채권자가 수령에 필요한 준비를 하고, 또한 지체 중의 모든 책임을 인정하고 수령하겠다는 통지를 한 때에는 지체상태가 종료한다.

제 3 절 채무불이행에 대한 구제

[1] 서   설

채무에는 책임이 따르기 마련인데, 채무자가 스스로 채무를 이행하지 않으면 채권자는 급부를 강제적으로 실현하기 위하여 강제력을 행사한다. 여기서 채권자에게 주어진 강제력(또는 공취력)에 복종해야 하는 의무가 바로 책임이다. 따라서 채무불이행에 대한 구제는 책임을 실현하는 방법의 문제이다. 이 책임의 실현을 위하여 고대에는 인격책임이 인정되었지만, 근대법 이후 재산책임이 확립되면서 시대적 변천을 가져왔다.

Ⅰ. 근대법 이전의 구제방법

로마시대에 평민의 가장 큰 관심사는 빚을 갚지 못했을 때 신체의 자유를 상실한다는 두려움과 전쟁에서 승리한 후 재산을 배분받는 것이었다고 한다. 이는 채무자가 채무를 이행하지 못하면 채권자에게 인도되어 채권자에게 자유처분권(살해, 노예)이 부여되고, 그의 재산은 채권자에게 귀속되었기 때문이다. 이와 같은 가혹한 처분은 채무자의 구금을 통해 변제를 강제하거나, 채무자의 노동으로 변제에 충당하는 방법으로 다소 완화되었고, 사회적 변화를 거치면서 형사책임의 성격이 강한 재산책임제도로 발전하였다.

Ⅱ. 근대법 이후의 구제방법

근대법에서는 인격책임을 더 이상 인정하지 않게 되었고, 재산책임이 확립되었다. 즉, 채무불이행에 대한 구제방법으로 손해배상과 강제이행의 두 가지 방법이 인정되었다. 강제이행이 채권 본래의 내용을 실현하는 것이기는 하나 채무의 성질상 허용할 수 없는 경우도 있으므로 강제이행을 요구하지 않고 손해배상을 청구할 수 있게 한 것이다. 또 강제이행은 채권자가 국가기관에 의지하여 강제로 채권의 내용을 실현하는 것이어서 오늘날에는 채권자가 번거로운 절차를 피하여 손해배상을 더 선호하게 되었다. 민사책임의 양대 산맥인 채무불이행책임과 불법행위책임이 손해배상으로 귀결되는 것도 맥을 같이 한다. 더구나 손해배상은 강제이행이 허용되지 않는 경우에도 활용이 가능하므로 이 제도가 채무불이행의 일반적인 구제방법으로 자리를 잡게 되었다.

[2] 손해배상

Ⅰ. 손해배상의 의의

1. 손해배상에 관한 규정

채무자의 채무불이행이 있으면 채권자는 채무자에 대하여 손해배상을 청구할 수 있다(§390). 이처럼 채무불이행이 있으면 모든 채권은 손해배상채권으로 바뀐다. 민법은 손해배상과 관련하여 그 범위(§393) 및 방법(§394)·과실상계(§396)·배상액의 예정(§398)·배상자대위(§399) 등에 관하여 많은 규정을 두고 있다. 이들 채무불이행으로 인한 손해배상에 대한 규정들은 배상액의 예정을 제외하고는 불법행위로 인한 손해배상에도 대부분 준용된다(§763).

2. 손해와 손해의 종류

가. 손　해

손해의 의의에 관해서는 차액설과 현실적 손해설로 대립하고 있다. 다수설인 차액설은 채무가 이행되었더라면 존재하였을 이익과 불이행으로 받은 불이익의 차액이 손해라는 것이고, 현실적 손해설은 법익에 대한 침해로 입게 된 불이익, 즉 구체적 불이익 자체가 손해라는 것이다. 정신적 손해의 경우는 차액설로 설명하는 데 부적절하다는 단점을 지니고 있으나, 재산적 손해에서는 차액설이 가장 합리적이라는 점에서 차액설이 지지를 받고 있다. 판례도 불법행위로 인한 재산적 손해에 관하여 차액설을 취하고 있다(91다33070).

나. 손해의 종류

(1) 재산적 손해·비재산적 손해

재산에 관하여 생긴 손해가 재산적 손해이고, 생명·신체·자유·명예 등에 관한 정신적 손해가 비재산적 손해라고 한다. 그렇다면 채무불이행에 의한 손해에는 재산적 손해뿐만 아니라, 비재산적 손해도 포함되는가? 이에 대하여 규정이 없다. 그러나 이를 배제하는 규정이 없고, 특별한 사정으로 인한 손해로(§393 Ⅱ) 파악될 수 있다는 점에서 당연히 포함시켜야 할 것이다. 판례도 재산적 손해의 배상만으로 회복될 수 없는 정신적 고통을 입었다는 특별한 사정이 있고, 상대방이 이 사정을 알았거나 알 수 있었을 경우에 한하여 정신적 고통에 대한 위자료를 인정하고 있다(2002다53865).

(2) 적극적 손해·소극적 손해

기존의 이익의 멸실 또는 감소로 인하여 생긴 불이익이 적극적 손해이고(멸실된 물건의 가치, 신체손상으로 인한 치료비 등), 장래 얻을 이익을 얻지 못함으로 인하여 생긴 불이익이 소극적 손해이다(전매로 얻었을 이익, 노동수입의 상실 등). 이 구별의 실익은 적극적 손해는 통상의 손해(§393 Ⅰ)이나, 소극적 손해는 특별손해(§393 Ⅱ)가 되는 수가 많다는 데 있다.

(3) 이행이익·신뢰이익

이행이익과 신뢰이익은 계약체결상의 과실책임(§535)에서 구별하고 있다. 즉, 계약이 이행되지 않음으로써 생긴 손해가 이행이익이고, 불능인 계약임에도 불구하고 그의 유효함을 믿었음으로 인하여 생긴 손해가 신뢰이익이라는 것이다. 따라서 이행이익은 계약은 유효하게 성립되었는데 이행되지 않은 경우에 문제가 되고, 신뢰이익은 계약이 성립되지 않아서 처음부터 무효인 경우에 문제된다. 채무불이행의 경우에는 이미 계약이 성립된 이후의 문제이므로 이행이익의 배상을 청구할 수 있다. 채무불이행을 이유로 해제와 함께 손해배상을 청구할 경우 이행이익의 배상이 원칙이다. 이행이익의 증명이 곤란한 경우에 증명을 용이하게 하기 위하여 지출비용의 배상을 청구할 수 있지만, 이행이익의 범위를 초과할 수 없다. 다만, 이행이익이 인정되지 않는다면 배상할 손해가 발생하지 않았으므로 지출비용의 배상을 청구할 수 없다(2015다235766).

3. 손해의 배상

이미 발생한 손해 자체를 완전히 제거하는 것(완전배상)을 목적으로 한다고 하더라도 손해를 제거할 수 있는 방법은 없다. 손해는 전보(塡補)만이 가능할 뿐이다. 불법한 원인으로 발생한 손해를 피해자 이외의 자가 전보하는 것이 손해의 배상이다. 이와 달리 적법한 원인으로 발생한 손해의 전보는 배상이라고 하지 않고, 보상이라고 한다. 주로 물권법상 상린관계에서 규정하고 있다(§§ 216 Ⅱ, 218 Ⅰ, 219 Ⅱ, 220 Ⅰ, 226 Ⅱ, 228, 230 Ⅰ).

4. 손해배상청구권

채무불이행에 의한 손해배상청구권이 성립하려면 채무불이행, 손해발생, 인과관계 및 배상범위에 해당할 것 등과 같은 요건을 갖추어야 한다. 이들 요건 중에서 채무불이행은 앞서 기술한 바 있고, 그 밖의 요건은 해당되는 곳에서 검토한다. 여기에서는 손해배상청구권의 발생과 성질에 대하여 설명한다.

가. 손해배상청구권의 발생과 경합

손해배상청구권이 발생하는 원인은 채무불이행책임(§ 390), 계약체결상의 과실책임(§ 535), 담보책임(§§ 570 이하), 불법행위책임(§ 750), 위험책임(§§ 758, 759) 등 매우 다양하다.

채무불이행으로 손해배상청구권과 불법행위로 인한 손해배상청구권은 청구권경합설에 따라 각각 독립된 별개의 청구권으로서 이들 청구권이 경합할 때는 채권자(피해자)가 임의로 선택할 수 있고, 하나의 청구권이 소멸하더라도(시효완성, 패소 등) 다른 청구권을 행사할 수 있다.

판례도 청구권경합설의 입장에 따라 운송계약상 면책약관의 효력은 당사자 사이에 약정이 없는 이상 채무불이행책임에만 적용되며 불법행위를 원인으로 하는 손해배상에는 적용되지 않는다고 한다(80다1812).

나. 성　질

채무불이행으로 인한 손해배상청구권은 본래의 채권이 동일성을 유지한 채 확장(지연배상의 경우)되거나, 내용이 변경(전보배상의 경우)된 것이다. 그러므로 본래의 채권을 담보하기 위하여 설정된 질권이나 저당권은 채무자의 채무불이행으로 생긴 손해배상청구권에도 미치고(§§334, 360), 주채무의 불이행으로 생긴 손해에 대하여 보증인도 배상책임을 진다(§429). 또 본래의 채권이 양도되면 이미 발생한 지연배상청구권도 양수인에게 이전된다. 그러나 약정이율에 따라 이미 발생한 지분적 이자채권은 원본채권과 분리하여 양도할 수 있다.

한편 손해배상청구권의 소멸시효는 본래의 채권의 성질에 의하여 정해지고, 본래의 채권을 행사할 수 있는 때로부터 개시된다. 채무불이행으로 인한 손해배상청구권의 소멸시효는 채무불이행시로부터 진행한다(2002다57119).

Ⅱ. 손해배상의 방법

1. 금전배상주의와 원상회복주의

손해배상의 방법으로서 금전배상주의와 원상회복주의가 있다. 금전배상주의는 손해를 금전으로 평가하여 채무자에게 배상하는 방법이고, 원상회복주의는 손해발생의 원인이 없었으면 존재하였을 상태로 회복시키는 방법(훼손된 물건의 수리, 대체물의 지급, 상처의 치료 등)이다. 어느 주의를 취할 것이냐는 입법정책의 문제이다.

우리 민법은 제394조에서 '다른 의사표시가 없으면 손해는 금전으로 배상한다'고 규정함으로써 금전배상주의를 원칙으로 하고 있다. 다만, '다른 의사표시가' 있으면 예외적으로 원상회복에 의한 손해배상을 인정한다. 여기서 '다른 의사표시가' 권리자 일방의 의사표시로 오해할 소지가 있는데, 당사자가 합의하여 원상회복을 청구할 수 있다는 뜻으로 해석해야 한다.

2. 지급방법

금전배상의 경우 그 손해배상금의 지급방법으로는 일시금배상과 정기금배상이 있다. 일시금배상은 매우 간단하지만 자력이 약한 배상의무자에게 부담이 될 수 있다는 단점이 있는 반면에, 정기금배상은 배상의무자의 부담을 덜어주는 장점이 있지만 재산상태의 변화에 따라 지급이 불확실하고, 번거롭다는 단점이 있다. 이러한 장단점으로 인하여 민법은 손해배상금의 지급방법에 관하여 따로 정하고 있지 않다. 어느 방식으로 손해배상을 청구할지는 채권자가 임의로 선택할 수 있지만, 사회정의와 형평의 이념에 비추어 현저히 불합리한 결과를 초래할 우려가 있다면 법원의 재량에 따라 정기금배상을 정할 수 있다(93다48526).

정기금배상과 관련하여 정기금의 지급을 명하는 확정판결은 기판력이 있으므로 변경할 수 없는 것이 원칙이다. 그러나 정기금액이 형평을 잃어 상당하지 않은 경우 실질적 손해배상을 받을 수 있도록 하기 위하여 민사소송법에는 '정기금판결의 변경의 소'를 인정하고 있다. 즉, 정기금 액수산정의 기초가 된 사정이 현저하게 변경됨으로써 형평성을 침해할 특별한 사정이 생긴 경우 정기금 액수의 변경을 구하는 소를 제기할 수 있게 하였다(민사소송법 § 252 I). 이 소송은 제1심 판결법원의 전속관할로 한다(민사소송법 § 252 II).

III. 손해배상의 범위

1. 의   의

손해배상을 청구하려면 채무불이행 사실만으로는 부족하며, 손해가 발생하여야 하고, 이를 채권자가 입증하여야 한다. 일단 손해가 발생하면 그 범위를 어떻게 정할 것인지, 즉 어떤 기준에 따라 배상범위를 결정할 것이냐가 문제이다. 손해의 범위가 결정되면 배상액을 산정하게 되는데, 그 산정의 기준 또한 문제가 된다.

2. 손해배상 범위의 결정기준에 관한 학설

가. 배상범위를 결정하는 1차 기준

민법은 채무불이행에 의한 손해배상의 범위를 결정하는 1차적 기준으로서 제

393조를 두고 있다. 그러므로 배상액을 산정하기 전에 제393조의 해석을 통해 배상의 범위를 결정해야 한다. 그런데 배상의 범위를 결정하는 기준에 대한 해석에 있어서 학설은 크게 상당인과관계설, 위험성관련설, 규범목적설로 나뉘고 있다.

나. 상당인과관계설

원인·결과 관계에 있는 어떤 선행사실로부터 일반적으로 초래되는 후행사실이 있는 때 이 두 사실은 상당인과관계에 있다고 한다. 객관적으로 보아 동일한 조건이 존재할 때 동일한 결과가 발생하는 것이 일반적이라면 이들 간의 인과관계를 인정하려는 견해이다. 그러므로 우연한 사실에 의하여 특수한 결과가 발생한다면 인과관계를 인정할 수 없다. 상당인과관계설은 주관적 상당인과관계설과 객관적 상당인과관계설 및 절충설로 나뉘는데, 우리나라에서는 절충설이 다수설이다. 절충설은 평균인이 알 수 있었던 사정과 채무자가 알고 있었던 사정을 모두 고려의 대상으로 함으로써 채무자의 책임을 묻는 손해배상으로서는 가장 타당한 견해로 지지를 받고 있다.

절충설은 제393조 제1항은 손해배상의 범위에 관하여 상당인과관계에 있는 손해만을 배상한다는 원칙을 선언한 규정이고, 제2항은 특별손해의 범위를 판단함에 있어서 상당인과관계의 절충설의 입장을 취하고 있다고 한다.

판례도 다수설과 마찬가지로 상당인과관계설을 취하면서, 채무불이행과 손해 사이에 자연적 또는 사실적 인과관계만으로는 부족하고 이념적·법률적 상당인과관계까지 있어야 한다고 하였다(2010다81315).

다. 위험성관련설

위험성관련설은 손해를 피침해규범과 직접적인 관련이 있는 1차 손해와 그와 인과관계 있는 후속손해로 구분하고, 제390조는 1차 손해에 관한 규정이고, 제393조는 후속손해에 관한 규정이라고 본다.

제393조의 후속손해는 1차 손해가 가지는 위험성과 후속손해 사이의 평가적 관계, 즉 위험성관련이 있는 경우에 한하여 채무자에게 귀속된다고 한다. 제1항의 통상손해에는 채무자의 인식가능성을 묻지 않고 당연히 위험성관련이 있는 손해를 인정하지만, 1차 손해로부터 발생한 손해 중에서 우연한 사정이나 제3자

의 행위가 개입하여 발생한 손해를 제외한다. 예를 들어 아파트 내부공사 지연으로 입주를 못하여 천막생활을 하다가 벼락을 맞아 사망했다면 통상의 손해를 인정하지 않는다. 제2항은 특별손해로서 채무자에게 인식가능성이 있어야 비로소 위험성관련이 있는 손해라고 한다. 가령 부품을 납기 내에 배송하지 못하면 엄청난 생산차질이 된다는 것을 잘 아는 상태에서 운송계약을 체결하였는데, 납기를 지키지 못하여 통상적이지 않은 막대한 손해를 입었다면 통상의 손해는 아니지만, 인식가능성이 있는 위험성관련의 손해로 파악하여 특별손해의 배상을 인정한다.

라. 규범목적설

규범목적설은 손해배상의 책임귀속에 있어서 배상의무의 근거가 되는 규범의 보호목적을 토대로 하여 손해배상의 범위를 결정하여야 한다고 한다. 그러나 이 학설은 위험성관련설과 마찬가지로 손해를 1차 손해와 후속손해로 나누고, 1차 손해의 귀속근거는 제390조이고, 후속손해의 근거는 제393조라고 한다.

3. 제393조의 해석

앞서 기술한 바와 같이 제393조는 손해배상의 범위와 관련하여 제1항의 통상손해는 상당인과관계설의 원칙을 선언한 것이고, 제2항의 특별손해는 절충설의 견지에서 고찰의 대상으로 삼는 특별한 사정의 범위를 정한 것이라고 한다.

가. 통상손해

통상의 손해란 그 정도의 채무불이행이 있으면 사회일반의 관념에 따라 보통 발생한다고 생각되는 손해이다. 보다 구체적으로 설명하면 X라는 채무불이행이 없었다면 Y라는 손해가 발생하지 않았다는 구체적 사실이 존재하고(구체적 관계), 일반적인 관계에서도 이 정도의 불이행이 있었다면 Y라는 손해가 발생하는 것이 통상적이라는 것이다(일반적 관계). 통상의 손해는 손해배상의 범위에 당연히 포함하는 것이 원칙이다(§393 I). 채무자가 손해의 발생을 알았거나 알 수 있었는지의 유무를 따지지 않으며, 채권자는 채무불이행 사실과 통상의 손해액을 입증하면 된다.

예를 들면, 임차인의 임차물 멸실에 의한 임차물의 시가, 임차물 반환의무

불이행시 차임 상당의 손해, 금전채무불이행시 이자 상당의 손해, 매도인의 불이
행으로 매수인이 타인으로부터 물건을 매수한 경우 그 차액과 지출한 비용 상당
의 손해 등을 통상의 손해로 본다. 판례에서도 영업용 물건의 멸실 또는 불인도
시 영업상 수익 상당의 손실(2001다66314, 2001다82507), 분양자의 수분양자에 대한
등기절차 지연으로 인한 손해(2006다25745), 상가건물과 지하철역 연결통로 개설의
무의 불이행에 따른 손해(2009다24842) 등을 통상의 손해로 파악한다.

나. 특별손해

특별한 사정으로부터 통상 발생한 손해, 즉 특별손해는 채무자가 그 사정을
알았거나 알 수 있었을 경우(예견가능성)에만 손해배상의 범위에 포함된다(§393
Ⅱ). 당사자 사이에서 특별하게 발생한 개별적·구체적 사정에 의한 손해이며, 통
상의 손해와 같은 일반적 관계가 없는 손해이다. 여기서 채무자가 알았거나 알
수 있었다는 예견가능성의 대상은 손해의 원인이 된 사정이지 결과인 손해가 아
니다. 그리고 특별한 사정을 채무자가 알았다는 사실은 채권자가 입증해야 한다.
채무자가 알았거나 알 수 있었는지 여부를 판단하는 기준시기는 채권이 성립한
시기가 아니라, 채무의 이행기가 기준이 된다(84다카1532).

예컨대, 매도인이 토지를 타인에게 전매할 줄 모르고 매매계약을 체결한 매
수인이 토지상에 주택을 짓기 위해 설계비 3000만 원의 설계를 의뢰하였다면 매
매대금은 통상손해로 청구할 수 있지만, 매수인이 그 지상에 집을 짓기 위해 설
계비를 지출할 것으로 사회통념상 당연히 알 수 있는 것은 아니므로 설계비를 지
출할 것이라는 사정을 매도인이 알았거나 알 수 있었다면 특별손해로 배상을 청
구할 수 있다.

판례도 면제품의 매수인이 매입가격보다 비싼 가격으로 전매하는 계약을 체
결했는데 물건에 하자가 있어서 판매할 수 없었다면 매수인이 면제품 판매로 이
익을 얻지 못하게 되는 사정을 매도인이 알았거나 알 수 있었다면 특별손해로 배
상책임을 인정하면서도 매수인의 전매이익이 과다한 경우에는 매도인의 손해배
상책임이 통상적인 이익의 범위로 한정된다고 판시하였다(91다29972).

4. 손해배상액의 산정기준

손해를 배상하려면 손해배상의 범위에 포함된 손해를 금전배상주의의 원칙에 따라 금전으로 평가되어야 한다. 그렇다면 배상액을 구체적으로 어떻게 금전으로 산정할 것인지 산정하는 기준이 문제된다.

가. 배상액 산정의 가격

재산적 손해의 배상액은 재산적 가치를 금전적으로 평가한 금액이다. 평가금액은 재산가치를 평가한 기준에 따라 통상가격, 특별가격, 감정가격으로 나뉜다. 통상가격은 일반거래상 인정되는 교환가치, 특별가격은 특수한 경제적 제반 여건하에 형성된 교환가치, 감정가격은 재산권 주체의 감정에 따라 평가되는 가치를 기준으로 평가한 가격이다. 그러나 상당인과관계설에 비추어 볼 때 일반적으로 통상가격을 표준으로 하여야 한다.

한편 비재산적 손해를 금전적으로 평가하는 것은 쉽지 않다. 따라서 배상액은 정신적 타격이나 고통을 덜어준다는 점에서 출발하여 피해자의 사회적 지위·당사자의 자산상태·손해발생의 전후 제반 사정 등을 고려하여 결정해야 한다. 그러므로 배상권리자로 하여금 정당하다고 판단하는 금액을 청구하도록 하고, 법원이 여러 가지 사정을 고려하여 판단할 수밖에 없다.

나. 산정시기에 따른 배상액의 차이

이행지체나 이행불능을 이유로 목적물에 갈음하는 손해배상을 청구한다고 했을 때 계약체결 시, 채무이행 시, 채무불이행으로 인한 이행최고 시, 이행불능 시, 계약해제 시, 소송제기 시, 사실심의 변론종결 시 등에 따라 목적물의 가격이 변동하고 있다면 어느 시점을 기준으로 손해배상액을 산정할 것인지는 매우 예민한 문제이다. 이 문제와 관련하여 학설과 판례의 입장이 다르다.

학설은 채권자를 보호할 목적으로 채권자에게 피해가 없었던 상태로 되돌리려는 입장에서 사실심의 구두변론종결시를 기준으로 해야 한다는 견해, 손해배상책임이 발생한 때를 기준으로 하여 배상액을 산정하고, 그 이후의 손해는 상당인과관계의 범위 내의 손해를 가산하여야 한다는 견해로 나뉘어 있다. 그러나 어느 시기를 기준으로 하든지 채무불이행에 따른 손해배상을 산정함에 있어서는 형평성을 위주로 판단하여야 하고, 불법행위에서의 손해배상은 채권자(피해자)를 보호한다는 측면에서 산정해야 한다. 채무불이행으로 인한 손해배상에 대한 규정을 불법행위의 손해배상에 준용된다고 하여 이들 손해배상의 기본적 성질까지 동일한 것은 아니기 때문이다.

판례는 이행지체와 이행불능을 구분하여 판단하고 있다. 이행불능에 의한 전보배상의 경우에는 이행불능이 될 당시의 목적물의 시가를 기준으로 산정해야 한다고 하고(94다61359, 2005다63337), 이때 배상금 지급이 지연되면 이행불능시부터 배상이 있기까지 지연이자를 청구할 수 있다고 한다(94다61359). 이행불능 후 목적물의 시가가 상승했다면 상승한 부분은 특별손해로 파악하여 가격상승을 알았거나 알 수 있었을 경우에는 이행불능시의 시가 및 상승액까지 청구할 수 있다고 한다.

이와 달리 이행지체에 의한 전보배상의 경우에는 본래의 채무이행을 최고한 후 상당한 기간이 경과한 당시의 시가에 의한다는 것과(97다24542), 사실심 변론종결시의 시가가 기준이 된다는 판례도 있다(68다1726).

Ⅳ. 손해배상 범위의 예외

손해배상의 범위에 관한 원칙에는 과실상계, 손익상계 등의 예외가 있다. 동일한 사안에서 손익상계와 과실상계를 해야 할 경우에는 산정된 손해액에 과실상계를 먼저 한 다음에 이득을 공제해야 한다고 하므로(2009다87621) 과실상계를 먼저 기술한다.

1. 과실상계
가. 의 의

채권자의 과실이 손해의 발생 또는 확대에 기여한 경우, 법원이 손해배상의 책임 및 그 금액을 정할 때에 채권자의 과실도 직권으로 참작하여야 한다는 제도가 과실상계이다(§396). 이 제도의 취지는 채권자가 신의칙상 요구되는 주의를 다하지 않은 경우 공평의 원칙에 따라 손해배상액을 산정함에 있어서 채권자의 신의칙상 부주의를 참작하게 하려는 것이다(98다56416). 민법은 이 제도를 채무불이행뿐만 아니라, 불법행위에도 준용하고 있다(§763).

나. 요 건

(1) 채무불이행 또는 손해의 발생에 관하여 채권자의 과실이 있어야 한다. 채권자가 주소변경을 통지하지 않아 채무불이행이 발생한 경우, 채무불이행이 발생한 이후 채권자가 주소변경을 통지하지 않아 손해가 확대된 경우도 마찬가지로 채권자에게 과실을 인정한다. 그러므로 채권자의 간청에 의하여 계약을 체결한 경우와 같이 손해의 발생 및 확대와 무관한 채권자의 과실은 과실상계의 대상이 아니다(80다557). 따라서 과실상계의 요건으로 요구되는 채권자의 과실은 채무불이행에 관하여 사회통념상 채권자에게 요구되는 주의를 게을리 한 것을 의미한다고 볼 수 있다. 판례도 마찬가지로 보고 있다(92다20163).

(2) 채권자의 과실에는 채권자 자신의 과실뿐만 아니라, 그의 피용자·가족 등 수령보조자의 과실도 포함하는 것으로 새겨야 한다. 판례도 제396조 소정의 채권자의 과실에는, 채권자 본인의 과실만이 아니라, 사회공평의 이념상 채권자와 신분상 내지는 생활상 일체로 볼 수 있는 관계에 있는 자의 과실도 이른바 채권자 측의 과실에 포함된다고 한다(94다2787).

(3) 하자담보책임으로 인한 손해배상 사건에 있어서 채권자의 과실이 인정되면 채무자의 상계항변이 없더라도 법원은 직권으로 이를 심리·판단하여야 한다고 한다(88다카31866, 99다12888).

(4) 손해배상이 아닌 본래의 급부로서의 금전채권과 계약해제에 따른 원상회복의무의 이행으로서 이미 지급한 매매대금 기타 급부의 반환을 구하는 경우(2013다34143)에는 과실상계가 적용되지 않는다. 또 손해배상이 예정되어 있는 경우 제반 사정을 참작하여 손해배상 예정액을 감액할 수는 있을지언정 채권자의 과실을 들어 과실상계를 할 수는 없다(2014다200763).

다. 효 과

법원은 채권자와 채무자의 과실을 비교하여 채무자의 책임을 면하게 하거나 감경할 수 있다. 법원이 채권자의 과실을 어느 정도 참작할 것인가는 전적으로 법원의 자유재량에 맡겨져 있다(84다카440). 여기에는 변론주의가 적용되지 않기 때문에 당사자가 과실상계를 주장하지 않더라도 법원이 직권으로 채권자에게 과실이 있는지 여부를 조사하여야 하고(2013다31137), 채권자에게 과실이 있는 때에는 반드시 이를 참작하여야 하며, 그렇지 않으면 위법한 판결로서 상고이유가 된다(67다2367, 84다카440).

한편 채권자가 손해배상액의 일부만 청구한 경우 과실상계를 어떻게 할지 문제된다. 판례는 손해의 전액에서 과실비율에 의한 감액을 하고 그 잔액이 청구액을 초과하지 않을 경우에는 그 잔액을 인용하고 잔액이 청구액을 초과할 경우에는 청구액을 인용하는 것으로 해석한다(75다819, 2008다51649).

2. 손익상계

가. 의   의

손익상계는 손해를 입은 자가 동일한 원인으로 이익을 얻은 경우, 손해에서 이익을 공제해야 한다는 것이다. 가령 임기만료 전에 정당한 이유 없이 해임된 감사가 회사를 상대로 보수 상당액을 해임으로 인한 손해배상액으로 청구한 경우, 남은 임기 동안 다른 직장에 종사하여 얻은 이익에 대해 손해배상액을 산정함에 있어서 공제하는 것이 그 예이다(2011다42348). 민법에 명문의 규정은 없지만 당연한 것으로 인정되고 있다. 손익상계는 서로 대립하는 두 개의 채권을 대등액에서 소멸시키는 상계(§492)와 달리 손해산정의 처리방법에 지나지 않는다.

나. 공제이익의 범위

손해배상액의 산정에 있어 손익상계가 허용되기 위해서는 손해배상책임의 원인이 되는 행위로 인하여 피해자가 새로운 이득을 얻었고, 그 이득과 손해배상책임의 원인인 행위 사이에 상당인과관계가 있어야 한다(2006다19603). 즉, 해임과 이로 인해 다른 직장에서 얻은 이익 사이에 상당인과관계가 인정되어야 한다는 것이다. 또 공제할 이익의 범위는 공평의 원칙에 따라 판단해야 하므로 배상의무자가 배상하여야 할 손해의 범위에 대응하는 것이어야 한다(2009다98652). 따라서 신축아파트의 일조권 방해로 인한 비닐하우스의 이전비용(손해)은 아파트 신축으로 인한 지가상승이라는 이익과 아무런 관계가 없는 이익이며, 불법행위로 사망한 택시기사의 유족이 개인택시사업면허를 처분한 경우 처분가액 역시 불법행위와 관계있는 이익으로 볼 수 없다(88다카16867).

다. 손익상계가 부정되는 경우

보험계약상 보험금 수령과 같이 채무불이행 이외의 계약원인에 의한 이익뿐만 아니라, 채무이행을 하지 않게 됨으로써 다른 계약으로 받은 노임이나 보수, 위로금, 조의금 등은 공제대상이 아니다. 그러나 산재급여 및 손해보험금을 수령하는 경우는 공제할 이익이 된다.

라. 과실상계와 손익상계의 순서

채무불이행으로 인하여 손해가 발생하였지만, 그 손해발생으로 이득이 생기고 동시에 피해자에게도 손해발생에 대한 과실이 있어 과실상계를 하여야 할 경우에는 산정된 손해액에서 과실상계를 먼저 한 다음에 손해발생으로 생긴 이득을 공제하여야 한다(89다카29129).

3. 중간이자의 공제방법

일실이익이나 치료비와 같이 장래의 일정한 시기에 취득할 가액이 침해되었다면, 현재의 손해액은 장래 일정한 시기에 취득할 가액에서 중간이자를 공제한 것이다. 예컨대, 2년의 렌트기간이 남았는데 멸실로 인해 현재 손해를 배상해야 한다면 2년 후의 급부액에서 중간이자를 공제해야 한다. 이러한 공제방법에는 단리계산방법의 호프만식과 복리계산방법인 라이프니츠식이 일반적으로 이용된다. 어느 산정방식을 채택할 것인가는 법원의 자유로운 판단에 달려 있다(83다191). 현재의 배상액을 X, 연수를 n, 연이율을 r, 장래의 손해액을 A라고 한다면 각각의 계산방법은 다음과 같다.

$$\text{호프만식(단리계산)에 따른 현재배상액}(X) = \frac{A}{1+nr}$$
$$\text{라이프니츠식(복리계산)에 따른 현재배상액}(X) = \frac{A}{(1+r)^n}$$

V. 손해배상액의 예정

1. 손해배상액의 예정

가. 의 의

채무불이행시에 채무자가 지급하여야 할 손해배상액을 당사자 사이의 약정으로 미리 정하여 두는 것을 손해배상액의 예정이라고 한다(§398 Ⅰ). 당사자는 법률의 규정이나 사회질서에 반하지 않는 한 배상액 예정계약을 체결할 수 있다. 손해배상액 예정의 목적은 손해의 발생과 입증의 곤란을 배제하고, 당사자의 다툼을 방지하여 손해배상의 법률관계를 간결하게 하여 채무의 이행을 확보하려는 데 있다.

나. 요   건

(1) 채무불이행이 발생하기 이전에 배상액 예정계약을 체결하여야 한다. 배상액 예정계약은 채무불이행을 정지조건으로 하는 조건부 계약이며, 기본적 채권관계의 종된 계약이다. 채무불이행 이후에 배상액을 정하는 계약을 체결하는 것도 가능하지만, 이것은 예정계약이 아니다.

(2) 배상액 예정계약이 「약관의 규제에 관한 법률」에 위반하지 않아야 한다. 동법에서는 부당하게 과중한 지연손해금 등의 손해배상의무를 부담시키는 약관조항을 무효로 한다는 특별조항을 두고 있다(동법 §8).

(3) 불법행위로 인한 손해배상의 예정이 아니어야 한다. 계약 당사자 사이에 손해배상액을 예정하는 약정을 했더라도 이는 계약상 채무불이행으로 인한 손해액에 관한 것이지 계약과 관련된 불법행위로 인한 손해까지 예정한 것은 아니다 (98다48033). 불법행위로 인한 손해에 대해서는 별도로 배상청구를 해야 한다.

다. 배상액 예정의 유형

(1) 연체료 약정

매매대금을 약정기일까지 납부하지 아니할 경우 그 체납액에 대하여 연체료를 가산하여 지급하기로 하는 연체료 약정은 이행지체에 대한 손해배상의 예정으로서 지체책임이 발생할 때 비로소 그 지급의무가 발생한다(96다7793). 이행불능이나 계약해제에 의한 손해배상액에는 적용하지 않는다.

(2) 손해배상예정액의 감액

채무자의 채무불이행으로 인한 손해배상액이 예정되어 있는데 손해의 발생 및 확대에 채권자에게도 과실이 있는 경우, 손해배상예정액을 감액할 수 있을 뿐이지, 과실상계를 할 수는 없다(72다108, 2014다200763·200770). 손해배상예정액의 감액과 과실상계를 둘 다 고려할 수는 없고 공평의 원칙상 하나만 고려해야 할 것이며, 어느 것을 적용하더라도 결과적으로는 같아야 하므로 손해배상액에 대한 분쟁을 일회적·최종적으로 해결할 수 있는 방법이 된다.

(3) 위약금 약정

당사자 사이에 계약금을 수수하면서 매도인이 계약을 위반할 때에는 매수인에게 계약금의 배액을 지급하고, 매수인이 이를 위반할 때에는 계약금을 몰수하기로 약정하였다면 이는 위약금 약정으로서(89다카10811) 특단의 사정이 없는 한 손해배상액 예정의 성질을 지닌다(§398 Ⅳ). 이 경우에는 계약해제 없이 곧바로 예정액을 청구할 수 있다. 그러나 당사자의 귀책사유와 무관하게 매수인은 계약금을 포기하고 매도인은 그 배액을 상환하여 계약을 해제할 수 있는 해약금조항(§565)이 있다.

2. 배상액 예정의 효과

가. 채무불이행으로 인해 손해가 발생한 경우

손해액에 대한 입증 없이 채무불이행사실만으로 예정액을 청구할 수 있다(90다8053). 채무불이행으로 인한 손해배상액의 청구에 있어서는 손해의 발생원인 사실과 손해발생 사실을 채권자가 주장·입증해야 하지만(99다49644), 손해배상이 예정된 경우에는 손해발생 및 손해액과 인과관계 등을 입증할 필요 없이 예정액을 청구할 수 있다. 그렇다면 예정액을 청구하기 위한 요건으로 채무자의 귀책사유와 손해발생이 필요한가? 예정액을 청구하려면 채무불이행이 있어야 하므로 당연히 채무자의 귀책사유를 필요로 한다(2009다83797). 그러나 손해의 발생 사실은 입증할 필요가 없으므로 손해가 발생하지 않았더라도 채무불이행이 있으면 예정액을 청구할 수 있으므로 손해발생은 예정액을 청구하기 위한 요건이 아니다.

한편 채무불이행으로 인한 손해배상 예정액의 청구와 채무불이행으로 인한 손해배상액의 청구는 그 청구원인을 달리하는 별개의 청구이므로 손해배상 예정액의 청구 가운데 채무불이행으로 인한 손해배상액의 청구가 포함되어 있다고 볼 수 없다(99다49644).

나. 과다한 예정액의 감액

손해배상의 예정액이 부당하게 과다한 경우에 법원은 적당히 감액할 수 있다(§398 Ⅱ). 금전채무의 이행지체에 대비한 지연손해금 비율을 따로 약정한 경우도 일종의 손해배상액의 예정으로 보아서 예정액이 부당히 과다하다면 법원이 이를 적당히 감액할 수 있다(2017다228762, 2017다206922). 여기서 '부당히 과다한 경우'라 함은 채권자와 채무자의 각 지위, 계약의 목적 및 내용, 손해배상액을 예정한 동기, 채무액에 대한 예정액의 비율, 예상손해액의 크기, 그 당시의 거래관행 등 모든 사정을 참작하여 일반 사회관념에 비추어 그 예정액의 지급이 경제적 약자의 지위에 있는 채무자에게 부당한 압박을 가하여 공정성을 잃는 결과를 초래한다고 인정되는 경우를 뜻하는 것으로 보아야 한다(2002다73852). 법원이 부당하게 과다한 경우를 구체적으로 판단할 시기는 사실심 변론종결 당시를 기준으로 한다.

다. 이행청구 및 계약해제권과의 관계

손해배상액의 예정은 이행의 청구나 계약의 해제에 영향을 미치지 않는다(§ 398 Ⅲ). 이들은 각각 다른 제도이므로 손해배상액을 예정했다고 하여 이행청구권이나 계약해제권을 포기했다고 볼 수 없기 때문이다.

특히 손해배상액의 예정은 어떤 유형의 채무불이행의 효과로 합의했는지에 따라 그 판단을 달리하여야 한다. 즉 이행지체, 이행불능, 계약관계의 청산 등 어느 것과 연계하여 손해배상액을 예정했는지가 중요하다.

이행지체와 연계하여 손해배상액을 예정했다면 이행지체가 있으면 예정액을 청구하고 본래의 급부를 요구할 수 있지만, 이행불능과 연계하여 손해배상액을 예정한 경우에는 이행불능이 되면 곧 예정액만을 청구할 수 있다. 물론 이들의 경우 계약해제에 의한 손해배상을 청구하는 것은 별개의 문제이다. 또 계약관계의 청산과 연계하여 손해배상액을 예정한 경우에는 채무불이행이 있으면 계약을 해제하지 않고 곧바로 예정액을 청구할 수 있다. 이 경우 당사자 사이의 본래의 채무는 소멸하기 때문에 계약을 해제해도 예정액만 청구할 수 있다.

3. 위약금과 위약벌

가. 위약금

위약금은 채무불이행의 경우에 채무자가 채권자에게 지급하기로 약속한 금전이다. 손해의 발생 여부와 관계없이 채무불이행이 있으면 약속한 금전을 지급한다. 아울러 당사자가 금전이 아닌 것을 손해배상에 충당할 것을 예정한 경우에도 위약금에 관한 규정을 준용한다(§398 Ⅴ). 위약금에는 위약벌의 성질을 가진 것과 손해배상액의 예정의 성질을 가진 것의 두 가지가 있는데, 민법은 당사자의 다툼을 피하기 위하여 배상액 예정으로 추정한다(§398 Ⅳ). 따라서 배상액 예정으로 추정되는 경우 채무불이행이 있으면 채권자는 손해액을 증명할 필요 없이 예정액을 청구할 수 있고, 실제 손해액이 예정액을 초과하더라도 초과액을 청구할 수 없다(89다카26250).

나. 위약벌과의 차이

위약금은 손해의 전보를 위한 것이고, 손해배상액 예정의 성질을 가지므로 법원의 감액이 가능하지만, 별도로 채무불이행에 따른 손해배상을 청구할 수 없다. 이에 반하여 위약벌은 채무이행을 확보하기 위해 수수하는 금원으로서 이행의 간접적 강제가 주목적이고, 손해배상의 예정과는 내용이 다르므로 법원이 감액을 할 수 없다(2014다14511). 물론 별도로 채무불이행에 따른 손해배상을 청구하는 것은 가능하다. 예컨대, 백화점 수수료위탁판매계약에서 임차인이 매출액에 따라 판매수수료를 지급하기로 하고, 매출신고를 누락하면 매출신고누락액의 10배에 해당하는 범칙금을 배상하기로 약정한 경우 판례는 이를 위약벌로 보고 법원이 감액할 수 없다고 하였다(92다46905). 위약벌은 임차인의 채무이행을 심리적으로 강제하기 위한 것이어서 손해배상액의 예정과 다르므로 부당하게 과다하다고 하여 감액하는 것은 합의의 취지에 반한다. 그러므로 의무강제로 얻어지는 채권자의 이익에 비해 약정된 벌이 과도하게 무거울 때에는 그 전부 또는 일부를 선량한 풍속 및 사회질서 위반으로 무효로 할 수 있을 뿐이다(92다46905, 2015다239324). 위약금이 위약벌로 인정되려면 이를 주장하는 자가 특별한 사정을 입증하여야 하며, 이자제한법의 최고이자율 제한에 관한 규정은 위약벌의 경우에는 적용되지 않는다(2016다259769).

Ⅵ. 손해배상자의 대위

1. 의 의

채권자가 그 채권의 목적인 물건 또는 권리의 가액전부를 손해배상으로 받은 때에는 채무자는 그 물건 또는 권리에 관하여 당연히 채권자를 대위한다(§ 399). 예컨대 빌린 책을 도난당하여 가액을 변상했다면 사용차주가 그 책의 소유권을 취득하는 것과 같다. 채권자가 전보배상을 받았는데도 여전히 채권의 목적인 물건에 대한 권리를 갖는다면 이중의 이득을 얻는 것이 되어 공평의 원칙상 이를 방지하기 위한 제도이다(손해배상자대위 또는 배상자대위로 칭함). 민법은 배상자대위를 채무불이행에 관하여 규정하고(§ 399), 불법행위에도 준용하고 있다(§ 399).

2. 요　건

배상자대위가 되려면 채권자가 권리 또는 인도를 목적으로 하는 권리의 가액 전부를 전보배상으로 받았어야 한다. 따라서 단순히 지연배상을 받았거나 전보배상의 일부만을 배상받은 경우에는 채권자를 대위할 수 없다(2006다42566).

3. 효　과

채무자가 채권의 목적이 되는 물건 또는 권리의 가액의 전부를 배상하였다면 그 물건 또는 권리에 관한 권리는 법률상 당연히 채무자에게 이전된다. 배상자대위는 양도절차가 필요 없는 법률상의 이전이다(76다408). 즉, 등기·인도·채권양도의 통지나 승낙과 같은 양도행위가 필요하지 않다. 그리고 채권자가 제3자에게 손해배상청구권을 가지는 경우에는 그 권리도 대위한다. 예컨대 차용물을 제3자가 파손하는 바람에 사용차주가 전보배상을 했다면 그는 차용물의 소유권을 취득하고, 제3자에게 손해배상을 청구할 수 있다.

4. 다른 대위제도와의 구별

우리 민법에는 '대위'와 관련하여 물상대위, 채권자대위, 변제자대위 등 여러 제도가 있다. 이들은 담보물권, 책임재산의 보전, 채권의 소멸 등 서로 성질이 다른 곳에 위치해 있다. 우선 담보물권과 관련하여 질권자나 저당권자는 질물이나 저당물의 멸실훼손으로 질권설정자나 저당권설정자가 받을 금전 기타 물건에 대하여 일반 채권자보다 우선변제를 받을 수 있는 물상대위(§§ 342, 370)가 있다. 담보물권자가 변형물에 대한 타인의 권리를 대위행사한다는 점 때문에 제3자에게 불측의 손해를 입히지 않으려면 권리자에게 지급 또는 인도 전에 압류하여야 한다

(§342 Ⅱ). 책임재산의 확보를 위한 채권자대위제도(§404)는 채권자가 채무자의 권리를 대위행사하지만 그 효과는 채권자 아닌 채무자에게 직접 귀속하고, 대위채권자가 목적물을 변제받았더라도 우선변제권이 없다. 타인의 권리를 행사한다는 점에서 물상대위와 유사한데 행사범위가 다르고, 우선변제권도 없다(자세한 설명은 이하의 '채권자대위권'을 참조). 한편 변제자대위(§480)는 제3자가 채무자를 위하여 변제한 경우 구상권의 범위 내에서 채권자의 권리가 변제자에게 이전하는 것이다. 채권자의 권리가 변제자에게 이전한다는 점에서 배상자대위와 유사하지만, 구상권을 확보하는 데 그치며 변제자가 채무자 아닌 제3자라는 점이 다르다(자세한 설명은 이하의 '변제에 의한 대위'를 참조).

[3] 강제이행(현실적 이행의 강제)

Ⅰ. 강제이행의 의의

1. 의 의

채무의 이행이 가능함에도 불구하고 채무자가 임의로 이행하지 않는 경우 채권자가 국가권력에 의지하여 강제적으로 채권의 내용을 실현하는 행위를 강제이행이라고 한다. 채무자의 자발적인 이행을 뜻하는 임의이행에 대립적인 의미를 지닌다. 채무불이행에 대한 구제방법으로 손해배상을 인정하는 것만으로 만족하지 않고, 강제이행을 허용하고 있는 것은 채권자에 의한 자력구제를 원칙적으로 금지하면서도 채권자를 보호하기 위한 것이다.

2. 현행법상 강제이행의 방법

채무의 이행을 강제하려면 먼저 이행판결을 받고, 집행권원에 의거하여 민사집행법의 규정에 따라 강제집행을 신청하여야 한다. 그런데 우리의 현행법은 강제이행에 관하여 민법과 민사집행법에서 병행하여 규정하고 있다.

민법 제389조에서는 강제이행의 방법으로 직접강제·대체집행·부작위채무의 강제이행에 대하여 정하고 있다. 한편 민사집행법에서는 제2편 제3장 '금전채권 외의 채권에 기초한 강제집행'에서 대체집행(§260)·간접강제(§261)·의사표시의무의 집행(§263)에 관하여 규정하고 있다. 강제이행에 대한 우리 현행법의 특색을 살펴보면, 직접강제는 민법에서만 정하고 있는 데 반하여 간접강제에 관하여는 민법에서 정하지 않고 민사집행법에서 정하고 있으며, 대체집행은 민법과 민사집행법에서 모두 정하고 있음을 알 수 있다. 이들을 직접강제·대체집행·간접강제의 순서로 설명한다.

Ⅱ. 직접강제

1. 원칙적인 강제이행방법

채무의 성질이 직접강제를 할 수 있는 경우 채무자가 임의로 채무를 이행하지 않으면 채권자는 법원에 직접강제를 청구할 수 있다(§389 Ⅰ). 제389조 제1항에서 규정하는 강제이행은 직접강제를 가리킨다.

직접강제는 채무자의 신체나 의사에 직접적인 압박이 없다는 점에서 효과적인 이행방법이므로 직접강제를 할 수 있는 경우에는 간접강제나 대체집행은 허용되지 않는다. 채무자의 인격존중 사상과 소송경제상으로도 적절한 이행방법이기 때문이다.

2. 허용범위

직접강제는 '주는 채무'에서만 허용된다. 예를 들어 유체물의 인도채무나 금전채무에서 재산의 매각 및 배당 등은 채무자의 협력 없이도 실현할 수 있으므로 직접강제를 통한 강제이행이 효과적이다. 그러나 '채무의 성질이 강제이행을 하지 못할 것'(§389 Ⅰ 단서)이라는 것은 '하는 채무'(작위채무)를 가리키는데, '하는 채무'에서는 채무자의 인권손상의 우려 때문에 직접강제가 인정되지 않는다.

3. 직접강제의 절차와 방법

직접강제의 절차와 방법에 대해서는 민사집행법에서 자세하게 정하고 있다. 즉, 민사집행법 제2편 제2장 '금전채권에 기초한 강제집행'에서는 제2절 부동산에 대한 강제집행(§§78~171), 제3절 선박 등에 대한 강제집행(§§172~188), 제4절 동산에 대한 강제집행(§§189~256) 등으로 분류하여 자세하게 규정하고 있다.

Ⅲ. 대체집행

1. 이행의 대체성

대체집행은 채무자로부터 비용을 추심하여 그 비용으로 채권자 또는 제3자로 하여금 채무자에 갈음하여 채권의 내용을 실현하게 하는 방법이다. 직접강제가 가능한 '주는 채무'에서는 대체집행이 허용되지 않으므로 대체집행이 허용되는 것은 '하는 채무'(작위채무)이다. 그러나 모든 작위채무에 대체집행이 가능한 것은 아니며, 그중에서 '채무자의 일신에 전속하지 않는 작위를 목적으로' 하는 채무, 즉 제3자가 대신하여 이행해도 채권자에 미치는 효과에 차이가 없는 '대체적 작위채무'에 한한다(§389 Ⅱ). 예컨대 건물철거채무의 경우 철거비용을 추심하여 제3자로 하여금 철거하도록 하는 채무가 좋은 예에 속한다.

2. 대체집행이 부정되는 작위채무

송전선 철거행위는 송전중단 또는 우회선로의 설치 등 한국전력공사의 협력 없이 용역을 받은 전기전문가들만으로 철거할 수 없으므로 대체집행이 부정된다(2010가합7928). 또 대체집행은 일신전속적이 아닌 작위채무, 즉 '대체적 작위의무'라야 가능하므로 약혼은 일신전속적이어서 강제이행을 청구하지 못한다(§803).

'대체적 작위의무'에 대해서는 직접강제를 할 수는 없지만, 간접강제에 의해서도 실현이 가능하다. 그렇다면 대체집행 이외에 간접강제도 할 수 있는지 문제가 된다. 그러나 인격적 강제를 피하려는 법의 취지에 따른다면 대체집행이 가능할 경우 간접강제는 허용되지 않는다고 할 것이다.

3. 대체집행의 절차와 방법

건물철거의무의 강제이행 절차는 건물철거소송을 통해 건물의 철거를 명하는 확정판결을 받는 것부터 시작한다. 판결 후에도 철거하지 않으면 채권자는 대체집행을 신청한다(민사집행법 §260 Ⅰ). 대체집행의 결정은 변론 없이 가능하며, 법원은 결정하기 전에 채무자를 심문하여야 한다(동법 §262). 법원은 채무자를 심문한 후 대체집행을 결정하고, 집행관에게 철거를 위임한다.

채무자는 법원의 대체집행결정에 대하여 즉시항고를 할 수 있다(동법 §260

Ⅲ). 다만 단순히 집행방법상의 하자를 이유로 한 항고에 한하며, 청구권 자체의 존부나 집행권원을 다투는 것은 항고이유가 될 수 없다(92마214, 79마95).

Ⅳ. 간접강제

1. 최종적인 집행방법

간접강제는 손해배상의 지급을 명하거나, 벌금을 부과하거나, 회계장부의 열람 및 등사를 명한 가처분결정(2013다80627, 2013다50367) 등의 수단을 써서 채무자를 심리적으로 압박하여 채권의 내용을 실현하는 방법이다. 이는 민법에 규정이 없고, 민사집행법 제261조에서 정하고 있다. 이 제도는 채무를 간접적으로 실현하는 방법이지만 채무자의 자유의사를 구속한다는 문제 때문에 다른 강제방법이 없는 경우에 최후의 수단으로 허용된다. 그러므로 대체집행이 가능한 경우에는 허용되지 않는 보충적 제도이다.

2. 간접강제의 대상

간접강제가 허용되는 것은 '하는 채무' 가운데 '부대체적 작위채무'에 한한다 (§389 Ⅱ, 민사집행법 §261). 예를 들면, 전문가의 감정채무, 재산목록제출채무, 증권의 서명채무와 같이 채무자 자신이 이행해야 목적을 달성할 수 있는 채무이다. 그러나 부대체적 작위의무라도 이행에 제3자의 협력이 필요하거나 채무자에게 특수한 설비나 기능이 필요한 경우는 채무자의 의사만으로 실현이 불가하므로 간접강제가 허용되지 않는다. 또한 예술가의 작품제작의무나 공연의무, 특정인의 연주나 강연 등도 채무자의 자유의사에 반하여 강제한다면 고도의 작품성이나 예술성·창의성을 기대할 수 없으므로 간접강제가 허용되지 않는다. 이와 같이 성질상 간접강제조차 불가능한 경우에는 결국 손해배상 이외에는 구제수단이 없다.

3. 간접강제의 방법

간접강제의 방법도 민사집행법에서 정하고 있다(§§ 261, 262). 즉, 채무의 이행의무 및 이행기간을 정하여 채무자가 그 기간 내에 이행하지 않으면 지연배상 또는 즉시 손해배상을 명하는 방법이다.

여기서 주의할 점은 본안재판절차와 민사집행절차는 준별되는 절차로서 각각의 절차를 따로 정하고 있으므로 본안판결에서 간접강제결정을 동시에 할 수 없다(2010나97688)는 점이다. 즉, 채권자는 1차로 특정한 사항에 대한 간접강제를 구하는 본안소송을 제기하여 채무자에게 특정한 사항을 이행할 의무가 있다는 본안판결을 받아야 하고, 2차로 본안판결에 근거하여 민사집행법 제621조에 따라 간접강제를 신청한다. 간접강제를 결정하기 전의 채무자 심문 등은 대체집행에서와 같으며(동법 §262), 법원은 채무자를 심문한 후 상당한 이행기간 및 배상금 등을 정하여 간접강제를 명하는 결정을 한다. 법원의 간접강제결정에 대하여 채무자는 즉시항고를 할 수 있다(동법 §261 Ⅱ).

Ⅴ. 부작위채무의 강제이행

통행을 방해하지 않을 채무, 건물을 신축하지 않을 채무와 같은 부작위 채무에서는 이를 위반하여 유형적 상태를 초래한 경우가 문제된다. 이는 결국 부작위 채무의 불이행으로 생긴 결과를 강제이행의 방법으로 제거하는 것이다. 즉, 방해의 제거나 부작위 위반행위의 차단은 대체적 제거의무로서 일종의 대체집행이다.

부작위채무의 불이행에 대한 강제이행의 방법으로 민법은 채무자의 비용으로써 그 위반한 것을 제거하고 장래에 대한 적당한 처분을 법원에 청구할 수 있다고 정한다(§389 Ⅲ). '장래에 대한 적당한 처분'은 손해에 대한 담보제공을 요구하는 방식으로 이루어질 수 있다.

이와 관련하여 민사집행법에서는 채권자가 대체집행을 신청하면서 방해제거 등 위반행위의 차단에 필요한 비용의 지급을 명령하는 결정을 신청할 수 있도록 정하고 있다(§260 Ⅱ). 즉 채권자는 채무자를 상대로 부작위의무의 이행을 청구하는 소송을 제기할 수 있고, 부작위를 명하는 확정판결을 받은 다음, 이를 집행권원으로 하여 대체집행의 결정을 받는 방법으로 부작위의무의 위반상태를 중지시키거나 위반결과를 제거할 수 있는 것이다.

VI. 의사표시를 필요로 하는 채무의 강제이행

채무자의 의사표시를 필요로 하는 채무와 관련하여 법원의 판결로써 채무자의 의사에 갈음하는 방법이다(§389 Ⅱ 전단). 대체집행이나 간접강제를 활용하지 않고 의사표시를 명하는 판결을 받아 채무자의 의사에 갈음하기로 하는 것이다. 예컨대, 부동산매매를 하였는데 매도인이 이전등기신청을 지체할 경우 매수인이 이전등기청구소송을 제기하여 '소유권이전등기절차를 이행하라'는 판결이 확정되면 매수인은 이 판결로써 매도인의 소유권 이전등기신청의 의사표시에 갈음하기 때문에 단독으로 소유권이전등기를 신청할 수 있다. 판례도 명의신탁이 해지되었으나 명의수탁자인 재단법인이 신탁부동산의 반환을 위한 주무관청의 허가를 신청하지 않고 있는 경우, 명의신탁자가 명의수탁자를 상대로 허가신청의 의사표시에 갈음하는 재판이 필요하다고 판시하였다(2010다52072, 93다62478).

이와 같은 판결에 의한 대용방법은 준법률행위에도 적용된다. 즉, 채권양도를 한 후 양도인이 채무자에게 양도통지를 지체할 경우 양수인이 양도통지이행청구소송을 제기하여 '채무자에게 채권양도를 통지하라'는 판결이 확정되면 양수인은 이 판결을 채무자에게 제시하여야 채권양도의 효력을 주장할 수 있게 된다.

위와 같은 대용방법에도 불구하고 채무자의 의사표시나 준법률행위가 채무자의 행위가 필요한 것이어서 성질상 부대체적 작위채무의 일종이므로 간접강제가 가능할 수 있지 않느냐란 의문이 들 수 있다. 그러나 법원의 대용판결은 '의사의 표시행위' 자체보다 '의사표시의 효과'의 발생을 목적으로 하는 것이어서 간접강제의 심리적 압박에 의한 채권내용의 실현방법과 다르다. 그러므로 일정한 경우 의사표시의 효과가 발생하면 판결을 통해 표시행위를 강제할 필요가 없게 된다.

한편 민사집행법 제263조 제1항에서는 '채무자가 권리관계의 성립을 인낙한 때에는 그 조서로, 의사의 진술을 명한 판결이 확정된 때에는 그 판결로 권리관계의 성립을 인낙하거나 의사를 진술한 것으로 본다'라고 규정하고 있다. 여기서 '권리관계의 성립을 인낙'한다는 것은 법률행위의 효력발생에 필요한 동의나 승낙을 의미한다.

제 4 장 책임재산의 보전

제 1 절 서   설

I. 채무불이행과 책임재산

1. 손해배상과 책임재산

앞에서 기술한 바와 같이 채무자가 채무를 불이행한 경우의 구제방법은 현실적 이행강제와 손해배상이다. 손해배상은 다른 의사표시가 없으면 금전배상이 원칙이다(§394).

채권자가 손해배상을 받으려면 결국 채무자에게 변제자력이 있어야 하는데, 채무자의 일반재산은 채권에 대한 최후의 보장이 된다. 이와 같이 채무자의 일반재산이 최종적인 책임을 진다는 점에서 이런 재산을 책임재산이라고 한다. 채무자의 채무가 어떤 종류의 것이든 궁극적으로는 금전채무로 전환되고, 채무자는 자기의 총재산으로 책임을 지게 된다.

2. 채권자평등주의

채권자 상호간에는 물적 담보권이 설정되어 있지 않는 한 '채권자평등의 원칙'이 적용되므로 우선변제는 불가능하다. 또 채권자는 채무자의 재산에 대해 관여할 권한이 없음이 원칙이다. 그러나 일정한 경우 아래와 같은 예외를 인정한다.

II. 책임재산의 보전방법

1. 채무자의 책임재산은 모든 채권자를 위한 공동담보가 되기 때문에 채무자는 자기 재산을 충실하게 유지할 의무가 있다. 채무자가 책임재산 유지의무를 게

을리 할 때에는 책임재산의 보전을 위하여 채권자에게 일정한 권한을 부여할 필요가 있다. 이러한 권한은 '권리는 권리자가 스스로 행사한다'라는 원칙의 예외에 해당하므로 엄격한 요건하에서 행사되어야 한다.

2. 채무자가 자신의 권리를 적극적으로 행사하지 않고 방치함으로써 책임재산이 늘어나지 않는 경우 책임재산의 유지를 위한 구제방법으로 채권자대위권이 있다(§§ 404, 405). 예컨대, 채무자가 자신의 유일한 재산인 대출채권의 회수를 해태함으로써 시효완성이 임박하고 있다면 채권자는 채무자를 대신하여 시효중단 조치를 취하거나, 채무자를 대신하여 이행청구를 할 수 있어야 한다.

3. 채무자가 자신의 재산을 타인과 공모하여 처분할 경우 책임재산의 회복을 꾀하기 위한 구제방법으로 채권자취소권이 있다(§§ 406, 407). 예컨대, 채무자가 자신의 유일한 재산인 부동산을 처남에게 증여하여 무자력으로 만들었다면 채권자는 채무자와 수증자간의 계약을 취소하고, 원상회복을 청구할 수 있어야 한다.

4. 1997년 IMF 경제위기 이후 금융기관들이 재산을 빼돌린 채무자의 재산을 환수하기 위한 방법으로 채권자대위권과 채권자취소권을 행사하면서 이 제도가 활발하게 이용되기 시작하였다. 즉, 채권자는 일단 채무자의 실질재산을 채무자 명의로 환수받아 곧바로 강제집행을 하게 된다.

Ⅲ. 책임재산 보전청구권의 특징

1. 채무자의 책임재산을 보전하기 위한 권리이다. 채무자의 재산이 채권자의 채권을 변제하기에 충분하거나, 채권자의 채권이 존재하지 않는 경우에는 보전청구가 인정되지 않는다. 여기서 책임재산이 곧 급부의 목적물이 되는 것은 아니다.

2. 채권자의 보전청구권은 급부의 목적물인 특정물에 대한 권리가 아니라, 채무자의 일반 재산에 대한 권리이다.

3. 채권자의 보전청구권은 실체법상의 권리이지, 절차법상의 권리가 아니다. 즉 채권자대위권은 민사집행법상 강제집행절차(민사집행법 § 58)와 다르고, 채권자취소권은 채무자회생법상 부인권(채무자회생법 §§ 100 이하, § 391 이하)과도 다르다. 보전청구권의 특징은 소송법상 복잡한 절차를 피할 수 있고, 대위행사할 수 있는 채무자의 권리가 청구권에 한정되지 않으며, 취소권·해제권·환매권 등에도 미친다.

4. 회복되거나 반환된 재산은 채권자 전체를 위한 재산으로 되며, 재산의 반환을 위하여 보전청구권을 행사한 채권자에게 귀속되는 것이 아니다.

제2절 채권자대위권

[1] 의의와 성질

Ⅰ. 채권자대위권의 의의

채권자가 자신의 채권을 보전하기 위하여, 자기 이름으로 채무자의 권리를 행사할 수 있는 권리이다(§404 Ⅰ). 채권자대위권은 단지 채권자로 하여금 채무자의 권리를 대신하여 행사하도록 허락하는 것일 뿐이므로 대위행사의 효과는 당연히 채무자에게 귀속하며, 채무자의 사전승인이나 사후동의가 필요하지 않고, 통지만으로 충분하다(§405).

Ⅱ. 채권자대위권의 기능

민사집행을 하려면 집행권원을 필요로 하고, 절차가 복잡하기 때문에 시효소멸이 임박한 경우와 같이 급속을 요하는 경우에 채권자대위권의 행사를 통하여 이를 저지할 수 있으므로 민사집행을 위한 준비제도로서의 역할을 한다. 민사집행의 대상은 청구권에 한정됨에 반하여, 대위권의 대상은 취소권·해제권·상계권 등의 형성권에도 미치므로 그 적용영역이 넓다는 특징을 지닌다.

또한 위 기능과 달리 실무상으로는 특정물채권의 경우 채권자가 본래의 급부만족을 위한 선행행위로 활용되는 경우가 많다.

Ⅲ. 법적 성질

채권자대위권은 채무자의 책임재산의 보전을 위하여 법이 채권자에게 부여한 일종의 재산관리권으로서(법정재산관리권설, 통설) 채권 자체와 별개의 실체법상의 권리이고, 채권자대위권 자체에 소송법적인 효력이 부정된다. 따라서 원칙적으로 대위권을 행사하여 자기채권의 직접적인 만족을 얻을 수 없다(공동책임재산의 형성, 채권자평등의 원칙). 물론 피보전채권과 대위채권이 모두 금전채권인 경우 법원으로부터 추심명령이나 전부명령을 얻어 대위채권으로부터 독점적 만족을 얻을 수 있다.

[2] 채권자대위권의 요건

채권자대위권이 성립하려면 채권자가 자기 채권을 보전할 필요가 있어야 한다(§404 I). 여기서 채권자가 보전할 채권을 피보전채권이라고 하는데, 이 채권이 존재해야 하며, 그 채권을 보전할 필요성이 있어야 하고, 이행기가 도래해야 한다. 또 채무자가 제3채무자에 대하여 가진 채권을 피대위채권이라고 하는데, 이 채권이 대위행사에 적합하며, 채무자 스스로 권리를 행사하지 않아야 한다.

I. 피보전채권의 존재

1. 피보전채권의 범위

민법에서는 '채권'이라고 정하고 있으나, 채권에 한정하지 않으며 넓게 인정한다. 주는 채권, 하는 채권 등 그 종류를 묻지 않으며, 금전으로 환산이 가능한 손해배상청구권으로 전환될 수 있는 권리, 물권적 청구권(2006다82700·82717), 토지거래허가신청절차 협력의무의 이행청구권(2010다50014, 95다22917), 범위와 내용이 확정된 이혼으로 인한 재산분할청구권(98다58016) 등도 대위행사가 가능한 채권이다.

보전되는 채권의 발생원인을 묻지 않으며, 그 채권이 제3채무자에게 대항할 수 있어야 하는 것은 아니다(2003다1250). 나아가 피보전채권은 피대위채권보다 먼저 성립할 필요가 없고, 다른 구제방법이 있더라도 대위행사할 수 있다. 그러나 우선변제권이 있는 담보권자에게 대위권까지 인정하면 담보권을 남용할 우려가 있고, 일반채권자의 권리를 침해할 가능성이 있으므로 불허하는 것이 옳다.

2. 피보전채권의 존재 여부 조사

피보전채권의 존재 여부는 법원의 직권조사사항이며(2009다3234), 채권자의 채무자에 대한 승소 판결이 확정되면 제3채무자는 청구권의 존재를 다툴 수 없다(2006다82700, 2013다74769).

채권자의 피보전채권이 존재한다 하더라도 채무자가 제3채무자의 채무자에 대하여 행사할 수 있는 대위권을 채권자가 행사할 수 있을까? 예컨대, 매수인 A가 특정부동산에 대한 등기청구권을 보전하기 위하여 매도인 B의 제3채무자 C에 대한 소유권이전등기청구권을 대위행사하고자 하는데 C 역시 동일 부동산의 原매도인 D에 대한 소유권이전등기청구권을 행사하지 않고 있는 경우 A는 자신의 등기청구권을 보전하기 위하여 B의 C에 대한 소유권이전등기청구권을 피보전채권으로 하여 C의 채무자 D에 대한 등기청구권을 피대위채권으로 D에게 대위행사할 수 있는가이다. 판례에서는 A가 B의 대위권을 행사할 수 있는 것으로 인정하지만(67다2440), 중간생략등기를 인정하는 결과가 되므로 A가 직접 D에게 채권자대위권을 행사하여 자신에게 직접 소유권이전등기를 신청할 수 있는 것은 아니고, A는 B에 대한 자신의 대위권을 행사하기 전에 B의 대위권을 먼저 행사하여 등기가 D에서 C로, 이어서 B에게 순차로 이루어질 수 있다(66다1149). 또 C의 특정채권을 보전하기 위한 것이므로 A의 채권자대위권 행사에 B나 C의 무자력을 요하지 않는다(91다483).

3. 피보전채권 부재시 법률문제

매수인 B와 매도인 C간의 부동산 매매계약에서 B가 C에 대해 소유권이전등기청구권을 갖고 있는데, B에 대해 손해배상청구권을 가진 채권자 A가 B의 소유권이전등기청구권을 대위행사하였다. B, C간의 매매계약은 사실이나 A의 B에 대한 피보전채권이 존재하지 않는다면 법률관계는 어떻게 될까?

피보전채권의 존재를 채권자대위권이라는 실체법상 요건으로 본다면 A는 채권자대위권을 행사할 수 없다. 그러나 A가 대위소송을 제기했다면 피보전채권의 존재는 소송법상의 요건이므로 A에게 당사자적격이 없기 때문에 소송요건의 불비로 해석하여 소를 각하한다(2005다27188). 한편 대위에 의해 보전될 채권자의 채

무자에 대한 권리가 소멸한 경우(2008다37223), 채권자의 채무자에 대한 이전등기
청구소송이 패소판결로 확정된 경우(2002다64148) 역시 대위소송은 부적법하여 각
하될 수밖에 없다.

Ⅱ. 피보전채권의 보전 필요성

1. 채권의 보전필요성

총채권자의 공동담보인 채무자의 책임재산이 부족하게 될 염려가 있는 경우
보전필요성에 대한 입증책임은 채권자가 부담하고, 보전필요성은 대위권의 행사
중 계속 존재해야 하며, 대위소송에 있어서 무자력의 결정시기는 사실심 변론종
결시점을 기준으로 판단한다.

2. 보전필요성과 채무자의 무자력과의 관계

민법은 '채권을 보전하기 위하여' 대위권을 행사할 수 있다고 추상적으로 정
하고 있을 뿐(§404 Ⅰ), 채권의 보전을 위하여 채무자의 무자력까지 요구되는지에
대해서는 명확하지 않다. 이에 따라 학설과 판례에 다툼이 있다. 즉, 총채권자의
책임재산이 무자력인 경우에만 보전필요성을 인정하자는 설, 타인의 권리를 행사
하는 데 무자력까지 요구하는 것은 부당하다는 설 및 채무자의 무자력은 대위권
행사의 필수요소가 아니라는 전제 아래 무자력을 피보전채권과 피대위채권의 밀
접성을 고려하여 판단하자는 설이 있다. 한편 판례는 원칙적으로 채무자가 무자
력인 경우에만 보전필요성을 인정하면서도 예외적으로 채무자의 무자력이 없더라
도 피보전채권과 피대위채권의 직접적 관련성이 있으면 보전필요성을 인정한다.

판단컨대, 보전필요성에 무자력을 전제로 한다면 대위권의 행사를 과다하게
축소하고, 보전필요성에 대한 다른 판단을 무의미하게 할 수 있으며, 대위권의
방만한 행사를 줄이기 위하여 타인의 권리행사를 제한하려면 무자력을 요구하는
것이 오히려 타당할 것이다. 어쨌든 채무자의 무자력은 보전필요성을 판단함에
있어서 중요한 요소이기는 하나 필수요소로 볼 것은 아니다. 변제불충족의 위험
성, 피보전채권과 피대위채권과의 밀접성, 채권확보를 위한 필요성 등 보전필요
성을 판단하는 여러 기준 중에서 채권자가 변제만족을 받을 수 없게 될 위험을

판단할 때 무자력을 따지는 정도여야 할 것이다. 이로써 특정물채권을 확보할
필요가 있을 때는 무자력을 요하지 않는다는 예외를 별도로 인정할 필요가 없게
된다.

3. 보전필요성에 대한 판단

가. 판례의 태도

원칙적으로 무자력을 요건으로 하면서도, 채무자의 특정채권을 보전하려는
경우 및 채무자의 권리가 대위채권자의 채권과 담보로서의 관련성이 강하거나
불가분의 관계에 있는 경우에는 무자력을 요하지 않는다. 즉, 특정채권의 보전필
요성에 대한 판단기준으로 보전하려는 채권자의 권리와 대위행사하려는 채무자
의 권리가 밀접하게 관련되어야 하고, 자기 채권의 완전한 만족을 얻을 수 없게
될 위험이 존재하며, 자기 채권의 현실적 이행을 유효·적절하게 확보하기 위하
여 필요한 경우를 예시하고 있다(2006다82700, 2013다71784). 물론 보전필요성이 있
다는 사실은 채권자가 주장해야 한다.

나. 피보전채권이 금전채권인 경우

(1) 채무자의 무자력이 기본 원칙

판례에 따르면 피보전채권이 금전채권 또는 손해배상채권으로 귀착될 수 있
는 채권인 때에는 '채무자가 무자력하여 일반재산이 감소되는 것을 방지할 필요
가 있는 경우에' 대위행사가 가능하다고 한다(69다1665). 그러므로 채권자가 채무
자의 무자력에 관한 주장과 입증이 없으면 대위권 행사를 부정한다(72다187, 75다
1086). 무자력을 판단함에 있어서 소유권이전청구권보전의 가등기가 있는 부동산
은 강제집행이 불가능하고, 실질적 재산가치가 없다는 이유로 적극재산에서 제외
시키고 있다(2008다76556).

(2) 예　　외

피보전채권이 금전채권이라도 일정한 경우 채무자의 무자력과 무관하게 '보
전필요성'만으로 대위권의 행사를 허용한다. 예를 들어, 타인의 건물에서 유실물
을 습득한 자가 법률상 습득자를 대위하여 보상금의 절반을 청구하는 경우(68다
663), 채권자가 채무자인 상속인을 대위하여 상속등기를 하는 경우(63마54), 의료

제 2 절 채권자대위권 **119**

인의 치료비채권 보전을 위한 환자의 국가배상청구권을 대위행사하는 경우(80다 1351) 등이 있다. 이들 판례는 금전채권이지만 후술하는 특정채권과 동일하게 이 해한 것으로 보인다.

다. 피보전채권이 특정채권인 경우

(1) 특정채권을 보전하기 위한 대위행사

채권자는 자신의 채무자에 대한 특정채권을 보전하기 위하여 채무자의 특정 채권을 대위행사할 경우 보전필요성의 판단에 채무자의 무자력을 요건으로 하지 않는다(91다483). 다만, 채권자대위권의 행사가 채무자의 자유로운 재산관리행위 에 대한 부당한 간섭이 된다는 등의 특별한 사정이 있는 경우에는 채권자는 채무 자의 권리를 대위할 수 없다(2006다82700).

(2) 등기청구권을 보전하기 위한 대위행사

채권자는 자신의 등기청구권을 보전하기 위하여 채무자의 등기청구권을 대 위행사할 수 있다. 즉, 부동산 이중매매에서 잔금을 전액 지급한 제1매수인이 등 기청구권을 보전하기 위하여 이중매매의 무효를 원인으로 한 매도인(채무자)의 제 2매수인에 대한 등기말소청구권을 제1매수인이 대위행사할 수 있다. 몇 가지 판 례를 예시하면, 첫째, 매수인이 특정부동산에 대한 등기청구권을 보전하기 위하 여 매도인이 제3자(原매도인)에 대하여 가지는 이전등기청구권을 대위행사할 경우 무자력이 요건이 아니다(69다1351). 둘째, 취득시효 완성에 따라 소유권이전등기청 구권을 가진 자는 취득시효 완성 후 제3자 명의로 이전된 등기가 원인무효가 된 경우 시효완성 당시의 소유자를 대위하여 제3자 명의의 등기말소를 청구할 수 있 다(2017다237339, 90다6651). 셋째, 명의신탁자는 신탁해지 없이도 신탁계약상의 채 권을 보전하기 위하여 수탁자가 가지고 있는 원인무효로 인한 소유권이전등기 말소절차이행청구권을 대위행사할 수 있다(92다32494). 넷째, 이미 매도한 부동산 을 수증자가 매도인의 배임행위에 적극 가담하여 매도인으로부터 증여를 받아 이를 원인으로 이전등기를 한 경우 매수인은 매도인을 대위하여 수증자 명의의 등기말소를 청구할 수는 있다(83다카57).

(3) 임차권을 보전하기 위한 대위행사

부동산임차인은 자신의 임차권을 보전하기 위하여 임대인이 불법점유자에 대하여 가진 소유권에 기한 방해배제청구권을 대위행사하여 임차물의 반환을 청구할 수 있다(64다804). 이 경우도 무자력이 요건은 아니다. 그러나 임대인의 동의 없이 임차권을 양도한 경우 양수인은 임대인의 권리를 대위행사할 수 없다(84다카188).

라. 피보전채권이 물권적 청구권인 경우

미등기건물 매수인은 자신의 소유권을 보전하기 위하여 불법점유자에 대하여 매도인을 대위하여 반환을 청구할 수 있다(79다1928, 73다114).

Ⅲ. 피보전채권의 이행기 도래

채권자가 채무자의 채권을 대위행사하려면 원칙적으로 피보전채권이 이행기에 있어야 할 것을 요구한다(§404 Ⅱ). 그러나 여기에는 2가지 예외를 인정하고 있다.

1. 재판상 대위

채권자는 자기 채권의 '기한 전에 채무자의 권리를 대위행사하지 않으면 채권을 보전할 수 없거나 보전하는 데 곤란이 생긴 우려가 있을 때' 법원의 허가를 받아 채무자의 권리를 대위행사할 수 있다(§404 Ⅱ, 비송사건절차법 §45).

2. 보전행위

시효중단, 보전등기, 제3채무자의 파산시 채무자의 채권신고와 같은 보전행위인 경우에는 이행기가 도래하기 전이라도 법원의 허가 없이 대위행사가 가능하다(§404 Ⅱ).

Ⅳ. 채무자의 피대위채권 불행사

1. 의   의

민법에서 이를 정하고 있지는 않지만, 채무자 스스로 자기의 권리를 행사하지 않는 경우에 보충적으로 인정되는 요건이다. 채무자가 자기의 권리를 행사하지 않는 것만으로 충분하며, 그 이유나 채무자의 고의 과실을 묻지 않는다(91다9312). 또한 대위권을 행사하기 전에 채무자의 동의를 받을 필요가 없으며(71다1931), 채무자가 대위행사에 반대하더라도 대위권을 행사할 수 있다(63다634). 그러나 보전행위 이외의 권리행사는 채무자에게 통지해야 하며(§405 Ⅰ), 채무자 스스로 자신의 권리를 행사할 것을 최고할 필요는 없다.

2. 채무자가 스스로 제3채무자에게 권리를 행사하는 경우

채무자가 스스로 제3채무자에게 자기의 권리를 행사하고 있으면 비록 그 행사방법이 부적절하더라도 채권자는 대위권을 행사할 수 없다. 즉, 채무자가 이미 재판상 청구를 행사한 경우는 물론이고(2008다65839, 2018다210539), 부적절한 방법으로 소송에서 패소한 때에도(92다32876) 대위권을 행사할 수 없다.

3. 채권자가 대위권을 행사한 후에 채무자도 자신의 권리를 행사하는 경우

채권자의 대위권 행사가 채무자의 권리행사를 배제하는 것은 아니므로 실체법상 채무자의 권리행사는 적법하다. 그러나 이 경우 민사소송법상 중복제소의 문제로서 먼저 행사된 대위소송을 적법한 것으로 본다(민사소송법 §259). 설사 전소가 소송요건 흠결로 부적법하더라도 다른 채권자가 같은 채무자를 대위하여 동일 소송물로 소송을 제기한 경우도 중복제소금지에 위배하여 후소는 각하된다(97다45532).

한편 전소가 후소의 변론종결시까지 취하·각하되지 않은 상황에서 후소에 대한 판결이 선고되어 확정되었다면 소송경제를 위해 소송계속중인 전소를 각하하여야 하며, 반면에 후소가 확정된 후 전소도 확정되어버리면 재심으로 판단하여야 할 것이지만, 먼저 확정된 판결이 뒤에 확정된 판결을 취소한다고 보는 것이 논리적이다.

[3] 피대위채권의 대위적합성

Ⅰ. 피대위채권의 존재

채권자대위권은 채권자가 채무자의 권리를 행사하는 것이므로 당연히 채무자가 제3채무자에 대한 권리를 가지고 있어야 한다(82다283). 따라서 채무자의 권리가 부존재하거나 이미 소멸한 경우에는 대위권을 행사할 수 없다. 즉 채무자가 소멸시효 이익을 받을 수 있는 권리를 처분했다면, 피대위채권이 부존재하므로 채권자는 대위권 행사를 통해 시효이익을 원용할 수 없다(2012다20604).

Ⅱ. 대위적합성이 없는 피대위채권

채무자의 제3채무자에 대한 권리가 채권의 공동담보에 적합하여야 하기 때문에 채무자의 일신전속권(§404 Ⅰ 단서)이나 압류금지채권은 제외된다.

1. 채무자의 일신전속권

일신전속권에는 귀속상의 일신전속권(비양도성, 비상속성)과 행사상의 일신전속권(비법정대리성, 비채권자대위성)이 있는데, 대위의 목적이 되지 않는 것은 후자이다. 따라서 가족권과 인격권 같은 순수한 비재산적 권리는 모두 제외된다. 재산적 의의를 지닌 권리라도 주로 인격적 이익을 위한 권리는 제외된다. 대위적합성이 없는 채권을 열거하자면, 친권(§909), 이혼청구권(§840), 부양청구권(§974), 인격권 침해로 인한 위자료청구권, 유류분반환청구권(§1112, 2009다93992) 등이다.

2. 압류금지채권

부양청구권, 군인 및 공무원의 연금청구권 등은 채권의 공동담보로 할 수 없으므로 대위권의 객체가 될 수 없다(민사집행법 §246 Ⅰ ⅳ, 근로기준법 §86, 공무원연금법 §39). 우선변제권이 인정되는 임대차보증금, 일정한 보험금, 최저생계비(민사집행법 §246 Ⅰ ⅵ~ⅷ) 등도 압류할 수 없고, 국민기초생활 보장법에 따라 수급자에게 지급된 수급품과 수급계좌에 입금된 예금채권 등은 전액 압류가 금지된다(동법 §35).

3. 기타 대위적합성이 없는 권리

계약의 청약이나 승낙은 행사상의 일신전속권은 아니지만 이를 행사함으로써 권리자에게 새로운 법률관계를 형성할 권한을 부여할 필요가 있다는 점에서 대위행사가 부정되며(2011다100527), 채권양도 통지를 양수인이 대위행사하는 것도 허용하지 않는다(이하 제6장 제2절 Ⅳ. 참조). 최근 대법원은 채무자의 공유부동산에 대한 강제집행이 곤란한 경우 금전채권자가 채무자를 대위하여 공유물분할청구권을 행사할 수 있다는 기존판례를 변경하여 공유물분할청구권을 대위행사할 수 없다고 판시하였다(2018다879). 채권확보를 위한 적절한 방법으로 볼 수 없고, 채무자의 재산관리행위에 대한 부당한 간섭이 된다는 것이다.

한편 종전 재심대상판결에 대하여 불복하여 소송절차의 재개, 속행 및 재심을 구하는 재심의 소 제기는 소송당사자인 채무자의 의사에 맡기는 것이 타당하므로 채권자대위권의 목적이 될 수 없다(2012다75239). 또한 소송당사자가 아닌 채권자는 채무자가 제3자에게 제기한 소송에서 소송수행을 위한 구체적인 소송행위 역시 대위할 수 없다(민사소송법 제73조에 따른 이해관계가 있는 제3자로서 보조참가는 가능).

Ⅲ. 대위적합성이 있는 피대위채권

채무자의 제3채무자에 대한 권리가 채권의 공동담보에 적합하다면 피대위채권이 될 수 있기 때문에 대위적합성을 가진 채권은 매우 광범위하다. 즉 재산권, 청구권(채권적·물권적·공법상의 청구권), 형성권(취소·해제·상계·추인권 등)과 채권자대위권(67다2440) 및 채권자취소권(2000다73049)도 대위권의 객체가 된다. 구체적으로 열거하자면, 등기청구권(69다1351), 지상권이전등기청구권(92다527), 환매권(91다483), 소멸시효 원용권(79다407)은 물론이고, 조합원의 조합탈퇴권도 일종의 재산권으로 판단하여 대위를 인정한다(2005마1130).

한편 소송상의 권리로서 채무자의 제3채무자에 대한 제소행위, 민사집행의 신청, 제3자 이의의 소 또한 대위적합성을 가진다.

[4] 채권자대위권의 행사

I. 행사방법

기술한 바와 같은 요건을 충족하면 채권자는 채무자의 이름이 아닌 '자기 이름으로' 채무자의 권리를 행사한다. 이 행사는 재판상 행사만 가능한 채권자취소권과 달리 반드시 재판상 행사할 필요는 없다. 채권자대위권은 타인의 권리행사라는 법정위임관계이므로 대위채권자는 채무자의 제3채무자에 대한 권리를 행사함에 있어서 선량한 관리자의 주의의무가 있다(§681).

II. 행사범위

채권자대위권은 채권의 보전을 위하여 채무자의 권리를 행사하는 것이므로 그 행사는 채권보전에 필요한 범위에 한정된다. 그러므로 채무자의 재산관리행위만 대위가 가능하며, 처분행위는 허용되지 않는다.

여기서 자기채권의 보전에 필요한 범위 내란 총채권의 보전이 가능한 범위를 의미한다. 따라서 채권자취소권·해제권·환매권의 행사나 매매·상계·경개 등 이익교환행위는 채무자 전 재산과 관련하여 보전이 필요하다면 재산관리행위로서 대위가 허용된다. 또 채권의 공동담보의 보전을 위하여 대위채권자의 채권액을 초과한 채무자의 권리를 행사하는 것도 가능하다. 다만, 특정채권의 보전을 위한 경우에는 채무자의 자력과 무관하게 그 채권의 보전에 필요한 권리만 행사할 수 있을 뿐이다(93다289).

III. 채무자에게 대위권 행사 통지 후의 효력

1. 재판 이외의 대위권 행사

재판 외의 대위에 관하여 민법은 채권자가 보전행위 이외의 권리를 행사한 때에는 채무자에게 이를 통지하여야 하고(§405 I), 채무자가 그 통지를 받은 후에는 그 권리를 처분하여도 채권자에게 대항하지 못한다고 정한다(§405 II). 이때 채권자는 단지 통지만 하면 되지, 채무자의 사전동의까지 받을 필요는 없다. 또 보전행위를 대위행사하는 경우 채무자에게 통지할 필요도 없다. 예컨대, X부동산에 관한 B와 C 간의 매매계약에서 매수인 B가 매도인 C에 대해 소유권이전등기청구권을 갖고 있는데, B에 대해 손해배상청구권을 가진 A가 B의 등기청구권을 대위행사하면서 B에게 통지하였다면 B는 X부동산에 관한 매매계약을 해제하거나, 권리를 포기할 수 없다.

그러나 채권자가 보전행위 이외의 권리를 행사하면서 이를 채무자에게 통지하지 않았으나 채무자가 대위행사 사실을 알고 있었다면 통지한 것으로 본다(92다44350, 90다9407). 즉, 채권자가 채무자와 제3채무자 사이의 부동산매매계약상 소유권이전등기청구권을 보전하기 위해 채무자를 대위하여 제3채무자의 부동산에 대한 처분금지가처분결정을 받았는데 채무자가 이 사실을 알고도 매매계약을 합의해제했다면 이를 채권자에게 대항할 수 없다(2006다85921, 95다54167). 이는 채무자가 채권자의 대위권 행사사실을 알고 있음에도 불구하고 채무자에게 권리의 양도나 포기 등 처분행위를 허용한다면 결과적으로 채권자의 대위권 행사를 방해하게 되므로 이를 금지하기 위한 것이다.

2. 재판상 대위신청

채권자는 자기 채권의 변제기 전에 채무자의 권리를 행사하지 않으면 채권보전이 불가능하거나 곤란할 우려가 있을 때 재판상의 대위를 신청할 수 있다(비송사건절차법 §45). 법원은 대위신청을 허가하면서 담보제공을 요구할 수 있고(동법 §48), 재판상 대위신청을 허가한 법원은 직권으로 채무자에게 고지하여야 하며(동법 §49 Ⅰ), 고지를 받은 채무자는 그 권리를 처분하지 못한다(동법 §49 Ⅱ).

3. 제3채무자의 항변권

채권자의 대위행사로 인하여 채무자가 그 권리를 행사하는 것보다 제3채무자를 더 불리한 지위에 놓이지 않도록 해야 하므로 이미 채무자의 처분행위로 제3채무자가 채무자에 대해 항변권을 가진 경우 제3채무자는 채권자에게 대항할 수 있다. 예컨대, 제3채무자로부터 부동산을 매수한 채무자가 제3채무자에게 소유권이전등기청구권을 갖고 있는데, 채무자에 대해 손해배상청구권을 가진 채권자가 채무자의 이전등기청구권을 대위행사하고 이를 통지해도 제3채무자는 채무자의 채무불이행을 이유로 계약을 해제하고 이로써 채권자에게 대항할 수 있다 (2011다87235). 여기서 계약해제는 채무불이행이 있으면 할 수 있도록 합의한 약정에 따른 것이므로 제405조 제2항에서 말하는 '처분'이 아니라는 것이다. 그러나 채무자가 채권자에게 주장할 수 있는 사유(예: 소멸시효의 항변)를 제3채무자가 주장할 수는 없다(2001다10151).

위의 사례에서 채권자가 채무자의 제3채무자에 대한 이전등기청구권을 대위행사하고 이를 통지했는데 제3채무자가 채무자에게 등기를 이전했다면 이를 채권자에게 대항할 수 없는가? 대위통지를 받은 후에 채무자가 등기를 이행받은 것이고, 이는 오히려 채권자대위권의 취지와 부합하기 때문에 채권자에게 대항할 수 있다. 채무자가 제3채무자로부터 변제를 수령(예: 금전채권 수령, 이전등기경료 등)하는 것은 처분행위가 아니므로 유효한 변제가 된다. 채권자대위권이 채무자의 권리를 법률에 따라 양도받거나 채무자의 권리를 배제하는 것은 아니기 때문이다(90다9407).

Ⅳ. 직접 이행청구 여부

X부동산에 관한 B, C 간의 매매계약에서 매수인 B가 매도인 C에 대해 소유권이전등기청구권을 갖고 있는데, B에 대해 손해배상청구권을 가진 A가 B의 소유권이전등기청구권을 대위행사함에 있어서 A가 자신에게 직접 이전등기절차를 이행하라고 할 수 있는가?

1. 원 칙

채권자대위권은 채권자로 하여금 채무자의 권리를 대신하여 행사하도록 허락하지만 대위행사의 효과는 당연히 채무자에게 귀속하고, 총채권자의 공동담보를 위한다는 점에서 대위채권자가 제3채무자에게 직접이행을 청구하여 임의변제를 받을 수 없다. 즉, 대위채권자가 자신의 채권을 확보하려면 채무자에게 귀속된 재산에 대하여 민사집행절차에 의하지 않고는 자신의 채권에 충당할 수 없다.

2. 직접 이행청구의 필요성

채권자의 대위행사에 의거하여 제3채무자가 채무자에게 채무이행을 위하여 금전을 지급하거나, 물건을 인도하는 경우 당연히 채무자가 변제를 수령해야 함에도 불구하고 그가 수령을 거절하면 대위권 행사의 목적을 달성할 수 없게 된다. 이런 경우 채권자가 채무자에 갈음하여 변제를 수령할 수령권한이 있는 것으로 보아야 한다는 것이다. 즉, 채권자대위권에 수령권한도 포함되는 것으로 해석하여 직접 이행청구를 할 수 있다는 것이다. 물론 제3채무자의 채무변제의 효과는 채권자가 아닌 채무자에게 발생한다.

이와 달리 부동산등기청구의 경우는 등기신청을 다시 채권자가 대위행사하여 채무자의 협력 없이도 등기를 할 수 있으므로 문제가 되지 않는다(부동산등기법 §28).

3. 판례·통설의 입장

가. 인도청구권

원칙적으로 채권자가 제3채무자에 대해 자기에게 직접 이행하라고 청구할 수는 없지만, 채무자가 인도를 수령하지 않을 때 채권자는 그 목적을 달성할 수 없게 되므로 채권자 자신에게 직접 인도를 청구할 수 있다. 판례에서는 증여받은 토지의 미등기 수증인(채권자)이 자신의 이전등기청구권을 보전하기 위하여 증여자와 그 상속인이 권원 없이 순차매수하여 점유하고 있는 제3자에 대한 점유인도청구권을 대위행사하여 자신에게 직접 인도청구할 수 있음을 인정하였다(66다1149). 또 상가운영 목적의 도로점용허가를 받은 자가 상가 소유자인 市를 대위하여 불법점유자에 대해 직접 자기에게 명도할 것을 청구하거나(93다59502), 미등기 건물 매수인이 건물소유권을 원시취득한 매도인을 대위하여 불법점유자에게 직접 자기에게 명도할 것을 청구할 수 있다고(79다1928) 한다.

나. 금전채권과 부당이득금반환채권

판례에서는 채권자가 채무자의 금전채권(2015다236547)이나 부당이득금반환채권(2004다70024)을 대위행사하여 직접 대위채권자에게 이행을 청구할 수 있다고 하면서, 이 경우 채권자에게는 변제수령권한만 인정한다. 즉, 변제수령은 채무자에 갈음하여 채권자가 하는 것으로 그 효과가 채권자 자신의 채권에 대한 변제로 수령한 것이 아니라 채무자의 피대위채권에 대한 변제의 효과로 수령한 것이다(2016다205915). 채권자의 직접청구와 채권자 자신의 채권에 대한 변제로서 수령하는 것을 인정한다면 일반채권자 모두를 위한다는 채권자대위권 본래의 취지에 반하기 때문이다.

[5] 채권자대위권 행사의 효과

Ⅰ. 직접 채무자에게 귀속

채권자가 채무자의 권리를 대위행사한 효과는 직접 채무자에게 귀속하고(95다27998), 채권자 평등의 원칙에 따라 균분하게 배당된다. 즉, 대위채권자가 목적물을 변제받았더라도 우선변제권이 없으므로 채권자가 채권을 직접 변제받으려면 채무자로부터 임의변제를 받거나 민사집행절차를 밟아야 한다.

채권자가 채무자를 대위하여 제3채무자에게 소유권이전등기 절차를 자기에게 직접 이행하라는 확정판결을 받았으나 이행불능이 되었다고 하여 제3자에게 부동산 시가 상당의 손해배상을 청구할 수는 없다(71다411·412). 법원의 직접이행판결은 단지 대위자로서의 권리에 불과하고 대위채권자 자신의 권리가 아니기 때문이다.

Ⅱ. 총채권자를 위한 공동담보

대위권을 행사한 채권자가 제3채무자로부터 변제를 받았더라도 이는 모든 채권자를 위한 공동담보가 되기 때문에 다른 채권자들보다 우선변제를 받을 수 없다. 그렇다면 채권자가 수령한 물건과 채권의 목적물이 같은 종류이고 상계적상에 있는 경우에는 채권자에게 우선변제권을 인정할 것인지에 대하여 논란이 있다. 다수설은 상계를 통해 사실상 우선변제를 받는 것과 같은 효과를 인정하지만 대위청구권 본래의 취지에 반하기 때문에 문제가 있다.

Ⅲ. 비용상환청구권

채권자가 채무자의 권리를 대위행사하는 것이 채무자를 위한 것이라기보다는 채권자 자신을 위한 행사라는 점에서 그 성질을 일종의 법정위임관계로 파악하여 제688조를 유추적용하므로(96ㄱ8) 채권자가 대위권 행사를 위해 지출한 비용의 성질은 위임계약상 비용으로 본다. 한편 채권자가 목적물을 대위수령하여 보관비를 지출했다면 유치권자로서 비용상환을 청구할 수 있다(§325).

Ⅳ. 대위소송 판결의 기판력

1. 대위소송의 기판력의 범위

민사소송법에서는 판결의 기판력은 당사자(원·피고)에게만 미친다고 하며(동법 §218 Ⅰ), 또 타인을 위하여 원고나 피고가 된 경우 그 타인에게도 판결의 효력이 미친다고 정한다(동법 §218 Ⅲ).

채권자대위소송에서 판결의 효력이 소송당사자인 원고(채권자)와 피고(제3채무자) 이외에 채무자에게도 미치는지 문제된다. 대위소송에도 민사소송법 제218조가 적용되므로 판결의 효력은 채무자에게 미친다고 보는 것이 타당하다. 그러나 타인의 권리를 행사하는 채권자와 자신의 권리를 행사하는 채무자의 소송행위상 대응방법에 차이가 있다는 점, 채무자가 채권자의 대위소송사실을 알지 못하여 직접 소송당사자로서 변론에 참가하지 않은 경우에도 판결의 효력이 자신에게 미친다는 점에서 채무자에게 불리한 측면이 있다. 반면에 제3채무자의 입장에서 보면 채권자와 대위소송의 기판력이 채무자에게도 영향을 주어야만 동일한 소송을 반복하지 않는다는 장점이 있다.

2. 보조참가와 소송고지가 있었던 경우

채권자가 대위소송을 제기한 경우 채무자 스스로 독립당사자로서 소송에 참가할 수 없다. 이는 이중제소가 되기 때문이다. 그러나 채무자가 보조참가를 하거나(민사소송법 §71), 당사자가 채무자에게 소송고지를 할 수도 있다(동법 §84). 이런 경우 판결의 효력은 채무자에게도 미친다(동법 §§77, 86).

3. 보조참가와 소송고지가 없었던 경우

그런데 채무자가 대위소송에 보조참가를 하지 않았거나, 소송고지를 받지도 못한 경우에는 학설과 판례의 입장이 일치하지 않고 있다. 다수설은 민사소송법 제218조 제3항에 근거하여 채무자가 대위소송의 제기사실을 알았는지 여부를 묻지 않고 채무자에게 기판력을 인정하는 데 반하여, 판례는 어떤 경우든 채무자가 대위소송의 제기사실을 알았을 경우에 한하여 기판력이 채무자에게 미친다고 한다(74다1664, 91다23486).

채무자가 대위사실을 알았다면 소송참가 방법으로 적극 소송에 관여해야 하고, 제3채무자 역시 소송고지를 통해 채무자에게 알려야 한다. 그러나 소송고지 없이 채무자가 대위소송이 제기된 사실을 알았는지 판단하는 것은 쉽지 않으므로 대위소송의 법원이 소송고지를 하도록 소송 당사자에게 명할 수 있도록 해야 할 것이다.

4. 피대위채권의 소송물

채권자대위소송에서 기판력이 채무자에게도 미친다는 것은 채권자대위소송의 소송물인 피대위채권의 존부에 관하여 채무자에게도 기판력이 인정된다는 것을 의미한다(2011다108095). 그러므로 채권자가 대위소송에서 피대위채권이 인정되지 않아 패소했다면 기판력이 채무자에게도 미친다는 점에서 채무자가 다시 소송을 제기할 수 없다(민사소송법 §259). 반대로 대위소송에서 채권자의 피보전채권이 인정되지 않는다는 이유로 소각하 판결을 받은 경우 판결의 기판력은 채무자에게 미치지 않는다. 채권자가 제3채무자를 상대로 제기한 채권자대위소송의 소송물은 피대위채권의 존부문제이지 피보전채권의 존부 문제가 아니기 때문이다.

제 3 절 채권자취소권

[1] 채권자취소권의 의의와 성질

Ⅰ. 의   의

채권자취소권은 채무자가 채권자를 해함을 알면서 자기의 책임재산을 감소시키는 행위를 한 경우, 채권자가 그 법률행위를 취소하고 원상회복시키는 권리이다($§406$ Ⅰ). 예컨대, A가 B에게 1억 원의 채권을 가지고 있는데, B가 자신의 유일한 부동산을 C에게 증여한 경우, A는 B와 C 사이의 증여계약을 취소하고 B의 재산을 회복시킬 수 있게 하는 것이다.

채권자취소권은 총채권자의 공동담보인 채무자의 재산의 감소를 방지하기 위하여 부여된 제도로서(64다1483) 파산절차나 회생절차를 개시하지 않아도 부인권과 같은 목적을 달성할 수 있다는 장점을 가진다. 그러나 채권자취소권은 채무자가 제3자와 행한 유효한 법률행위를 취소하고 원상회복시키는 것이어서 채무자나 제3자에게 미치는 영향이 크다는 점에서 반드시 소송을 통해 재판상 행사해야 하며(실무상 사해행위취소소송으로 칭함) 단기의 제척기간을 두어 행사를 제한하고 있다.

Ⅱ. 성   질

채권자취소권은 책임재산의 보전을 목적으로 인정된 민법상의 제도이나 '취소 및 원상회복을 법원에 청구할 수' 있도록 했다는 점에서 그 본질이 무엇인지 논란이 되고 있다. 즉, 본질이 사해행위의 취소인지(형성권설), 재산의 원상회복청구에 있는지(청구권설), 아니면 이들의 결합에서 찾아야 할 것인지 문제된다. 판례에 따르면 채권자취소권은 채무자의 사해행위를 채권자와 수익자 또는 전득자 사이에서 상대적으로 취소하고 채무자의 책임재산에서 일탈한 재산을 회복하여 채권자의 민사집행이 가능하도록 하는 것을 본질로 하는 권리라고 한다(2007다

84352). 결론적으로 채권자취소권은 사해행위를 취소하여 원상회복을 청구할 수 있는 실체법상의 권리로서 이를 실현하는 방법으로 소송이 필요하다는 것이다.

Ⅲ. 유사제도

1. 채권자대위권

채권자대위권은 채권자취소권과 마찬가지로 채무자의 책임재산을 보전하는 제도라는 공통점을 가지지만, 채무자가 원래 행사해야 할 권리를 행사하지 않을 때 채권자가 대신 행사하는 것에 불과하여 채무자나 제3자에게 미치는 영향이 적고, 소송 이외의 방법으로도 행사가 가능하다는 차이가 있다.

2. 부인권

채무자회생법에서 정하고 있는 부인권은 채권자취소권과 마찬가지로 채무자의 법률행위를 취소하여 원상회복시키는 제도라는 공통점을 가지지만, 채권자 개인의 권리가 아니고 집단적 권리이며 채무자의 사해의사를 묻지 않고 반드시 회생절차(동법 § 100 이하)나 파산절차(동법 § 391 이하)를 개시하여야 행사할 수 있다는 차이가 있다. 또한 사해행위취소소송 중 채무자에 대한 회생절차가 개시되거나 파산선고를 받으면 소송절차는 중단되고(동법 §§ 113, 406), 관리인이나 파산관재인이 절차를 수계한다(§§ 59, 347). 사해행위 후 채무자에 대한 회생절차가 개시되거나 파산선고를 받으면 채권자는 사해행위취소소송을 할 수 없다.

3. 통정허위표시

통정허위표시(§ 108 Ⅰ)는 채권자취소권과 마찬가지로 상대방과 서로 허위표시의 통정(사해행위의 합의)이 있었다는 점에서 같다. 그러나 사해행위는 일단 유효하므로 채권자에게도 주장할 수 있고, 다만 취소요건으로 채무자, 수익자 및 전득자 모두의 사해의사를 필요로 하는 데 비하여, 통정허위표시는 그것이 행하여진 목적이나 동기를 묻지 않고 당사자 및 제3자에 대해서도 무효이며, 다만 선의의 제3자에 대해서는 무효로써 대항할 수 없다.

통정허위표시가 무효라 하더라도 제3자가 허위표시를 주장하려면 결국 채권자취소권에 기해 사해행위를 취소할 수밖에 없다. 가령 채무자가 자기 소유의 부동산에 대한 채권자의 집행을 면하기 위하여 타인과 합의하여 그에게 매도한 것으로 위장하여 이전등기를 했다면 사해행위취소소송을 통해 원상회복을 받아 강제집행을 하는 방법으로 보호받을 수 있을 것이다. 통정허위표시행위도 채권자취소권의 대상이 된다(84다카68).

[2] 채권자취소권의 요건

채권자취소권은 유효하게 성립한 채무자의 행위를 사해행위라는 이유로 취소하여 제3자로부터 재산을 회수하는 것이므로 채무자와 제3자에게 미치는 영향이 적지 않기 때문에 성립요건을 엄격하게 정하고 있다. 채권자취소권이 성립하려면 채권자의 채권(피보전채권)이 존재해야 하고, 채권자를 해치는 사해행위를 했어야 하며, 채무자와 수익자 또는 전득자가 사해사실을 알고 있었어야 한다(§406 I).

Ⅰ. 피보전채권의 존재

채권자가 보전하여야 할 채권을 보유하고 있더라도, 피보전채권이 될 수 있는 채권의 범위가 어느 정도까지인지, 채무자의 사해행위 시점에 채권이 성립하고 있어야 하는지, 또 채권의 변제기가 도래해야 하는지 등이 문제된다.

1. 피보전채권이 될 수 있는 채권

가. 금전채권 및 금전채권으로 전환될 수 있는 채권

금전채권은 전형적인 피보전채권이다. 채권자의 채권이 채무불이행이나 불법행위로 인해 손해배상채권으로 전환된 때에는 그 자체가 금전채권이므로 피보전채권이 될 수 있다. 이 경우에는 손해배상채권이 발생한 이후에 사해행위가 있었어야 취소가 가능하다.

그렇다면 이중매매의 경우 제1매수인이 매도인을 상대로 한 이행불능이나 불법행위로 인한 손해배상청구권을 보전하기 위하여 채권자취소권을 행사하는 것은 가능할까? 여기서 제1매수인의 피보전채권(손해배상청구권)이 이중매매, 즉 사해행위 전에 이미 성립되지 않았고, 매도인(채무자)의 무자력 여부도 명확하지 않으며, 설사 취소권을 인정하여 원상회복되더라도 모든 채권자를 위한 공동담보가 되어야 하므로 제1매수인의 소유권이전등기청구권을 보전할 수 없다. 판례도 이중매매로 인한 제1매수인의 손해배상청구권은 피보전채권이 될 수 없다고 한다(98다56690).

나. 금전채권이 아닌 특정채권

특정물채권을 포함하여 급부가 특정되어 있는 채권, 가령 특정부동산에 대한 소유권이전등기청구권이 피보전채권이 될 수 있는가? 이에 대해 판례는 채권자취소권은 총채권자의 공동담보인 채무자의 책임재산의 감소를 방지하기 위한 제도이지, 특정채권의 보전을 목적으로 하지 않으므로(64다1483) 특정물에 대한 소유권이전등기청구권을 보전하기 위하여 채권자취소권을 행사할 수 없다고 한다(98다56690). 바로 이 점, 즉 특정채권의 보전을 목적으로 하지 않는다는 것이 채권자대위권과 다른 중요한 차이점이다.

또한 이중매매에서 매매대금을 전액 지급한 제1매수인이 자신의 소유권이전등기청구권을 보전하기 위하여 이전등기를 마친 제2매수인을 상대로 채권자취소권을 행사한 경우에도 마찬가지로 채권자취소권은 특정채권의 보전을 목적으로 하지 않으므로 제1매수인은 자신의 소유권이전등기청구권을 보전하기 위하여 제2매수인에게 채권자취소소송을 제기하지 못한다(98다56690). 다만 이중매매가 사회질서에 반하는 행위로 무효인 경우 이를 원인으로 한 매도인(채무자)의 등기말소청구권을 제1매수인이 대위행사할 수는 있을 것이다(채권자대위권).

다. 이혼시 재산분할청구권

2007년 민법 개정으로 협의상 이혼 또는 재판상 이혼한 자의 재산분할청구권도 피보전채권이 될 수 있게 되었다. 즉, 부부의 일방이 다른 일방의 재산분할청구권 행사를 해함을 알면서도 재산권을 목적으로 하는 법률행위를 한 때에는 다른 일방은 제406조 제1항을 준용하여 그 취소 및 원상회복을 가정법원에 청구할 수 있다(§839의3 Ⅰ, §843).

라. 조건부·기한부 채권

제148조와 제149조의 해석상 조건부·기한부 채권도 피보전채권이 될 수 있다. 가령 로스쿨에 진학하면 입학금을 주겠다고 약속해 놓고 유일한 재산을 처분한 경우 로스쿨 진학자의 입학금청구권은 피보전채권이 되므로 재산처분행위에 대하여 채권자취소권을 행사할 수 있다. 그러나 로스쿨에 진학하면 자기 자동차를 주겠다고 약속해 놓고 차를 처분한 경우 로스쿨 진학자의 자동차인도청구권이 피보전채권이 되는데 이는 특정채권의 보전을 위한 것이므로 자동차처분행위에 대하여 채권자취소권을 행사할 수 없다.

2. 피보전채권의 성립시기

가. 채권자의 채권은 사해행위가 있기 이전에 발생한 것이어야 한다(94다2534). 어떤 행위가 사해행위인지를 판단하는 것은 그 행위 전에 보호받아야 할 채권이 존재하고 있어야 하기 때문이다. 즉, 존재하지도 않는 채권을 침해하는 것을 알고(사해의사) 사해행위가 있었다고 볼 수는 없다. 그렇다면 채무자의 사해행위가 있은 후에 채권자가 채권을 양도하고 이를 통지하였다면 양수인은 채권자로서 채권자취소권을 행사할 수 없는가? 채무자의 사해행위 당시 이미 양도인에게 채권이 존재했고, 양수인이 이를 승계한 것이므로 양수인은 채권자취소권을 행사할 수 있다.

나. 주채무자가 사해행위를 한 경우 보증인이 이를 취소하려면 보증채무를 이행하여 주채무자에 대한 구상권(피보전채권)이 존재해야 한다. 그러므로 보증인이 채무자의 채무를 변제하지 않았다면 구상권이 없으므로 주채무자의 사해행위를 취소할 수 없다. 하지만 예외로 보증인에게 사전구상권이 있거나, 사해행위 당시에 이미 채권 성립의 기초가 되는 법률관계가 있고, 가까운 장래에 그 법률관계에 기하여 채권이 성립되리라는 고도의 개연성이 있으며, 그 개연성이 현실화되어 실제로 채권이 성립된 경우에는 그 채권도 채권자취소권의 피보전채권이 될 수 있다(97다34334, 95다27905, 2010다68084).

Ⅱ. 사해행위(객관적 요건)

1. 채무자의 법률행위가 있을 것

가. 오로지 채무자가 한 법률행위라야만 사해행위로서 취소할 수 있으며, 채무자 아닌 자가 한 법률행위는 취소할 수 없다. 그리고 사해행위는 원칙적으로 법률행위뿐만 아니라, 준법률행위(최고, 채권양도의 통지, 채무승인 등)도 취소의 대상이 된다. 사해행위가 법률행위인 경우 계약, 단독행위, 합동행위와 같이 종류를 묻지 않는다. 또 법률행위가 채권행위, 물권행위, 준물권행위라도 무방하다(74다1700).

나. 채무자가 한 법률행위가 무효인 경우에도 채권자취소권을 행사할 수 있는가? 이와 관련해 판례는 채무자의 법률행위가 통정허위표시인 경우에도 채권자취소권의 대상이 된다고 한다(97다50985). 즉, 채권자취소권의 대상이 유효한 법률행위를 전제로 하지 않는다. 한편 채무자의 행위가 채권자취소권의 대상이라도 허위표시의 요건을 갖춘 경우에는 무효라고 한다(97다50985). 또 채무자의 처분행위가 수개 연속된 경우 이들 행위가 동일한 사해의사에 따른 하나의 행위로 볼만한 특별한 사정이 있다면 일괄하여 사해성 여부를 판단해야 한다(2012다34740, 2002다23857).

2. 재산권을 목적으로 하는 법률행위일 것

가. 취소의 대상이 되는 사해행위는 매매, 대물변제, 저당권설정과 같이 재산권을 목적으로 해야 한다(§406 Ⅰ). 그러므로 재산권을 직접 목적으로 하지 않는 상속의 승인, 상속포기, 증여나 유증의 거절, 노무계약의 해지 등은 원칙적으로 취소할 수 없다. 예를 들어 상속의 포기는 재산권에 관한 법률행위에 해당하지 않으므로 취소의 대상이 되지 못한다고 한다(2011다29307). 그러나 채무자가 상속재산의 분할협의를 하면서 상속재산에 관한 권리를 포기함으로써 일반 채권자에 대한 공동담보가 감소되고 재산분할 결과가 채무자의 구체적 상속분에 상당하는 정도에 미달하는 경우에는 미달부분에 한하여 취소할 수 있다고 한다(2000다51797, 2007다29119, 2007다73765).

　나. 가족법상의 행위는 비록 책임재산을 감소시키더라도 취소의 대상이 되지 않지만, 판례에서는 예외를 인정하는 추세이다. 이혼시 과도한 재산을 분할한 경우(84다카68), 협의이혼을 하면서 위자료 및 양육비 명목으로 유일한 재산을 가압류 직전에 무상양도한 경우(90다카24762) 취소할 수 있다고 보았고, 부부간 증여가 협의이혼일로부터 약 5개월 이전에 이루어진 경우에도 사행행위를 배척하지 않고 증여경위, 쌍방재산보유현황 등을 종합하여 취소 가능성을 검토해야 한다고 하였다(2006다33258).

　다. 판례는 신고만으로 화물운송사업을 양도할 수 있고 운송사업 일체를 강제집행으로 환가할 수 있는 경우 운송사업자가 채무초과 상태에서 화물자동차 운송사업을 양도하는 행위와(2013다36453) 영업재산과 영업권이 유기적으로 결합된 일체로서의 영업을 양도함으로써 채무초과상태에 이른 경우의 영업양도는 채권자취소권의 대상이 된다고 한다(2013다84162). 그리고 채무자가 소멸시효이익을 포기하는 행위는 그가 부담하지 않아도 되는 채무를 부담하게 되는 것이므로 사해행위가 될 수 있다고 한다(2012마712).

3. 채권자를 害하는 법률행위일 것

가. 사해행위 판단기준

　채권자를 해한다는 것은 채무자의 법률행위로 인해 채무자의 적극재산이 소극재산인 채무총액보다 적게 되어 채무초과 또는 무자력이 되는 것을 의미한다(80다1403). 그러나 사해행위 여부를 단순히 무자력만으로 판단할 것은 아니며, 여러 가지 기준을 종합적으로 검토하여 정하여야 하는데, 판례는 채무자의 전 재산 중 행위목적물이 차지하는 비중, 무자력 정도(공동담보의 부족, 즉 소극재산 총액이 적극재산 총액을 초과한 상태), 행위의 경제적 목적이 갖는 정당성 및 행위의 상당성, 의무성 또는 상황의 불가피성, 공동담보의 부족 위험에 대한 당사자의 인식의 정도(채무자와 수익자간 통모의 유무) 등을 사해행위의 판단기준으로 제시하고 있다(2007다2718).

나. 자력 산정 및 무자력 판단시기

　채무자의 자력을 산정함에 있어서는 실질적으로 재산적 가치가 없는 재산은 적극재산에서 제외시켜야 한다(2001다32533). 그러므로 압류금지재산은 공동담보가 될 수 없으므로 적극재산에 포함시킬 수 없고(2004다58963), 채권의 경우에도 용이하게 변제받을 수 있는 확실성이 있을 때에만 포함시켜야 한다. 그리고 채무자 소유의 부동산에 담보권이 설정된 경우는 담보권으로 담보된 채권액을 제외한 나머지 부분만을 적극재산으로 보아야 한다(2013다90402).

채무자의 무자력은 사해행위 당시 존재하여야 하고(2012다118334), 무자력 상태는 취소소송의 구두변론종결시까지 존재해야 한다(2007다54849). 따라서 처분행위 당시에는 채권자를 해하는 것이었더라도 그 후 채무자가 자력을 회복하거나 채무가 감소하여 취소권 행사시에 채권자를 해하지 않게 되었다면, 채권자취소권에 의하여 책임재산을 보전할 필요성이 없으므로 채권자취소권은 소멸한다(2007다63102).

다. 사해행위에 대한 판단

(1) 변제 및 대물변제

현금으로 채무를 변제한 경우에는 적극재산은 물론 소극재산도 동시에 감소하여 결국 채무자의 총재산에 변동을 가져오지 않으므로 원칙적으로 사해행위가 되지 않는다. 채무자가 일부 채권자와 통모하여 특정 채권자를 해할 의사를 가지고 변제한 것이 아니라면 누구의 채무를 먼저 변제할 것인가는 채무자의 자유의사에 달려있다.

대물변제도 상당한 가격으로 행하여지면 사해행위가 되지 않지만(62다634, 67다75), 채권액을 크게 상회하거나 특정채권자와 통모한 대물변제는 사해행위가 된다(2003다1205). 그리고 채무자의 소극재산이 적극재산을 초과한 상태에서 유일한 부동산을 대물변제하거나(2004다7873), 부당하게 싼 가격으로 평가해 대물변제하면 사해행위가 된다. 이 점에서 변제를 위하여 부동산을 양도하더라도 상당한 가격으로 평가되었다면 사해행위가 되지 않는다(80다2613).

(2) 물적 담보의 제공

이미 채무초과 상태에 있는 채무자가 특정 채권자에게 물적담보를 제공하는 것은 다른 채권자의 공동담보를 감소시키는 결과가 되므로 사해행위에 해당한다(88다카23186). 채무초과 상태에서 제3자에게 우선변제권이 있는 전세권을 설정한 경우(2007다21245)도 마찬가지이다. 또한 타인의 채무를 담보하기 위해 자신의 부동산에 근저당권을 설정해 준 경우에도 담보가치만큼의 총재산이 감소되므로 그 자체로 사해행위가 된다고 한다(2010다20617). 그러나 자금난으로 사업을 추진하기 어려운 상황에 처한 채무자가 자금을 융통하여 사업을 계속 추진하는 것이 채무변제력을 갖게 되는 최선의 방법이라 생각하고 부동산을 특정 채권자에게 담보로 제공하고 신규자금을 추가로 융통받은 경우 사해행위를 부정하였다(2014다18988, 2010다68084).

　채무자가 가압류된 자신의 부동산에 근저당권을 설정하는 행위는 원칙적으로 사해행위로 볼 수 없으나, 채권자의 실제 채권액이 가압류 채권금액보다 많은 경우 가압류의 효력이 미치지 않는 초과부분에 대해서는 채무자의 근저당권 설정행위가 채권자들의 공동담보를 감소시키는 사해행위가 된다(2007다77446).

　(3) 인적 담보의 제공

　채무자가 보증인으로서 보증채무를 부담하는 행위는 단순보증의 경우 보증채무자에게 최고·검색의 항변권이 인정되므로, 주채무자에게 충분한 자력이 있음이 입증된 때에는 사해행위가 되지 않는다. 그러나 연대채무를 부담하는 경우에는 항변권이 허용되지 않고, 다른 연대채무자에게 변제자력이 있더라도 소극재산을 증가시키기 때문에 사해행위가 된다.

　(4) 부동산 기타 재산의 매각

　채무자가 유일한 재산인 부동산을 무상 양도하거나 일부 채권자에게 대물변제로 제공하였다면 특별한 사정이 없는 한 사해행위가 된다(97다57320, 99다29916). 또 유일한 부동산을 채무변제를 위하여 상당한 가격으로 처분했다는 특별한 사정이 없다면 사해행위가 되고, 이 경우 사해의사는 추정된다(97다54420). 그러므로 채무자가 유일한 부동산을 처분하더라도 상당한 가격으로 매도하거나, 다른 채무를 변제하여 총재산에 변화가 없는 경우에는 사해행위가 되지 않는다(2013다83992).

　채권자 중 1인에게 부동산을 매각하고 매매대금채권과 매수채권자의 채권과 상계하기로 한 경우 채무자가 채무초과 상태였다면 사해행위가 된다(94다14582). 그러나 연대보증인이 그의 유일한 재산을 처분했더라도 주채무자의 부동산으로 우선변제권이 확보되어 있었다면 사해행위가 되지 않는다(2000다21017).

(5) 담보설정된 부동산의 매각

근저당권이 설정된 부동산에 대한 일반채권자들의 책임재산은 부동산가액에서 채권최고액을 한도로 실제 부담하고 있는 피담보채권액을 공제한 금액이다. 그러므로 채무자가 채무초과의 상태에서 근저당권이 설정된 부동산을 매각한 경우 일반채권자들의 책임재산이 감소되어야 사해행위가 될 수 있다(2000다42618). 그러나 피담보채권액이 부동산가액을 초과한 때에는 책임재산이 있을 수 없으므로 부동산의 매각이 사해행위가 되지 않는다(2017다287891).

(6) 가등기를 해주는 경우

매매예약에 기하여 수익자 앞으로 가등기를 마친 후 전득자 앞으로 가등기 이전의 부기등기를 하고, 가등기에 기한 본등기까지 마친 경우, 채권자는 수익자를 상대로 사해행위인 매매예약을 취소할 수 있다(2012다952). 가등기에 기하여 본등기를 한 경우 사해행위 요건의 구비 여부는 가등기의 원인된 법률행위 당시를 기준으로 하여 판단하여야 한다(2000다73377).

이상 살펴본 바와 같이 사해행위에 대한 판례의 동향을 보면, 과거에는 총재산의 감소 여부를 기준으로 하였지만, 최근에는 특정채권자에게 우선적 만족을 주는 경우도 사해행위가 될 수 있다.

Ⅲ. 채권자를 해하려는 의사

1. 채무자, 수익자 및 전득자에게 모두 사해의사가 있어야 함

사해행위를 취소하려면 채무자가 재산권에 관한 법률행위를 한 때에 채권자를 해함을 알고 있어야 하며(§406 Ⅰ), 사해행위로 이익을 받은 수익자나 전득자도 그 행위 또는 전득 당시에 채권자를 해함을 알고 있어야 한다(§406 Ⅰ 단서). 수익자만 있는 경우에는 그가 악의여야 하지만, 수익자 및 전득자가 있을 때에는 이들 중 하나만 악의여도 사해취소가 가능하다. 이들의 악의는 채권자취소권의 주관적 요건으로서 '사해의사'라고 하는데, 채권자를 해한다는 것을 적극적으로 의욕해야 하는 것은 아니고 소극적 인식으로도 충분하다(2007다63102). 여기서 사해의사는 공동담보의 부족으로 인하여 특정채권자가 아닌 일반채권자의 채권을 완전히 만족시키지 못할 것이라는 인식을 의미한다(97다57320, 2007다63102).

채무자, 수익자 또는 전득자가 채권자를 해한다는 것을 인식하는 기준시기는 사해행위가 행해진 때이다(2012다83100).

2. 입증책임

채무자의 악의는 취소채권자가 입증해야 한다. 다만, 채무자가 유일한 부동산을 처분하는 경우에는 채무자의 악의가 추정된다(2010다12067).

한편 수익자 또는 전득자의 악의(§406 Ⅰ 단서)는 채권자가 입증할 필요가 없으며, 추정된다. 즉, 채무자가 악의이면 수익자나 전득자의 악의는 추정되므로 이들이 책임을 면하려면 각자 자신의 선의를 입증하여야 한다(95다51908, 87다카1489). 수익자나 전득자가 선의를 직접 입증하는 것이 쉽지 않기 때문에 채무자와 수익자의 관계, 처분행위에 이르게 된 경위, 당시 재산상황, 거래의 양태, 처분행위 이후의 정황 등 여러 가지 간접사실을 종합적으로 고려하여 이들의 선의 여부를 판단한다(2007다74621). 수익자 또는 전득자가 선의일 경우에 채권자는 취소권을 행사할 수 없다. 한편 사해행위 취소소송에 있어서 수익자가 사해행위임을 몰랐다는 사실은 수익자가 입증하면 되지만, 수익자의 사해행위를 몰랐던 데 과실이 있는지 여부는 문제되지 않는다(2000다50015, 2002다59092).

[3] 채권자취소권의 행사

Ⅰ. 행사의 방법

1. 채권자 이름으로 행사

채무자의 권리를 대신 행사하는 채권자대위권과 달리 채권자취소권은 채권자가 자기 이름으로 자신의 권리를 행사한다. 즉, 채권자취소권은 채권자라는 자격에서 갖는 채권자 고유의 권리이다. 채권자취소권 행사로 인한 재산의 반환은 채권자에게 직접 인도할 것을 청구할 수 있다(2003다50061, 2010후1435). 즉, 원상회복을 가액배상으로 하는 경우 취소채권자는 직접 자기에게 지급할 것을 청구할 수 있다고 한다(2006다1442). 결국 채무자는 원상회복을 하더라도 직접 권리를 취득하지 못한다.

2. 재판상 행사

채권자취소권은 소송 이외 방법으로 행사할 수 없고, 반드시 법원에 소송을 제기하는 방법으로 행사하여야 한다(§ 406 Ⅰ). 이는 채권자취소권이 제3자의 이해에 미치는 영향이 크므로 법원으로 하여금 요건사실을 판단하도록 한 것이다. 그리하여 소구없이 단지 항변만으로 채권자취소권을 행사할 수는 없다(78다404).

채권자가 사해행위의 취소만 청구했을 경우 소송의 성질은 형성의 소이고, 취소 및 반환청구까지 한 경우는 형성의 소와 이행의 소로 본다.

3. 취소소송의 상대방

사해행위 취소소송의 상대방(피고)은 채무자가 아니라, 수익자나 전득자이다. 그러므로 채무자만을 피고로 하거나 채무자를 피고에 추가할 수 없다(2008다72394). 한편 전득자가 있는 경우는 이들의 선의·악의 여부에 따라 판단이 다르게 된다. 즉 수익자가 악의인데 전득자가 선의이면 원상회복은 불가하고, 수익자에게 원상회복에 갈음한 가액배상을 구할 수밖에 없으나, 수익자가 선의인데 전득자가 악의이면 수익자의 권리취득은 정당하므로 전득자에 대해서만 원상회복을 청구할 수 있다. 또 수익자·전득자가 모두 악의인 경우 채권자는 수익자에게 가액배상을 청구하거나 전득자에게 원상회복을 청구할 수 있을 것이다.

4. 취소소송과 채무자의 파산

파산채권자가 제기한 채권자취소소송 진행 중 채무자에 대한 회생절차가 개시되거나 파산선고를 받으면 취소소송절차는 중단되고(채무자회생법 §§ 113, 406), 관리인이나 파산관재인이 절차를 수계한다(동법 §§ 59, 347). 이는 회생 또는 파산채무자가 취소소송의 당사자는 아니지만 소송결과가 파산재단의 증감에 직접 영향을 미칠 뿐만 아니라, 파산절차에 의하지 않고 파산채권을 개별적으로 행사할 수 없는 점(동법 § 424) 등을 고려하여, 사해행위 후 채무자에 대한 회생절차나 파산절차가 개시되면 채권자는 사해행위취소소송을 할 수 없도록 한 것이다(2015다33656, 2017다205073).

Ⅱ. 행사의 범위

취소의 범위는 사해행위 당시까지의 취소채권자의 채권액을 표준으로 하므로 그 범위 내에서 취소할 수 있다(2006다1442). 따라서 사해행위 후 판결까지 생긴 채권액은 가산할 수 없지만, 사해행위 후 사실심 변론종결일까지 발생한 이자나 지연손해금은 채권액에 포함된다(2001다64547).

사해행위가 가분이면 채권보존에 필요한 범위 내에서 일부취소가 가능하다. 그러나 목적물이 불가분 또는 분할취소할 수 없는 특별한 사유가 있거나 다른 채권자가 배당참가를 신청할 것이 분명한 경우에는 채권액을 초과하여 취소권을 행사할 수 있다(97다10864, 2007다40802).

사해행위의 취소에 따른 원상회복은 원칙적으로 목적물 자체의 반환으로 해야 하고, 그것이 불가능하거나 현저히 곤란한 경우에 한하여 예외적으로 가액을 반환해야 한다(2017다290057). 채권자와 아무런 채권·채무관계가 없는 수익자가 채권자취소에 의하여 원상회복의무를 부담하는 것은 형평의 견지에서 법이 특별히 인정한 것이므로 목적물의 반환이 불가능하게 된 데에 수익자의 고의나 과실을 요하지 않는다(97다58316).

채권자취소권은 채권의 공동담보를 보전하는 것을 목적으로 하므로 취소의 범위는 공동담보의 보전에 필요하고 충분한 범위에 한정된다. 그러므로 사해행위가 가분이라면 채권의 공동담보로 부족하게 되는 부분만을 자신의 채권액의 한도에서 취소하면 족하고, 그 행위 전부를 취소할 수는 없다(2010다36209). 가령 저당권이 설정된 부동산을 사해행위로 양도한 경우 부동산의 가액에서 저당권의 피담보채무액을 공제한 잔액의 한도에서 양도행위를 사해행위로 취소하고 가액의 배상을 구할 수 있다(2018다214319).

[4] 채권자취소권 행사의 효과

Ⅰ. 회복채권의 공동담보

채권자취소권 행사의 효과는 모든 채권자의 이익을 위하여 효력을 발생한다
(§ 407). 즉, 수익자나 전득자로부터 받은 재산이나 이익은 채무자의 일반재산으로
회복되고 모든 채권자를 위한 공동담보가 된다. 비록 취소채권자 자신이 수령한
재산이라도 자기 채권에 우선변제를 받을 수 있는 것은 아니다. 따라서 모든 채
권자들은 이 재산에 대해 민사집행을 할 수 있다.

Ⅱ. 상대적 효력

취소의 효력은 상대적인 것이어서 소송당사자(채권자와 수익자 또는 전득자)간에
만 발생한다. 취소의 효력이 상대적 효력을 가진다는 것은 취소판결의 효력으로
서 기판력을 의미한다. 즉, 취소판결의 기판력이 소송에 참가하지 않은 채무자에
게는 미치지 않는다는 취지이다. 나아가 제3자는 물론이고, 채무자와 수익자 또
는 수익자와 전득자 사이의 법률관계에도 미치지 않는다(2010다87672). 그러므로
채무자와 수익자간의 계약은 원칙상 유효하다. 그러나 채권자의 취소소송으로 원
상회복된 상태에서 계약을 유지하기 어렵고, 부당이득반환 문제만 남을 뿐이다.
저당권설정행위 등이 사해행위에 해당하여 채권자가 저당권설정자를 상대로 제
기한 사해행위 취소소송에서 채권자의 청구를 인용한 사해행위 취소판결의 효력
은 해당 부동산의 소유권을 이전받은 자에게 미치지 않는다(2018다214319).

또한 취소의 효과는 채권자에 대한 관계에서 생기는 법률효과에 불과하고
채무자와 사이에서 취소로 인한 법률관계가 형성되는 것은 아니므로 취소의 효
력이 소급하여 채무자의 재산으로 회복되는 것은 아니다(2004다23110). 즉, 채무자
는 취소판결에 의하여 아무런 권리도 취득하지 못한다. 채무자 명의로 재산이 회
복되더라도 그에게 처분권이 없어 채권자는 민사집행을 통해 채권을 회수하게
되므로 채권자가 변제받고 남은 재산은 수익자나 전득자의 재산으로 귀속된다.
다만 취소판결로 재산을 반환하거나 가액배상을 한 수익자나 전득자는 그 범위

에서 채무자에 대하여 부당이득의 반환을 청구할 수 있을 것이다.

한편 사해행위 취소의 범위는 취소채권자의 채권액 범위 내이므로 채무자에 대한 채권보전이 아닌, 제3자에 대한 채권 만족을 위해서 사해행위 취소의 효력을 주장할 수 없다(2007다40802).

Ⅲ. 취소채권자의 우선변제

판례는 채권자가 사해행위취소권을 행사하여 직접 수령한 가액배상금에 대하여 이러한 법적 절차를 거치지 않은 다른 채권자가 취소채권자를 상대로 채권액에 따른 안분액의 지급을 청구할 수 없다고 한다(2007다37837). 이는 취소채권자가 수익자로부터 재산이나 가액을 직접 변제받음으로써 그가 다른 채권자보다 사실상 우선변제를 받는 불공평한 결과가 초래된다고 하더라도, 수익자와 통모한 행위라는 등의 특별한 사정이 없는 한 확정판결에 따른 반환의무를 이행하는 것이 다른 채권자의 신의에 반하는 행위라고 할 수 없기 때문이다.

한편 수익자가 채무자의 채권자인 경우 그가 가액배상을 할 때에 자신도 사해행위취소의 효력을 받는 채권자 중의 1인이라는 이유로 총 채권액 중 자기 채권에 대한 안분액의 분배를 청구하거나, 안분액의 배당요구권으로써 원상회복청구와의 상계를 주장하여 그 안분액의 지급을 거절할 수는 없다(99다63138, 2000다44348).

[5] 채권자취소권의 소멸

사해행위 취소소송은 채권자가 취소원인을 안 날로부터 1년, 법률행위가 있은 날로부터 5년 내에 제기하여야 한다(§406 Ⅱ). 이 기간은 제척기간이므로 법원이 직권으로 기간의 도과 여부를 조사할 수 있지만 소송자료를 통해 의심할만한 사정이 없다면 추가로 확인할 의무는 없다(95다50875).

채권자취소권 행사에 있어서 제척기간 1년의 기산점인 채권자가 '취소원인을 안 날'이라 함은 채권자가 채권자취소권의 요건을 안 날, 즉 채무자가 채권자를 해함을 알면서 사해행위를 하였다는 사실을 알게 된 날을 의미한다. 그러므로 단순히 채무자가 재산의 처분행위를 하였다는 사실을 아는 것만으로는 부족하고,

채권자를 불리하게 하는 법률행위에 의하여 채권의 공동담보가 부족하게 되어 채권을 완전하게 만족시킬 수 없게 된다는 것까지 알아야 한다(2018다215756). 이와 같이 구체적인 사해행위의 존재를 알고 나아가 채무자에게 사해의 의사가 있었다는 사실까지 알 것을 요하나, 채권자가 수익자나 전득자의 악의까지 알아야 하는 것은 아니다(2000다3262). 사해행위의 객관적 사실을 알았다고 하여 취소원인을 알았다고 추정할 수는 없고, 그 제척기간의 도과에 관한 증명책임은 사해행위 취소소송의 상대방에게 있다(2016다272311).

사해행위취소의 소에 있어 5년의 제척기간의 기준이 되는 '법률행위가 있은 날'이라 함은 사해행위에 해당하는 법률행위가 실제로 이루어진 날을 의미한다(2001다73138).

제 5 장 다수당사자의 채권관계

제 1 절 서   설

I. 의의와 기능

'다수당사자의 채권관계'란 하나의 급부에 관하여 채권자 또는 채무자의 일방 또는 쌍방이 2인 이상인 채권관계를 가리킨다. 민법은 제3편 제1장 제3절에서 '수인(數人)의 채권자 및 채무자'라는 제목 아래 제408조부터 제448조에 이르기까지 '다수당사자의 채권관계'를 규정하고 있다.

'다수당사자의 채권관계' 또는 '수인의 채권자 및 채무자'라고 하면 동일한 채권 또는 채무에 대하여 그 귀속주체가 다수인 경우, 즉 채권·채무의 준공유·준합유·준총유를 의미한다고 볼 수 있으나, 본절에서 의미하는 채권관계는 동일한 내용의 급부를 목적으로 하는 채권자 또는 채무자 수(數)만큼의 다수의 채권관계가 성립하는 경우를 말한다.

민법이 규정하는 '다수당사자의 채권관계'에는 분할채권관계(§ 408)·불가분채권관계(§§ 409~412)·연대채무(§§ 413~427)·보증채무(§§ 428~448)가 있다. 또 학설에서는 부진정연대채무의 개념을 인정한다. 이들 제도는 유치권·질권·저당권과 같은 물적 담보에 대응하는 인적 담보제도로서 채권담보의 기능을 하게 된다.

II. 다수당사자 채권관계의 주요 쟁점

첫째는, 다수당사자의 채권관계가 어떻게 발생하였는가를 따지는 문제이다. 예를 들어, 수인이 공동으로 물건을 매수하거나 금전을 차용한 경우에 어떤 종류의 채권관계로 파악할 것인지를 먼저 정해야 한다. 이들의 대내외적 효력과 구상관계가 서로 다르기 때문이다.

둘째는 채권자 또는 채무자 1인에 대하여 생긴 사유(이행청구, 채무면제 등)가 다른 채권자 또는 채무자에게 영향을 미치는지 여부이다. 이른바 대외적 효력으로서 다른 채권자 또는 채무자에게 다른 영향을 미치는가에 따라 절대적 효력, 상대적 효력으로 나뉜다.

끝으로, 채권자 또는 채무자 사이의 내부관계로서 채무자가 출연한 것을 다른 채무자에게 구상권을 행사하는 문제이다. 이른바 대내적 효력으로서 구상관계를 말한다.

Ⅲ. 채권·채무의 공동적 귀속

민법은 제262조 이하에서 정하고 있는 공동소유에 관한 규정들을 다른 재산권에 준용한다고 정한다(§278). 즉, 하나의 물건을 여러 사람이 공동소유할 수 있는 것과 같이 하나의 채권 또는 채무를 여러 사람에게 공동으로 귀속시킬 수 있다는 것이다. 민법은 공동소유의 형태로서 공유·합유·총유의 세 가지를 인정하고 있으므로, 이에 대응하여 채권·채무의 공동귀속에도 공유적 귀속(준공유)·합유적 귀속(준합유)·총유적 귀속(준총유)의 세 가지 형태가 있게 된다.

1. 채권·채무의 준공유

여러 채권자가 하나의 근저당권을 설정하면서 각자의 공유지분을 미리 특정했다면 그 지분의 비율로 근저당권을 준공유한다(2006다31887). 이처럼 준공유는 당사자가 특약으로 이를 합의하지 않으면 제278조 단서에 따라 다수당사자의 채권관계에 관한 민법 규정이 우선 적용된다. 왜냐하면 다수당사자의 채권관계에 관한 규정을 준공동소유에 관한 규정의 특칙으로 이해하기 때문이다.

2. 채권·채무의 준합유

법률의 규정 또는 계약에 의하여 여러 사람이 조합체로서 채권을 가지거나 채무를 부담하는 것이 채권·채무의 준합유이다(§271 참조). 채권의 준합유에 있어서 채권은 합유자 전원에게 공동으로 귀속하고, 분할할 수 없다(§273 Ⅱ). 또 채권

의 추심 또는 처분도 전원이 공동으로만 할 수 있다(§ 272). 동업자금을 공동명의
로 예금한 경우를 예로 들 수 있다(2002다55908).

3. 채권·채무의 준총유

법인 아닌 사단의 사원이 집합체로서 채권을 가지거나 채무를 부담하는 것
이 채권·채무의 준총유이다(§ 275 Ⅰ). 예를 들어 비법인사단인 주택조합에 부과된
개발부담금의 납부의무는 주택조합이 아니라 개개의 조합원들에게 준총유적으로
귀속된다(95다26476).

Ⅳ. 다수당사자의 채권관계 유형에 대한 판단

1. 원 칙

민법 제408조에서는 '채권자나 채무자가 수인인 경우에 특별한 의사표시가
없으면 각 채권자 또는 각 채무자는 균등한 비율로 권리가 있고 의무를 부담한
다'라고 하여 다수당사자의 채권관계의 유형을 판단하는 기준을 제시하고 있다.
즉, 당사자 사이에 채권관계의 유형을 합의했거나 법률로 그 유형을 정한 것이
아니라면 분할채권관계가 원칙이다.

2. 연대약정 없는 경우의 판단

당사자 사이에 연대책임에 관한 약정이 없으면 분할채권관계로 보아야 할지
에 대해 학설과 판례가 일치하지 않고 있다. 우선 판례에서는 채무자가 수인인
경우에 연대의 명시적 약정이 없는 한 분할채무로 보며(63다370), 민법상 다수당
사자의 채권관계는 원칙적으로 분할채권관계이고, 채권의 성질상 또는 당사자의
약정에 의하여 불가분인 경우에 한하여 불가분채권관계가 된다고 한다(90다13628).
한편 학설은 채권자보호의 입장에서 다수채무자의 총자력을 종합적으로 고려할
필요가 있는 특수한 사정이 있을 때에는 연대채무로 한다는 묵시적 특약이 있는
것으로 해석하여 분할채권관계의 성립을 제한해야 한다고 한다. 그러나 의심스러
운 때에는 연대로 추정한다는 독일민법 제427조와 같은 규정이 우리 민법에 없
고, 또 제408조가 명시하고 있는 '특별한 의사표시'에는 당연히 연대약정까지 포
함하는 것으로 해석하여야 하므로 급부의 성질이 가분이고 연대약정이 없다면

분할채권관계로 보아야 한다. 또 기한은 채무자의 이익을 위한 것으로 추정하고 있고(§153), 보증인이나 차주에 불리한 약정을 무효로 하고 있다(§§ 428의2, 608)는 점에서 보면, 당사자의 의사표시가 명확하지 않으면 채무자에게 불리하게 해석하기보다는 오히려 그의 이익을 위한 것으로 추정하는 것이 옳다. 그러므로 연대의 명시적 약정이 없는 한 분할채권관계로 보는 것이 타당하다.

3. 법률규정

민법에서 정하고 있는 다수당사자의 채권관계는 모두 연대책임에 대한 것이다. 예시하자면, 법인의 불법행위에 관한 의결에 찬성하거나 의결을 집행한 사원·이사·대표자의 연대책임(§35 Ⅱ), 수인이 공동으로 물건을 차용한 경우 공동사용차주·공동임차인의 연대책임(§§ 616, 654), 수인이 공동의 불법행위로 타인에게 손해를 가한 경우 공동불법행위자의 연대책임(§760), 부부의 일상가사 채무에 대한 연대책임(§832) 등이 있다.

제 2 절   분할채권관계

Ⅰ. 의의와 성립

1. 의   의

분할채권관계는 하나의 가분급부에 대하여 여러 명의 채권자 또는 채무자가 있는 경우에 특별한 의사표시가 없으면, 그 채권 또는 채무가 각 채권자 또는 채무자에게 분할되는 다수당사자의 채권관계이다.

다수당사자의 채권관계에 있어서 분할채권관계를 원칙으로 한다는 점은 기술한 바와 같다. 즉, '특별한 의사표시'나 법률규정이 없으면 원칙적으로 분할채권관계이다(§408). 이 분할채권관계는 채권자가 여러 명인 분할채권과 채무자가 여러 명인 분할채무가 있다.

2. 여러 채무자 중 1인이 무자력이면 다른 채권자가 분담해야 하는가?

당사자가 특약으로 준공유를 합의하지 않으면 다수당사자의 채권관계에 관한 규정이 적용되고(§ 278 단서), 다수당사자의 채권관계를 적용하여도 연대나 불가분약정이 없으면 분할채권관계가 원칙이므로 각 채무자가 분할하여 상호 독립된 분할채무를 부담하게 된다. 즉, 채권자는 무자력자의 분할채무를 변제받을 수 없게 된다. 만일 변제자력이 없는 채무자의 분할채무를 다른 채무자에게 부담시키려면 앞에서 기술한 바와 같이 채권·채무의 공동적 귀속을 합의하거나, 연대 또는 불가분약정을 했어야 한다. 학설은 특수한 사정이 있을 때에는 연대채무로 한다는 묵시적 특약이 있는 것으로 해석하여 분할채권관계를 제한해야 한다고 주장하지만 독일민법 제427조와 같은 규정을 채택하지 않는 한, 어떤 논리로도 제408조의 입법취지를 거스를 수는 없다.

3. 채무내용이 불가분이면 그 성질도 불가분채무인가?

채무내용이 불가분인 경우에는 그 성질상 분할채무가 성립할 수 없다. 다시 말하면, 여러 명이 부담하는 채무가 각 채무자에게 불가분적으로 누리는 이익의 대가이거나(공유물의 관리비용채무, § 266), 불가분급부의 대가인 때에는 성질상 불가분채무로 보아야 한다. 그러나 목적물이 불가분물이라도 금전채무인 대금지급채무에 대해서는 분할채무가 발생할 수 있다.

판례는 당사자들의 의사표시에 의해 채권관계가 발생할 경우 분할채무인지 불가분채무인지에 대한 판단기준으로 그 급부의 성질·거래의 관행·당사자들의 의사·당사자들의 관계·거래경위 등을 예시하고 있다(2014다26521). 이에 따라 타인의 재산을 여러 사람이 공동으로 점유·사용한 경우의 부당이득반환채무(2000다13948)와 건물의 공유자가 공동으로 건물을 임대하고 보증금을 수령한 경우 보증금반환채무(98다43137)의 성질을 불가분채무로 본다. 그렇다면 여러 명이 토지를 매수하여 등기의 이전 및 토지의 인도를 청구할 경우 이들 청구권은 어떤 성질을 가질까? 소유권이전등기청구권은 보유지분에 따른 분할등기가 가능하므로 분할채권으로 판단하지만, 매매계약에 의한 토지인도청구권은 불가분채권으로 본다.

Ⅱ. 분할채권관계의 성립요건

1. 급부가 가분일 것

분할채권관계는 급부의 성질 또는 가치를 손상시키지 않고 분할이행이 가능해야 한다. 물론 성질상 급부가 가분이라도 당사자 사이의 합의에 의하여 불가분채무나 연대채무가 성립될 수 있다. 예를 들어, 농지와 농가주택, 상가점포와 내부 인테리어 등을 일체로서 거래하기로 약정하는 경우이다.

2. 채권자 또는 채무자가 여러 명일 것

가. 채권자가 수인인 경우(분할채권)

여러 명의 채권자가 1인의 채무자에게 균등한 비율로 분할된 채권을 가진 경우를 분할채권관계라고 한다. 예를 들어, 수인의 채권자가 1인의 채무자에게 각각 동일한 금액의 금전을 대차한 경우, 4명의 매도인이 역시 4명의 매수인에게 임야를 매도하는 매매계약을 체결한 경우 매매계약이 무효로 되었을 때 돌려받게 될 부당이득반환채권(91다41316), 공유물에 대한 제3자의 불법행위로 인해 발생한 공유자의 손해배상청구권, 공유물수용으로 인한 보상청구권, 채권의 공동상속(§1009) 등이다.

한편 공동명의의 예금인 경우 동업자금이라면 채권의 준합유관계이지만, 동업 이외의 특정목적을 위해 단독으로 예금을 인출할 수 없도록 개설한 예금이라면 하나의 예금채권이 분량적으로 분할되어 각 공동명의 예금채권자들에게 공동으로 귀속된다(2003다7319).

나. 채무자가 수인인 경우(분할채무)

여러 명의 채무자가 1인의 채권자에 대하여 균등한 비율로 분할된 채무를 부담하는 경우를 분할채무관계라고 한다. 여러 명이 부동산을 매입하여 대금채무를 부담하거나, 여러 명이 자동차를 빌려서 여행을 하고 렌트비를 부담하는 경우가 대표적이다. 법률의 규정으로 균등하게 분할채무를 부담하는 것으로 정한 경우로는 수인의 보증인이 보증채무를 부담한 경우(§439), 피상속인의 채무를 공동으로 상속한 경우(§1009 Ⅰ) 등이 있다. 또 공동불법행위자 중 1인이 손해를 전부

배상한 경우, 다른 공동불법행위자들이 부담하는 구상채무의 성질은 분할채무이다(2007다89494, 2005다7085).

한편 여러 명의 골재운송업자들이 임금합계액으로 발행받은 1매의 어음을 담보로 각자 받을 몫의 금액으로 나눈 수매의 어음으로 할인받았으나, 담보어음이 부도처리 되었다면 이들은 각자 어음할인 채권자에 대하여 자기 몫 상당의 채무변제 책임만 지는 분할채무를 부담한다(84다카2159).

3. '특별한 의사표시'가 없을 것

분할채권관계가 되려면 민법 제408조에서 정하고 있는 바와 같이 수인의 채권자나 채무자가 '특별한 의사표시'를 하지 않아야 한다. 여기서 특별한 의사표시는 불가분채권관계·연대채무 등을 발생시키는 의사표시뿐만 아니라, 채권·채무의 분할에 관한 의사표시도 포함한다.

Ⅲ. 분할채권관계의 효력

1. 대외적 효력

가. 각 채권자 또는 각 채무자는 특별한 의사표시가 없는 한 균등한 비율로 분할된 채권을 가지고, 채무를 부담한다(§408). 그러므로 각 채권자 또는 각 채무자의 내부관계에 따른 비율이 다르더라도 상대방은 이 비율을 주장하지 못한다.

나. 각 채권자 또는 각 채무자의 채권·채무는 각각 분할된, 즉 독립한 채권·채무이므로, 1인의 채권자 또는 채무자와 상대방 사이에 생긴 사유(예: 이행청구, 채무면제)는 다른 채권자 또는 채무자에게 영향을 미치지 않는다. 그 밖에 이행지체나 이행불능과 같은 채무불이행, 소멸시효의 중단, 경개, 면제, 혼동 등도 다른 채권자나 채무자에 대하여 영향을 미치지 않는다. 또 1인에 대하여 발생한 무효·취소사유도 마찬가지이다.

다. 채권·채무가 하나의 계약에 의해 성립된 경우 계약의 해제나 해지는 그의 불가분성 때문에 모든 채권자로부터 모든 채무자에게 하여야 한다(§547). 특히 분할채권관계가 쌍무계약으로 발생한 경우에는 분할채무의 전부에 대한 채무와 대가적 관계에 있는 채무와의 사이에 동시이행의 관계가 성립한다(§536 참조). 예

컨대, A, B, C가 D로부터 X 부동산을 3억 원에 공동으로 매수한 경우, 매도인 D
는 A, B, C에게 각각 1억 원씩의 매매대금을 청구할 수 있고, 매수인 A가 자신의
분할채무 1억 원을 지급한 후 자신의 지분 3분의 1에 대해 소유권이전등기를 청
구할 수 있지만, B와 C가 매매대금을 이행하지 않고 있다면 D는 동시이행의 항
변권을 주장하여 이들의 이행이 있을 때까지 등기이전을 거절할 수 있다. 분할채
무는 여러 개가 있지만, 계약관계는 하나이기 때문이다. 특히 B, C의 채무불이행
을 이유로 D가 계약을 해제하려면 A, B, C 전원에 대하여 해제하여야 한다.

　　라. 각 채권자는 자기가 가지는 채권액 이상의 이행을 청구할 수 없고, 각 채
무자도 자기가 부담하는 채무액 이상의 것을 변제할 수 없다. 따라서 어느 채권자
가 분할채권액을 넘는 변제를 받았다면 부당이득으로 채무자에게 반환해야 하며,
어느 채무자가 분할채무액을 초과하여 변제했다면 타인 채무의 변제가 된다(§ 469).

2. 대내적 효력

　　제408조는 분할채권자 또는 분할채무자와 그의 상대방인 채무자 또는 채권
자와의 관계를 정한 것이지, 분할채권자 또는 분할채무자 상호 간의 내부관계까
지 정한 것은 아니다. 그렇지만 특별한 약정이 없으면 내부관계에서도 그 비율은
균등한 것으로 해석한다. 이와 같이 대외적 비율이나 대내적 비율이 균등한 경우
또는 약정이나 법률규정에 따라 이들 비율이 동일하게 정해진 경우에는 각 채권
자들이나 각 채무자들 사이에 원칙적으로 분급관계나 구상관계가 생기지 않는다.

　　그러나 대내적 비율에 대한 특약이 있는데 채권자가 균등한 것으로 보고 그
비율을 넘어서 변제를 받은 경우에는 그 넘는 부분을 다른 채권자에게 분급하여
야 하고, 자기의 부담부분을 초과하여 변제한 채무자는 다른 채무자로부터 초과
액의 상환을 요구할 수 있다.

Ⅳ. 분할채권관계의 제한

　　분할채권관계는 지나치게 형식주의적이고 개인주의적이라는 이유로 법률의
규정이나 의사표시의 해석에 의하여 연대채무로 파악하려는 경우가 많다. 물론
채권자가 수인인 경우의 분할채권관계에서는 문제가 없다. 그러나 채무자가 수인

인 경우의 분할채무에서는 채무자 측의 자력담보에 문제가 있다는 이유로 분할
채무관계를 제한하려는 경향을 보이고 있다. 그럼에도 불구하고, 앞에서 기술한
바와 같이 연대약정이 있거나, 성질상 불가분인 경우를 제외하고는 채권자 또는
채무자가 수인인지 여부를 가리지 않고 분할채권관계를 인정하는 것이 옳다.

제 3 절   불가분채권관계

Ⅰ. 의   의

1. 불가분채권관계는 1개의 불가분급부에 대하여 여러 명이 채권 또는 채무
를 가지는 다수당사자의 채권관계이다(§§ 409, 411). 예를 들어 A·B·C가 공유하는
자동차를 D에게 처분한 경우 자동차인도채무가 불가분채무이며, 반대로 A·B·C
가 D에게서 자동차를 매수한 경우 자동차인도청구권이 불가분채권이다.

불가분채권관계는 급부를 분할할 수 없다는 점이 특색이다. 여기서 급부의
불가분성에 대한 판단은 물건의 성질·거래관념·당사자의 의사를 표준으로 한다.
이에 따라 불가분급부를 다음 두 가지로 나눈다.

2. 급부의 목적물이 성질상 불가분인 경우는 법률상 원인 없이 여러 명이 공
동으로 점유해온 물건의 반환채무와 공동의 점유 사용으로 부담하게 될 부당이
득반환채무를 들 수 있다(91다3901, 2000다13948). 또 건물의 공유자가 공동으로 건
물을 임대하고 수령한 보증금의 반환채무(98다43137)와 건물의 공동상속인이 부담
하는 건물철거의무도 성질상 불가분채무라고 할 것이다(80다756).

3. 의사표시에 의한 불가분급부는 이행청구의 편의성이나 채권의 담보력을
강화하기 위하여 행하여진다. 즉, 의사표시에 의한 불가분채권은 이행의 청구나
이행을 불가분적으로 할 수 있다는 장점이 있고, 의사표시에 의한 불가분채무에
있어서는 이행청구뿐만 아니라, 연대채무와 마찬가지로 채권의 담보력을 강하게
할 목적으로 행해진다. 예컨대, 공동명의로 예금을 하면서 공동행사하기로 하고
통장과 도장을 나누어 가진 예금채권자(87다카8), 채권자 아닌 제3자 명의로 근저
당권이나 가등기를 해준 경우 채권자와 근저당권자(99다51265, 2010다69940) 또는

가등기권자(2002다50484)는 불가분채권자의 지위를 갖는다.

4. 불가분채권관계는 복수의 채권관계이므로 그 주체의 수만큼 다수의 채권 또는 채무가 존재한다. 이들 각 채권이나 채무는 각각 별개의 독립된 채권·채무 이며, 그 목적이 불가분이기 때문에 서로 제한을 받지 않는다는 특색이 있다. 여 기서 각 채무자는 급부의 일부를 이행할 수 없고, 급부의 전부를 이행하여야 한 다. 따라서 불가분급부가 가분급부로 변경되면, 불가분채권관계도 당연히 분할채 권관계로 변경된다(§412). 예를 들면, A·B·C가 공유하는 자동차를 D에게 처분하 였는데 차가 멸실되어 이행불능이 되면 불가분채무인 자동차인도채무가 이행불 능에 따른 전보배상채무로 전환되어 분할채무가 된다.

Ⅱ. 불가분채권

1. 기본적 효력(절대적 효력)

가. 이행청구

각 채권자는 누구든지 모든 채권자의 이익을 위해 전부에 대하여 이행을 청 구할 수 있다(§409). 채무자 입장에서 보면, 어느 채권자에게 전부를 이행하든지 관계가 없다. 이 경우 변제받은 채권자들 사이의 관계는 별개의 문제이다. 채무 자를 상대로 소송을 제기하거나 민사집행을 하는 것도 각 채권자가 단독으로 할 수 있다. 따라서 채권자 1인의 이행청구에 대하여 채무자가 이행을 지체했다면 다른 채권자도 채무자에게 지체책임을 주장할 수 있다. 마찬가지로 이행청구로 시효가 중단된 경우 다른 채권자도 시효의 이익을 주장할 수 있다.

나. 급부수령

채무자는 모든 채권자를 위하여 각 채권자에게 전부를 이행(변제)할 수 있다 (§409). 따라서 채무자가 채권자 1인에게 변제나 변제제공을 한 경우, 모든 채권자 에 대해 지체책임을 면한다. 채무자의 변제제공에 대해 어느 채권자가 급부를 수 령하면 채권은 전부 소멸하지만, 그가 급부의 수령을 지체하면 모든 채권자들이 지체의 책임을 진다. 그러므로 다른 채권자가 자신의 지분을 주장하며 다시 이행 을 청구할 수 없다.

2. 채권자 1인에 대해 발생한 사유의 효력(상대적 효력)

가. 제409조에서 정하고 있는 이행청구와 변제가 다른 채권자에게도 영향을 미치는 절대적 효력을 가지는 데 반하여, 이행청구와 변제 이외의 사유는 다른 채권자에게 영향이 없다(§410 I). 따라서 불가분채권자 중 1인이 채무자와의 사이에 경개나 채무면제가 있었더라도 다른 채권자는 채무자에게 채권 전부의 이행을 청구할 수 있다(§410 II). 다만, 채무전부의 이행을 받은 채권자는 경개나 면제를 한 채권자가 권리를 잃지 않았더라면 그에게 나누어 주었을 이익을 채무자에게 상환하여야 한다(§410 II). 즉 채무전액을 수령한 채권자가 경개나 면제를 한 채권자에게 분급할 것이 아니라, 채무자에게 직접 반환하도록 한 것이다. 불가분채권이기 때문에 전부 변제받은 것이지, 전부에 대한 권리가 있어서 전액을 변제받은 것은 아니므로 그로 인한 이익부분을 당연히 채무자에게 반환하여야 한다. 예컨대, A·B·C가 공유하는 토지를 D에게 3억 원에 처분하면서 매매대금에 대하여 불가분약정을 하였는데 A가 D에게 1억 원을 면제했더라도 다른 채권자 B는 D에게 매매대금을 청구하여 전액을 변제받을 수 있다. 이 경우 B가 1억 원의 채무를 면제해준 A에게 분급하고, A가 다시 이를 부당이득으로 D에게 반환해야 하겠지만, 제410조 제2항에 따르면 B는 직접 D에게 상환할 수 있게 한 것이다. A는 D에 대한 채권을 면제해줌으로써 무권리자가 되었기 때문에 A에게 대금을 나누어 주지 않는 것이 타당하며, 만일 대금을 분급했다면 D는 A에게 부당이득반환청구를 할 수 있다.

나. 불가분채권에서는 경개와 면제에 대해서만 상대적 효력이 있는 것으로 정하고 있을 뿐이다(§410 II). 불가분채무에서는 제411조에 연대채무에 관한 준용규정을 두어 해결하고 있으나(§411), 불가분채권에 대해서는 이와 같은 규정이 없다. 그럼에도 불구하고 해석상 대물변제·상계·혼동·시효의 완성에서도 상대적 효력이 있는 것으로 본다. 그 밖에 채권자 중 1인에게 무효나 취소의 사유가 있는 경우에도 다른 채권자에게 영향이 없다(§415 참조).

3. 내부관계(채권자 상호 간의 관계)

채권자들 상호 간의 내부관계를 정하고 있는 규정은 없다. 그러나 불가분채권의 변제를 받은 채권자는 다른 채권자에 대하여 내부관계의 비율에 따라 급부이익을 나누어 주어야 한다. 그리고 특별한 사정이 없으면 내부비율은 균등한 것으로 추정한다.

Ⅲ. 불가분채무

불가분채무에서는 대외적 효력을 중심으로 채무자 1인에 대하여 생긴 효력을 절대적 효력과 상대적 효력으로 구별하여 설명한다.

1. 절대적 효력

동일한 채권자에 대하여 다수의 채무자가 존재하지만, 채무자가 이행해야할 채무는 하나이며, 각 채무자가 부담하는 채무의 성질에도 차이가 없다. 채권자는 불가분채무이므로 채무자들 중 누구에게든지 전액의 이행을 청구할 수 있고(§414), 어느 채무자든 채권자의 청구를 받으면 채무 전부를 이행하여야 할 의무가 있다. 어느 채무자가 이행을 하든지 단 1회의 이행으로써 채무는 소멸한다(§413). 예컨대, A·B·C 3인이 D의 토지를 3억 원에 매입하면서 매매대금에 대하여 불가분약정을 하였다면 D에게는 A·B·C 3인의 채무자가 있지만 이들이 이행할 채무는 3억 원 하나이다. 채권자 D가 A·B·C 3인에게 3억 원 전액의 이행을 청구할 수 있고, A에게만 이행을 청구할 수도 있다. 채무는 하나이고, 불가분채무이므로 이행청구를 받은 A가 전액을 이행하면 불가분채무는 소멸하게 된다. A가 이행한 후 A·B·C 3인의 채무자들 간의 관계는 내부적 구상관계가 된다(이하의 내부관계 참조).

한편 어느 채무자든 채권자에게 변제제공을 하였는데 그가 수령을 지체하면 다른 모든 채무자에 대해서도 채권자지체의 책임을 진다(§§411, 422). 채권자의 이행청구에 대한 이행지체와 달리 채권자지체의 경우 절대적 효력을 인정하고 있다.

2. 상대적 효력

가. 채무자 1인에 대한 이행청구의 효력

(1) 불가분채무에서 연대채무에 관한 규정을 준용하는 제411조가 이행청구의 절대적 효력을 인정하는 제416조를 제외시켰다는 것은 불가분채무에서의 이행청구는 상대적 효력이 있다는 것이다. 즉, 이행청구를 받지 않은 채무자에게는 이행청구의 효력이 없다.

불가분채무는 여러 채무자로부터 분리이행을 받을 수 없기 때문에 이행이 확실한 채무자에게 이행청구를 하여 그로부터 단 1회 변제를 받음으로써 채무가 소멸한다. 그러므로 채무자 1인에 대한 이행청구가 다른 채무자에게 효력이 미치지 않더라도 채무변제에 문제가 없다. 그러나 불가분채무가 아닌 연대채무에서는 여러 채무자로부터 일부 또는 전부의 이행을 받아 변제만족을 받을 수 있으므로 이행청구에 절대적 효력을 부여할 의미가 있다.

(2) 채권자가 어느 한 채무자에게 이행청구를 하더라도 다른 채무자에 대하여 절대적 효력이 발생하지 않기 때문에 이행청구에 의한 이행지체, 시효중단의 효과 또한 다른 채무자에게 발생하지 않는다.

(3) 연대채무에서는 채무자 1인에 대한 이행청구로 다른 연대채무자에 대한 시효중단은 물론이고, 다른 연대채무자도 이행지체의 책임을 진다(§416). 이 점에서 보면 불가분채무가 연대채무보다 채무자에게 유리하다.

나. 경개·상계·면제·혼동·소멸시효의 완성

(1) 불가분채무에 관한 제411조의 준용규정에서는 연대채무의 절대적 효력을 인정하는 경개(§417)·상계(§418)·면제(§419)·혼동(§420)·소멸시효의 완성(§421)에 대한 규정을 명시적으로 제외시켰다. 이로써 연대채무에 관한 규정이 준용되지 않고 불가분채권에 관한 제410조가 준용되므로(§411), 이들 모두 상대적 효력이 있다. 따라서 채권자와 채무자 1인 사이에 경개·상계·면제·혼동·소멸시효의 완성이 있었던 경우에도 다른 채무자는 채무의 전부를 이행해야 한다.

(2) 이 점에서 불가분채무의 인적 담보력이 연대채무보다 강하다고 볼 수 있으므로 불가분채무가 채권자에게 유리한 것처럼 보인다. 예를 들어 A·B·C 3인

이 D에 대하여 3억 원의 채무를 부담하는데 채권자 D가 채무자 A·B·C 중 A에 대하여만 채무를 면제했다면 이들이 불가분채무를 지는 경우와 연대채무를 지는 경우에 법률관계가 달라진다. 즉, 불가분채무의 경우 면제의 효력은 상대적이므로 D는 B·C에 대해 3억 원을 청구할 수 있고, 이 중 B가 3억 원을 변제했다면 B는 A의 부담부분 1억 원에 대해 채권자 D에게 상환청구할 수 있다(§410 Ⅱ 준용). 그러나 연대채무의 경우에 면제의 효력은 '부담부분에 한하여' 절대적이므로 D는 B·C에 대해 2억 원만 청구할 수 있다(§419).

(3) 한편 이 사례에서 A가 사망하여 D가 A의 상속인이 되었다면 불가분채무에서 혼동의 효력이 상대적이므로(§420 준용 제외) 혼동으로 인하여 A의 채무 1억 원이 소멸되더라도 D는 B·C에게 3억 원을 청구할 수 있지만, 연대채무에서는 혼동의 효력이 절대적이므로(§420) D는 B·C에게 2억 원만 청구할 수 있다.

(4) 그 밖에 상계와 관련하여 A가 D에 대해 3억 원 상당의 채권이 있고 채무의 성질상 상계가 허용될 수 있는 경우 A가 1억 원의 상계권을 행사하였다면(§418 Ⅰ) 불가분채무에서 상계의 효력이 상대적이므로 D는 B·C에게 3억 원을 청구할 수 있지만, 연대채무에서는 상계의 효력(§418)이 절대적이므로 D는 B·C에게 2억 원만을 청구할 수 있다. 여기서 A가 상계권을 행사하지 않았다면(§418 Ⅱ) 연대채무에서는 B·C가 A의 부담부분에 한하여 상계할 수 있으나(§418 Ⅱ), 불가분채무에서는 이를 적용하지 않는다.

다. 기타 상대적 사유

채무의 승인으로 인한 시효의 중단이나 1인에게 무효·취소사유가 있는 경우 (§415 준용) 등은 불가분채무에서도 상대적 효력이 있다.

3. 내부관계(채무자 상호 간의 관계)

불가분채무자 상호 간의 관계는 연대채무자 상호 간의 내부관계에 관한 규정을 준용한다(§§ 411, 424~427). 따라서 채무를 이행한 채무자는 다른 채무자의 부담부분에 대하여 구상할 수 있고, 특별한 사정이 없는 한 부담비율은 균등한 것으로 추정된다.

제 4 절   연대채무

[1] 의의 및 성질

I. 의   의

연대채무란 여러 명의 채무자가 동일한 내용의 급부에 관하여 각각 독립해서 전부의 급부를 하여야 할 채무를 부담하고, 채무자 중 1인이 전부 또는 일부를 이행한 경우 그 범위 내에서 다른 채무자도 급부의무를 면하는 채무를 말한다. 각자 전부의 급부를 해야 한다는 점에서 불가분채무와 동일하지만, 연대에 관한 특약이 존재한다는 점에서는 불가분채무와 차이가 있다. 보증채무와 관련하여 보증인도 채무의 전부를 이행해야 한다는 점에서는 같지만, 연대채무는 상호 간에 동순위적 채무인 데 반하여 보증채무는 주채무에 종된 채무로서의 성질을 갖는다.

II. 기   능

연대채무는 다수당사자의 채권관계 중에서 실무상 활용도가 가장 높은 인적 담보제도이다. 왜냐하면 연대채무의 채권자는 임의로 채무자 전원 또는 1인에게 채권액의 전부 또는 일부에 대한 변제를 청구할 수 있기 때문이다. 그러므로 채권자 입장에서는 연대채무자 1인에게만 변제자력이 있어도 채권액의 전부를 변제받을 수 있다. 바로 이 점에서 채권확보에 유리하고 안전한 제도로 인식되고 있다. 실무에서는 연대채무보다 연대보증이 빈번하게 이용된다.

한편 법률규정에 의한 연대채무 중에서 압도적 비중을 차지하는 공동불법행위에 의한 채무는 학설·판례에 의해 부진정연대채무로 취급된다.

Ⅲ. 연대채무의 특색

1. 주관적 공동관계

연대채무자들의 채무를 독립한 채무로 보면서도(각 채무의 독립성, 동순위성) 연대채무자 1인에게 생긴 사유가 다른 연대채무자에게 영향을 미치는 것을 인정하는 이유는 채무자 상호간에 일종의 공동관계의 인식이 존재하기 때문이다. 판례에서도 중첩적 채무인수에서 채무자와 인수인의 관계를 주관적 공동관계가 있는 연대채무관계로 보고 있고(2010다53754), 구상요건으로서의 통지의무를 인정한 취지가 채무자들 상호간에 공동목적을 위한 주관적인 연관관계가(98다5777) 있기 때문이라고 하여 같은 입장을 취하고 있다.

물론 연대채무는 각각 조건이나 기한을 달리할 수 있고, 이행기나 이행지를 달리할 수도 있으며, 이자지급의 유무를 달리할 수 있는 등 독립성을 가진다. 또 연대채무자 중 1인에 대한 채권을 분리·양도할 수 있고, 1인에 대해서는 보증채무를 성립시킬 수도 있다.

2. 변제할 채무의 범위

각 연대채무자는 대외적으로 채무의 전부를 변제하여야 할 의무를 부담한다. 연대채무자 1인 또는 여러 명이 전액 변제를 하면 모든 연대채무는 소멸한다.

3. 공동면책과 구상권

각 연대채무자는 내부적으로는 부담부분이 있으므로 자기의 출재로 공동의 면책을 이룬 경우에는 구상권을 행사할 수 있다.

[2] 연대채무의 성립

연대채무에 관하여 정하고 있는 제413조 이하의 규정에서는 연대채무의 성립에 관한 규정을 두고 있지 않다. 하지만 앞서 다수당사자의 채권관계 유형에 대한 판단에서 기술한 바와 같이 연대채무도 마찬가지로 당사자들의 의사표시나 법률의 규정에 의하여 발생한다.

I. 당사자의 법률행위에 의한 성립

연대채무는 당사자들의 법률행위에 의하여 성립한다. 따라서 연대채무를 성립시키는 법률행위는 보통 계약이지만, 유언과 같은 단독행위로도 성립할 수 있다.

법률행위에 의하여 연대채무를 성립시키려면 연대의 약정이 있어야 한다. 그렇다면 연대의 추정은 가능한가? 상법에서는 상행위로 인한 채무를 여러 명이 부담하는 경우 연대책임을 인정하고 있지만(상법 §57), 민법에는 이런 규정이 없다. 특별법에 있는 규정이 일반법에 없다는 것은 연대약정이 없을 경우 연대로 추정해서는 안 된다는 것으로 이해하여야 한다. 왜냐하면 민법에서 연대추정이 가능하다고 한다면 상법 제57조는 불필요한 규정이 되기 때문이다. 그 밖에 연대약정 없는 경우의 판단에 대해서는 앞에서 기술한 바 있으므로 생략한다(본장 제1절 서설 IV. 참조).

II. 법률의 규정에 의한 성립

연대채무는 법률의 규정에 의하여 성립하는 경우도 있다. 민법에서 연대책임으로 정하고 있는 경우는 법인의 목적범위 외의 불법행위에 가담한 대표자·이사·사원의 연대책임(§35 II), 공동차주·공동임차인의 연대책임(§§ 616, 654), 공동불법행위자의 연대책임(§ 760), 일상가사의 연대책임(§ 832) 등이 있다. 민법은 공동불법행위책임을 연대책임으로 정하고 있으나, 학설과 판례는 부진정연대책임으로 파악한다.

[3] 연대채무의 대외적 효력

I. 각 연대채무자에 대한 이행의 청구

채권자는 연대채무자 1인에 대하여 채무의 전부나 일부의 이행을 청구할 수 있고, 모든 채무자에 대하여 동시 또는 순차적으로 채무의 전부 또는 일부의 이행을 청구할 수 있다(§ 414). 이러한 이행청구는 재판상으로도 가능하다. 즉, 특정채무자에 대하여 소를 제기하여 소송이 계속된 상태에서 다른 채무자에게 소를 제기하여도 중복제소에 해당되지 않는다. 연대채무자들이 각각 별개의 독립채무를 가지고 있고, 독립된 소송물이기 때문이다. 그러나 어떤 채무자에게 소송을 제기하기 전에 다른 채무자로부터 일부변제를 받았다면 잔여채무에 대해서만 소송을 할 수 있고, 채무 전액으로 소송을 제기했더라도 잔액에 대해서만 승소의 판결을 받을 수 있다.

Ⅱ. 연대채무자 파산시 파산절차의 배당참가

연대채무자 전원 또는 일부가 파산선고를 받은 경우 채권자는 '파산선고시에 가진 채권의 전액에 관하여' 각 파산재단에 대하여 권리를 행사할 수 있다(채무자회생법 §§ 428, 126). 예컨대, 채권자 A가 연대채무자 B·C·D에 대하여 1억5000만 원의 채권을 가지고 있는 경우, B 또는 채무자 전원이 파산선고를 받게 되면 A는 이들 각각의 파산재단에 파산선고 당시의 채권액으로 파산절차에 참가할 수 있다는 것이다. 그러므로 파산하지 않은 연대채무자로부터 일부변제를 받은 후에 다른 연대채무자가 파산한 경우에는 잔여채권만으로 파산재단에 참가할 수 있다.

그러나 어느 채무자가 파산선고를 받은 후 채권자가 다른 채무자로부터 일부 변제를 받은 경우에는 채권자는 파산선고시의 채권 전액으로써 계속하여 파산채무자의 파산절차에 참가할 수 있다고 한다(2001다62114).

[4] 절대적 효력이 있는 사유

Ⅰ. 절대적 효력과 담보력

연대채무자 1인에 대하여 생긴 사유가 모든 연대채무자에게 영향을 미치는 것을 절대적 효력이라고 하는데, 이 효력을 인정하는 범위는 입법례에 따라 차이가 있다. 민법은 절대적 효력이 생기는 사유로서 제416조부터 제422조까지 7개의 사유를 정하고 있다. 절대적 효력을 넓게 인정하면 복수의 독립된 채무들이 마치 하나의 채무인 것처럼 취급되어 채권의 담보력이 약해진다(예를 들어 채무면제인 경우). 이 점에서 보면 절대적 효력이 많은 연대채무는 불가분채무나 부진정연대채무보다 담보력이 약하다고 할 수 있다. 그러나 절대적 효력이 있는 사유 전부가 채권자에게 불리한 것은 아니며, 이행청구와 그 효력은 오히려 채권자에게 유리하다. 채무자에게 유리한 절대적 효력은 실질적으로는 채무 상호 간의 부종성이나 분별의 이익을 인정하는 것이 된다.

절대적 효력은 그 효력 범위와 관련하여 발생한 사유의 전부가 한도 없이 모든 연대채무자에게 영향을 미치는 경우와 그 채무자의 부담부분에 한하여 다른 채무자에게도 영향을 미치는 경우로 분류할 수 있다.

Ⅱ. 한도(限度) 없이 절대적 효력이 있는 사유

1. 이행의 청구

연대채무자 1인에 대한 이행청구는 다른 채무자에게도 효력이 있다(§416). 즉 채권자가 연대채무자 1인에게 이행청구를 하면 이행청구를 받지 않은 다른 연대채무자에게도 이행청구를 한 것과 같은 효과가 생긴다는 것이다. 이행의 청구로 인한 이행지체(§387 Ⅱ)·시효중단 등도 절대적 효력이 있다. 다만, 연대채무자들의 이행기가 서로 다른 경우 아직 이행기에 도달하지 않은 채무자에게는 이행청구의 효력이 생기지 않는다.

이행청구와 이에 따라 발생하는 이행지체 및 시효중단의 효력은 절대적 사유 중에서 채권자에게 유리한 사유에 속한다.

2. 채무이행

변제(§ 461)·대물변제(§ 466)·공탁(§ 487)은 모두 채권자에게 만족을 주는 채무의 이행행위로서 민법에 이에 대한 명문의 규정은 없지만 당연히 절대적 효력이 인정된다. 판례도 어느 채무자의 변제 등으로 다른 채무자와 공동으로 부담하는 부분의 채무가 소멸되면 그 채무소멸의 효과는 다른 채무자 전원에 대하여 미친다고 한다(2012다85281).

3. 채권자지체

어느 연대채무자가 채권자에게 이행의 제공을 하였는데 채권자가 수령하지 않은 경우 수령지체의 효과는 모든 채무자에게도 효력이 있다(§ 422). 채무의 이행이 모든 연대채무자를 위하여 효력을 발생하므로, 이행제공에 따른 채권자지체의 효과도 마찬가지로 절대적 효력을 인정한 것이다.

4. 경 개

어느 연대채무자와 채권자 간에 채무의 경개가 있는 때에는 채권은 모든 연대채무자의 이익을 위하여 소멸한다(§ 417). 예컨대, B·C·D가 A에 대하여 15억원의 연대채무를 부담하고 있는데, B가 연대채무에 갈음하여 A에게 자기 소유의 아파트를 주기로 경개계약을 체결했다면 C·D의 A에 대한 연대채무는 소멸한다. C·D에 대한 B의 구상권과 A의 아파트이전의무 등이 남아 있으므로 변제와 동일한 효과를 인정할 수는 없다. 그러나 당사자 사이의 법률관계를 간략하게 처리할 수 있다는 점에서 절대적 효력을 인정한 것으로 보인다.

5. 상 계

상계는 변제와 마찬가지로 채권자를 만족시킨다는 점에서 절대적 효력을 인정한다. 그러나 누가 상계를 하는가에 따라 상계의 효력범위가 다르다. 즉, 상계채권을 가진 채무자가 상계를 한 경우와 그가 상계를 하지 않는 경우를 구별한다. 상계채권을 가진 채무자가 스스로 상계를 한 때에는 그가 가진 채권 전부에 대하여 모든 연대채무자의 이익을 위하여 소멸하지만(§ 418 Ⅰ), 상계채권 있는 채무자가 상계를 해태한 때에는 그가 가진 연대채무의 부담부분에 한하여 다른 연대채무자가 상계할 수 있다($ 418 Ⅱ).

위의 예에서 연대채무자 B가 A에 대한 자기의 채권 15억 원을 전액 상계했다면 C·D의 A에 대한 연대채무는 소멸한다. 그러나 15억 원의 상계채권을 가진 B가 상계를 하지 않는 경우 C 또는 D가 B의 부담부분 5억 원에 대하여 상계할 수 있다.

6. 계약의 해지·해제

계약 당사자 일방 또는 쌍방이 수인인 경우에는 계약의 해지나 해제는 전원이 전원에 대하여 하여야 하고, 또 해지권이나 해제권이 당사자 1인에 대하여 소멸하면 다른 당사자에 대하여도 소멸한다($ 547). 이처럼 계약의 해지·해제의 불가분성으로 인하여 연대채무에 있어서도 마치 절대적 효력이 있는 결과가 된다.

Ⅲ. 부담부분 한도에서 절대적 효력이 있는 사유

1. 면   제

채권자는 어느 연대채무자에 대하여 채무를 면제한 때에는 그 채무자의 부담부분에 한하여 다른 연대채무자의 이익을 위하여 효력이 있다($ 419). 예컨대 B·C·D가 A에 대하여 15억 원의 연대채무를 균등한 비율로 부담하고 있는데, A가 B에 대하여 연대채무를 면제하면 B는 면책되고, C·D의 연대채무가 각 15억 원에서 각 10억 원으로 줄게 된다. 여기서 주의할 것은 연대채무의 담보력이 약화될 뿐이지, C·D의 부담부분 5억 원까지 바뀌는 것은 아니다. 또 일부만 면제한 경우를 보면, 즉 위 사례에서 채권자 A가 B에 대하여 9억 원을 면제하면 B의 부담부분 5억 원은 채무전액에서 면제한 채무에 비례한 비율(B의 부담부분 5억 원의 9/15)로 산정한 3억 원을 공제한 2억 원이 면제 후 B의 부담부분이 되고, B가 면제받은 3억 원에 대하여는 다른 연대채무자도 채무를 면한다. 그러므로 C·D의 연대채무는 각 15억 원에서 각 12억 원으로 줄게 되지만, 이 경우에도 C·D의 부담부분 5억 원은 바뀌지 않는다.

한편 연대채무 면제의 절대적 효력을 정하고 있는 제419조의 규정은 임의규정이어서 채권자가 이 규정의 적용을 배제하여 어느 한 연대채무자에 대하여서만 채무를 면제할 수 있다(91다37553). 또 제419조의 연대채무자 1인에 대한 면제는 아래 제427조 제2항과 관련하여 설명하게 될 '연대의 면제'와 다른 개념이다.

2. 혼 동

어느 연대채무자와 채권자 사이에 혼동이 있는 때에는, 그 채무자의 부담부분에 한하여 다른 연대채무자도 의무를 면한다(§§ 420, 507). 예를 들어 A의 연대채무자 B·C·D 중 B가 A의 채권을 양수하거나, A의 상속인이 되었다면, C·D는 B의 부담부분의 한도에서 채무를 벗어날 뿐이며 잔여부분에 대해서는 여전히 연대채무를 부담한다.

3. 소멸시효의 완성

어느 연대채무자에 대하여 소멸시효가 완성한 때에는, 그 부담부분에 한하여 다른 연대채무자도 의무를 면한다(§ 421). 각 연대채무는 이행기를 각각 달리 정할 수 있고, 이행청구 이외의 소멸시효 중단사유는 상대적 효력을 가질 뿐이므로 연대채무자 중에서 1인의 채무가 시효의 완성으로 소멸할 수 있다.

4. 상 계

상계채권을 가진 채무자가 상계를 한 경우는 그가 가진 채권 전부에 대하여 절대적 효력이 있음을 앞에서 설명하였다. 이와 달리 상계할 채권이 있는 연대채무자가 상계하지 아니한 때에는 그 채무자의 부담부분에 한하여 다른 연대채무자가 상계할 수 있다(§ 418 II). 상계채권을 가진 채무자가 아닌 다른 연대채무자에게 상계를 허용한 것이다. 다만 그의 부담부분이라는 한계를 설정하여 반대채권을 가진 채무자를 보호하고, 법률관계를 간략하게 처리하도록 하였다.

[5] 상대적 효력 있는 사유

앞에서 설명한 절대적 효력이 있는 사유를 제외하고는 연대채무자 1인에 대하여 생긴 사유는 다른 연대채무자에게 그 효력이 없다(§423). 즉, 상대적 효력만 가질 뿐이다. 이는 연대채무자들의 채무가 각각 독립적이고 동일한 순위에 있다는 점에서 당연하다. 상대적 효력이 있는 주요한 사유들을 예시하면 다음과 같다.

I. 무효·취소사유

불가분채권관계에서와 마찬가지로 연대채무에서도 어느 연대채무자에 대한 법률행위의 무효나 취소의 원인은 다른 연대채무자의 채무에 영향을 미치지 않는다(§415). 연대채무와 법률적 성질이 같은 연대납세의무와 관련하여 연대납세의무자의 1인에 대한 과세처분의 하자는 상대적 효력이 있다고 한다(99두2222).

II. 이행청구에 의하지 않은 시효중단

이행청구에 의한 시효중단 이외의 시효중단사유(압류·가압류·가처분·채무의 승인)는 모두 상대적 효력이 있다. 판례에서도 연대채무자 1인 소유의 부동산에 대한 경매개시결정에 따른 시효중단의 효력은 다른 연대채무자에게 미치지 않는다고 하였다(2001다22840). 그리고 시효의 정지 및 시효이익의 포기도 상대적 효력을 가질 뿐이다.

III. 채무자의 과실과 채무불이행

연대채무자의 1인에게 목적물의 멸실과 같은 과실이 있거나, 그에게 책임 있는 사유로 채무불이행에 처하게 되었더라도 다른 채무자의 과실로 되지 않으며, 또 다른 채무자가 채무불이행의 책임을 지지도 않는다. 그러므로 채권자는 멸실에 대한 과실이 있거나, 채무불이행에 대해 책임이 있는 연대채무자에 대해서만 그에 따른 손해배상을 청구할 수 있다.

Ⅳ. 확정판결의 기판력

채권자가 연대채무자의 1인에 대하여 승소 또는 패소판결은 받더라도 그 판결의 효력은 다른 채무자에게 미치지 않는다.

[6] 대내적 효력(구상관계)

Ⅰ. 부담부분의 결정

1. 의   의

연대채무자의 1인이 변제 기타 자기의 출재로 연대채무자 전원이 공동면책이 된 때에는, 다른 연대채무자의 부담부분에 대하여 구상권을 행사할 수 있다(§ 425 Ⅰ). 독립적인 연대채무의 성질상 연대채무자들은 각자 채무 전부를 변제하여야 하므로 어느 연대채무자가 전액을 변제했더라도 채권자와의 관계에서는 자기 채무를 변제한 것에 불과하다. 그러나 채무자들 내부관계에 있어서는 각자의 부담부분이 있으므로 어느 채무자가 자신의 부담부분을 초과하는 변제를 한 때에는 내부적으로는 타인채무를 변제한 것이 된다. 그러므로 변제한 연대채무자는 다른 채무자에게 초과부분에 대한 상환을 요구할 수 있는데, 이 권리가 구상권이다. 구상권은 변제채무자 자신의 권리이지만, 대위변제자로서 채권자의 권리를 주장할 수 있다. 즉, 변제한 연대채무자는 '변제할 정당한 이익이 있는 자'로서 법률상 당연히 채권자를 대위하여(§ 481) 채권자의 권리를 행사할 수 있다(§ 482 Ⅰ).

2. 연대채무자 사이의 부담부분

연대채무자가 내부관계에 있어서 부담하는 출재의 비율이 부담부분이다. 연대채무에 있어서 구상관계는 이 부담부분을 전제로 한다.

부담부분의 비율은 당사자 사이의 특약으로 정할 수 있다. 특약이 없는 경우 부담부분은 균등한 것으로 추정한다(§ 424). 그러나 학설은 각 연대채무자가 받은 이익의 비율에 차등이 있는 것과 같이 특별한 사정이 있는 때에는 부담부분도 그 비율에 따르는 것이 타당하다고 한다. 판례도 이와 같은 입장에서 연대채무자 사이에 특약이 없더라도 각 채무자의 수익비율이 다르다면 그 비율에 따라 부담부분이 결정된다고 한다(2012다97420).

한편 연대채무가 성립하면서 정해졌던 부담부분을 나중에 연대채무자 사이의 합의를 통해 변경할 수 있는가에 대하여 학설은 일치하지 않고 있다. 즉 부담부분의 변경을 채권자에게 대항하려면 변경사실을 채권자에게 통지하거나 그의 승낙을 얻어야 한다는 주장(§ 450 유추적용)과 통지나 승낙으로는 충분하지 않고 반드시 채권자의 승낙이 있어야 한다는 주장(§ 454 유추적용)이다. 앞의 주장은 채권양도계약에서 채무자가 배제되는 것처럼 부담부분의 합의에 채권자가 배제되고 있다는 점에 문제가 있다. 왜냐하면 부담부분의 사후변경에 의하여 변제자력이 없는 채무자의 부담부분을 늘리고, 변제자력이 있는 채무자의 부담부분을 줄인다면 채권자에게 불측의 손해를 줄 우려가 있기 때문이다. 특히 채무면제나 혼동의 경우, 통지만으로 부담부분의 사후변경을 가능하게 한다면 채권자에게 불이익을 초래할 수 있다. 그러므로 부담부분의 사후변경에는 채권자의 사전승낙이 반드시 필요하다고 보는 것이 타당하다.

II. 구상권의 성립요건

1. 자기의 출재

구상권이 성립하려면 자기의 재산의 감소로 타인의 재산을 증가시키는 출재 내지 출연행위가 있어야 한다(§ 425 I). 채무자가 가진 재산을 적극적으로 지출하는 것뿐만 아니라, 소극적으로 새로운 채무를 부담하는 것도 출연행위가 된다. 그러므로 변제·대물변제·공탁·상계·경개·혼동의 경우에도 구상권이 발생한다. 그러나 면제나 시효완성의 경우에는 부담부분에 한하여 절대적 효력이 발생함에도 불구하고, 출연행위가 없기 때문에 구상권이 발생하지 않는다.

2. 공동면책

구상권이 성립하려면 공동면책이 있어야 한다. 즉, 연대채무자 중 1인이 모든 채무자를 위하여 채무를 소멸 또는 감소시켰어야 한다. 여기서 공동면책은 출제자 자신의 부담부분을 초과했는지 여부에 따라 성질상 구별되어야 한다. 즉,

부담부분을 초과하지 않은 변제는 출재자의 고유의무의 이행에 따른 공동면책이 되고, 부담부분을 초과한 변제는 타인채무의 이행에 의한 공동면책이 된다는 것이다. 그러므로 구상권의 발생도 타인채무의 변제에 의한 공동면책인 경우에 한하여 인정되어야 한다.

수탁보증인에게 인정되는 사전구상권(§442)이 연대채무에 있어서는 인정되지 않는다. 즉, 연대채무에 있어서의 구상권은 언제나 공동면책이 먼저 행해진 이후에 발생한다.

3. 부담부분의 초과 여부

자기의 출재로 공동면책이 되었더라도 구상권이 발생하려면 자신의 부담부분을 초과하여야 하는가에 대하여 민법에서 정하고 있지 않다. 이에 관하여 학설은 부담부분은 각 연대채무자의 채무액이 아니라 일정한 부담비율에 지나지 않으므로, 공동면책을 위한 출재만 있으면 구상권이 발생한다는 주장(초과불요설, 다수설)과 부담부분 내의 출연에 대하여 구상권의 행사를 인정하면 구상관계의 처리가 매우 복잡하게 되므로 부담부분을 넘는 공동면책이 있어야 구상권 성립한다는 주장(초과필요설)으로 견해가 대립하고 있다. 판례도 부담부분의 초과를 따지지 않고 공동면책을 한 연대채무자가 다수인 경우 자신의 공동면책액 중 다른 공동면책채무자의 분담비율에 해당하는 금액이 다른 연대채무자의 공동면책액 중 자신의 분담비율에 해당하는 금액을 초과하는 범위에서 구상권을 행사할 수 있다고(2013다46023) 함으로써 초과불요설을 취하고 있다.

이에 대해 검토하건대, 출재자가 자신의 부담부분을 초과하지 않은 공동면책을 했다면 이는 연대채무자의 내부관계에 있어서 자신의 기본적 고유의무의 이행에 불과하다. 그럼에도 불구하고 초과불요설은 공동면책의 성질상 차이를 고려하지 않은 채, 공동면책을 위한 출재만 있으면 분담비율에 따라 구상권을 행사할 수 있게 함으로써 연대채무자 사이의 법률관계만 더욱 복잡하게 만들고 있다. 비록 부담부분이 내부관계이기는 하나, 구상권을 인정해야 한다면 부담부분을 초과한 타인채무의 변제에 의한 공동면책인 경우에 한하여 획일적으로 구상권을 인정하는 것이 타당하다.

Ⅲ. 구상권의 범위

출재한 연대채무자는 자기의 부담부분을 초과하는 출재액(초과필요설), 면책된 날 이후의 법정이자, 필요비, 기타의 손해를 구상할 수 있다(§425 Ⅰ, Ⅱ).

초과불요설에 의하면 언제나 출재액이 구상청구액의 기준이 된다. 또 필요비는 변제 기타 공동면책을 위하여 피할 수 없었던 비용으로서 운반비·포장비·환금료 등이다. 그 밖에 채권자로부터 소송이나 민사집행을 당한 경우의 소송비용·집행비용·변제를 위한 재산의 환가비용 등도 기타의 손해로서 구상청구액에 합산하여야 한다. 구상채무의 성질은 분할채무로 보아야 한다.

Ⅳ. 구상권의 제한

1. 서 설

면책행위를 한 연대채무자는 면책행위를 하기 전에 그 사실을 다른 채무자에게 사전에 통지하거나, 면책행위를 한 이후에라도 그 면책사실을 알려야 한다. 왜냐하면 다른 채무자들이 채권자에게 행사할 수 있는 권리가 있을 경우 그의 권리행사를 방해하지 않도록 해야 하며, 기존의 면책행위를 모르고 다시 제2의 면책행위를 함으로써 이중의 출재행위가 되지 않도록 해야 하기 때문이다. 민법 제426조는 출재자의 통지의무 위반에 따른 효과를 정하고 있다.

2. 사전통지를 게을리 한 경우

어느 연대채무자가 다른 연대채무자에게 통지하지 않고 자기의 출재로 공동면책이 된 경우에 다른 연대채무자가 채권자에게 대항할 수 있는 사유가 있는 때에는 그 부담부분에 한하여 이 사유로 면책행위를 한 연대채무자에게 대항할 수 있다(§426 Ⅰ). 그 대항사유가 상계인 때에는 상계로 소멸할 채권은 그 연대채무자에게 이전된다(§426 Ⅰ). 예컨대, A·B·C가 D에 대하여 6억 원의 연대채무를 균등하게 부담하고 있다고 했을 때, A가 다른 연대채무자에게 통지함이 없이 채권자 D에게 연대채무 전액인 6억 원을 변제하였는데 C가 D에 대하여 4억 원의 반대채권을 가지고 있었다면 이들의 구상관계가 어떤지 검토해 본다. 우선 C의 D

에 대한 4억 원의 상계채권이 A에게 이전되므로 C는 A에 대하여 자신의 부담부분 2억 원을 상계한 후 잔여액 2억 원의 상환을 청구할 수 있으며, 이에 따라 A는 다른 채무자 B에 대하여 그의 부담부분 2억 원을 구상함으로써 A·B·C 사이의 구상관계가 종료된다. 그러나 A는 C로부터 이전받은 4억 원에 대하여 다시 채권자 D에게 상환을 청구하여야 한다.

사례의 검토와 관련하여 제426조 제1항의 문제점을 지적하면 다음과 같다. 첫째, 우선순위에서 볼 때 연대채무자 사이의 내부관계보다는 연대채무의 변제가 당연히 우선시되어야 한다는 점, 둘째, 사전통지만 없었을 뿐 A의 전액변제로 연대채무는 모두 소멸하였으므로, 연대채무자 사이의 내부관계만 해결하면 될 텐데 이 규정으로 인해 이미 소멸된 연대채무관계에 다시 채권자를 개입시킴으로써 법률관계를 더욱 복잡하게 만들었다는 점, 셋째, 사전통지를 하지 않은 A의 과실을 이유로 모든 연대채무자의 공동면책을 가져온 A의 면책행위를 전면적으로 부정하는 것은 A의 과실에 가혹한 책임을 부과하고 있다는 점, 넷째, 다른 채무자인 C가 D에 대한 반대채권이 있었다면 이 사실을 A·B에게 먼저 통지했어야 하고 이런 통지를 하지 않은 C에게도 과실이 있다는 점, 다섯째, C의 상계채권이 A에게 이전하는 근거가 명확치 않아 A가 D에 대하여 어떤 근거(채권양도, 부당이득 또는 법정대위에 따른 구상권 등)로 상환을 청구할 수 있을지 의문이 든다는 점 등이다. 결론적으로 제426조 제1항은 삭제되어야 하며, 사후통지를 해태한 책임만을 묻도록 해야 할 것이다.

3. 사후통지를 게을리 한 경우

어느 연대채무자가 변제 기타 자기의 출재로 공동면책되었음을 다른 연대채무자에게 통지하지 않은 경우에 다른 연대채무자가 선의로 채권자에게 변제 기타 유상의 면책행위를 한 때에는 그 연대채무자는 자기의 면책행위의 유효를 주장할 수 있다(§426 II). 예컨대, 앞의 사례에서 A가 전액을 변제한 후 B·C에게 통지를 하지 않은 사이에 C가 다시 전액변제를 하게 되면, C는 자신의 면책행위의 효력을 주장하면서 A·B에 대하여 각각 2억 원씩 구상권을 행사할 수 있고, 사후통지를 하지 않은 A는 채권자 D에 대하여 C의 채무 없는 변제에 따른 부당이득 반환청구권을 대위행사할 수 있다.

4. 한 채무자는 사전통지를 게을리 하고, 다른 채무자는 사후통지를 게을리 한 경우

이 경우 학설은 일반원칙에 따라 제1의 출재행위만을 유효한 것으로 새겨야 한다는 데 일치하고 있다. 그러나 사전통지를 게을리 한 경우의 문제점은 앞에서 지적한 바와 같으므로 제426조 제1항은 삭제되어야 한다. 그러므로 사후통지를 해태한 경우에만 적용되는 것으로 보는 것이 법률관계를 간명하게 처리할 수 있게 한다.

V. 상환무자력자가 있는 경우 구상권자의 보호

1. 상환무자력자 부담부분의 분담

연대채무자 중에 상환할 자력이 없는 자가 있는 때에는 그 채무자의 부담부분은 구상권자 및 다른 자력이 있는 채무자가 그 부담부분에 비례하여 분담한다(§ 427 Ⅰ). 예컨대, A·B·C가 D에 대하여 6억 원의 연대채무를 균등하게 부담하고 있다고 했을 때, A가 전액변제를 하였는데 C가 상환무자력자가 되었다면 구상권자인 A와 다른 자력이 있는 연대채무자 B가 무자력인 C의 부담부분 2억 원을 각각 균등하게 1억 원씩 나누어 각자 3억 원의 채무를 부담하게 된다. 그러나 A가 구상권의 행사를 지체하는 사이에 C가 무자력자가 되었다면, 구상시기를 놓친 데 대하여 A에게 과실이 있는 것으로 보아 다른 연대채무자 B에게 분담을 청구하지 못한다(§ 427 Ⅰ 단서). 여기서 말하는 상환무자력자는 파산자, 민사집행결과 지급능력이 없는 것으로 밝혀진 자, 행방불명된 연대채무자 등을 가리킨다.

2. 채권자의 연대의 면제와 무자력자의 부담부분

연대채무자 중에서 한 사람이 채권자로부터 연대의 면제를 받은 경우에 다른 채무자 중에서 변제자력이 없는 자가 있으면 그 무자력자가 변제할 수 없는 부분에 관하여 연대의 면제를 받은 채무자가 분담할 부분은 채권자의 부담으로 한다(§ 427 Ⅱ). 가령, A·B·C가 D에 대하여 6억 원의 연대채무를 균등하게 부담하고 있다고 했을 때, A가 6억 원을 변제한 후 B·C에게 2억 원씩 구상권을 행사하였으나, B는 D로 부터 연대의 면제를 받았고 C가 무자력자인 경우에 C의 무자력에 의하여 B가 분담해야 할 1억 원은 연대의 면제를 해 준 채권자 D가 부담해야한다는 것이다. 따라서 A는 B에 대하여 2억 원을 D에 대하여 1억 원을 구상하게된다.

연대의 면제는 연대채무자의 채무액을 전부이행에서 부담부분의 한도로 감액하는 채권자의 조치이므로 모든 연대채무자에 대하여 연대의 면제를 하면 분할채무로 변하지만(절대적 연대면제), 일부의 연대채무자에 대해서만 연대면제를하면 다른 연대채무자는 전액을 변제할 의무를 진다(상대적 연대면제). 제427조 제2항은 상대적 연대면제에서 전액변제의 의무가 있는 채무자가 변제를 한 경우의구상권에 관한 특칙이다.

3. 구상권자의 대위권

연대채무자는 '변제할 정당한 이익이 있는 자'이므로 변제에 의하여 당연히채권자를 대위한다(§481). 연대채무자가 자신의 부담부분을 초과하여 변제했다면앞서 공동면책의 성질에서 설명한 바와 같이 타인채무의 변제로 볼 수 있기 때문이다. 그러나 대위변제자로서 채권자의 권리를 주장하는 것과 구상권자로서 구상권을 행사하는 것은 비록 범위에서는 같을지 모르지만 성질상 차이가 있다.

[7] 부진정연대채무

Ⅰ. 의   의

민법은 연대채무에 대해서만 규정하고 있다. 그러나 학설과 판례는 민법이정하고 있지 않은 부진정연대채무를 인정하고 있다. 부진정연대채무는 연대채무의 본질적 요소인 주관적 공동관계가 없이(부담부분, 구상권 문제도 정하여진 바 없음)여러 명의 채무자가 서로 다른 원인으로 각자 독립하여 전부 급부의무를 부담하지만, 실질적으로 동일한 내용의 급부여서 어느 한 채무가 변제되었을 경우 모든채무자의 채무가 소멸하는 다수당사자의 채무이다.

여러 명의 채무자가 각각 독립된 전부의 급부를 이행하여야 한다는 점에서 연대채무와 동일한 성질을 가지고 있지만, 부진정연대채무에서는 주관적 공동관계가 없기 때문에 채무자 1인에 대하여 생긴 사유가 다른 채무자에게 영향을 미치지 않고(상대적 효력), 부담부분이 없어서 구상관계가 원칙적으로 발생하지 않는다. 이러한 특성으로 인하여 절대적 효력을 인정하는 사유가 적고 대부분의 사유에서 상대적 효력을 가지므로 채권의 담보력이 연대채무에 비하여 상대적으로 강하다. 부진정연대채무를 인정하는 실익도 바로 여기에 있다.

Ⅱ. 부진정연대채무의 예

민법상 부진정연대채무로 볼 수 있는 것을 예시하면 다음과 같다. 가해자로서 피용자의 불법행위책임과 사용자의 배상책임(§§ 750, 756, 75다1193), 책임무능력자의 가해행위에 대한 법정감독자와 대리감독자의 배상의무(§ 755 Ⅰ, Ⅱ), 피용자의 가해행위에 대한 사용자와 대리감독자의 배상책임(§ 756 Ⅰ, Ⅱ), 점유자의 배상책임과 보관자의 배상책임(§ 759, 80다258) 등이다. 공동불법행위에 대하여 민법 제760조에서 연대하여 배상할 것을 규정하고 있음에도 불구하고 통설·판례(98다5777)는 부진정연대채무가 발생한다고 한다. 그 밖에 부진정연대채무로 볼 수 있는 것은 타인의 가옥을 소실케 한 자의 불법행위에 따른 배상의무와 화재보험회사의 보험계약상 전보의무, 임치물을 부주의로 도난당한 수치인의 임치계약상 손해배상책임과 절취자의 불법행위에 따른 배상의무 등이다.

Ⅲ. 대외적 효력

1. 채권자의 권리

부진정연대채무에 있어서 채권자는 연대채무에 있어서의 채권자와 마찬가지로 채무자 중에서 임의로 선택한 1인에 대하여 채무의 전부 또는 일부의 이행을 청구할 수 있고, 또한 모든 채무자에 대하여 동시 또는 순차로 전부나 일부의 이행을 청구할 수 있다(§ 414 참조).

2. 절대적 효력

부진정연대채무에 있어서도 채권의 소멸사유인 변제·대물변제·공탁·상계는 절대적 효력이 있다. 과거에는 판례가 상계의 절대적 효력을 부정하는 입장이었으나(2005다75002), 최근에는 부진정연대채무자 중 1인이 한 상계의 효력은 다른 부진정연대채무자에도 미친다고 하여 절대적 효력을 인정하였다(2008다97218). 수개의 채무가 독립적이라 하더라도 객관적으로 단일한 목적을 가지므로 어느 한 채무가 변제되었을 경우 다른 채무도 소멸하기 때문이다.

그러나 부진정연대채무에 있어서는 일부변제가 있더라도 채무 전부가 변제될 때까지는 각 채무는 독립성을 유지하게 되므로 상대적 효력을 갖는다고 본다.

3. 상대적 효력

채권자에게 실질적 만족을 주는 사유 이외에는 모두 상대적 효력이 있을 뿐이다(2016다252898). 연대채무의 절대적 효력을 정하고 있는 제416조부터 제422조까지의 규정이 적용되지 않기 때문이다. 이들 중 중요한 것들을 설명하면 다음과 같다.

어느 부진정연대채무자에 대하여 소멸시효가 완성되어도 상대적 효력이 있다. 즉, 공동불법행위자 1인이 피해자에게 자기 부담부분을 넘는 손해배상을 한 경우 다른 공동불법행위자의 손해배상채무가 배상 당시 이미 시효로 소멸했더라도 그는 다른 공동불법행위자에게 구상권을 행사할 수 있다(97다42830). 부진정연대채무에서는 채무자 1인에 관한 소멸시효의 중단사유나 시효이익의 포기가 다른 채무자에게 효력을 미치지 않는 것도 마찬가지이다(2017다865). 또 부진정연대채무자 중 1인에 대한 채무면제의 효력은 §419의 연대채무와 달리 상대적이어서 면제받은 채무자도 변제한 연대채무자에게 부담비율에 따른 구상의무가 있다(2005다19378). 그 밖에 채무자 1인에 대한 이행청구(2010다91886)나 채권의 포기(80다1796) 등도 다른 채무자들에게는 상대적 효력밖에 없다.

Ⅳ. 대내적 효력

1. 부진정연대채무자 사이에는 주관적 공동관계가 없기 때문에 부담부분이 없고, 따라서 구상권도 인정되지 않는 것이 원칙이다. 다만 이들 사이에 특별한 법률관계가 있는 때에만 구상관계가 발생한다(§756 Ⅲ).

판례는 공동불법행위에 있어서만 내용에 따라 과실비율, 공평의 원칙 등에 의한 부담부분 및 구상권을 인정하는 태도를 보여왔다(88다카27232, 2002다15917). 그러나 최근에는 이러한 태도를 바꾸어 부진정연대채무관계에 있는 용역계약상 손해배상채무와 불법행위상 손해배상채무에서 부진정연대채무자 중 1인이 자기의 부담부분 이상의 변제로 공동면책을 한 경우 다른 부진정연대채무자에게 그 부담부분의 비율에 따라 구상권을 행사할 수 있다고 하였다(2005다19378).

2. 연대채무에서는 출재자가 면책행위를 하기 전 또는 면책행위를 한 이후의 통지의무에 대하여 정하고 있다(§426). 이러한 통지의무를 부진정연대채무자에게도 유추적용할 것인지에 대하여 판례는 연대채무와 달리 부진정연대채무자 사이에는 주관적 공동관계가 없으므로 변제에 관하여 채무자 상호 간에 통지의무를 적용할 수 없다고 하였다(98다5777).

제 5 절 보증채무

[1] 서   설

Ⅰ. 보증채무의 의의

1. 타인(주채무자)의 채무를 보증한 자가 보증인이고, 보증인에 의하여 보증된 주채무를 부담하는 자가 주채무자이다. 주채무자가 그의 채무를 이행하지 않을 경우에 이를 이행하여야 할 채무를 보증채무라고 한다(§428 Ⅰ). 주채무는 채권자와 주채무자 사이의 주채무계약으로 성립하지만, 보증채무는 채권자와 보증인 사이의 보증계약에 의하여 성립한다. 그러므로 보증채무는 주채무에 대한 채권을

담보하는 역할을 한다. 여기서 주의할 점은 보증채무가 보증인과 채무자 간의 계약으로 성립하는 것이 아니라는 것이다.

2. 보증채무는 주채무의 이행을 담보하는 수단으로서 주종관계에 있다. 즉, 주채무자의 무자력으로 인하여 채권자가 채권만족을 얻지 못할 것에 대비한 채권확보수단으로서 불가분채무나 연대채무보다 담보성이 명확하게 드러난 가장 전형적인 인적 담보제도이다.

이처럼 보증채무가 인적 담보제도이므로 보증인은 인적 책임을 진다. 이와 달리 물상보증인은 타인의 채무를 담보하기 위하여 자기의 재산에 물권(질권, 저당권, 비전형담보권)을 설정하는 제도이므로 물상보증인은 물적 책임을 진다. 물론 이들은 타인의 채무를 담보하기 위하여 자기의 재산으로 책임을 진다는 공통점이 있다. 그러나 보증인은 책임뿐만 아니라 스스로 채무도 부담하는 데 반하여, 물상보증인은 채무는 부담하지 않고 책임만 진다는 점에서 큰 차이가 있다.

3. 보증채무와 관련하여 보증인의 법적 지위에 대한 논란은 오랫동안 사회문제가 되었고, 이러한 문제점을 해결하고자 2008년에 「보증인 보호를 위한 특별법」(이하 보증인보호법)이 제정되었으며, 2015년에는 보증인보호법과 미국의 리스테이트먼트 입법태도를 참고하여 민법에 보증의 방식(§428의2), 근보증(§428의3), 채권자의 정보제공의무(§436의2) 등이 채택되었다. 그러나 보증채무와 관련된 법규의 해석과 대법원의 판례는 사적자치의 원칙이나 법적 안정성에 대한 중대한 위협이 된다는 이유로 보증인의 책임을 제한하는 데 대하여 여전히 부정적인 태도를 보이고 있다(2011다9372, 2003다45410).

Ⅱ. 보증채무의 법적 성질

1. 주채무와는 별개의 독립한 채무이다(독립성)

보증채무는 채권자와 보증인 사이의 보증계약에 의하여 성립되기 때문에 주채무와는 별개의 독립한 채무이다. 따라서 보증채무와 주채무의 소멸시효기간은 채무의 성질에 따라 각각 별개로 정해진다(2011다76105). 그러나 보증채무의 부종성·수반성·보충성으로 인해 독립성에는 한계가 있을 수밖에 없다.

2. 주채무의 존재를 전제로 한다(부종성)

보증채무는 주채무의 이행을 담보하는 것이므로 당초부터 주채무가 없거나 소멸하면, 보증채무도 부존재하거나 이유를 묻지 않고 소멸된다. 따라서 보증채무는 주채무에 부종한다. 보증채무의 부종성을 나타내는 규정 중에서 제436조(취소할 수 있는 채무의 보증)는 2015년 민법개정으로 삭제되었고, 보증채무는 이자, 위약금 등 주채무에 종속한 채무도 보증하며($ 429 I), 주채무의 목적이나 형태보다 과중할 수 없고($ 430), 보증인은 주채무자가 가진 항변권으로 채권자에게 대항할 수 있다($ 433 I).

한편 소멸시효의 완성에 따른 부종성과 관련하여 최근 대법원은 보증인이 주채무의 시효소멸에 원인을 제공한 것만으로 보증채무의 부종성에 영향이 없고 시효소멸의 부종성을 부정하려면 주채무의 시효소멸에도 불구하고 보증채무를 이행하겠다는 내용의 약정이 있어야 한다고 판시하였다(2016다211620).

3. 주채무의 이전에 따라 이전된다(수반성)

주채무가 채권양도 등에 의하여 다른 채권자에게 귀속하면 보증채무도 함께 이전한다. 지금까지 판례는 채권양도의 경우 주채무자에게 양도통지만 하면 되고, 보증인에게 별도의 양도통지 없이도 보증인에 대한 채권도 함께 이전된다(2002다21509, 98다53707, 88다카20774)는 입장이었으나, 이제는 2015년의 민법개정으로 추가된 정보제공의무 및 통지의무 규정에 따라 새롭게 변경되어야 한다. 즉, 채권자가 변경되는 채권양도를 보증계약의 갱신으로 파악하여 제436조의2 제1항 2문에 따라 채권자(양도인)는 보증인에게 채권양도를 통지해야 한다. 나아가 채권자는 보증계약의 당사자로서 채권양도 사실을 보증인에게 통지해야 할 신의칙상의 의무가 있다.

한편 채무인수 등의 사유로 주채무자가 변경된 때에는 주채무자의 변제자력이나 신용을 신뢰한 보증채무의 기초가 소멸하였기 때문에 보증채무가 소멸한다. 그러나 주채무자가 사망하여 상속이 개시됨으로써 주채무자가 변경된 경우에는 채권자에게 지나치게 가혹하다는 이유로 보증채무의 존속을 인정한다.

4. 주채무자가 이행하지 않는 경우에만 이행책임을 진다(보충성)

보증인은 주채무자의 채무이행이 없는 경우에만 이를 이행할 책임을 진다(§ 428 I). 즉 보증기간 내에 주채무자가 대출금 채무의 이행기가 도래하였음에도 이를 이행하지 않는 경우에 한하여 보증책임을 부담하며(99다56192), 연대보증 및 상사보증에서는 보충성이 없다. 다만, 채권자가 보증인에게 이행청구를 한 경우에 보증인은 최고·검색의 항변을 할 수 있다(§§ 437, 438).

5. 보증채무의 내용과 주채무의 내용과 동일하다(동일성)

제428조 제1항은 '주채무자가 이행하지 않은 채무를' 보증인이 이행하는 것으로 정하고 있다. 이것은 보증채무의 내용이 주채무의 내용과 동일하다는 것을 의미한다. 이처럼 양 채무의 내용이 동일하므로 주채무는 원칙적으로 대체적 급부를 내용으로 해야 한다. 다만, 부대체적 급부를 목적으로 하는 주채무의 불이행으로 인한 손해배상채권에는 정지조건부 보증계약으로서 유효성을 인정한다. 나아가 보증인의 부담이 주채무의 목적이나 형태보다 중하지 않는 한 채권자와 보증인은 보증채무의 내용·이행기·이행방법 등을 특약으로 정할 수 있다(2000다9734).

Ⅲ. 보증의 종류

주채무자의 채무를 보증하는 형태는 매우 다양하다. 특히 실무에 있어서 연대보증이나 공동보증 및 근보증이 많이 활용되고 있으며, 기존의 채권관계에 부가하여 이루어지거나, 여러 형태의 보증이 서로 혼합하여 성립하기도 한다. 연대보증, 공동보증, 근보증 및 신원보증에 대해서는 이하의 '특수한 보증'에서 자세하게 기술하며, 여기서는 부보증, 구상보증, 배상보증에 대해서만 설명한다.

부보증은 보증채무를 다시 보증한 경우에 성립하며, 보증채무는 주채무와 독립적이므로 보증채무를 다시 보증하는 것이 가능하다. 부보증도 법률적으로 보통의 보증채무와 같다. 또 구상보증이란 보증인이 보증채무를 이행함으로써 주채무자에게 행사할 구상권을 보증하는 것이다. 이 경우에는 보증인이 채권자(구상권

자)로서 새로운 보증인과 구상보증계약을 체결해야 한다. 끝으로 주채무자의 채
무불이행으로 채권자가 이행을 받지 못한 부분에 대해서만 보증하는 경우를 배
상보증이라 한다. 배상보증에서는 채권자가 주채무자로부터 이행을 받지 못하였
음을 입증하여야 보증인에게 청구할 수 있다.

[2] 성립에 관한 요건(보증계약)

Ⅰ. 보증계약의 요식성

1. 보증채무는 주채무의 채권자와 보증인 사이에서 체결되는 보증계약으로
성립한다. 그러므로 주채무자는 보증계약과 직접 관련이 없다. 그러나 실거래에
서는 주채무자가 보증인의 대리인으로 보증계약을 체결하는 것이 보통이었다. 이
러한 문제점을 해결하기 위하여 2015년의 민법개정을 통해 보증계약에 일정한
방식이 요구되었고, 이로써 보증인의 기명날인이나 서명이 있는 서면으로 작성하
지 않은 보증계약은 효력이 없게 되었다(§428의2 Ⅰ).

2. 보증계약은 보증의사가 서면으로 표시되어야 하는 요식계약이고, 채권자
에 대한 관계에서 보증인만이 출재하는 무상계약이며, 채권자의 대가적 급부가
없는 편무계약이다.

3. 제428조의2 제1항에서 보증의 의사표시에 보증인의 기명날인 또는 서명
이 있는 서면을 요구하는 것은 경솔한 보증행위로부터 보증인을 보호하고자 하
는 데 있다. '보증인의 서명'은 원칙적으로 보증인이 직접 자신의 이름을 쓰는 것
을 의미하기 때문에 타인이 보증인의 이름을 대신 쓴 경우에는 보증의사를 인정
하지 않는다(2016다233576). 그러므로 인터넷보증과 같이 보증인의 직접 서명이 없
는 경우 보증의사를 확인하기가 쉽지 않다는 점에서 전자적 형태로 표시한 보증
의사를 무효로 한다(§428의2 Ⅰ 단서).

II. 보증계약상 채권자의 의무

채권자와 보증인 간의 보증계약은 주채무계약과 달리 채권자 일방의 이익만을 위한 무상계약이다. 이처럼 보증계약이 채권자를 위한다는 점에서 볼 때 보증인에 대한 채무자의 의무도 함께 강조되어야 했지만, 채권담보를 위하여 아무런 대가 없이 보증계약을 체결해준 보증인의 지위는 관심에서 제외되어 있었다. 아직도 우리 민법은 주채무를 중심으로 한 채권자 우위의 기본 틀을 벗어나지 못하고 있다. 최근 민법개정을 통해 제436조의2를 신설함으로써 처음으로 보증인에 대한 채권자의 의무가 명문화되었다.

1. 보증계약의 체결 및 갱신시 정보제공의무

채권자는 보증계약을 체결할 때와 갱신할 때 보증계약의 체결 여부와 내용에 영향을 미칠 수 있는 주채무자의 채무관련 신용정보를 보증인에게 제공하여야 한다(§436의2 I). 이와 같이 채권자에게 정보제공의무를 부과하게 된 것은 우선 채권자가 주채무계약을 통해 주채무자에 대한 정보를 얻을 수 있는 지위에 있고, 보증계약을 통해 자신의 위험을 보증인에게 전가시킬 수 있는 이익을 누릴 수 있는 지위에 있기 때문이다.

2. 보증계약 체결 후의 채권자의 통지의무

보증인에 대한 채권자의 의무를 보증계약 체결시와 체결 후로 구분하여, 보증계약 체결시에는 '정보제공의무'로 하였고, 체결 후에는 '통지의무'로 정의하여 용어를 구별하고 있다. 채권자는 보증계약을 체결하는 과정에서 정보를 제공해야 할 의무가 있고. 또 보증계약을 체결한 후에도 주채무의 내용, 그 이행 여부 및 주채무자의 신용정보에 중대한 변화가 생긴 경우에는 지체 없이 보증인에게 통지할 의무가 있다(§436의2 II). 제436조의2 제2항에서는 채권자에게 통지의무가 있는 사유로 3가지를 열거하고 있다. 즉, 주채무자의 주채무 및 종속채무의 이행을 3개월 이상 지체시, 주채무자의 채무불이행을 미리 안 경우, 주채무자의 신용정보에 중대한 변화가 생겼을 경우이다. 이들 사유는 보증인의 이해관계에 매우 중요한 사항이므로 보증인의 청구가 없더라도 채권자 스스로 통지할 의무를 부과한 것이다.

과거 판례는 채권자가 보증인의 동의 없이 주채무자와 합의만으로 주채무의 변제기를 연장해도 보증인이 보증채무를 부담한다는 입장이었다(95다49141, 97다 16077). 그러나 이 문제는 민법의 보증의 방식(§428의2 Ⅱ), 채권자의 의무규정(§436 의2) 및 보증인보호법 제7조와 제11조를 통해 해결되었다. 이에 따라 보증인의 승낙 없이 주채무를 연장하는 것은 주채무계약의 변경에 속하고, 보증인의 이해관계에 중요하므로 보증인에게 불리한 변경은 효력이 없다.

3. 보증인의 청구에 따른 통지의무

앞서 기술한 바와 같이 채권자에게는 주채무의 내용 및 주채무자의 이행 여부에 대하여 보증인에게 신속하게 통지해줄 의무가 있다. 그러나 채권자가 통지를 지체하거나 통지할 사항이 아니라고 잘못 판단한다면 보증인에게 불이익이 있을 수 있으므로 보증인은 주채무의 내용과 이행 여부에 대한 채권자의 통지를 기다리기보다는 적극적으로 채권자에게 이를 알려줄 것을 청구할 수 있도록 하였다(§436의2 Ⅲ). 통지 여부에 대한 판단을 채권자에게 맡기지 않고 보증인 스스로 자신의 이익을 위하여 주채무에 대한 정보를 적극 요구할 권리를 규정한 것이다. 여기서 보증인이 통지를 요구할 수 있는 대상은 제436조의2 제1항에서 의미하는 정보가 아니라, 동조 제2항에서 정하고 있는 사유에 한정되는 것으로 이해해야 한다.

4. 채권자의 의무 위반시 보증채무의 감면

채권자가 정보제공의무와 통지의무를 위반함으로써 보증인에게 손해가 발생하였다면 보증인은 보증채무의 감면을 법원에 청구할 수 있다(§436의2 Ⅳ). 여기서 채권자의 의무는 정보제공의무와 통지의무에 한정할 것이 아니라, 보증인의 이익이 침해되었다면 채권자의 신의칙상 의무 위반인 경우도 당연히 포함하는 것으로 새겨야 한다. 왜냐하면 채권자의 정보제공의무와 통지의무는 신의칙상 의무를 전제로 한 것이기 때문이다. 지금까지 대법원은 일단 유효하게 성립된 보증계약에 따른 책임을 신의칙과 같은 일반원칙에 의하여 제한하는 것은 사적자치의 원칙이나 법적 안정성에 대한 중대한 위협이 된다는 점에서 기본적으로 보증인에 대한 채권자의 신의칙상 의무를 거의 인정하지 않는 태도를 취하고 있다(2006다 56848, 2003다45410, 2011다9372). 그러나 기존 판례는 채권자 의무규정의 신설로 인해 변경될 것으로 보인다. 더불어 보증채무의 감경 또는 면제에 대한 판단 역시 채권자의 의무 위반에 의하여 보증인이 받은 손해의 내용과 정도 등을 참작하여 법원이 결정하게 된다.

Ⅲ. 주채무에 관한 요건

1. 주채무가 존재할 것

보증채무는 주채무의 이행을 담보하는 것이므로 보증채무가 성립하려면 주채무가 존재해야 한다. 주채무가 성립하지 않거나, 이미 소멸하고 없다면 부종성의 원리상 당연히 보증채무도 존재하지 않는다.

2. 주채무의 내용이 대체적 급부일 것

주채무와 보증채무는 그 내용이 동일해야 하므로 급부에 대체성이 있어야 한다. 그러나 급부내용의 동일성은 본질적인 것이 아니어서 주채무의 내용에 대체성이 없더라도 보증계약을 통해 대체성을 인정하면 보증채무가 성립될 수 있다.

3. 조건부, 기한부 채무의 보증도 가능할 것

조건부, 기한부 채무에 대하여도 보증을 할 수 있는지에 관하여는 민법에 정하고 있지 않지만, 해석상 이들 채무에 대하여도 보증이 가능한 것으로 본다. 다만, 아직 주채무가 발생하지 않은 상태에서는 유동적 무효로 보아야 할 것이다. 그러므로 부대체적 급부를 목적으로 하는 채무를 보증한 경우에는 주채무가 손해배상채무로 변하는 것을 정지조건으로 하는 조건부 보증계약으로 본다.

4. 장래에 발생할 채무의 보증도 가능할 것

민법에서는 장래의 채무에 대해서도 보증을 할 수 있다고 규정하고 있다 (§428 Ⅱ). 장래의 채무에는 장래의 특정채무뿐만 아니라, 장래의 불특정채무도 포

함된다. 특히 불특정채무에 대한 보증은 계속적 거래관계로부터 생기는 증감변동
하는 채무를 담보하는 것으로서 근보증이라고 부른다. 근보증은 2008년에 제정된
보증인보호법에 명문화(보증인보호법 §6)된 이후, 2015년 민법에 근보증에 관한 규
정이 신설되었다(§428 Ⅱ, §428의3). 근보증이라 하더라도 주채무에 관한 기본계
약이 확정되지 않은 채, 장래 발생할 일체의 채무를 보증한다는 계약은 무효가
된다.

Ⅳ. 보증인에 관한 요건

1. 보증인의 자격

보증인의 자격에 대한 일반적인 제한은 없고, 단독으로 유효한 보증계약을
체결할 수 있는 행위능력과 주채무의 이행을 담보할 수 있는 변제자력이 필요하
다(§431 Ⅱ). 보증약정 후에 변제자력이 없게 되면 채권자는 보증인의 변경을 청
구할 수 있다(§431 Ⅱ). 단, 채권자가 보증인을 지명한 경우에는 행위능력이나 변
제자력을 묻지 않고 보증인의 변경을 청구할 수 없다(§431 Ⅲ).

보증인의 자격은 보증인을 세울 의무의 요건이지, 보증계약의 성립요건이
아니기 때문에 보증인에게 행위능력과 변제자력이 없다고 하여 보증계약이 무효
가 되는 것은 아니고, 주채무자에게 주어진 보증인을 세울 의무의 위반이 된다.
그러므로 주채무자가 보증인을 세울 의무를 면하려면 다른 상당한 담보를 제공
하여야 한다(§432). 그럼에도 불구하고 주채무자가 무자력자를 보증인으로 세우
거나, 상당한 담보를 제공하지도 못한 경우 주채무자는 담보제공의 불이행에 따
라 기한이익을 상실하게 된다(§388 ⅱ).

2. 주채무자와 보증인 간의 관계

주채무자와 보증인 사이의 법률관계는 채권자와 보증인 간의 보증계약을 체
결하게 된 원인관계이다. 그러므로 이들의 법률관계는 채무자의 부탁으로 보증인
이 된 경우에는 위임계약관계가 되고, 채무자의 부탁 없이 보증인이 된 경우에는
사무관리로 된다. 특히 위임계약관계가 가족·친지·직장동료 사이에 부탁으로 이
루어졌다면 무상의 호의관계이고, 보증보험사에 의뢰하여 성립한 때에는 유상의

쌍무계약이 된다. 이들을 구별하는 실익은 원인관계에 따라 구상관계가 달라지기 때문이다.

보증인이 주채무자와의 관계에서 중요한 사항에 관하여 착오에 빠져 보증을 한 경우 표시된 동기의 착오로 취소할 수 있을지 의문이다. 보증계약은 주채무자 와 체결한 것이 아니기 때문이다. 판례는 표의자 스스로 동기에 착오를 일으켜 계약을 체결한 사안에서 당사자 사이에 그 동기를 계약의 내용으로 삼은 때에만 착오를 이유로 취소할 수 있다고 한다(87다카1271). 그러나 주채무자의 기망에 의 하여 착오에 빠져서 채권자와 보증계약을 체결한 경우에도 채권자가 이 사실을 알았거나 알 수 있었을 경우에는 제3자 사기에 의한 의사표시로 보증을 취소할 수 있다(§110 Ⅱ).

[3] 보증채무의 내용

Ⅰ. 급부의 내용 및 변경

1. 원   칙

보증채무의 목적, 즉 급부는 보증채무의 부종성으로 인하여 주채무의 목적 과 동일하다. 그러므로 주채무의 목적이 동일성을 잃지 않고 변경된 때에는 보증 채무의 목적도 이에 따라 변경된다.

2. 예   외

주채무의 내용이 변경되면 보증채무의 내용도 변경됨이 원칙이나, 보증인에 게 불리하게 변경하는 경우에는 효력이 없다(§428의2 Ⅱ). 2015년 민법개정 이전의 판례에서는 보증채무 성립 후 주채무가 확장·가중된 경우(94다38250), 주채무의 변제기가 연장된 경우(95다49141, 94다4882) 등 주채무의 내용이 변경되더라도 일정 한 범위에서 보증인의 책임을 인정하였으나, 민법개정으로 인해 보증인에게 불리 하면 모두 효력이 없다고 보아야 한다.

Ⅱ. 보증채무의 범위

1. 주채무의 한도로 감축

보증채무의 범위는 주채무의 범위보다 클 수 없으며, 보증인의 부담이 주채무보다 무거울 때에는 주채무의 한도로 감축한다(§ 430). 주채무에 관하여 생긴 사유는 원칙적으로 절대적 효력을 가지며, 약정한도액과 약정기간이 정해져 있으면 그에 따른다.

2. 보증인의 변제범위

보증채무의 범위에 관하여 당사자 사이에 특약이 없으면 민법의 보충규정 (§ 429 Ⅰ)에 따라 주채무의 이자, 위약금, 손해배상 기타 주채무에 종속한 채무를 포함하게 된다. 제429조 제1항은 보충적 의사해석규정으로서 특약이 있는 경우에는 적용되지 않는다(96다37879).

그러나 보증채무 자체의 이행지체로 인한 지연배상은 보증채무의 범위에 포함되지 않고 별도로 부담한다(2004다30675). 또 보증채무를 불이행한 경우에 대비하여 위약금이나 별도로 손해배상을 예정할 수 있다(§ 429 Ⅱ).

3. 주채무계약이 해제·해지된 경우

주채무계약의 해제·해지로 인한 원상회복의무 및 손해배상의무에 대해서도 보증계약에 의하여 담보되는 범위에 포함되는 것으로 해석한다. 판례도 도급계약에서 수급인의 보증인에게 계약해제에 따른 선급금 반환의무에 대한 보증책임을 인정한다(2011다109586).

[4] 보증채무의 대외적 효력

Ⅰ. 보증계약상 보증인의 권리

1. 채권자의 신의칙상 의무 위반에 대한 면책주장

채권자의 신의칙상 의무에 대한 지금까지 판례의 태도는 부정적 입장이지만,

채권자의 권리행사가 신의칙에 비추어 용납할 수 없는 성질의 것인 때에 한하여 예외적으로 허용하였다(2003다45410). 나아가 몇몇 판례에서는 통지의무의 해태에 따른 채권자의 신의칙상 의무를 인정하여 과실상계(92다4345) 또는 손해가 확대된 한도에서 보증채무의 면책을 허용(2002다59764)한 경우가 있다.

이제는 민법에 새롭게 채권자의 보증계약상 정보제공의무와 통지의무가 채택됨으로써 더 이상 신의칙상 의무를 부정할 수 없게 되었다. 그렇다면 채권자에게도 당연히 신의칙상 의무가 인정되고, 이에 위반한 경우 보증인은 보증채무의 감면을 청구할 수 있을 것이다.

2. 정보제공의무와 통지의무 위반에 대한 면책주장

민법개정을 통해 채권자에게 보증계약 체결시의 정보제공의무와 보증계약 체결 후의 통지의무를 명문화함으로써 보증인의 보호가 강화되었다. 제436조의2 제4항에서는 채권자가 정보제공의무와 통지의무에 위반하여 보증인에게 손해가 발생하였다면 보증인은 보증채무의 감경 또는 면제를 청구할 수 있다고 정한다. 이에 대해서는 보증계약상 채권자의 의무에서 기술하였다.

Ⅱ. 보충성에 기한 보증인의 권리

1. 최고·검색의 항변권의 특색

보증인은 주채무자가 이행하지 않은 채무를 이행할 의무가 있다. 즉, 보증채무는 원칙적으로 주채무에 보충적인 채무이다. 그러므로 채권자가 주채무자에게 먼저 이행을 청구하지 않고 보증인에게 직접 이행을 청구한 경우 보증인은 먼저 주채무자에게 청구하고 그의 재산에 대하여 집행할 것을 채권자에게 항변할 수 있을 뿐이다(§437). 소위 최고·검색의 항변권이다. 이 항변권은 채권자의 이행청구에 대하여 일시적으로 이행을 거절할 수 있는 효력이 있으므로 연기적 항변권이다. 또한 주채무의 부종성에 의거한 항변권을 제외하면 보증인에게 부여된 유일한 항변권이기도 하다.

항변권의 행사요건이 같다는 점에서 최고·검색의 항변권을 하나의 항변권으로 이해하려는 견해도 있으나 그 행사의 효과에 차이가 있기 때문에 이들 항변권을 구분하여 검토하는 것이 옳다.

2. 최고(催告)의 항변권

채권자가 보증인에게 채무의 이행을 청구한 때에는 보증인은 주채무자의 변제자력이 있는 사실 및 그 집행이 용이하다는 것을 증명하여 먼저 주채무자에게 청구할 것을 항변할 수 있다(§437). 이 항변권을 최고의 항변권이라고 한다. 이는 채권자가 보증인에게 먼저 청구하는 것 자체가 부당하다는 것이 아니라, 주채무자에게 먼저 청구할 것을 항변하면서 일시적으로 이행을 거절할 수 있는 효력을 가진다.

최고의 항변권의 행사요건은 첫째, 채권자가 보증인에게 먼저 청구하였다는 점, 둘째, 주채무자의 변제자력이 있다는 사실과 그 집행이 용이하다는 것을 증명하여야 한다는 점이다. '변제자력이 있다는 사실'은 채무전액의 변제가능성을 의미하는 것이 아니라, 거래관념상 상당한 정도 변제가 가능한 상태를 의미한다. 예를 들어 주채무자에 대하여 회생절차가 개시되거나, 파산선고를 받았다면 변제자력이 없다고 본다. 또 주채무자의 행방을 알 수 없다면 집행이 용이하지 않은 경우로 본다. 그러나 '집행이 용이하다는 것'을 보증인이 입증해야 한다는 것은 너무 과도한 부담이다. 그럼에도 불구하고 판례는 주채무자의 변제자력과 집행의 용이함을 입증하지 않은 채 단순히 주채무자에게 먼저 청구할 것을 항변할 수 없다(68다1271)고 한다.

한편 보증인이 최고의 항변권을 행사한 경우 채권자는 주채무자에게 최고하지 않는 한 다시 보증인에게 이행을 청구할 수 없다. 이 항변권이 행사되었음에도 불구하고 채권자가 최고를 게을리 하여 주채무자로부터 채무의 전부나 일부의 변제를 받지 못한 경우에는 채권자가 최고를 게을리 하지 않았으면 변제받았을 한도에서 보증인은 그 의무를 면한다(§438).

보증인이 최고의 항변권을 행사할 수 없는 경우는 보증인이 연대보증인인 때(§437 단서)와 신원보증인인 때이다(62다585, 4294민상1135).

3. 검색(檢索)의 항변권

채권자가 주채무자에게 채무의 이행을 청구한 후에, 보증인에게 이행을 청

구하여도 보증인은 다시 주채무자에게 변제자력이 있는 사실 및 그 집행이 용이
하다는 것을 증명하여 먼저 주채무자의 재산에 대하여 집행할 것을 항변할 수 있
다(§ 437). 이를 검색의 항변권이라고 한다. 검색의 항변권의 행사요건은 최고의
항변권에 있어서와 마찬가지이다.

　한편 보증인이 검색의 항변권을 행사한 경우 채권자는 먼저 주채무자의 재
산에 대하여 집행하지 않으면 보증인에 대하여 다시 이행을 청구할 수 없다. 즉,
이 경우 채권자는 법원으로부터 보증인에 대한 이행판결이나 강제집행명령을 받
을 수 없으며, 보증인은 채권자가 민사집행을 통해 변제받지 못한 부분이 있을
때까지 검색의 항변권을 행사할 수 있다. 그리고 이 항변권이 행사되었음에도 불
구하고 채권자가 집행을 게을리 하여 주채무자로부터 채무의 전부나 일부의 변
제를 받지 못한 경우에는 채권자가 집행을 게을리 하지 않았으면 변제받았을 한
도에서 보증인은 그 의무를 면한다(§ 438).

　연대보증인과 신원보증인도 최고의 항변권에서와 같이 검색의 항변권을 행
사할 수 없다. 최고·검색의 항변권이 보증인에게만 부여된 유일한 항변권임에도
불구하고 실무상 큰 기능을 하지 못하는 가장 중요한 이유는 대부분의 보증채무
가 단순보증이 아니라, 연대보증이기 때문이다.

Ⅲ. 부종성에 기한 보증인의 권리

1. 주채무에 기한 항변

　보증인은 주채무자의 항변으로 채권자에게 대항할 수 있다(§ 433 Ⅰ). 그리고
보증채무는 주채무와는 별개의 독립한 채무이므로 주채무자가 항변권을 포기하
더라도 보증인에게는 효력이 없다(§ 433 Ⅱ).

　최고·검색의 항변권을 보증계약상 보증인의 항변권이라고 한다면, 주채무에
기한 항변권은 주채무계약상 주채무자의 채권자에 대한 항변권이다. 주채무에 기
한 항변권으로서 보증인이 행사할 수 있는 항변권으로는 기한유예의 항변권, 동
시이행의 항변권, 주채무 부존재의 항변권, 주채무 소멸의 항변권 등이 있다. 이
항변권은 보증채무의 부종성에 의거한 항변권이기 때문에 주채무자의 항변권을
보증인이 대위행사하는 것이 아니다.

2. 보증인의 이행거절권

주채무자가 채권자에 대하여 취소권 또는 해제권이나 해지권이 있는 동안 보증인은 채권자에 대하여 채무의 이행을 거절할 수 있다(§ 435). 보증인은 주채무자와 채권자 사이의 주채무계약의 당사자가 아니기 때문에 이들 간에 발생한 취소권이나 해제권을 보증인이 행사할 수 없다. 그러므로 주채무자가 채권자에 대하여 취소권이나 해제권을 갖는 동안 보증인에게 이행거절권을 부여한 것이다. 주채무자가 취소권이나 해제권을 행사하기 전에는 주채무가 소멸되지 않으므로 보증채무도 그대로 존재하게 된다. 바로 이 점에서 취소나 해제 전의 유동적 법률관계에 있을 때에는 채권자가 보증인에게 이행을 청구할 수 없도록 한 것이다.

이 경우도 주채무자의 취소권·해제권을 보증인이 원용하면서 이행을 거절하는 것이지, 주채무자의 권리를 대위행사하는 아니다. 또 주채무자가 취소권을 포기하거나, 장기간 행사하지 않아서 소멸하면 보증인의 항변권도 소멸한다.

3. 주채무자의 상계권 원용

보증인은 주채무자의 채권에 의한 상계로 채권자에게 대항할 수 있다(§ 434). 즉, 이 규정은 보증인을 보호하기 위하여 주채무자가 채권자에게 가진 상계권을 보증인이 원용할 수 있도록 둔 특칙에 불과하다. 그러므로 단순한 항변에 그칠 뿐, 주채무자의 상계권을 보증인이 대위행사할 수 있도록 한 것은 아니다. 또한 채권자가 주채무자에 대하여 상계적상에 있는 자동채권을 상계처리하지 않았다고 하여 보증인이 이행을 거절할 수 있는 것도 아니다(86다카1340).

[5] 주채무자 또는 보증인에게 생긴 사유의 효력

Ⅰ. 주채무자에게 생긴 사유의 효력

채권자와 주채무자 사이에 주채무에 관하여 생긴 사유는 모두 보증인에 대해서도 절대적 효력이 있다. 보증채무가 주채무에 부종하는 성질이 있기 때문이다. 다만, 주채무보다 보증채무를 가중하는 합의는 효력이 없다(§ 430).

1. 주채무의 소멸

주채무의 소멸은 그 원인이 무엇이든 이를 묻지 않고 언제나 보증인에 대하여 효력이 있다. 특히 주채무가 시효로 소멸하면 보증인도 시효소멸을 원용할 수 있다.

2. 주채무에 대한 시효중단

주채무의 시효중단으로 보증채무도 시효가 중단된다(§ 440). 즉, 주채무자에 대한 시효중단의 사유가 발생하면 보증인에 대해 별도의 중단조치가 없이도 동시에 시효중단의 효력이 발생한다. 그리하여 이행청구 기타 사유에 의한 모든 시효중단이 절대적 효력을 가지게 된다(2005다35554). 또 회생절차참가나 파산절차참가에 따른 주채무의 시효중단(채무자회생법 § 32)은 보증채무에도 미친다(93다47431). 이와 반대로 보증채무의 시효중단이 주채무의 시효중단으로 되는 것은 아니다(93다21477).

한편 시효의 중단과 달리 보증채무의 시효기간과 시효완성은 주채무와 별개의 문제이므로 보증채무의 시효는 주채무와 별도로 완성될 수 있다. 판례 역시 확정판결에 의하여 주채무의 소멸시효기간이 10년으로 연장되었다 할지라도 연대보증채무의 소멸시효기간은 여전히 종전의 소멸시효기간에 따른다(2004다26287)고 하였다. 그러나 대법원은 제440조를 보증채무의 부종성에서 비롯된 당연한 규정이 아니라, 채권자보호를 위하여 보증채무만 따로 시효소멸하는 것을 방지하기 위한 정책적 규정(93다47431, 86다카1569)이라고 정의하여 상반된 태도를 보이고 있다. 이러한 입장은 채권자에 편향된 것이어서 타당하지 않다.

Ⅱ. 보증인에게 생긴 사유의 효력

채권자와 보증인 사이에서 보증인에게 생긴 사유는 원칙적으로 주채무자에게 영향이 없다(상대적 효력). 다만, 변제·대물변제·공탁·상계와 같이 채권을 소멸시키는 사유들은 절대적 효력이 있다.

[6] 보증채무의 대내적 관계(구상관계)

Ⅰ. 구상관계와 구상권의 발생

1. 구상관계의 특징

보증인은 채권자에 대한 관계에서는 자기의 채무를 변제하는 것이지만, 주채무자에 대한 관계에서는 타인의 채무를 변제한 것이 된다. 그러므로 보증인이 자기의 출재로 공동면책을 한 때에는 당연히 주채무자에 대하여 구상권을 가진다. 구상의 범위에 관하여는 보증인과 주채무자 사이의 내부관계에 따라 판단하여야 한다. 즉, 채무자의 부탁으로 보증인이 된 경우 이들의 법률관계는 위임관계이므로 구상의 범위는 위임사무처리비용의 상환(§§ 687~688)에 준하여 처리하고, 채무자의 부탁 없이 보증인이 된 경우에는 사무관리비용의 상환(§ 739)에 준하여 구상의 범위를 처리하게 된다.

2. 구상권 발생의 공통요건

첫째, 보증인이 주채무의 전부 또는 일부를 소멸시켰어야 한다(§§ 441 Ⅰ, 444 Ⅰ, Ⅱ). 보증인은 변제로 주채무가 소멸해야 구상권이 있는 반면에, 물상보증인은 '그 채무를 변제'한 경우 외에 '담보권의 실행으로 인하여 담보물의 소유권을 잃은 때'에도 채무자에게 구상권이 발생한다(§ 341).

둘째, 보증인의 직접적인 출재로 주채무를 소멸시켰어야 한다. 주채무가 소멸되었더라도 채무면제로 인한 소멸이라면 보증인에게 구상권이 발생하지 않는다.

셋째, 수탁보증인의 경우 출재에 과실이 없어야 한다(§ 441 Ⅰ). 예를 들어 채권자의 보증채무 이행소송에서 보증인의 과실로 패소하여 강제집행을 당한 경우에는 구상권이 없다. 부탁 없는 보증인의 구상권의 발생에는 보증인의 출재에 무과실을 요건으로 정하고 있지 않으나(§ 444), 보증인이 변제 기타 출재로 주채무를 소멸시킨 경우라고 하더라도 그에게 과실이 인정되는 경우에는 수탁보증인의 경우와 마찬가지로 주채무자에 대하여 구상권을 갖지 못한다고 해석한다(2012가합2996).

Ⅱ. 수탁보증인의 구상권

1. 수탁보증인의 사후구상권

가. 요건(§441 Ⅰ)

(1) 주채무자의 부탁으로 보증인이 된 자일 것

채권자와 보증계약을 체결함에 있어서는 일정한 방식이 필요하다(§428의2). 그러나 채무자가 보증인에게 보증을 부탁하는 데는 방식을 요하지 않으며, 또 보증을 부탁하는 의사표시를 묵시적으로도 할 수 있다. 그러므로 수탁보증인지 여부에 대한 판단이 쉽지 않다. 판례는 주채무의 발생원인과 내용, 보증인의 보증계약 체결의 동기 내지 경위, 보증계약의 내용, 주채무자의 보증인이나 보증계약의 존재에 대한 인식 여부, 그 밖의 거래관행 등 주채무의 발생 및 보증계약 체결 당시에 나타난 제반 사정에 비추어 합리적으로 판단하여야 한다고 한다(2017다206922).

(2) 수탁보증인의 출재로 주채무가 소멸했을 것

수탁보증인의 주채무자에 대한 구상권 행사의 근거는 주채무를 소멸하게 한 자기의 출재가 주채무자와의 관계에서는 타인채무의 변제라는 점이다. 그러므로 출재가 없었다면 구상권이 발생할 여지가 없다.

(3) 수탁보증인의 재산출연에 과실이 없을 것

앞서 기술한 바와 같이 연대채무에서는 출재채무자에게 공동면책을 위한 출재에 무과실을 요하지 않고, 구상권의 범위를 다른 연대채무자의 부담부분에 한정하고 있다(§425 Ⅰ). 이와 달리, 수탁보증인에게는 무과실을 요하면서 전부구상을 원칙으로 한다(§441 Ⅰ). 즉, 수탁보증인은 과실없이 변제 기타 출재로 주채무를 소멸시킨 후 주채무자에게 사후구상권을 행사할 수 있다(2006다22715).

나. 사후구상권의 범위(§441 Ⅱ)

수탁보증인의 사후구상권의 범위는 출재한 연대채무자의 구상권의 범위와 차이가 없다(§§441 Ⅱ, 425 Ⅱ). 즉, 주채무를 한도로 한 출재액 외에 면책된 날 이후의 법정이자와 피할 수 없는 비용, 그 밖의 손해배상을 포함한다(§425 Ⅱ). 비록 수탁보증인의 구상권에 연대채무에 있어서 구상권의 규정을 준용하고 있음에도 불구하고, 보증인은 자신의 채무가 아닌 타인의 채무를 책임지는 것이어서 내부적으로 부담부분이 있는 연대채무와 달리 전부구상이 원칙이다.

2. 수탁보증인의 사전구상권

가. 사전구상권의 성질

보증인이 주채무자의 부탁을 받아 보증인이 된 경우 양자는 위임관계에 있고, 수탁보증인은 수임인으로서의 지위를 가진다(§ 680). 위임인에게는 위임계약상 위임사무처리비용에 대한 선급청구권이 인정되고 있으나(§ 687), 보증인은 일정한 경우에만 사전구상권을 인정한다(§ 442). 사전구상권은 발생원인 및 법적 성질이 사후구상권과 다른 별개의 독립적인 권리여서 소멸시효도 별도로 진행된다(91다 37553, 80다2699). 물상보증인에게는 사전구상권이 인정되지 않는다(2009다19802). 이는 물상보증인의 구상권의 발생요건이 보증인과 다르고, 담보물에 대해 물적 유한책임만 부담하기 때문이다.

나. 사전구상권의 인정사유(§ 442 Ⅰ)

(1) 수탁보증인의 사전구상권을 인정하는 경우

① 보증인이 과실없이 채권자에게 변제할 재판을 받은 때(§ 442 Ⅰ i)

② 주채무자가 파산선고를 받은 경우에 채권자가 파산재단에 가입하지 아니한 때(§ 442 Ⅰ ii)

③ 채무의 이행기가 불확정하고, 그 최장기도 확정할 수 없는 경우 보증계약 후 5년을 경과한 때(§ 442 Ⅰ iii)

④ 채무의 이행기가 도래한 때(§ 442 Ⅰ iv). 그러나 보증계약 후에 채권자가 주채무자에게 허용한 기한은 이를 가지고 보증인에게 대항하지 못한다(§ 442 Ⅱ). 수탁보증인은 특별한 사정이 없는 한 그 주채무의 변제기 연장과 무관하게 본래의 변제기가 도래한 후에는 민법 제442조 제1항 제4호에 따라 주채무자에게 사전구상권을 행사할 수 있다(2006다22715).

(2) 사전구상권 인정사유의 확장

보증계약 체결시 일정한 사유가 발생할 때에는 통지·최고 등이 없더라도 사전구상권을 행사할 수 있도록 약정하였고, 현실적으로 주채무의 이행지체 등의 개연성이 있는 사유가 발생한 경우에는 사전구상권을 인정한다(2002다1673).

다. 사전구상에 대한 주채무자의 자구책(§443)

수탁보증인이 사전구상권을 행사하여 주채무자가 보증인에게 배상하는 경우에, 주채무자는 자기를 면책하게 하거나 자기에게 담보를 제공할 것을 보증인에게 청구할 수 있다(§443 전단). 또 주채무자는 배상할 금액을 공탁하거나 담보를 제공하거나 보증인을 면책하게 함으로써 그 배상의무를 면할 수 있다(§443 후단). 이에 따라 주채무자는 수탁보증인이 담보를 제공할 때까지 사전구상을 거절할 수 있다.

제443조는 보증인이 사전구상권을 통해 수령한 구상금을 유용하는 것에 대비한 규정이다. 사전구상금은 위탁사무의 처리를 위하여 선급받은 비용의 성질을 가지며, 보증인은 이를 선량한 관리자의 주의로서 주채무자의 면책에 사용해야 할 의무가 있다(2001다833, 88다카10524).

한편 수탁보증인이 주채무자에 대한 사전구상권을 자동채권으로 상계할 수 있는가에 대하여 판례는 수탁보증인의 사전구상권에는 주채무자의 면책청구권(§443)이 항변권으로 부착되어 있기 때문에 이를 자동채권으로 하는 상계는 허용할 수 없다고 한다(2001다55222). 다만 민법 제443조는 임의규정으로서 주채무자가 담보제공청구권의 항변권을 포기한 경우에는 보증인은 사전구상권을 자동채권으로 하여 주채무자에 대한 채무와 상계할 수 있다(2001다81245).

3. 사전구상권의 범위

수탁보증인의 구상권은 사전구상권과 사후구상권을 구별하지 않고 구상권의 범위에 차이가 없다. 즉, 주채무를 한도로 한 출재액 외에 면책된 날 이후의 법정이자와 피할 수 없는 비용, 그 밖의 손해배상을 포함한다(§§441 Ⅱ, 425 Ⅱ). 그러나 주채무인 원금에 대한 완제일까지의 지연손해금과 수탁보증인이 아직 지출하지 아니한 금원에 대한 지연손해금은 사전구상권의 범위에 포함되지 않는다(2003다46758).

4. 구상권의 제한

보증채무에서도 연대채무에 있어서 제426조의 구상요건으로서의 통지에 관한 규정과 유사한 규정을 두고 있다.

가. 보증인이 사전에 통지 없이 출재한 경우(§445 Ⅰ)

보증인이 주채무자에게 통지하지 않고 변제 기타 자기의 출재로 주채무를 소멸하게 한 경우에 주채무자가 채권자에게 대항할 사유가 있었을 때에는 이 사유로 보증인에게 대항할 수 있다(§445 Ⅰ). 그 대항사유가 상계인 때에는 상계로 소멸할 채권은 보증인에게 이전된다(§445 Ⅰ). 예컨대, 채권자 C에게 6억 원의 채무를 부담하고 있는 주채무자 A의 부탁을 받아 수탁보증인이 된 B가 A에게 통지를 하지 않고 C에게 채무 전액을 변제하였는데, A가 C에 대하여 4억 원의 반대채권을 가지고 있었다면 이들의 구상관계가 어떤지 검토해 본다. B가 사전통지를 하고 변제했다면 A에 대하여 6억 원 전액을 구상할 수 있지만, 사전통지를 하지 않았기 때문에 A의 C에 대한 4억 원의 상계채권이 B에게 이전되므로 B는 이를 공제한 잔액 2억 원만을 A에게 구상할 수 있다. 이에 따라 남은 4억 원에 대해서는 B가 상계채권의 양수인으로서 C에게 청구하게 된다.

이와 관련하여 제445조 제1항의 문제점을 지적하면 다음과 같다. 첫째, 주채무자와 보증인 사이의 수탁보증관계보다는 주채무의 변제를 우선시하여야 한다는 점, 둘째, 사전통지만 없었을 뿐 B의 전액변제로 주채무가 모두 소멸하였으므로, 주채무자와 보증인 사이의 구상관계로 처리하는 것이 오히려 더 간편한데 이 규정으로 인해 법률관계를 더욱 복잡하게 만들었다는 점, 셋째, 사전통지를 하지 않았다는 이유로 B의 면책행위를 전면적으로 부정하는 것은 B의 과실에 가혹한 책임을 부과하고 있다는 점, 넷째, 주채무자인 A는 B와 수탁보증의 위임관계에 있기 때문에 C에 대한 상계채권을 취득한 때에는 B에게 이를 통지하여 손해가 발생하지 않도록 방지할 신의칙상 의무가 있다고 할 것이고, 이러한 통지를 게을리 한 과실이 A에게도 있다는 점, 다섯째, A의 상계채권이 B에게 이전하는 근거가 명확치 않아 B가 C에 대하여 어떤 근거(채권양도, 부당이득 또는 법정대위에 따른 구상권 등)로 상환을 청구할 수 있을지 의문이 든다는 점 등이다.

한편 보증인 B는 채권자 C가 A에 대한 채무가 있다는 사실을 알려주지 않아 손해를 입은 데 대하여 보증계약체결 후의 통지의무(§436의2 Ⅱ)의 위반 또는 신의칙상의 의무 위반을 이유로 보증채무의 감면을 청구할 수도 있다(§436의2 Ⅳ). 결론적으로 연대채무에 있어서 제426조 제1항과 마찬가지로 제445조 제1항은 이런 문제점을 고려하지 않은 규정으로서 삭제되어야 하며, 사후통지를 해태한 책임만을 묻도록 해야 할 것이다.

나. 보증인이 면책 후 사후통지를 하지 않은 경우(§445 Ⅱ)

보증인이 변제 기타 자기의 출재로 면책되었음을 주채무자에게 통지하지 않은 경우에 주채무자가 선의로 채권자에게 변제 기타 유상의 면책행위를 한 때에는 주채무자는 자기의 면책행위의 유효를 주장할 수 있다(§445 Ⅱ). 예컨대, 앞의 사례에서 B가 전액을 변제한 후 A에게 통지를 하지 않은 사이에 이를 모르는 A가 다시 전액변제를 하게 되면, A는 자신의 면책행위의 효력을 주장하면서 B의 구상청구를 거절할 수 있고, B는 채권자 C에 대하여 A의 채무 없는 변제에 따른 부당이득반환청구권을 대위행사할 수 있다.

다. 주채무자가 면책 후 사후통지를 하지 않은 경우(§446)

주채무자가 자기의 행위로 면책하였음을 수탁보증인에게 통지하지 않은 경우에 보증인이 선의로 채권자에게 변제 기타 유상의 면책행위를 한 때에는 보증인은 자기의 면책행위의 유효를 주장할 수 있다(§446). 예컨대, 앞의 사례에서 A가 전액을 변제한 후 B에게 통지를 하지 않은 사이에 이를 모르는 B가 다시 전액변제를 하게 되면, B는 자신의 면책행위의 효력을 주장하면서 A에게 구상권을 행사할 수 있고, A는 채권자 C에 대하여 B의 채무 없는 변제에 따른 부당이득반환청구권을 대위행사할 수 있다. 물론 주채무자의 면책통지 후 보증인이 변제하거나, 면책통지가 없었더라도 주채무자의 면책사실을 알고 보증인이 변제하였다면 구상권을 행사할 수 없다.

한편 판례는 주채무자가 면책행위를 한 후 보증인에게 사후통지를 하지 않은 상황에서, 수탁보증인도 사전통지 없이 이중의 면책행위를 한 경우 보증인은 자신의 면책행위의 유효를 주장하여 주채무자에게 구상권을 행사할 수 없다(95다

46265)고 한다. 그 근거로 제446조의 규정은 제445조 제1항의 규정을 전제로 한 것이어서 사전통지를 하지 않은 수탁보증인까지 보호하는 취지가 아니라고 한다. 앞에서 기술한 바와 같이 제445조 제1항은 많은 문제점으로 인해 폐지되어야 할 규정임에도 불구하고 이를 근거로 수탁보증인을 보호하지 않은 것은 잘못이다. 제446조가 제445조 제1항의 규정을 전제로 한 것이라고 한다면 제446조도 당연히 삭제되어야 할 규정이다. 그러나 제446조는 그 규정 자체만으로도 의미가 있으며, 제445조 제1항의 규정을 전제로 한 것이 아니다. 수탁보증인에게는 사전 및 사후통지를 하도록 하고, 주채무자에게 사후통지만 인정함으로써 결과적으로 수탁보증인에게 불이익을 주게 되는 것이 제445조 제1항이 안고 있는 문제점이다.

라. 보증인의 구상권이 부정되는 경우

보증인의 출연행위 당시 주채무가 성립되지 않았거나, 타인의 면책행위로 이미 소멸되었거나, 유효하게 존속하고 있다가 추후 소급적으로 소멸한 경우 주채무자에 대한 구상권은 발생하지 않는다(2011다62144). 보증인의 출연행위는 주채무가 존재하는 것을 전제로 하기 때문에 주채무가 존재하지 않은 경우 보증인의 주채무 변제는 비채변제가 되어 채권자에게 부당이득반환을 청구할 수 있을 뿐이다.

Ⅲ. 부탁 없는 보증인의 구상권

수탁보증인의 구상권은 사전·사후구상권을 구분하지 않고 연대채무에 있어서 구상권의 규정을 준용하고(§§ 441 Ⅱ, 425 Ⅱ) 있다. 그러나 주채무자의 부탁 없이 보증인이 된 자의 구상권은 주채무자의 의사에 반하여 보증인이 되었는지 여부에 따라 구상권의 범위를 달리하고 있다.

주채무자의 의사에 반하지 않고 보증인이 된 자가 변제 기타 자기의 출재로 주채무를 소멸하게 한 때에는 주채무자는 '그 당시에 받은 이익의 한도에서' 배상하여야 한다(§ 444 Ⅰ). 물상보증인인 경우도 채무자의 부탁 없이 저당권을 설정해 주고 경매절차로 소유권을 상실했다면 그 당시 채무자가 받은 이익의 한도에서 구상을 청구할 수 있다(90다카26065).

주채무자의 의사에 반하여 보증인이 된 자가 변제 기타 자기의 출재로 주채무를 소멸하게 한 때에는 주채무자는 '현존이익의 한도에서' 배상하여야 한다(§ 444 Ⅱ). 이 경우에 주채무자가 구상한 날 이전에 상계원인이 있음을 주장한 때에는 그 상계로 소멸할 채권은 보증인에게 이전된다(§ 444 Ⅲ).

부탁을 받지 않고 보증인이 된 자는 사전구상권이 없다. 사전구상권은 수탁보증인에게만 인정되기 때문이다. 또 주채무자는 수탁보증에 있어서와 달리 부탁 없이 보증인이 된 자에게는 면책행위를 한 뒤에 통지할 필요가 없다(§ 446 참조).

Ⅳ. 주채무자가 수인인 경우의 구상관계

1. 주채무자 전원을 위하여 보증인이 된 경우

주채무자가 여러 명인 경우 이들 전원을 위하여 보증인이 된 경우의 구상관계에 대하여는 민법에서 정하고 있지 않다. 판례는 연대채무자 모두를 위하여 물상보증인이 된 자가 연대채무자 1인에 대하여 구상권을 행사하는 경우에 특정한 채무자를 위하여 보증인이 된 자의 구상권을 정하고 있는 민법 제447조가 적용되지 않는다고 하였다(90다카26065).

그러므로 주채무의 성질에 따라 판단하건대, 주채무가 분할채무이면 면책행위를 한 보증인은 주채무자들에게 각각 균등한 비율로 구상을 청구할 수 있으며, 주채무가 불가분채무이면 면책행위를 한 보증인은 주채무자들에게 각각 전액구상을 청구할 수 있을 것이다.

2. 여러 주채무자 중 1인을 위하여 보증인이 된 경우

여러 주채무자 중 1인을 위하여 보증인이 된 자가 면책행위를 한 경우 주채무가 분할채무라면 보증인은 자신이 보증을 해준 주채무자에 대해서는 그의 부담부분에 대해 구상권을 가지며, 부담부분을 초과하여 변제한 부분에 대해서는 제3자의 변제가 되므로 다른 채무자에 대하여는 부당이득반환을 청구할 수 있다.

주채무자 중 1인을 보증하고 면책행위를 한 경우 주채무가 불가분채무 또는 연대채무인 때에는 보증인은 자신이 보증을 해준 채무자에 대해서는 전액을 구상할 수 있다. 그러나 다른 연대채무자나 불가분채무자에 대하여는 각자의 부담부분에 한하여 구상권을 가진다(§447). 예컨대, 6억 원의 연대채무를 부담하고 있는 주채무자 A와 B 중에서 A를 위하여 보증인이 된 C가 채권자 D에게 전액을 변제하였다면 C는 A에 대해서는 전액을 구상할 수 있으나, 다른 채무자 B에게는 3억 원만 구상할 수 있다는 것이다.

제447조는 부진정연대채무자 중 1인을 위하여 보증인이 된 자가 피보증인을 위하여 그 채무를 변제한 경우(2009다85861)와 어느 공동불법행위자를 위하여 신원보증인이 된 자가 피보증인의 손해배상채무를 변제한 경우(95다47176)에도 적용된다.

V. 보증인의 대위권

보증인은 수탁보증인은 물론이고, 부탁 없이 보증인이 된 자도 변제할 정당한 이익이 있는 자이므로 변제로 당연히 채권자를 대위한다(§§ 481~482).

[7] 특수한 보증

I. 연대보증

1. 연대보증의 의의

연대보증인이란 보증인이 주채무자와 연대하여 채무를 부담함으로써 주채무의 이행을 담보하는 보증채무이다(§437 단서). 연대보증과 다른 제도로 보증인 상호간에 연대의 특약을 하는 보증연대가 있다. 쉽게 설명하자면 보충성과 관련하여 보증연대는 보증채무에 가깝고, 연대보증은 연대채무에 가깝다. 즉, 보증연대에는 보충성이 있는 데 비하여 연대보증에는 보충성이 없다. 그러나 이 둘은 모두 부종성을 가지며, 공동보증에서와 같은 '분별의 이익'이 없다는 공통점이 있다.

2. 연대보증의 성질

연대보증은 주채무를 담보할 목적으로 이용한다는 점에서 보증채무와 같이 부종성이 있다. 그러므로 주채무가 무효·취소 또는 기타 사유로 존재하지 않으면 연대보증채무도 그 이유를 묻지 않고 소멸한다.

그러나 연대보증에는 보충성이 없다. 연대보증인이 주채무자와 연대하여 채무를 보증하기 때문이다. 따라서 연대보증인에게는 최고·검색의 항변권이 없고, 이로써 채권자가 변제자력이 있는 주채무자가 아닌 연대보증인에게 직접 강제집행을 청구해도 항변할 수 없다. 그리고 연대보증인이 여러 명이 있더라도 '분별의 이익'이 없기 때문에 채권자는 어느 연대보증인에 대해서도 주채무 전액을 청구할 수 있다. 이런 이유로 연대보증은 단순보증보다 강력한 채권담보력을 갖게 되었고, 이로써 실무계에서 널리 이용되면서 많은 부작용을 낳았다. 이에 금융위원회에서는 2008년 은행권을 시작으로 연대보증을 폐지하였고, 2013년에는 제2금융권, 2019년에는 대부업체까지 이를 확대하였다. 다만, 기업대출의 경우 대표이사 또는 지배주주의 연대보증이 일부 남아 있다.

3. 연대보증의 성립

연대보증은 채권자와 보증계약을 체결하면서 연대의 특약을 한 경우에 성립한다. 그러나 연대의 특약이 없더라도 보증인이 최고·검색의 항변권을 포기한 때에는 결국 연대보증이 성립한다. 왜냐하면 보충성에 의거한 항변권으로서 유일한 항변권이 최고·검색의 항변권인데 보증인이 이를 포기했다면 보충성이 없게 되어 연대보증과 차이가 없기 때문이다. 또 상행위로 발생한 주채무를 보증하거나, 보증이 상행위인 때의 보증채무는 상사보증으로서 언제나 연대보증이 된다 (상법 §57 Ⅱ).

4. 연대보증의 효력

가. 대외적 효력

채권자가 연대보증인에 대하여 가지는 권리는 연대채무자에 대한 권리와 같다. 그러나 연대보증도 보증채무의 일종이므로 부종성에 기한 권리를 가진다. 즉, 연대보증인은 보증인과 같이 주채무자가 채권자에 대하여 가지는 항변권을 주장할 수 있다. 다만, 보충성이 없으므로 최고·검색의 항변권이 없다(§437 단서). 한편 채무의 이행은 단순보증과 마찬가지이다.

나. 대내적 효력(구상관계)

주채무자와 연대보증인 사이의 구상관계는 단순보증의 경우와 같이 제441조 이하의 규정에 따른다.

Ⅱ. 공동보증

1. 공동보증의 의의

공동보증이란 동일한 주채무를 여러 명이 부담하는 보증채무를 말한다. 이 공동보증에는 여러 명의 보증인이 단순보증인인 경우, 연대보증인인 경우, 보증 연대인 경우 등 세 종류가 있다. 이들을 구별하는 실익은 아래에서 설명할 '분별 의 이익'에 있다.

또 공동보증에 있어서는 보증인이 여러 명이기 때문에 보증인의 채권자에 대한 관계 및 보증인 상호 간의 관계에서 단순보증과 차이가 있다.

2. 채권자에 대한 관계

가. 분별의 이익

공동보증인은 주채무를 균등하게 분할한 금액에 관하여 보증채무를 부담한 다(§ 439). 이를 '분별의 이익'이라고 하며, 채권의 담보력이 약화되는 반면에 보증 인의 부담을 완화시켜 주는 효과가 있다.

나. 분별의 이익이 없는 경우

다음과 같은 경우에는 분별의 이익이 없다. 즉, 주채무가 불가분인 때, 각 보 증인이 서로 연대하여 채무를 부담하는 보증연대인 경우 및 연대보증의 경우 등 이다(§ 448 Ⅱ).

3. 공동보증인 상호 간의 구상권

공동보증인 중 한 사람이 자기의 출재로 주채무자를 면책하게 한 때에는, 그 는 주채무자에 대해서는 전액을 구상할 수 있지만, 다른 공동보증인에 대해서는

자기의 부담부분을 넘는 변제를 하여야 구상할 수 있다. 다만, 다른 공동보증인
이 이미 자기의 부담부분을 변제했다면 그에게는 구상하지 못한다(93다4656).

가. 분별의 이익이 있는 경우

각 공동보증인은 자기가 부담하는 분할보증채무만 이행하면 되지만, 공동보
증인 중 한 사람이 자기의 부담부분을 넘는 변제를 한 때에는, 부탁을 받지 않은
보증인의 구상권에 관한 규정을 준용하여 처리한다(§ 448 Ⅰ).

나. 분별의 이익이 없는 경우

이 경우 공동보증인은 채권자에 대하여 채무액 전부를 변제할 의무를 부담
한다. 그러나 공동보증인 상호간에는 연대채무자 상호 간의 관계와 마찬가지로
각자의 부담부분에 대한 채무를 부담한다. 그러므로 공동보증인 중 한 사람이
자기의 부담부분을 넘는 변제를 한 때에는 연대채무자의 구상권에 관한 규정
(§§ 425~427)을 준용한다(§ 448 Ⅱ). 반면에 실질상의 주채무자인 연대보증인이 자기
의 부담부분을 넘어서 그 보증채무를 변제한 경우 그는 다른 연대보증인에 대하
여 구상권을 행사할 수 없다(2004다27440).

Ⅲ. 근보증

1. 의   의

근보증은 당좌대월계약·어음할인계약 기타 계속적 계약관계로부터 발생하
는 불확정한 채무를 보증하는 일종의 계속적 보증이다. 근저당권(§ 357)과 달리 근
보증은 민법에 규정이 없어서 그동안 판례와 해석론으로 인정되어 왔지만, 2015
년 민법개정으로 근보증에 관한 규정이 신설되었다(§ 428의3). 이에 따르면 '불확정
한 다수의 채무에' 대해서도 보증할 수 있게 함으로써 거래관계의 종류를 특정하
지 않고 채권자가 채무자로부터 취득한 모든 채권을 채권최고액 한도에서 보증
할 수 있게 하였다. 이는 포괄근보증도 가능한 것으로 이해된다. 그러나 보증인
보호법에서는 채권자와 주채무자 사이의 특정한 계속적 거래계약이나 그 밖의
일정한 종류의 거래로부터 발생하는 채무 또는 특정한 원인에 기하여 계속적으

로 발생하는 채무에 대하여 보증할 수 있는 것으로 한정함으로써(보증인보호법 §
6 I) 보증인보호를 우선하고 있다.

2. 채권최고액과 피담보채무의 범위

보증하는 채권의 최고액을 서면으로 특정하도록 하였고(§ 428의3 I), 이를 서
면으로 특정하지 않은 근보증계약은 무효로 하였다(§ 428의3 II). 이로써 보증인은
서면으로 확정된 최고한도액의 범위 내에서 책임을 지게 된다. 그러므로 앞으로
이와 배치되는 기존 판례는 의미를 잃게 되었다.

보증채무는 특별한 사정이 없는 한 보증한도 범위 안에서 확정된 주채무 및
그 이자, 위약금, 손해배상 기타 주채무에 종속한 채무를 모두 포함한다(§ 429). 불
특정채무를 보증하는 근보증계약을 체결하고, 동시에 동일채무를 담보하기 위하
여 동일인이 근저당권설정등기를 하여 물상보증도 하였다면, 근저당권의 피담보
채무와 근보증에 의하여 담보되는 채무는 별개의 채무가 아니라 동일한 채무로
본다(2005다3137).

3. 근보증의 해지

근보증계약에서 기간의 약정이 없는 때에는 채무자나 보증인의 지위에 중대
한 변화가 있거나, 사정변경이 생겼을 때 신의칙상 해지권을 인정하는 것이 합리
적일 것이다. 판례가 해지할 수 있다고 인정한 경우를 예시하면 다음과 같다.

가. 채무자나 보증인의 지위 변화

회사의 임원이나 직원의 지위에 있으면서 부득이 회사와 제3자 간의 계속적
거래로 인한 회사의 채무에 대하여 보증인이 된 자가 후에 퇴사를 한 경우 보증
계약을 해지할 수 있다(95다17533). 이 경우 해지하지 않았더라도 거래할 때마다
임원의 연대보증을 받아왔다면 재직시의 채무에 대하여만 보증하는 것으로 해석
한다(82다카789). 그러나 회사의 이사로 재직하면서 확정채무를 보증한 경우에는
이사직을 사임했더라도 보증계약을 해지할 수 없다(94다46008).

나. 신의칙상 해지권

근보증계약 후 당초 예기하지 못한 사정변경이 생겨 보증인에게 계속하여 보증책임을 지우는 것이 당사자의 의사해석 내지 신의칙에 비추어 상당하지 못하다고 인정되는 경우(96다27858), 보증인의 주채무자에 대한 신뢰가 깨어지는 등 정당한 이유가 있는 경우(2015다12130), 사회통념상 그 보증계약을 유지시킬 이유가 없는 경우(77다2298) 등에서 보증인에게 해지권을 인정하고 있다.

Ⅳ. 신원보증

1. 의   의

공공기관이나 사기업에 취업을 하려면 우선 이력서와 자기소개서를 통해 자신의 능력을 보여주고, 이를 통해 취직이 결정되면서 사용자측과 고용계약을 체결하게 되는데, 이때 부차적으로 신원보증인을 세우게 된다. 왜냐하면 피용자의 신상에 대하여 잘 알지 못하는 사용자로서는 근무 중 피용자의 행위로 인하여 혹시라도 입을 수 있는 피해를 예방하기 위한 것이다. 그런데 신원보증은 아무런 보수 없이 가족이나 친분관계를 바탕으로 떠맡는 것이 보통이다. 더구나 계약내용이 사용자에 의하여 일방적으로 정해지는 경우가 대부분이어서 신원보증기간에 제한이 없고, 해지사유도 명확하지 않아서 책임의 범위가 매우 넓게 된다. 이처럼 신원보증인에게 가혹한 책임을 지우는 불리한 약정을 막고 신원보증인의 책임을 적절하게 규율하기 위하여 제정된 법이 신원보증법이다(제정 1957.10.5. 법률 제449호).

신원보증법 제2조에서는 신원보증계약을 피용자가 업무를 수행하는 과정에서 그에게 책임 있는 사유로 사용자에게 손해를 입힌 경우에 그 손해를 배상할 채무를 부담할 것을 약정하는 계약이라고 정의한다. 즉, 신원보증은 주로 고용계약을 체결하면서 부수적으로 맺어지는 계약으로서 고용계약을 전제로 하여 피용자의 행위로 인하여 사용자가 받은 손해를 배상할 것을 내용으로 하는 보증인과 사용자 간의 계약이다. 이것이 본래의 의미에 있어서 신원보증계약이며, 일종의 손해담보계약으로서 계속적 보증에 해당한다.

그 밖에 신원보증의 형태로는 피용자의 채무 유무를 묻지 않고 피용자를 고용함으로써 발생하는 모든 손해를 담보하는 손해담보계약과 일체의 재산상 손해뿐만 아니라, 피용자의 질병 등 신상에 관한 고용상의 의무 위반으로 사용자에 끼친 피해를 담보하는 계약이 있다. 구체적으로 어느 형태의 신원보증인지를 판단하는 것은 계약의 해석문제인데, 불분명할 때에는 신원보증법 제2조에서 정한 신원보증계약을 의미하는 것으로 새겨야 한다.

2. 주요 내용

가. 존속기간

신원보증계약의 존속기간을 정하지 않은 경우에는 2년간 효력이 있으며(신원보증법 §3 I), 이 기간을 초과한 경우에도 2년을 넘지 못한다(동법 §3 II). 신원보증계약은 갱신할 수 있지만, 그 기간은 갱신한 날부터 2년을 초과하지 못한다(동법 §3 III).

나. 사용자의 통지의무

사용자는 피용자가 업무상 부적격자이거나 불성실한 행적이 있어 이로 인하여 신원보증인의 책임을 야기할 우려가 있음을 안 경우 및 피용자의 업무 또는 업무수행의 장소를 변경함으로써 신원보증인의 책임이 가중되거나 업무 감독이 곤란하게 될 경우에는 이를 지체 없이 신원보증인에게 통지하여야 한다(동법 §4 I).

만일 사용자가 위와 같은 사실을 알고 있었음에도 불구하고 통지의무를 게을리 하여 신원보증인이 해지권을 행사하지 못한 경우 신원보증인은 그로 인하여 발생한 손해의 한도에서 의무를 면한다(동법 §4 II). 판례에서는 피용자의 업무 부적임, 불성실, 임무 및 임지의 변경 등에 대하여 사용자가 통지를 해태함으로써 신원보증인이 계약을 해지할 수 있는 기회를 상실했다고 볼 수 있는 경우에만 배상책임을 부정한다(73다42). 즉, 통지를 받았더라면 보증계약을 해지하여 배상을 면하였을 범위 내에서만 책임이 감면된다.

다. 신원보증인의 해지권

신원보증인은 위에서 기술한 바와 같이 사용자의 통지의무에 따라 사용자로부터 통지를 받거나 신원보증인이 스스로 통지사유를 안 경우, 피용자의 고의 또는 과실로 인한 행위로 발생한 손해를 그가 배상한 경우, 기타 계약의 기초가 되는 사정에 중대한 변경이 있는 경우에는 신원보증계약을 해지할 수 있다(동법 §5).

라. 신원보증인의 책임제한

신원보증인은 피용자의 고의 또는 중과실로 인한 행위로 발생한 손해를 배상할 책임이 있다(동법 §6 Ⅰ). 여기서 신원보증채무는 피용자의 불법행위로 인한 손해배상채무가 아니고, 신원보증계약에 기하여 발생한 채무로서 이행기가 없는 채무이므로 이행청구를 받은 때로부터 지체의 책임을 진다(2009다59671). 신원보증인의 보증채무를 산정할 경우 법원은 피용자의 감독에 관한 사용자의 과실 유무, 신원보증을 하게 된 사유 및 이를 할 때 주의를 한 정도, 피용자의 업무 또는 신원의 변화, 그 밖의 사정을 고려하여야 한다(동법 §6 Ⅲ).

마. 신원보증인이 여러 명인 경우

신원보증인이 2명 이상인 경우에는 특별한 의사표시가 없으면 각 신원보증인은 같은 비율로 의무를 부담한다(§6 Ⅱ). 예컨대, 한 장의 신원보증계약서에 두 사람이 공동으로 아무런 특약 없이 신원보증을 했다면 각자 분별의 이익이 있다(65다669).

바. 신원보증인 지위의 비상속성

신원보증계약은 신원보증인의 사망으로 효력을 상실한다(동법 §7). 이는 신원보증계약상 신원보증인의 지위가 상속인에게 상속될 수 없다는 것을 의미한다. 다만, 신원보증인이 사망할 때까지 발생한 신원보증채무는 상속인에게 상속이 된다(71다2747).

사. 편면적 강행규정

신원보증인의 이익을 위하여 제정된 신원보증법은 강행규정이다. 그러므로 동법에 위반하는 특약으로서 신원보증인에게 불리한 내용은 효력이 없다(동법 §8). 판례는 신원보증계약 체결 후 피보증자의 행위로 사용자가 이미 받은 손해를 신원보증인이 변상하기로 사용자와 약정하더라도 보증인에게 불리한 내용이 아니라고 하였다(69다1930).

제 6 장 채권양도와 채무인수

제 1 절 총 설

채권관계에서는 채권자·채무자라는 인적 요소와 채권의 목적이라는 재산적 요소가 핵심이 된다. 본장에서 다루고자 하는 채권양도와 채무인수는 인적 요소보다는 재산적 요소에 가까운 제도이다. 즉, 로마시대에는 인적 요소에 가까운 경개나 위임제도가 실제사회의 필요에 의하여 이용되다가 중세를 거치면서 채권의 인적 요소가 희석되고 재산적 의미가 강조되었고, 이로써 채권의 양도성과 동일성이 인정되어 채권양도와 채무인수 제도가 성립하게 되었다. 채권양도를 통해 채권자가 변경되고, 채무인수에 의하여 채무자가 변경된다는 점에서 보면 채권자변경에 의한 경개(§502)와 채무자변경에 의한 경개(§501)는 매우 유사하다. 그러나 경개는 채권양도와 채무인수 제도가 성립되기 이전에 채권의 인적 요소가 밀접했던 시대에 이용되었던 제도였는데 프랑스민법에 따라 구민법에 채택되었다가 현행민법에도 그대로 규정하게 되었다.

이러한 경개와 달리 채권양도와 채무인수의 특색은 당사자 사이의 계약에 의하여 채권 또는 채무가 동일성을 유지하면서 각각 양수인과 인수인에게 이전된다는 점이다. 즉, 채권양도는 채권자(양도인)와 제3자(양수인) 간의 계약으로 채권이 양수인에게 이전되는 데 반하여, 채무인수의 경우는 제3자(인수인)가 채권자와의 계약으로 채무를 인수하는 경우(§453)와 채무자와의 계약으로 채무를 인수하는 경우(§454)가 있고, 인수내용에 따라 면책적 채무인수·병존적 채무인수·이행인수 또는 계약인수로 구분할 수 있다.

제 2 절 채권양도

[1] 서 설

Ⅰ. 채권양도의 의의

채권양도란 채무자에 대하여 가지고 있는 채권자의 채권이 동일성을 유지하면서 새로운 채권자에게 이전할 것을 목적으로 채권자와 새로운 채권자 간에 체결하는 계약을 의미한다. 채권양도가 계약에 의해 성립한다는 점에서 채권자변경으로 인한 경개와 유사하지만, 핵심요소와 적용법규에서 차이가 있다(§ 449 이하 및 § 502 이하). 채권의 양도는 법률행위 이외에도 상속(§ 1005), 연대채무자나 보증인이 사전통지 없이 공동면책행위를 한 경우 대항할 수 있는 다른 연대채무자나 주채무자의 상계로 소멸할 채권이 면책행위를 한 채무자나 보증인에게 이전하는 경우(§§ 426 Ⅰ, 444 Ⅲ, 445 Ⅰ), 변제자대위(§ 480), 회사채권에 설정된 양도담보권이 회생계획의 인가결정으로 소멸되어 양수인에게 양도되었던 채권이 다시 양도인에게 이전된 경우(채무자회생법 § 251) 등과 같이 법률의 규정에 의하여 발생하기도 한다. 또 법원의 전부명령이 제3채무자에게 송달과 동시에 압류채권이 압류채권자에게 이전되는 경우도 있다(민사집행법 §§ 229 Ⅲ, 231). 이와 같이 채권이 법률의 규정에 의해 이전된 경우에는 지명채권양도의 대항요건에 관한 민법규정이 적용되지 않는다(2002다40456, 2007다36537). 이는 양도계약에 의한 채권의 이전만을 '채권양도'라고 할 수 있고, 채권의 이전이 법원의 명령, 유언이나 법률상 당연히 발생하는 경우는 채권양도로 파악하지 않기 때문이다.

Ⅱ. 채권양도의 모습

자금사정이 어려운 매도인이 위기극복을 위하여 자기 소유의 부동산을 처분하더라도 매매대금을 확보하려면 적어도 수개월을 기다려야 한다. 이 경우 매도인은 잔금기일까지 기다리지 않고 자신의 매매대금채권을 미리 자금화하는 방법

을 강구할 것이다. 이때 채권자가 자신의 채권을 미리 매각 또는 양도하는 방법
을 취할 수 있다면 채권의 가치를 조기에 실현할 수 있게 되므로 채권자의 이익
을 위하여 도움이 될 것이다. 또한 매수인의 입장에서 매매대금의 지급을 대신하
여 장래 확정할 수 있는 자신의 채권을 매도인에게 양도하는 방법을 취할 수 있
다면 매수인에게도 분명히 관심이 있을 것이다.

　채권양도의 주요한 예를 들자면, 채무를 담보하기 위하여 제3자에 대한 일체
의 채권을 채권자에게 담보로 제공하면서 변제기 이후에 채권을 양도하기로 약
정한 경우(2014다233268), 특히 금융기관이 채권추심기관에 부실채권을 양도하는
경우(2005다65579), 만기가 도래하지 않은 채권을 현금확보를 위하여 어음할인의
방법으로 타인에게 양도하는 경우, 전세금·임대보증금 반환채권을 양도하는 경
우(2003다35659, 88다카29962), 배서금지어음을 양도하고 지명채권양도의 대항요건을
갖춘 경우(88다카20774) 등이 있다. 이처럼 채권양도는 일상생활의 경제적 측면에
있어서 매우 중요한 역할을 한다. 그러나 소송행위를 주목적으로 하는 채권양도
는 효력이 없다(2012다23412, 2000다4210).

Ⅲ. 법적 성질

1. 처분행위

　채권양도라 함은 채권의 귀속주체가 법률행위에 의하여 변경되는 것으로서,
통상 채권의 이전을 내용으로 하는 양도인과 양수인 사이의 '채권양도계약'을 의
미한다. 이는 일종의 재산인 채권을 양도계약을 통해 처분하는 처분행위로서의
성질을 가진다.

2. 준물권행위

　채권양도계약은 채권의 이전 자체를 목적으로 하는 계약이지만, 이는 흔히
채권의 추심이나 담보목적으로 이루어진다. 여기서 채권양도의 의무를 발생시키
는 것을 내용으로 하는 원인행위(채권행위)는 이론상 채권양도계약과 별개의 독립
된 행위이다. 여기서 채권양도계약을 원인행위가 되는 채권행위와 구별하여 준물
권행위로 부른다.

3. 채권양도의 무인성

원인행위가 채권양도에 영향을 미치는지 여부에 대하여 논란이 있다. 예를 들어 중고자동차를 매입하면서 자신이 타인에 대해 갖고 있는 채권을 매도인에게 양도하는 방법으로 매매대금을 지급한 경우, 매매계약이 해제되면 채권양도의 효력도 상실하는가라는 점이다. 채권을 양도하게 된 원인이 된 자동차매매계약과 대금지급을 대신하여 체결한 채권양도계약은 그 당사자가 서로 일치하고, 또 외형상 하나의 행위로 합체되어 행해지는 경우가 대부분이므로 다수설은 유인성을 인정하고 있다.

그러나 채권양도계약과 매매행위는 성질상 별개의 독립된 행위이므로 채권양도의 효력을 원인행위와의 유인성 여부에서 먼저 따질 것은 아니라고 본다. 당사자가 채권양도계약을 체결하면서 원인행위와 연계하여 그 효력을 좌우하도록 미리 약정한 것이 아니라면 채권양도의 효력은 무엇보다 양도계약 자체에 초점을 맞추어 판단하여야 한다. 이러한 판단을 위해서는 양도계약의 하자, 대항력의 구비 여부, 채권양도계약에서 배제된 채무자의 보호측면, 당사자의 의사 등이 고려될 것이다. 더구나, 채권양도의 대상이 되는 채권에는 채무자 기타 제3자와의 이해관계가 얽혀 있고, 채권양도에 대항력을 갖추었다면 양수인으로부터 양도인에게 다시 채권양도계약이 이루어져야 하기 때문에(2010다100711) 채권양도를 원인행위의 효력에 좌우하게 해서는 안 된다. 유인성 이론은 민법에 채권양도를 별도로 채택한 취지를 무색하게 만드는 것이다.

[2] 지명채권의 양도

Ⅰ. 채권양도의 기본구조

채무자가 제외된 상태에서 채권자와 양수인 간에 체결된 양도계약을 통해 양수인에게 채권이 양도되고, 양수인은 채무자에게 그 이행을 청구하게 된다. 여기서 양수인이 자신과 아무런 법률관계가 없는 채무자에게 채무이행을 청구할 수 있는 법적 근거는 채권자, 채무자, 양수인 3자 간의 관계에서 도출할 수 있다.

첫째, 채권자와 채무자의 원인계약에 의하여 발생한 채권은 양도할 수 있어야 하며, 둘째, 채권자와 양수인의 양도계약을 의하여 채권이 양도되는데 이 양도의 대상은 채권적 요소라는 점이고, 끝으로 양수인과 채무자 사이의 법률관계는 원인계약과 양도계약에서 찾아야 한다. 여기서 양수인이 채무자에게 권리주장을 할 수 있는 근거는 원인계약의 양도적 요소와 양도계약의 채권적 요소이며, 이들 요소가 결합하여 양자 간의 새로운 법률관계가 형성되는 것이다.

Ⅱ. 양도요건

1. 채권양도의 요건

지명채권이란 채권자가 특정되어 있으면서 증권적 채권이 아닌 보통의 채권을 말한다. 이에 따라 증권의 작성·교부만으로 채권의 성립·존속·행사 및 양도가 가능한 증권적 채권과 달리 지명채권을 양도하려면 우선 채권자와 양수인 사이에 채권양도계약을 체결하여야 한다. 나아가 양도의 대상이 되는 채권을 채권자가 보유하고 있어야 하며, 양도할 채권이 특정되어 있거나 최소한 특정할 수 있어야 한다.

채권양도는 투자한 자본의 유동화를 꾀하는 데 적절한 방법이 될 뿐 아니라, 채권자가 자신의 채권을 채무의 담보나 변제수단으로 활용할 수 있으므로 무엇보다 채권을 자유롭게 양도할 수 있어야 한다. 또 지명채권의 양도인에게 채권양도의 대항력을 갖추어야 할 의무를 부담하게 함으로써 이중양도의 위험이나 우열관계로부터 안전성을 확보할 수 있어야 한다. 이에 대하여는 아래 채권의 양도성과 채권양도의 대항요건에서 별도로 상세하게 설명한다.

2. 채권양도계약의 체결

채권양도계약은 채권자(양도인)와 양수인 간의 낙성·불요식 계약이며, 채무자는 양도계약의 당사자가 아니다. 이처럼 채권양도계약에서 채무자를 배제한 것은 채권양도에 채무자를 간여시킴으로써 채권거래상의 어려움을 초래할 수 있다는 점과 채무자의 이익보다는 채권의 유동화에 따른 채권의 가치창출을 우선해야 한다는 것으로 요약할 수 있다.

채권이 양도성을 가지는 한, 채권의 양도가 채무자의 의사에 반하더라도 양도인과 양수인 사이의 양도계약만으로 양도의 효력이 발생한다. 즉, 양도의 효력발생을 위하여 채무자에게 통지나 승낙까지는 요하지 않는다. 다만, 채무자에게 양도통지 또는 그의 승낙이 없으면 채무자 기타 제3자에게 주장할 수 없다(§450 I). 물론 채권양도에 의해 채무자의 법적 지위가 침해되어서는 안 되며, 채무자를 불리하게 하는 양도계약으로부터 채무자를 광범위하게 보호해줄 필요가 있다.

3. 양도인이 채권을 보유하고 있을 것

양도의 목적인 채권이 우선 존재하고 있고, 이를 양도인이 보유하고 있어야 한다. 양도인에게 채권이 존재하지 않으면 그 양도는 무효가 된다. 채권이 아직 존재하지 않더라도 특정이 가능하고, 장래에 발생할 것이 상당한 정도로 기대되는 경우에는 양도의 대상이 될 수 있다(88다카6358).

또한 채권이 유효하게 양도되려면 양도인이 채권을 처분할 수 있는 권한을 가지고 있어야 한다. 처분권한이 없는 자가 지명채권을 양도한 경우 특별한 사정이 없는 한 채권양도로서 효력을 가질 수 없으므로 양수인은 채권을 취득하지 못한다(2015다46119). 채권인 경우에는 점유를 수반하는 동산물건과 달리 무권리자로부터의 선의취득도 부정된다. 동산에서는 점유가 권리를 표상한다는 일반원칙에 따라 권리외관을 신뢰한 자를 보호하지만, 점유를 수반하지 않는 채권은 사실상의 귀속자와 같은 외형만 갖추고 권리를 행사하기 때문이다.

4. 채권이 특정되었거나 특정이 가능할 것

법적 안정성 측면에서 양도인으로부터 양수인에게 양도되는 채권의 범위와 양도시기가 명확하게 정해져야 한다. 즉, 채권이 양도되려면 그의 내용과 금액, 채권이 발생한 시점의 채무자가 정해져 있어야 하고, 채권양도계약의 당사자가 이에 대해 합의해야 한다. 장래에 발생할 채권을 양도함에 있어서는 양도될 채권이 특정되지 않았더라도 최소한 특정될 수 있어야 하며, 이에 대한 합의가 있으면 된다. 예를 들어, 신축 중인 주택의 소유자가 특정부분의 임대료를 양도하기로 약정했다면 아직 임대차계약이 체결되지 않았기 때문에 임차인과 임대료가 정해지지 않았음에도 불구하고 확정성의 요건을 충족한 것으로 본다. 또 조건부·기한부 채권이라도 양도할 수 있다(2001다69122).

Ⅲ. 지명채권의 양도성

원칙적으로 모든 채권은 양도할 수 있지만(§ 449 Ⅰ), 채권의 성질 또는 법률 규정에 의하여 양도가 제한될 수 있다.

1. 채권의 성질상 양도의 제한

가. 채권자가 변경되면 급부내용이 달라지는 채권

급부의 내용을 변경하지 않으면 원래의 채권자가 아닌 새로운 채권자(양수인)에게 이행할 수 없는 채권은 양도성이 없다. 예를 들어 특정인을 교습할 채권을 양도한다면 양수인의 개인적 학습능력에 따라 급부내용을 변경할 수밖에 없을 것이다. 이와 같이 채권자가 변경되면 급부의 내용이 전혀 달라지므로 채권이 동일성을 상실하게 되고 채무자에게도 불이익을 주기 때문에 양도할 수 없다. 부작위채권도 채무자의 불이행시 이행을 강제할 수 없기 때문에 양도성이 부정된다.

나. 특정한 채권자 사이에 결제되어야 하는 채권

상호계산에 기입된 채권(상법 § 72)은 특정한 채권자와의 사이에서 지급·처리되어야 할 채권이어서 양도성이 없다.

다. 주·종관계에 있는 채권

채권 사이에 주·종관계가 있는 때에 종된 채권은 주된 채권과 함께 이전하며, 종된 채권을 주된 채권과 분리하여 단독으로 양도할 수 없다. 예를 들어, 기본적 이자채권은 원본채권과 같이 이전하여야 하며, 원본채권과 분리하여 양도할 수 없다. 다만, 변제기가 도래한 지분적 이자채권은 원본채권과 분리해서 양도할 수 있다. 보증채권 역시 주채권에 종된 권리이므로 주채권과 분리하여 보증채권만을 양도하지 못한다(2002다21509).

라. 성질상 양도가 제한되는 채권에 대해 법률로 양도금지를 규정한 경우

임차권 등 당사자 사이의 신뢰관계를 배경으로 발생한 권리는 양도에 의하여 채권자가 변경되면 권리의 행사방법이 달라짐으로써 채무자에게 불이익을 초래할 수 있다. 자세한 내용은 이하의 '법률에 의한 제한'에서 기술한다.

마. 전세금반환채권의 양도성 여부

전세권을 수반하지 않은 전세금반환채권만을 분리하여 양도할 수 있는가에 대하여, 학설은 긍정설과 부정설로 대립하고 있으나, 판례는 '전세권이 존속하는 동안은 전세권을 존속시키기로 하면서 전세금반환채권만을 전세권과 분리하여 확정적으로 양도하는 것은 허용되지 않지만, 전세권 존속 중에는 장래에 그 전세권이 소멸하는 경우에 전세금 반환채권이 발생하는 것을 조건으로 그 장래의 조건부 채권을 양도할 수 있다'라고(2001다69122) 하여 부정설을 취하면서 제한적으로 양도를 인정하고 있다. 전세권에는 용익물권적 성질뿐만 아니라, 담보물권적 성질도 있으므로 부종성 및 수반성에 따라 전세권을 그 담보하는 전세금반환채권과 분리하여 양도하는 것은 원칙상 허용되지 않는다고 해야 할 것이다.

바. 임대차보증금반환채권

임차권에는 담보물권적 성질이 없으므로 임차인은 임대인에 대한 임대차보증금반환채권을 임차권과 분리하여 양도할 수 있다. 임차권의 양도가 금지된다 하더라도 임차보증금반환채권의 양도마저 금지되는 것은 아니며(93다13131), 양도인이 보증금반환채권의 양도를 임대인에게 통지하고 임대차계약이 종료하였다면 양수인은 임대인에게 임차보증금의 반환을 청구할 수 있다.

2. 양도금지특약에 의한 양도의 제한

가. 당사자의 의사표시

채권은 당사자가 반대의 의사표시를 한 경우, 즉 양도금지의 특약이 있는 때에는 양도하지 못한다(§449 Ⅱ 본문). 이 특약은 채권의 성립과 동시에 하거나 성립한 이후에 하여도 무방하다.

나. 선의의 제3자에 대한 제한

양도금지의 특약은 선의의 제3자에게 대항하지 못한다(§449 Ⅱ 단서, BGB § 399). 특약에 의한 채권의 양도성은 상대적이므로 채권자가 이에 위반하여 제3자에게 채권을 양도했더라도 양수인이 선의이면 양도의 효력이 발생한다. 여기서 제3자의 범위를 제한적으로 한정지을 필요는 없고, 악의의 양수인으로부터 선의로 채권을 양수한 전득자와 선의의 양수인으로부터 다시 채권을 양수한 선의·악의를 불문한 전득자도 채권을 유효하게 취득한다(2012다118020).

한편 제3자가 유효하게 채권을 취득하려면, 그의 선의만으로 충분함에도 불구하고, 무과실까지 필요하다는 견해가 있다. 그러나 이런 주장은 채권양도의 이용을 억제하는 결과를 초래함으로써 채권을 자유롭게 양도할 수 있게 하려는 입법취지에 반한다. 판례에서는 양도금지특약의 존재를 알지 못함에 중대한 과실이 있는 것이 아니라면 선의의 양수인과 같이 취급하여 양도채권을 취득할 수 있다고 하며(96다18281, 2000다5336), 제3자의 악의 내지 중과실에 관한 주장 및 입증책임을 양수인에게 대항하려는 자가 부담하도록 하고 있고(2000다5336), 비록 채권양도가 무효인 경우라도 채무자의 사후승낙이 있으면 장래에 대하여 효력을 인정한다(2009다47685). 이는 양수인의 무과실까지 요하지 않고, 가급적 자유로운 채권양도를 인정하면서도 채권양도계약에 채무자의 개입이 없다는 점도 고려한 것으로 보인다. 최근 판례에서는 양도금지특약이 당사자만을 구속하고 제3자에게 미치지 않는다는 소수의견이 제기되었다(2016다24284).

다. 양도금지특약 있는 채권의 압류 가능성

채권자와 채무자 사이에 양도금지특약이 있다고 하더라도 이는 사인 간의 임의양도를 제한하는 합의에 불과하므로 채권의 압류까지 제한할 수 있는 것은 아니다. 그러므로 양도금지특약이 있는 지명채권도 압류 및 전부명령에 의해 이전이 가능하며, 압류채권자의 금지특약에 대한 제3자의 선의·악의는 전부명령의 효력에 아무런 영향이 없다(76다1623, 2001다3771).

3. 법률에 의한 제한

가. 민법에 의한 양도 제한

민법에서는 임대인과 임차인, 사용대주와 사용차주, 노무자와 사용자 사이의 신뢰관계를 배경으로 발생한 임차인의 임차권(§629 II), 사용차주의 사용수익권(§610 II), 사용자의 노무제공요구권(§657 I)을 임대인, 사용대주 및 노무자의 동의 없이 양도할 수 없도록 정하고 있다. 이는 채권자가 달라지면 권리의 행사방법이 현저히 달라지고(임대인이 차임을 청구할 상대방, 사용대주의 차용물 반환청구 상대방, 노무자의 임금청구 상대방 등), 이로써 채무자에게 불이익을 초래할 수 있기 때문이다.

부양청구권은 일정한 가족관계를 기초로 하여 권리자의 생계보장을 위한 일신전속적 권리로서 양도할 수 없으므로(§979) 질권의 목적이 될 수 없고, 채권자대위권의 객체가 되지 않는다(§404 I 단서). 또 압류금지채권(민사집행법 §246 I i)을 수동채권으로 한 상계는 허용되지 않는다(§497).

나. 기타 법률에 의한 양도 제한

채권을 원래의 채권자에게만 지급하게 할 필요가 있는 경우에는 법률로 그의 양도나 압류를 금지하고 있다. 또 양도금지특약이 있는 채권과 달리 법률로 양도가 금지된 채권은 압류하지 못한다. 그러나 반대로 압류가 금지된 채권이 반드시 양도가 금지되는 채권은 아니라고 한다. 즉, 법률상 압류금지채권은 양도할 수 있다는 것이다(88다카8132). 특히 임금채권은 전액을 근로자에게 직접 지급하도록 정하고 있고(근로기준법 §43 I), 임금의 2분의 1에 해당하는 금액의 압류를 금지하고 있으며(민사집행법 §246 I iv), 양도를 인정하더라도 양수인 스스로 사용자에 대하여 임금의 지급을 청구할 수는 없음에도 불구하고, 양도를 금지하는 규정이 없다는 이유로 양도성을 인정하고 있다(87다카2803).

이에 반해 임금채권과 성질이 유사한 국가배상청구권(국가배상법 §4), 재해보상청구권(근기법 §86), 특별법에 의한 연금청구권(공무원연금법 §32, 사립학교교직원연금법 §40, 군인연금법 §7, 국민연금법 §58), 노후연금수급권(한국주택금융공사법 §43의6), 재난피해보상금 또는 지원금청구권(재난 및 안전관리 기본법 §66) 등에서는 압류와 양도를 동시에 금지하는 규정을 두고 있다. 이 점을 보아도 임금채권의 양도금지를 법으로 정하지 않은 것은 입법상의 불비로 보인다. 법으로 압류할 수 없도록 금지한 채권에 대하여 양도성을 인정하는 것은 원래 법으로 달성하고자 하는 입법목적을 훼손하는 결과를 초래한다. 그러므로 법으로 양도금지를 규정하지 않았더라도 압류금지채권으로 규정되었다면 성질상 양도할 수 없는 채권으로 보는 것이 타당하다고 할 것이다. 채권이 동일성을 유지한 채 양수되어야 함에도 불구하고 양수인이 채권자에게 직접 청구할 수 없다면 양수채권은 청구력이 없는 채권이 되기 때문이다. 독일민법에도 압류할 수 없는 채권의 양도를 금지하는 규정을 두고 있다(BGB §400).

IV. 채권양도의 대항요건

1. 채무자와 제3자의 보호 필요성

채권양도가 채무자를 배제한 채 양도인과 양수인 사이의 계약에 의해 이루어지기 때문에 채무자와 제3자는 채권양도 사실을 알 수 없어 불측의 손해를 입을 수 있다. 이런 이유로 채무자와 제3자를 보호할 필요가 있다. 이에 우리 민법은 대항요건주의를 채택하여 '지명채권의 양도는 양도인이 채무자에게 통지하거나 채무자가 승낙하지 아니하면 채무자 기타 제3자에게 대항하지 못한다'고 정하고 있으나(§450 Ⅰ), 채무자에 대한 대항요건과 달리 제3자에 대한 대항요건에는 확정일자 있는 증서에 의할 것을 요구하고 있다.

채무자에 대한 대항요건은 채무자의 이익만을 보호하는 것이므로, 채무자가 이 이익을 포기하여 특약으로 대항요건 없이도 대항할 수 있다고 약정할 수 있지만(86다카908), 제3자에 대한 대항요건은 사회질서에 관계되므로 특약으로 배제하지 못한다고 한다.

2. 채무자에 대한 대항요건(§450 Ⅰ)

가. 통지 승낙의 무방식

채무자에 대한 통지나 승낙은 채권양도의 성립요건이 아니라, 대항요건이다. 여기서 통지나 승낙에는 아무런 방식이 필요하지 않다. 통지와 승낙은 그 성질과 방법의 차이에도 불구하고 대항요건으로서 동일한 효과를 가진다.

나. 채권자(양도인)의 채무자에 대한 통지

(1) 통지는 채권양도 사실을 알리는 행위로서 그 성질은 '관념의 통지'이다. 행위능력(§ 4 이하), 대리제도(§ 114 이하), 의사표시의 도달에 관한 규정(§ 111) 등이 통지에도 유추적용된다.

(2) 채권양도는 양도인만이 통지할 수 있으며, 양수인이 하는 통지는 대항력이 발생하지 않는다. 이처럼 양도인만이 통지를 하도록 한 이유는 채무자를 보호하고 허위표시의 위험을 방지하려는 것인데, 무엇보다 양도인과 채무자 사이의 기초적 채무관계에서 오는 신뢰를 존중하려는 데 있다. 그러므로 양도통지를 양수인이 대위행사하는 것도 허용되지 않으며, 다만 양수인은 채무자에게 통지해 줄 것을 양도인에게 요구할 수 있을 뿐이다. 판례는 양수인이 채권자의 대리인이나 使者로서 통지하는 것을 인정하고 있으면서도(94다19242) 다만 적법한 수권에 따라 대리통지가 있었는지 채무자 입장에서 '무겁게 고려해야' 한다고 한다(2010다96911). 제115조 단서를 적용할 수 없다면 양수인의 통지를 무권대리에 의한 통지로 보고 양도인의 추인이 있으면 하자가 치유되는 것으로 보아 대항력을 긍정하거나, 무권리자에 의한 처분행위로 보고 권리자(양도인)의 동의나 추인이 있으면 유효한 통지로 파악해야 할 것이다(처분수권이론).

(3) 통지의 시기는 양도와 동시에 하거나, 양도 후에 통지해도 무방하다. 채권을 양도하기 전에 미리 하는 사전통지는 통지로서 효력이 없다. 그러나 일정한 조건하에 장래에 발생할 채권의 양도를 통지하는 것은 가능하다.

(4) 통지를 철회하려면 양수인의 동의가 필요하다(§ 452 Ⅱ).

(5) **통지의 효력** : 양도통지가 채무자에게 도달되면 양수인은 그때부터 채무자에게 채권의 취득을 주장할 수 있다. 다만, 양도인이 양도통지만을 한 때에 채무자는 그 통지를 받은 때까지 양도인에 대하여 생긴 사유로써 양수인에게 대항할 수 있다(§ 451 Ⅱ). 양도통지 당시 반대채권을 가진 채무자가 변제기 미도래로 상계를 못한 경우 양수인에게 상계를 주장할 수 있을까? 이 경우 상계적상이 있으면 이로써 양수인에게 대항할 수 있다는 데 학설이 일치하고 있다. 그러나 채무자가 반대채권을 취득할 때 이미 양도사실을 알았거나, 변제기가 양도채권보다 나중에 도래한 경우에는 상계를 주장할 수 없다고 해야 할 것이다(BGB § 406 참조).

양도인의 통지는 채권양도가 유효한 경우에만 대항력을 발생하므로 양도통지를 하였으나 아직 양도하지 않은 경우, 양도했지만 그것이 무효인 경우 원칙적으로 대항력이 발생하지 않지만, 채무자가 선의이면 양수인에게 대항할 수 있는 사유로 양도인에게 대항할 수 있다(§452 Ⅰ).

(6) 채권양도가 통지된 후에도 소멸시효가 계속 진행하는지, 시효중단사유가 있었다고 볼 수 있을까? 양도통지와 채무자의 승낙을 동일한 대항력 인정의 근거로 취급하고 있다는 점, 채무자의 인식이 없는 상태인 양도통지와 채무자의 채무승인은 본질적으로 차이가 있지만, 양도통지가 있으면 채무를 인식하게 되고, 이는 채무승인으로 연계된다는 점에서 양도통지에 시효중단의 효력을 인정해야 할 것이다.

(7) 채권양도계약에 따라 양도통지한 후 양도계약이 해제되더라도 이미 발생한 대항력에는 영향이 없을까? 채권양도계약이 해제나 취소된 때에 양도가 이미 채무자에게 통지되었거나 또는 채무자가 승낙하고 있는 때에는, 양수인으로부터 다시 그 해제나 취소의 사실을 채무자에게 통지하지 않으면 양도인은 그것을 채무자에게 대항하지 못한다고 새겨야 한다(62다10, 77다1909). 양도계약의 해제를 양수인이 통지하여야 하는 이유는 양도를 통지한 후에는 양수인이 새로운 채권자가 되기 때문이다.

(8) 채권자가 연대채무자 전원에 대한 채권을 양도하는 경우에는 연대채무자 전원에 대하여 통지하여야 한다.

다. 채무자의 승낙

(1) '승낙'은 채권양도 사실에 대한 인식을 표명하는 채무자의 행위로서 그 성질은 의사표시가 아닌 '관념의 통지'이다. 그러나 의사표시의 규정은 승낙에도 준용되며, 대리인에 의한 승낙이나 사자에 의한 승낙도 모두 유효하다. 채권양도의 청약에 대한 승낙과는 구별된다.

(2) 승낙의 상대방과 관련하여 제450조 제1항은 '채무자의 승낙'이라고만 규정할 뿐, 승낙의 상대방에 관한 언급이 없다. 양도인 또는 양수인의 어느 쪽에 대하여 하여도 상관없다.

(3) 승낙의 시기는 양도와 동시에 또는 양도 후에 해도 무방하며, 통지와 달

리 사전승낙도 가능하다.

(4) 승낙의 효력

① 민법은 '이의를 유보한 승낙'에 관하여 특별한 규정을 두고 있지 않다. 이는 앞에 설명한 통지의 경우와 동일한 효력을 갖기 때문이다. 즉, 채무자가 양도인에 대하여 주장할 수 있는 항변사유를 보유한 채 승낙한다는 것이다. 이와 달리 이의를 유보하지 않은 승낙의 경우에는 양도인에게 대항할 수 있는 사유가 있더라도 양수인에게 대항하지 못한다(§451 Ⅰ). 이처럼 항변을 제한한 취지는 이의를 보류하지 않은 승낙이 이루어진 경우 양수인은 양수한 채권에 아무런 항변권도 부착되지 아니한 것으로 신뢰하는 것이 보통이므로 채무자의 '승낙'이라는 사실에 공신력을 주어 양수인의 신뢰를 보호하고 채권양도나 질권설정과 같은 거래의 안전을 꾀하기 위한 것이다(2000다13887).

② 이의를 보류하지 않은 승낙에 의하여 상실되는 '양도인에게 대항할 수 있는 사유'는 채권에 대한 연기적 항변뿐 아니라, 성립·존속·소멸에 관한 모든 항변이 상실된다(93다35551). 예를 들면, 동시이행관계가 있는 채권에 대해 이의를 보류하지 않고 양도를 승낙하면 양수인의 이행청구에 대해 동시이행을 항변하지 못한다. 또 허위채권에 대해 채무자가 이의보류 없이 양도를 승낙한 경우 양수인에게 채무의 부존재를 주장하지 못한다(96다22648). 다만, 이미 타인에게 양도되었다는 항변은 성립·존속·소멸의 문제가 아니라 채권의 귀속 문제로 보아 유보 없이 승낙해도 항변이 가능하다(93다35551).

③ 항변상실의 효력은 채무자와 양수인에 한하는 것이지, 제3자의 권리에는 영향이 없다. 그러나 채무자가 양수인에게 항변하지 못하는 사유를 제3자가 주장할 수 있는 것은 아니다.

④ 한편 제450조 제1항 2문에서는 이의보류 없이 양도를 승낙한 경우라도 채무자가 채무를 소멸시키려고 양도인에게 지급한 급여가 있으면 그의 반환이나 양도인에 대한 채무의 불성립을 주장할 수 있다고 정한다. 이는 항변상실의 효력이 양수인에 한한다는 것이지, 양도인에게까지 영향을 미칠 수 없다는 것을 의미한다.

라. 통지나 승낙이 없는 동안의 효력

채권양도계약이 있었음에도 불구하고 채무자에게 통지나 승낙이 없었더라도 양도인과 양수인 사이의 양도계약의 효력에는 영향이 없다. 다만, 양수인이 채무자에게 채권양도의 효력을 주장할 수 없을 뿐이다. 따라서 통지나 승낙이 있기 전에 채무자는 양수인에 대한 변제를 거절할 수 있고, 양도인에 대하여 한 변제 기타의 면책행위는 모두 유효하며, 양도인이 채무자에 대하여 행한 상계·면제 등도 유효하다. 채권자와 양수인 간의 양도계약이 유효하더라도 양수인은 양도인에게 양도통지를 청구할 수 있을 뿐이며 채무자에게 채권양도를 주장할 수는 없다.

마. 보증인에 대한 효력

대법원은 주채무자에게 채권양도의 통지나 승낙 등 대항요건을 갖추면 보증인에게 별도의 양도통지가 없어도 양도의 효력을 인정하고 있다(2002다21509, 98다53707, 88다카20774). 그러나 이러한 대법원의 태도는 민법 개정으로 인하여 변경되어야 할 것이다. 즉, 채권자는 보증계약의 당사자로서 보증인에게 양도를 통지해야 할 신의칙상의 의무가 있으며, 나아가 채권양도를 보증계약의 갱신으로 파악하여 제436조의2 제1항의 통지의무규정에 따라 보증인에게도 양도통지를 해야 한다. 그래야 신설된 채권자의 정보제공의무 규정에도 부합할 것이다.

대법원은 수반성, 부종성을 근거로 보증인에 대한 대항요건을 구비할 필요가 없다고 하였으나, 주채무가 이행·가중·소멸되었을 때 보증채무도 이에 따른다는 점에서 그 대상이 되는 '채무'에 초점을 맞추어 부종성·수반성을 파악해야 할 것인데, 계약당사자가 변경되는 경우까지 부종성·수반성을 근거로 보증인에게 대항요건을 갖출 필요가 없다고 보았다. 그러나 보증계약은 주된 채무의 원인이 된 계약과 독립된 별개의 계약이라는 점, 채권자가 주된 계약의 상대방인 주채무자에게만 양도통지를 하고, 보증계약의 상대방인 보증인에게는 대항요건을 갖출 필요가 없다고 하는 것은 계약상 형평성에 어긋난다는 점에서 문제점을 안고 있다. 보증인에게 채권양도 사실을 알리지 않은 채 채권양도가 이루어진 상황에서 누구인지도 모르는 양수인에 대하여 보증책임을 부담하도록 하는 것이 과

연 타당한지 의문이다. 더구나 양도인이 주채무자에게 채권양도를 통지하여 대항요건을 갖춘 사실을 모르고 보증인이 양도인에게 보증채무를 이행하였더라도 보증인은 자신의 변제행위의 효력을 주장할 수 없게 된다. 채권자의 주채무자에 대한 계약상 지위와 보증인에 대한 보증계약상 지위는 별개이므로 채권양도에 있어서 주채무자에 대하여 대항요건을 갖추었다고 하여 당연히 보증인에게도 대항요건을 갖춘 것으로 볼 수는 없다.

3. 채무자 이외의 제3자에 대한 대항요건

가. 통지·승낙에 특별한 형식

지명채권은 부동산이나 동산 또는 증권적 채권과 같은 표상을 가지고 있지 않으므로 제3자에 대한 대항요건도 통지·승낙의 방법에 의해야 한다. 그러나 채무자에 대한 대항요건과 달리 제3자에 대한 대항요건에는 통지·승낙에 특별한 형식을 갖출 것을 요구하고 있다. 이는 채권자와 채무자가 통정하여 양도일자를 소급함으로써 제3자의 권리를 침해하는 것을 방지하려는 데 목적이 있다. 즉, 채권관계의 당사자인 채무자와 달리 통지·승낙의 방법만으로는 제3자의 지위가 불안하고, 채권양도의 제3자에 대한 대항요건은 채권의 배타적 귀속에 관한 공시방법이기 때문이다.

나. 확정일자 있는 증서(§ 450 Ⅱ)

양수인이 채권양도의 효력을 채무자 이외의 제3자에게 대항하려면 통지나 승낙은 '확정일자 있는 증서'로 해야 한다. 여기서 확정일자란 증서를 작성한 날짜에 증거를 인정하는 것으로서 당사자가 후에 변경할 수 없도록 확정한 일자이다. 공증력 있는 문서와 그 작성에 대해서는 민법부칙 제3조에서 정하고 있다.

주의할 것은 양도계약을 확정일자에 의하여야 한다는 것이 아니라, 통지나 승낙 자체를 확정일자 있는 증서로 해야 한다는 것이다. 따라서 확정일자 없는 통지를 한 후 그 통지서에 뒤늦게 확정일자를 받았다면 확정일자를 받은 날 이후에 대항력을 취득하게 된다(87다카2429, 2014다2723). 그러므로 채권양도통지서에 공증사무소의 확정일자를 받아 즉석에서 채무자에게 교부했다면 확정일자 있는 증서에 의한 양도통지가 일체의 행위로 이루어졌다고 할 것이다(86다카858).

다. 제3자의 범위

채무자 이외의 제3자의 범위에 관해서는 모든 제3자를 의미한다는 주장이 있으나, 채권은 상대권이므로 일정한 범위의 제3자만을 가리킨다고 할 것이다. 즉, 제3자란 '그 채권에 관하여 양수인의 지위와 양립하지 않는 법률상의 지위를 취득한 자' 또는 '그 채권에 대하여 법률상의 이익을 가지는 자'만을 의미한다. 예를 들면, 이중양수인, 압류채권자, 파산채권자, 질권자 등이 여기에 포함된다.

그렇다면, 양수인이 양수받은 채권으로 채무자에 대한 채무와 상계한 다음 채무자의 양수인에 대한 채권을 압류한 자에게 대항할 수 있을까? 이 경우 압류채권자를 '제3자'로 파악하지 않는다. 제3자에 해당한다면 확정일자 있는 증서에 의한 양도통지나 승낙이 있어야 하지만, 제3자가 아니므로 양수인은 양도통지나 승낙에 확정일자 있는 증서가 없더라도 압류채권자에게 대항할 수 있다.

4. 제3자 간 우열관계에 대한 판단

가. 채권의 존재

확정일자 있는 증서를 통하여 제3자에게 '대항한다'는 의미는 '양립할 수 없는 지위의 취득자' 상호간에 그 우위를 결정한다는 것이다. 따라서 우열관계는 먼저 채권이 존재함을 전제하는 것이므로 이미 변제·상계·면제 등으로 소멸한 경우에는 채권양도의 제3자에의 대항력의 우열문제가 없음에 유의해야 한다. 예를 들어, 채권자 A가 B를 양수인으로 하여 확정일자에 의하지 아니한 채권양도 통지를 하였고, 채무자 C가 통지를 받은 후 B에게 채무를 변제하였는데, 채권자 A가 D를 양수인으로 하여 확정일자에 의한 양도통지를 했다면 D에 대한 확정일자 있는 양도가 우선하는가? 이에 대해 판단컨대, 1차 양도통지로 채무자에 대한 대항력이 인정되므로 C가 B에 대해 변제한 것은 정당하고, 따라서 변제에 의해 채무는 소멸되었기 때문에 A는 더 이상 채권자가 아니므로 양도할 채권이 존재하지 않는다. 다만, C는 채무자로서 확정일자에 의한 양도통지가 있기 전에 변제했다는 것을 입증하여야 한다. 이와 달리 채권자 A가 B를 양수인으로 하여 확정일자에 의하지 아니한 채권양도를 통지하였고, 채무자 C가 통지를 받은 후 B에게 채무를 변제하였는데, A의 채권자인 D가 A의 C에 대한 채권을 압류하였다면, 압류채권자 D는 자신이 양수인 B보다 우선한다는 것을 주장할 수 있을까? 이 경우에도 채권은 이미 B에게 양도되었으므로 A는 더 이상 C의 채권자가 아니어서 채권압류의 효력이 없게 된다. 따라서 D가 여전히 A의 채권자로 남아 있음에도 불구하고 양수인 B와 우열관계를 따질 수 없다.

나. 이중양도의 우열관계

채권을 이중양도한 경우라도 '양립할 수 없는 지위의 취득자' 상호간에 그 우위를 정해야 한다는 점에서 두 채권의 존재가 전제된 다음에 통지에 따른 대항력의 우열을 가려야 한다. 그리고 그 우열에 대한 판단을 채무자에게 부담시켜서는 안 된다.

이 점에서 채권의 이중양도시 우열관계에 대한 최근 판례의 태도를 보면, 1차 양도 후 대항요건을 갖춘 후 2차 양도의 효력에 대하여 채권이 제1양수인에게 이전하고 양도인은 채권에 대한 처분권한을 상실하므로, 이후 양도인은 양도채권에 대하여 무권리자가 된다고 판시하고 있다(2015다46119). 1차 양도 후 양도인이 동일한 채권을 다시 제2양수인에게 양도하더라도 제2양수인은 채권을 취득할 수 없게 된다. 채권이 없는 무권리자의 양도에 대하여 단지 양도통지를 했다고 대항력을 인정할 수는 없기 때문이다.

또 채권의 이중양도가 있었지만, 양도인이 1차 양도계약의 양수인과 합의해제를 하고, 이를 채무자에게 통지하였다면 2차 양도계약은 효력이 있을까? 이 경우에도 판례는 양도인이 처분권한 없이 한 2차 양도계약은 이미 무효가 되었기 때문에 제2양수인이 채권을 취득할 수 없다고 한다(2015다46119). 그렇다면 합의해제로 다시 권리자가 된 양도인이 추인을 통해 2차 양도계약을 유효한 계약으로 되돌릴 수 있을까? 채권양도인(처분자)이 무권리자였다가 해제로 권리자가 된 동일인이어서 처분자 자신이 추인의 상대방이 되는데, 그가 동시에 추인권자가 될 수는 없다. 어쨌든 여기에 예시한 사례들은 두 채권의 존재가 전제된 것이 아니어서 제3자 간 우열관계에 관한 판단이라고 할 수 없다.

한편 독일민법에서는 처분자(무권리자)가 목적물을 취득한 경우나 권리자가 처분자를 상속한 경우에는 추인이 없어도 처분행위의 효력을 인정한다(§185 Ⅱ BGB). 이는 독일민법의 처분수권제도인데, 권리자의 사전동의나 추인에 무권리자의 처분행위의 시기적 선후를 묻지 않는다. 결론적으로 채권의 제2양수인은 양도인의 추인이 없어도 의심 없이 채권을 양수받을 수 있게 된다. 처분수권이론의 유용성을 보여주는 사례이다. 그렇다면 채권의 이중양도를 처분수권이론으로 해석한다면 양수인 사이의 우열관계를 따질 필요가 없게 된다.

다. 확정일자의 우열관계 판단기준

동일채권에 관하여 양립할 수 없는 지위에 있는 양수인과 압류채권자 상호간의 우열을 판단함에 있어서는 누구에 관하여 확정일자 있는 증서에 의한 통지가 있었는지가 기준이 된다. 예컨대, 양수인에 관하여는 단순통지, 압류채권자에 관하여는 확정일자에 의한 통지를 한 경우, 통지의 도착 선후와 무관하게 확정일자를 우선하므로 양수인에게 양도의 효력이 없고 압류채권자의 권리가 우선한다(2011다83110, 2005다45537 참고). 그렇다면 양수인과 압류채권자 모두에게 확정일자에 의한 통지를 한 경우에는 확정일자와 도달시기 중 어느 것을 기준으로 결정할 것인지 문제된다. 판례는 도달되어야 대항력이 발생하므로 도달시기의 선후를 기준으로 판단하는데(93다24223), 학설은 확정일자가 빠른 통지가 당사자의 잘못 없이 도달이 우연히 늦어질 수도 있다는 점에서 객관적으로 확실하게 입증할 수 있는 확정일자의 선후로 결정해야 한다고 한다. 양도통지가 도달해야 대항력이 있지만 도달의 선후는 입증이 어렵고, 제450조 제2항의 입법취지로 볼 때 확정일자가 있다는 것은 곧 의사표시의 효력발생 이후의 문제이므로 확정일자의 선후로 판단하는 것이 타당하다. 확정일자 있는 증서라도 채무자에게 통지하지 않으면 우열을 따질 필요가 없는 것이다.

한편 확정일자에 의한 통지가 동시에 도달할 경우 판례는 동시에 도달한 것으로 추정하여 양수인과 압류채권자 모두 완전한 대항력을 갖는다. 즉, 누구든지 채권자에게 자신의 채권을 청구할 수 있고, 채무자는 누구에게 변제하든 면책된다. 다만, 양수채권과 압류채권의 합계액이 채무자의 채무액을 초과하면 공평의 원칙에 따라 안분하여 내부적으로 정산하거나, 송달의 선후가 불명하여 채권자를 알 수 없다는 이유로 변제공탁을 통해 채무로부터 벗어날 수 있다(93다24223).

V. 채권양도의 효과

1. 채권의 양도

채권은 양도계약에 의하여 동일성을 유지하면서 양도인으로부터 양수인에게 이전된다. 양도인의 통지나 채무자의 승낙은 효력발생요건이 아니라, 대항요건이므로(2011다32785) 채권양도의 요건을 충족하면 양도계약만으로 채권은 양수인에게 이전된다. 이와 같이 채권이 동일성을 유지한 채 이전되고, 채권양도에 의해 채무자의 법적 지위가 약화되지 않아야 하므로 채무자가 양도인에게 주장할 수 있었던 항변권은 양수인에게도 주장할 수 있다.

2. 종된 권리와 우선권의 이전

질권이 설정되어 있거나 보증계약이 체결되어 있는 채권이 양도되었다면 부종성에 따라 이들 권리도 채권과 함께 양수인에게 이전된다. 민사집행절차나 파산절차에서 우선변제권을 가진 권리도 수반성에 의하여 채권과 함께 양수인에게 이전된다. 채권질권이나 보증채권의 경우 채권자인 질권설정자나 보증채권자는 채무자에 대한 대항요건을 갖추면 족하고, 담보권이 부동산인 경우에는 부기등기를 하여야 한다.

3. 양도인과 양수인의 법적 지위

채권양도와 채권자 지위의 양도는 구별된다. 즉, 채권양도는 채권자의 지위를 양도하는 것이 아니라 채권자가 보유하고 있는 '채권'만을 양도하는 것이다. 그러므로 채권자의 지위로서 행사할 수 있는 취소권, 해제권, 해지권은 양수인에게 이전되지 않는다.

4. 채무자 보호

채권양도에서 채무자 보호는 채무자와 채권자 사이에 이루어진 원인행위를 중심으로 판단해야 한다. 즉, 제451조 제2항이 양도통지를 받을 때까지 양도인에 대하여 생긴 사유로써 양수인에게 대항할 수 있도록 정하고 있고, 채무자가 양도인에 대한 반대채권으로 상계할 수 있다는 점도 원인행위에서 발생한 채권의 동질성을 보장해 주려는 것이다.

한편 채권양도에 의하여 채무자의 개인정보까지 양수인에게 함께 이전될 수 있다는 점에서 양도금지특약은 채무자 스스로 자신을 보호하는 방법이 될 수 있다. 양도금지특약이 없다면 양도계약을 통해 양수인에게 채무자의 기본정보를 제공하는 것이 어느 정도 자유스러울 수 있기 때문이다. 물론 비양도성이 절대적인 것은 아니므로 특약을 위반한 채권양도를 막을 수는 없다. 이 경우 채무자는 양수인에게 채무불이행책임을 물을 수 있을 뿐이다. 그러므로 양도금지특약이 없는 채권이라도 양수인에게 이전이 가능한 채무자의 정보범위를 채권양도계약에 약정하는 것은 채무자 보호를 위해 매우 중요한 문제이다.

[3] 증권적 채권의 양도

Ⅰ. 증권적 채권의 양도성

1. 의의와 본질

증권적 채권은 채권의 성립·존속·양도·행사 등을 증권에 의하여 나타낼 수 있는 채권으로서 유가증권의 일종이며, 주로 채권의 양도성을 증대하기 위하여 고안된 제도이다. 증권적 채권에 관한 민법규정은(§§ 508~526) 상법·어음법·수표법에 이론적 기초를 제공하고 있다.

증권적 채권은 채권자가 특정된 지명채권과 달리 채권을 증권에 밀접하게 결합시켜 채권의 양도성을 확보하고, 유통과정에서의 안전성을 보장하기 위한 채권이기 때문에 양도성을 본질로 한다. 그러므로 증권적 채권으로부터 양도성을 박탈할 수 없다.

2. 종　류

채권자를 결정하는 방법에 의하여 기명채권·지시채권·지명소지인출급채권·무기명채권 4종으로 나누어진다.

Ⅱ. 지시채권의 양도

1. 의 의

특정인 또는 그가 지시한 자에게 변제하여야 하는 증권적 채권을 지시채권이라 한다. 화물상환증(상법 §130)·창고증권(상법 §157)·선하증권(상법 §820)·어음(어음법 §11)·수표(수표법 §41) 등이 전형적인 유가증권인데, 배서금지가 없다면 당연히 지시채권이다.

민법에 지시채권에 관한 규정을 두고 있으나, 이 규정을 적용할 수 있는 지시채권을 발행한 예가 없기 때문에 자세한 학습은 상법으로 미루고 여기서는 개략적으로 기술한다.

2. 양도방법

지시채권을 양도하려면 증권에 배서하여 양수인에게 교부하여야 한다(§ 508). 여기서 증권의 배서·교부는 대항요건이 아니라, 성립요건 내지 효력발생요건이다.

3. 배서(Indossament)

가. 배서의 방식

배서는 통상 증권의 이면에 기재하지만, 보충지에 기재하여도 무방하다(어음법 §13 Ⅰ, 수표법 §16 Ⅰ). 다만 배서에는 반드시 배서인이 서명 혹은 기명날인하여야 한다(§510 Ⅰ).

나. 배서의 모습

배서는 피배서인을 지정해서 하는 기명식 배서가 원칙이지만, 피배서인을 지정함이 없이 배서인의 서명 또는 기명날인만으로 할 수도 있다(§510 Ⅱ). 이를 약식배서 또는 백지식 배서라고 한다(§511). 민법은 약식배서의 처리에 대하여 세 가지 방식을 정하고 있다(§511).

배서에는 증서의 소지인에게 배서·양도한다는 뜻을 기재하는 소지인출급식 배서가 있는데, 약식배서와 동일한 효력이 있고(§512), 처리방식도 약식배서에 따른다. 한편 채무자를 피배서인으로 하는 환배서를 하더라도 혼동으로 소멸하지 않고(§507) 피배서인인 채무자는 다시 배서를 통해 양도할 수 있다(§509 Ⅱ). 이는 채권의 양도성을 훼손하지 않고, 그 채권이 제3자의 권리의 목적이 될 수 있기 때문이다.

다. 배서의 효력

증권에 배서하여 양수인에게 교부함으로써 지시채권이 양도되고(§508), 배서·교부가 채권양도의 성립요건인 만큼 배서로 모든 권리가 이전된다는 규정이 민법에 없더라도 배서에는 권리이전적 효력이 있다.

또한 민법 제513조에서는 배서에 자격수여적 효력을 인정하고 있다. 즉, 배서가 연속되어 현재 지시채권증서를 점유한 자가 그 권리를 증명하는 때에는 채권자로서 자격을 지닌 것으로 본다. 약식배서 다음에 다른 배서가 있으면 그 배서인은 약식배서로 증권을 취득한 것으로 보고(§513 Ⅱ), 최후의 배서가 약식인 경우에는 증서의 소지인을 채권자로 본다(§513 Ⅰ 후단).

이와 같이 민법은 배서에 권리이전적 효력과 자격수여적 효력은 인정하고 있지만, 담보적 효력은 어음법과 수표법에서 정하고 있을 뿐이다(어음법 §§ 15, 17, 수표법 §18 참조).

4. 양수인 보호

가. 인적 항변의 제한

지명채권의 양도에서 채무자는 양도인에 대하여 대항할 수 있는 모든 항변을 가지고 양수인에게 대항할 수 있지만(§451), 양도성을 본질로 하는 지시채권에서는 양수인을 보호하기 위하여 이를 제한하고 있다.

즉, 채무자의 항변을 제한하여 지시채권의 채무자는 소지인의 전자에 대한 인적관계의 항변으로 소지인에게 대항하지 못한다(§515 본문). 따라서 그 배서인에 대하여만 대항할 수 있을 뿐이다. 그러나 채무자를 해함을 알고 지시채권을 취득한 소지인에 대해서는 그가 누구든지 언제나 대항할 수 있다(§515 본문).

나. 선의취득

선의, 평온, 공연, 무과실을 요건으로 하는 동산의 선의취득에서와 달리, 지시채권에서는 그 요건을 완화하여 선의, 무과실이면 선의취득을 인정한다. 즉, 소지인이 무권리자로부터 증서를 취득한 경우에도 그가 양도인이 무권리자임을 알지 못하고, 그 알지 못하는 데 중대한 과실이 없으면 그 증권상의 권리를 취득한다(§514). 이는 지시채권의 성질상 동산물건보다 그 유통성이 특히 강하기 때문에 거래의 안전을 위하여 선의취득의 요건을 완화한 것이다.

5. 채무자 보호

지시채권의 채무자는 변제와 관련하여 그 증서의 소지인 또는 배서인의 서명 또는 날인의 진위를 조사할 권리는 있지만 의무는 부담하지 아니한다(§518 본문). 유통성이 강하므로 채권자 변경이 빈번하여 증권소지인이 진정한 권리자인지 조사함에 있어 한계가 있다는 데 기인한다. 그러나 변제시에 소지인이 권리자가 아님을 알았거나 중대한 과실로 알지 못한 때에는, 그 변제는 무효이다(§518 단서).

그 밖에 민법은 채무자를 보호할 목적으로 채무의 변제장소(§516), 증서의 제시와 이행지체(§517), 증권의 교환과 변제(§519), 영수의 기입청구(§520) 등의 규정을 두고 있다.

6. 증권의 멸실·상실

멸실한 증권이나 소지인의 점유를 이탈한 증권은 공시최고절차(민사소송법 §§475~497)에 의하여 무효로 할 수 있다(§521). 공시최고의 신청이 있는 때에는, 채무자로 하여금 채무의 목적물을 공탁하게 할 수 있고, 소지인이 상당한 담보를 제공하면 변제할 수 있다(§522).

Ⅲ. 무기명채권의 양도

1. 무기명채권의 의의

특정의 채권자를 지정함이 없이, 증권의 소지인에게 변제하여야 하는 증권적 채권을 말한다. 예를 들어, 상품권(2005다63337), 기차승차권, 연주회 입장권, 양도성예금증서 등이 무기명채권이다.

2. 양도 방식

무기명채권의 양도는 그 증권의 교부에 의한다. 교부하여야 양도의 효력이 생기므로, 교부는 이른바 대항요건이 아니라 성립요건 내지 효력발생요건이다(§ 523). 앞서 기술한 지시채권 양도에 관한 규정이(§§ 514~522) 그대로 준용되지만, 무기명채권에는 배서가 없이도 양도가 가능하므로 배서에 관한 규정은 준용하지 않는다.

3. 채무자 보호

무기명채권도 유통성이 강하여 소지인이 진정한 권리자인지 조사하는 데 한계가 있지만 소지인이 권리자가 아님을 알았거나, 또는 중대한 과실로 알지 못한 경우 소지인에 대한 변제는 효력이 없다(§§ 524, 514 단서).

판례에서는 전문채권상이 영업장소 외에서 거액의 채권을 매수하면서 상환기일이 도래한 채권이 상당수 있었는데도 매도인의 적법한 소지를 조사하지 않은 경우 중대한 과실을 인정한 반면(81다카600), 양도성예금증서에 질권을 설정하면서 양도인의 실질적 권리를 확인하지 않은 경우에는 중대한 과실을 부정하였다(2001다10021).

Ⅳ. 지명소지인출급채권의 양도

1. 지명소지인출급채권의 의의

무기명채권의 변형으로 증서에 채권자를 기재하지만, 다시 증서의 소지인에 대하여도 변제하여야 한다는 내용을 부기한 증권적 채권을 말한다.

2. 양도 방식

지명소지인출급채권의 양도에 관하여는 무기명채권과 같게 다루어진다
(§ 525).

3. 면책증서

가. 민법은 지명소지인출급채권과 유사하면서도 이와 구별하여야 할 것으로
면책증서에 대하여 규정하고 있다(§ 526). 즉, 증서의 소지인에게 변제하면 그가
진정한 채권자가 아닌 경우에도 채무자가 선의인 한 그 책임을 면하는 증권이다.
철도의 수하물상환증이나 휴대품예치증 등을 예로 들 수 있다. 면책증서는 그의
유통성을 확보하기 위한 것이 아니라, 소지인에게 진정한 채권이 있는지 채무자
의 조사의무를 면제하기 위하여 발행한 것이다. 이 점에서 유가증권이라기보다는
단순한 자격증권에 지나지 않는다.

나. 면책증서의 양도를 위하여 증권의 교부가 필요하지 않고, 양수인에 대한
특별한 보호도 없다. 그러므로 면책증서의 양도에는 지명채권의 양도에 관한 규
정이 적용된다. 다만, 면책증권이 증권적 채권과 유사한 성질을 가진다는 점에서
지시채권에 관한 규정의 일부를 준용하고 있다(§§ 526, 516, 517, 520).

[4] 채권양도와 담보책임

매매에 있어서 매도인의 담보책임에 관한 규정은(§ 567) 채권양도에도 준용된
다. 즉, 임차보증금반환채권의 양도에 대하여 임대인이 동의하지 않아 채권양도
의 이행이 불능으로 확정되었다면 매도인의 담보책임에 관한 규정을 준용하여
양도인(임차인)은 양수인에 대하여 임차보증금 상당액의 손해를 배상하여야 한다
(93다13131). 채무자가 채권자에게 채무변제에 '갈음하여' 대체급부로서 자신이 타
인에게 갖고 있는 채권을 양도한 경우에도 양도채권의 존재에 대해서는 담보책
임을 진다(2012다40998).

제 3 절 채무인수

[1] 채무인수의 의의

Ⅰ. 의   의

1. 채무인수란 인수인이 채권자 또는 채무자와의 계약을 통해 채무가 그 동일성을 유지하면서 그대로 인수인에게 이전하는 계약을 가리킨다. 여기서 의미하는 채무인수는 뒤에 설명할 '병존적 채무인수'와 구별하여 '면책적 채무인수'로 불린다. 민법에서는 면책적 채무인수를 채권자와의 계약에 의한 채무인수와(§453) 채무자와의 계약에 의한 채무인수(§454) 두 가지를 정하고 있다. 양수인에게 채권이 양수되면 양도인의 채권이 소멸하는 것과 같이 면책적 채무인수에서도 채무가 동일성을 유지한 채 인수인에게 이전하면서 기존 채무자는 채무를 면하고 인수인이 동일채무를 부담하게 된다. 이처럼 채권양도에서는 채권자가 변경되고, 면책적 채무인수에서는 채무자가 변경된다는 점에 공통점이 있다.

2. 채무인수는 계약을 통해 채무자가 변경된다는 점에서 채권의 소멸사유에 속하는 경개와 매우 유사하다(§501, 채무자변경으로 인한 경개). 그러나 채무인수에서는 채무가 동일성을 유지한 채 그대로 인수인에게 이전하는 데 비하여, 경개는 채무자변경으로 종래채무가 소멸하여 신채무와 구채무 사이에 동일성이 없다(§500). 경개는 신채무자가 종래의 채무와는 별개의 새로운 채무를 부담하며, 구채무에 존재한 항변권이 신채무에 수반하지 않는다(§458 참고).

3. 채무는 상속(§1005), 포괄유증(§1078)과 같이 법률의 규정에 의해 직접 이전되는 경우도 있으나, 보통은 계약에 의해 채무가 이전된다.

Ⅱ. 법률적 성질

인수계약은 채권자와 인수인 사이의 계약이냐, 채무자와 인수인 사이의 계약이냐에 따라 그 성질이 달라진다. 예컨대, 채권자와 인수인 사이에 체결된 채

무인수계약의 성질은 인수인의 입장에서 보면 채무자가 부담하고 있는 채무를
자신이 부담하는 것이므로 채권행위가 되지만, 채권자 입장에서 보면 채권을 처
분하는 것이므로 준물권행위가 된다. 또 채무자와 인수인 사이에 체결된 인수계
약은 채권행위의 성질을 가지는데, 채권자의 승낙이 있어야 효력을 발생한다(§
454 I). 이 경우 채권자의 승낙은 처분행위로서 준물권행위가 된다. 한편 인수인
이 채무자와 더불어 새로이 동일 내용의 채무를 부담하는 병존적 채무인수는 처
분행위가 아니라, 단순한 채권행위이다.

Ⅲ. 실무상 의미

1. 부동산 매수인이 매매목적물에 설정된 저당권의 저당채무나 임대차보증
금 반환채무를 매매대금에서 공제하는 방법으로 채무를 인수할 수 있다(2012다
84370 참고). 이 경우를 면책적 채무인수로 보기 위해서는 채권자, 즉 임차인의 승
낙이 있어야 한다. 더구나 임대차보증금 반환채권의 회수가능성 등이 의문시되는
상황이라면 묵시적 승낙을 단정해서도 안 된다.

2. 주택신축시 건축주가 기성공사 대금의 지급을 지체할 경우 건축업자는
공사를 중단하는 데 대하여 가능한 빨리 입주를 바라는 임차인이 공사재개를 위
하여 건축주의 공사대금채무를 면책적으로 인수하거나 병존적으로 인수할 수
있다.

3. 상법에서는 영업양수인이 양도인의 상호를 계속사용하거나(상법 §42), 양
도인의 영업으로 인한 채무를 인수하는 것으로 광고한 경우(상법 §44) 양수인도
변제할 책임이 있다고 정한다. 판례에서도 교육시설인 '서울종합예술원'의 영업
을 양도받아 그 명칭을 사용하여 같은 영업을 계속한 경우와(2010다35138), 신설회
사가 기존회사로부터 영업재산 대부분을 인수 및 그 영업을 양수하여 기존회사
의 거래처와 계속 거래하면서 추후 상호변경을 통지한 경우(2009다77327) 양수인
은 양도인의 채무를 변제할 책임이 있다고 보았다.

[2] 채무인수의 요건

Ⅰ. 채무에 관한 요건

1. 채무의 유효성

인수의 대상이 되는 채무가 우선 유효한 채무로서 존재하고 있어야 한다. 자연채무와 같이 완전한 채무가 아니거나, 장래에 발생할 개연성이 상당한 채무가 인수되었다고 하여 무효가 되지는 않는다. 장래채권의 양도를 인정하면서 장래채무라 하여 인수를 부정할 이유가 없기 때문이다.

2. 채무의 이전성

원칙적으로 모든 채무는 인수될 수 있지만, 유효한 채무인수가 되려면 채무가 이전할 수 있는 것이어야 한다. 채무의 성질 또는 당사자의 의사표시에 의하여 인수가 제한된 채무는 이전성이 없다.

가. 채무의 성질상 이전성의 제한

채무의 성질이 인수를 허용하지 않는 것인 때에는 그 채무를 인수하지 못한다(§453 Ⅰ단서). 구체적으로 어떤 채무가 이전이 제한되는 것인지에 대한 판단은 거래관념을 고려하여 판단할 문제이다.

(1) 채무자가 변경되면 급부내용이 달라지는 채무

원래의 채무자가 아닌 새로운 채무자(인수인)가 급부를 이행할 경우 급부내용이 달라지는 경우 이런 채무는 이전성이 없다. 예를 들어 특정인이 연주해야 할 채무를 다른 연주자가 대신 연주한다면 연주자(인수인)의 개인적 능력에 따라 연주의 느낌(급부내용)이 달라질 수밖에 없을 것이다. 이와 같이 채무자가 변경되면 급부내용이 전혀 달라지므로 채무의 동질성을 상실하게 되고 채권자에게도 불이익을 주기 때문에 인수할 수 없다. 대부분의 작위채무에 이전성이 부정된다.

(2) 채무자가 변경되면 채무이행에 현저한 차이가 생기는 채무

채무의 전속성으로 인하여 고용계약상 노무자가 사용자의 동의 없이 자신이 제공해야 할 노무를 타인이 대신하도록 하거나(§657 Ⅱ), 위임계약에서 수임인이 위임인의 승낙 없이 위임받은 사무처리를 타인이 대신하도록 할 수 없다(§682).

(3) 특정 채무자와 지급·처리되어야 할 채무

상법상 상호계산에 기입된 채무(상법 §72)와 같이 특정한 채무자와의 사이에서 지급·처리되어야 할 특별한 사유가 있는 채무는 이전성이 없다.

나. 당사자의 의사표시에 의한 이전성의 제한

채권양도에 있어서 제449조 제2항과 같은 규정을 채무인수에서 정하고 있지는 않지만, 채권자와 채무자가 미리 인수금지의 특약을 하는 것은 가능하다. 이러한 특약이 있으면 당사자는 이에 따라야 한다. 그러나 금지특약은 선의의 제3자에게 대항하지 못한다(§449 Ⅱ 참조).

Ⅱ. 인수계약의 당사자

채권양도와 같이 채무인수에서도 채권자·채무자·인수인의 3자가 있는데, 채권양도계약은 채무자가 배제된 채 채권자와 양수인 간의 계약 하나만 파악하는 데 비하여, 채무인수에서는 채권자와 인수인(§453) 또는 채무자와 인수인(§454)이 인수계약을 체결할 수 있는 것으로 민법이 정하고 있고, 계약자유의 원칙상 3자가 모두 인수계약의 당사자가 되는 경우까지 포함하면 세 가지 경우를 생각할 수 있다.

1. 채권자와 인수인 간의 계약

채무인수는 채권자와 인수인의 계약으로 할 수 있다(§453 Ⅰ 본문). 이러한 인수계약을 위하여 채무자의 동의나 승낙을 요구하지 않고, 오히려 채무자에게 이익이 되기 때문에 채무인수의 기본유형으로 본다. 그러나 이해관계 없는 제3자는 채무자의 의사에 반하여 채무를 인수하지 못한다(§453 Ⅱ). 채무자의 의사에 반하는지 여부는 인수 당시를 표준으로 결정하며, 면책적 채무인수인지 불분명한 때에는 병존적 채무인수로 해석하여(4294민상1087) 병존적 채무인수에서는 채권자와 채무인수인과의 합의가 있는 이상 채무자의 의사에 반하여서도 인수할 수 있다(87다카1836). 한편 민법에서는 제3자의 변제(§469 Ⅱ)·채무자변경에 의한 경개

(§ 501)에 있어서도 채무자의 의사에 반하여 할 수 없는 경우로 정하고 있다.

2. 채무자와 인수인 간의 계약

가. 채권자의 승낙과 처분수권

채무자가 배제된 채권양도계약에서 양도인이 채무자에게 통지하거나 승낙을 받아야 하는 것과 같이, 채무자와 인수인 사이의 계약에 의한 채무인수가 효력을 발생하려면 채권자의 승낙이 있어야 한다(§ 454 I). 채권자·채무자·인수인(양수인) 3자 간의 내부적 법률관계가 동일하다면 채권양도에서의 양수인의 이익과 채무인수에서 채무자의 이익이 차이가 없을 텐데, 왜 채권양도에서는 양도인의 채무자에 대한 통지·승낙을 대항요건으로 하는 데 반하여, 채무인수에서는 채권자의 승낙을 성립요건으로 하였을까?

채권양도와 달리 채무인수에서는 채무자의 변제자력의 약화로 인해 채권자에게 불이익을 초래할 수 있으므로 채권자에게 단지 통지하는 것만으로 인수계약의 효력을 인정할 수 없게 한 것이다. 그러나 채권양도에 있어서 양도인은 채권자로서 정당한 권리자이므로 채무자에 대한 대항요건으로 통지나 승낙만으로 충분하지만, 채무인수에 있어서 채무자는 무권리자이기 때문에 채권자의 승낙이 있어야 인수의 효력이 발생하도록 정한 것으로 보아야 옳다. 독일에서도 채무자와 인수인이 인수계약에 합의한 경우 그 효력유무는 채권자의 추인에 달려 있다고 정하고 있는데(BGB § 415 I), 이런 형태의 인수계약을 처분권한이 없는 채무자의 처분행위로 이해한다. 즉, 채무자(무권리자)가 타인(채권자)의 권리를 처분한 경우 이 처분이 유효한 처분행위가 되려면 채권자의 동의나 추인이 있어야 한다는 것이다(BGB § 185).

면책적 채무인수에서와 달리 병존적 채무인수의 경우 채권자의 승낙(수익의 의사표시)은 인수계약의 성립요건이 아니라, 채권자가 인수인에 대하여 채권을 취득하기 위한 요건이다(2011다56033).

나. 채권자의 승낙 또는 거절

채무자나 인수인은 상당한 기간을 정하여 승낙 여부의 확답을 채권자에게 최고할 수 있고(§ 455 I), 채권자가 그 기간 내에 확답을 발송하지 않으면 승낙을 거절한 것으로 본다(§455 Ⅱ). 한편 채무자나 인수인은 채권자의 승낙이 있을 때까지 계약을 철회하거나 변경할 수 있다(§456). 채권자의 승낙이 있은 후에 인수인이 채무인수계약을 임의로 철회하려면 다시 채권자의 승낙을 얻어야만 철회의 효력이 발생한다(62다161).

채권자의 승낙이나 거절의 의사표시는 채무자 또는 인수인 누구에게 하더라도 무방하다(§454 Ⅱ).

다. 효력의 발생시기

채권자의 채무인수에 대한 승낙의 효력은 다른 의사표시가 없으면 채무자·인수인 사이의 계약이 체결된 때에 소급하여 발생한다(§457 본문). 그러나 제3자의 권리를 침해하지 못한다(§457 단서). 채권자가 인수인에게 직접 채무이행을 청구했다면 묵시적인 승낙을 한 것으로 본다(88다카29962).

공동상속인들 간에 상속채무의 분할협의에 따라 공동상속인 중 1인이 법정상속분을 초과하여 채무를 부담하기로 약정한 경우 이 약정이 효력을 발생하려면 제454조에 따라 채권자의 승낙이 필요하다(97다8809). 채권자의 승낙의 효력은 상속재산 분할시 상속이 개시된 때에 소급효를 정하고 있는 제1015조가 적용되지 않고, 다른 의사표시가 없으면 분할약정을 한 때에 효력이 있다.

라. 추인(사후적 승낙)

채무자와 인수인 사이의 인수계약을 무권리자의 처분행위로 파악한다면 독일의 처분수권이론과 같이 추인(사후적 승낙)에 의해서도 소급적으로 효력이 발생한다. 계약인수에서도 사후적 승낙을 인정하고 있다(91다32534).

3. 채권자·채무자·인수인의 3자 간 인수계약

민법에 규정이 없지만 3자 사이에 인수계약을 체결하는 것은 계약자유의 원칙상 당연히 가능하다. 이 인수계약에서는 앞서 기술한 채무자의 의사에 반한다고 볼 수도 없고, 채권자의 승낙을 받을 필요도 없으므로 3자 사이에 다른 약정이 없다면 계약체결과 동시에 채무인수의 효과가 발생한다.

[3] 채무인수의 효과

I. 채무의 이전

1. 채무인수에 의하여 종전 채무자는 채무를 면하고, 인수인이 새로운 채무자가 된다(면책적 채무인수). 이때 채무는 동일성을 잃지 않고 채무자로부터 인수인에게 이전된다. 여기서 주의할 것은 채무인수로 인하여 종전 채무자는 채무관계에서 탈퇴하여 면책되는 것일 뿐 종래의 채무가 소멸하는 것이 아니다(96다27476). 한편 병존적 채무인수에서는 종래의 채무자는 그 채무를 면하지 않으며, 인수인은 채무자의 채무와 동일한 내용의 채무를 부담한다.

2. 채무이전의 효과는 채무인수가 효력을 발생하는 때에 생긴다. 그러므로 채권자의 승낙이 필요한 채무자와 인수인 사이의 인수계약인 경우에는 승낙의 효력이 발생해야 채무가 이전된다. 승낙의 효력은 다른 의사표시가 없으면 채무자와 인수인 사이에 계약을 체결한 때에 소급하여 발생한다(§ 457 본문). 다만, 승낙의 소급효는 제3자의 권리를 해하지 않는 범위에서 제한된다. 그러나 채무자와 인수인 사이에 병존적 채무인수계약을 체결했다면 종전 채무자가 면책되지 않고 인수인이 동일한 채무를 부담하므로 채권자의 승낙이 필요하지 않다. 이런 경우에는 인수계약을 체결한 때에 효력을 발생한다.

II. 인수인의 항변권

1. 인수인은 종전 채무자가 채권자 사이의 법률관계로부터 발생하는 항변으로 채권자에게 대항할 수 있다(§ 458). 즉, 종전 채무자가 채권자에게 주장할 수 있는 채무의 성립, 존속 또는 이행사유 등을 인수인도 주장할 수 있다. 인수인은 채무의 특정승계인으로서 새로운 채무자가 되기 때문에 채권자는 인수인에게 직접 채무의 이행을 청구할 수 있다. 이 점에서 채무는 채무자가 그대로 부담한 채 그 이행만을 인수인이 행하기로 하는 이행인수와 다르다.

2. 채무성립의 원인이 된 계약상의 지위까지 인수인에게 이전되는 것은 아니다. 즉, 인수인은 계약당사자의 지위를 승계하는 것이 아니라, 채무의 특정승계인

에 불과하므로 채무발생의 원인이 되는 계약의 취소권·해제권 및 상계권은 이전하지 않는다. 만일 종전 채무자가 취소권이나 해제권을 행사한 경우 인수인은 채무의 불성립이나 소멸을 항변할 수 있을 뿐이다. 또한 인수인은 종전 채무자가 채권자에 가지고 있는 반대채권으로 상계하지 못한다. 즉, 인수인은 채무의 승계인에 불과하지, 계약상 지위를 승계한 것이 아니므로 종전 채무자의 채권자에 대한 상계권까지 인수한 것이 아니다.

　　3. 인수인이 종전 채무자에 대해 가진 항변권을 채권자에게도 주장할 수 있는가? 특별한 의사표시가 없는 한 인수인은 종전 채무자에 대한 항변사유로서 채권자에게 대항할 수 없다(66다1861). 다만, 채무인수계약 자체의 무효, 취소, 또는 해제 기타 항변사유가 있는 경우 이로써 채권자에게 대항할 수는 있다. 채권양도 시 채무자는 통지나 승낙 이전의 사유만으로 양수인에게 대항할 수 있고, 통지 이후의 사유로는 대항하지 못하지만, 채무자와 인수인 사이의 채무인수의 경우 인수인은 채권자의 승낙 이후의 사유로도 채권자에게 대항할 수 있다.

Ⅲ. 이전 가능한 권리

1. 종된 권리

이자채무, 위약금채무 등은 원래 채무에 대하여 종속성을 갖고 있으므로 이런 채무는 원래 채무의 이전과 함께 이전된다. 그러나 변제기가 도달하여 이미 발생한 이자채무는 어느 정도 독립성이 있으므로 원래 채무와 함께 당연히 이전하지 않는다(88다카12803 참고).

2. 법정담보권

법정담보권인 유치권·법정질권·법정저당권 등은 특정채무의 보전을 위하여 법률상 당연히 성립하는 것이므로, 채무인수에 아무런 영향을 받지 않는다.

3. 약정담보권

약정담보권의 경우 채무인수로 어떤 변화가 있는지에 관하여는 제3자가 제공한 담보인지, 채무자 스스로 설정한 담보인지에 따라 구분하여 판단할 필요가 있다.

가. 종전 채무자의 채무를 보증하거나 담보를 제공하는 방법으로 제3자가 제공한 담보는, 그것이 보증이든 또는 물상보증이든 모두 채무인수로 소멸한다(§ 459 본문). 종전 채무자와의 신뢰관계에서 그의 채무를 보증하기 위해 제3자가 제공한 담보를 채무인수를 통해 채무자가 인수인으로 변경된 경우까지 그대로 유지하는 것은 신의칙상 기대할 수 없기 때문이다. 다만, 담보를 제공한 제3자가 채무인수에 동의한 때에는, 제3자의 담보는 존속한다(§ 459 단서). 여기서 제3자가 채무인수에 대한 동의한다는 것은 인수인을 위해 새로운 담보를 설정한다는 것이 아니라, 기존의 담보를 인수인을 위해 존속시키겠다는 의미로 해석한다(96다27476). 물론 보증인이나 물상보증인이 스스로 채무를 인수한 경우에는 당연히 채무인수에 대해 동의가 있는 것으로 보아 보증인은 주채무자가 되고, 물상보증인은 담보채무자로서 채무를 부담한다. 채무인수로 제3자가 제공한 담보의 소멸에 대하여 정하고 있는 제459조는 채권자와 인수인 간의 계약, 채무자와 인수인 간의 계약 두 유형을 구분하지 않고 모든 면책적 채무인수에 적용된다.

나. 채무자가 담보를 설정한 경우에도 채무인수로 담보권이 소멸하는지에 관하여는 민법에 규정이 없기 때문에 논란이 있다. 즉, 인수계약에 따라 차이를 두어 채권자와 인수인 간의 인수계약에서는 담보권이 소멸하고, 채무자와 인수인 간의 계약에서는 담보권이 존속한다는 주장이 있는 반면에, 어떤 형태의 인수계약이든 모두 담보권이 존속한다고 한다. 채권자와 인수인 사이의 인수계약에서 채무자가 제공한 담보가 인수인을 위해서도 존속한다는 것은 자신이 배제된 채무인수계약을 통해 채무자가 면책되는 것이 아니라, 오히려 보증인이나 물상보증인으로 계속 남게 되어 채무자의 이익을 침해한다. 그러므로 채권자와 인수인 간에 인수계약이 있으면 채무자가 제공한 담보가 당연히 소멸해야 옳다.

그렇다면 채무자와 인수인 사이에 인수계약을 체결한 경우에는 인수인을 위해서도 채무자가 채권자를 위해 제공한 담보가 그대로 존속하는가? 여기서는 채무자 자신이 설정한 담보를 인수인을 위해서도 존속하게 하려는 의사가 인수계약에 당연히 포함되는지 의문이다. 판단컨대, 종전 채무자가 자신의 채무를 보증하기 위해 설정한 담보는 채무성립의 원인이 된 계약에 기한 것이지 채무인수계약과는 독립적이다. 더구나 인수계약을 채무자가 체결했다고 하여 자신이 채권자에게 제공한 담보가 인수인을 위해서도 당연히 존속한다고 보는 것은 면책적 채무인수의 본질과도 맞지 않는다. 또 채무자가 제공한 담보권이 인수인을 위해서도 존속하는 것으로 판단한다면 채무인수로 인하여 채권자의 담보력이 오히려 강화되는 결과를 가져올 수도 있다. 결국 이 경우에도 인수인은 채무만 승계할 뿐이지, 채무자가 설정한 담보는 채무성립의 원인이 된 계약에 기한 것이어서 인수인에게 승계되거나 인수인을 위해 존속하지 않는다. 다만 채무자 자신이 설정한 담보가 인수계약 이후에도 존속하는 것에 동의한 경우라면 기존의 담보는 인수인을 위해서도 계속하여 존속한다. 이때 종전 채무자는 인수인의 채무에 대한 보증인이나 물상보증인이 될 것이다.

[4] 채무인수와 유사한 제도

Ⅰ. 병존적 채무인수

1. 의 의

가. 개 념

인수인이 채무자와 함께 새로이 동일한 내용의 채무를 부담하면서도 채무자는 면책되지 않은 채 채무자로서 그대로 존재하므로 채권자는 채무자는 물론 인수인에 대해서도 채권을 가진다. 이러한 채무인수를 병존적 채무인수 또는 중첩적 채무인수로 부른다.

나. 면책적 채무인수와의 구별

면책적 채무인수에 있어서는 종래 채무자의 채무가 면책되고 인수인만이 종래 채무자의 채무와 동일한 채무를 부담하는 데 비하여, 병존적 채무인수에서는 채무자의 채무가 면책되지 않고 인수인이 채무자와 더불어 새로이 동일 내용의 채무를 부담하게 된다. 이처럼 채무자의 채무가 이전하지 않고 동일한 채무를 인수인이 중복하여 부담한다는 점에서 병존적 채무인수는 엄밀한 의미에서의 채무인수로 보기 어렵다. 그러나 채무자와 동일한 채무를 인수인이 함께 부담하기 때문에 보증채무, 연대채무와 같은 인적 담보로서의 기능을 한다.

다. 보증채무와의 구별

보증채무는 주채무의 존재를 전제로 하고(수반성, 부종성), 타인의 채무를 호의적인 측면에서 보증인이 부담하기로 한 보충적 채무이지만(보충성), 병존적 채무인수에서 인수채무는 인수인이 경제적 이익을 추구하기 위하여 자신의 채무로 인수한 채무여서 채무자의 채무와 독립적이다. 보증은 채권자와 보증인 간의 보증계약을 통해서만 성립할 수 있지만, 채무인수는 면책적 채무인수와 마찬가지로 채무자와 인수인 사이의 합의에 의해서도 가능하다.

요식성과 관련하여 보증의 경우는 보증인에게 채무부담의 주의를 환기시켜야 한다는 점에서 보증의사의 서면방식을 요구하는데(§ 428의2), 병존적 채무인수에서 인수인은 자신의 이해관계에서 채무를 인수하는 것이므로 주의를 환기시켜줄 필요가 없고, 또 서면으로 작성할 필요도 없다.

라. 인수인의 항변과 담보의 이전 여부

병존적 채무인수에서는 채무자가 면책되지 않기 때문에 이해관계 없는 제3자라도 채무자의 의사에 반하여 채무를 인수할 수 있다(87다카1836). 마찬가지 이유로 채무자의 채무에 대하여 보증이나 제3자가 제공한 담보 역시 채무인수로 인하여 소멸하지 않는다(§ 459 참조). 즉, 제459조가 병존적 채무에는 적용되지 않는다.

마. 법률적 성질

병존적 채무인수는 채무자가 부담하고 있는 것과 동일한 내용의 채무를 중복해서 부담할 뿐 채무가 동일성을 유지하면서 인수인에게 이전하지 않기 때문에 처분행위가 아니라, 단순한 채권행위 내지 의무부담행위의 성질을 가진다.

2. 요 건

가. 대 상

채무자가 부담하고 있는 채무와 동일한 채무를 인수인도 이행할 수 있어야 한다. 따라서 전속성이 있거나 대체할 수 없는 채무는 병존적 채무인수의 대상이 될 수 없다.

병존적 채무인수계약의 당사자는 면책적 채무인수와 마찬가지로 채권자와 인수인, 채무자와 인수인, 그리고 3자가 모두 인수계약의 당사자가 되는 경우까지 포함하면 세 가지 경우를 생각할 수 있다. 이를 나누어서 설명한다.

나. 채권자와 인수인 사이의 약정에 의한 채무인수

이해관계 없는 제3자가 채무자의 의사에 반하여 채권자와 채무인수계약을 체결하여도 효력이 있는가? 면책적 채무인수의 경우 제453조 제2항에 의하여 무효로 보아야 할 것이나, 채권자·인수인 사이의 병존적 채무인수의 경우에는 채무자의 채무에 대한 인적 담보의 성질이 있으므로 채무자의 의사에 반하여도 할 수 있다고 보아야 한다. 판례도 이런 경우 채권자·인수인 사이의 채무인수의 효력을 긍정한다(87다카1836, 64다1702, 66다1202). 또한 채무인수로 종래의 채무를 면책시키려는 의사가 명확하지 않아 면책적 채무인수인지 병존적 채무인수인지가 불분명하다면 병존적 채무인수로 파악하여 채무자의 의사에 반하더라도 인수의 효력을 인정한다(4294민상1087, 87다카3104, 2002다36228).

다. 채무자와 인수인 사이의 약정에 의한 채무인수

채무자와 인수인의 약정에 의한 병존적 채무인수는 일종의 제3자를 위한 계약으로 파악하여 그 유효성을 인정한다(94다47469). 이에 따라 채권자는 인수인에 대하여 채무이행을 청구하거나 기타 채권자로서의 권리를 행사하는 방법으로 수익의 의사표시를 함으로써 인수인에 대하여 직접 청구할 권리를 갖게 된다(§539 참조). 여기서 채권자의 인수인에 대한 수익의 의사표시는 채권자가 인수인에 대하여 채권을 취득하기 위한 요건이지, 인수계약의 성립요건이나 효력발생요건이 아니다(2011다56033).

한편 인수인이 채무자와 약정으로 채무자가 부담하는 채무를 인수한 것이 아니라, 단지 채무의 이행을 인수하기로 했다면 인수인은 채무자의 채무를 변제할 의무만 부담할 뿐이어서 채권자는 인수인에게 직접 채무이행을 청구하거나 수익의 의사표시를 할 수 없다. 이런 방법의 채무인수는 병존적 채무인수가 아니라, 이행인수라고 부른다.

라. 채권자·채무자·인수인의 3자 간 약정에 의한 채무인수

3자 사이에 병존적 채무인수계약을 체결하는 것은 계약자유의 원칙상 당연히 가능하고, 면책적 채무인수에서 기술한 바와 같이 이런 채무인수계약이 채무자의 의사에 반한다고 볼 수도 없고, 채권자의 승낙을 받을 필요도 없으므로 3자 사이에 다른 약정이 없다면 계약체결과 동시에 채무인수의 효과가 발생한다.

3. 효   과

기존 채무자는 그의 채무를 면하지 않으며, 인수인은 채무자의 채무와 병존하는 동일내용의 채무를 부담한다. 판례는 채무자의 부탁을 받아 채권자와 계약으로 채무를 인수한 경우 채무자와 인수인은 주관적 공동관계가 있는 연대채무관계로 파악하고(2013다49404·49411), 채무자의 부탁 없이 인수인이 된 경우는 주관적 공동관계가 없는 부진정연대관계로 추정한다(2009다32409, 2012다97420). 그러나 채무자와 인수인 간의 구상관계를 고려하지 않고 채무자의 부탁을 받아 인수한 채무를 연대채무로 보는 것은 성급한 판단으로 보인다.

4. 병존적 채무인수를 인정한 판례

가. 상법 제724조 제2항에 의하여 피보험자(가해자, 채무자)의 피해자(채권자)에 대한 손배배상의무를 피보험자의 부탁으로 보험자(인수인)가 인수한 경우 피보험자와 보험자의 손해배상의무는 주관적 공동관계가 있는 연대채무관계에 있다(2010다53754, 97다28698).

나. 금전소비대차계약으로 인한 채무에 관하여 제3자가 채무자를 위하여 약속어음을 발행한 경우(88다카13806), 채권자의 요구에 따라 채무자를 대신하여 공사잔대금을 지급해 주기로 하고 어음을 발행하여 공증해준 경우(2010다46657) 특별한 사정이 없는 한 동일한 채무를 병존적으로 인수한 것으로 본다.

다. A가 B로부터 점포를 양도받기로 계약하면서 B의 제3자 C에 대한 채무를 A가 변제해 주기로 약정하고, A가 곧바로 C에게 B의 채무를 대신 변제하겠다고 제의했다면 제3자를 위한 계약으로서 병존적 채무인수약정에 해당한다(96다33846).

라. 매수인이 저당권의 피담보채무를 공제한 대금으로 인수함에 있어서 인수의 대상으로 된 채무의 책임을 구성하는 권리관계도 함께 양도된 경우, 임대아파트 매수인이 매도인과 체결한 약정에 따라 매도인으로부터 '은행에 대한 대출금채무'를 인수하는 대신 매매대금에서 그 금액을 공제한 경우 이행인수가 아닌 병존적 채무인수에 해당한다(2009다105222).

Ⅱ. 이행인수

1. 의   의

채무를 인수하는 것이 아니라, 채무는 채무자가 그대로 부담한 채 그 이행만을 제3자가 행하기로 하는 '채무자와 인수인 사이의 계약'을 가리킨다.

예를 들어, A가 저당권자 C에게 3억 원의 저당권을 설정해준 부동산을 B에게 5억 원에 매매하고, 매수인 B가 저당채무 3억 원을 인수하여 대신 변제하기로 하고 매매대금에서 3억 원을 공제하기로 했다면 채무인수가 아니라, 이행인수로 파악한다. 즉, 이 경우 저당채무자는 여전히 A가 되며, B는 저당채권자 C에 대하여 직접 채무를 부담하지 않고 A에 대하여 채무를 변제할 의무를 부담한다. 채무자 A와 인수인 B 사이의 계약은 저당채무 '3억 원을 변제하는 행위'를 B가 이행하기로 한 것에 불과하다. 따라서 저당권자 C는 A에게만 채무이행을 청구할 수 있을 뿐이지, 인수인 B에게는 직접 청구할 수 없다.

이행인수는 채무자와 인수인 사이의 계약으로 인수인이 변제 등에 의하여 채무를 소멸케 하여 채무자의 책임을 면하게 할 것을 약정하는 것으로 인수인이 채무자에 대한 관계에서 채무자를 면책하게 하는 채무를 부담할 뿐 채권자로 하여금 직접 인수인에 대한 채권을 취득하게 하는 것이 아니다. 이와 같이 이행인수는 채무자와 인수인 사이에서만 효력이 있는 약정이므로, 채권자의 승낙이 필요하지 않다.

2. 구별기준

가. 인수인이 채권자에게 이행하지 않으면 채무자에 대하여 채무불이행책임을 지기 때문에, 이행인수는 원칙적으로 '제3자를 위한 계약'이 되지 않지만, 인수

인과 채무자가 특히 채권자로 하여금 직접 채권을 취득하게 하는 계약을 하면, 이는 '제3자를 위한 계약'으로 유효하다.

　나. 이행인수인지 병존적 채무인수인지에 대한 구별은 채권자가 인수인에게 직접 청구할 수 있도록 한다는 의사가 있는지 여부에 따라 판단한다. 즉, 채권자가 인수인에게 직접 채권을 취득하게 할 의사가 없으면 이행인수이고, 이런 의사가 있으면 병존적 채무인수로 본다(97다28698). 그러나 인수인에게 직접 채권을 취득하게 할 의사가 명확하지 않아서 이행인수인지 병존적 채무인수인지 판단이 어렵다면 이행인수로 해석하여 채권자는 인수인에게 직접 채무이행을 청구할 수 없다고 해야 한다.

3. 매매대금 지급방식에 따른 판단

　부동산의 매수인이 매매목적물에 관한 근저당권의 피담보채무, 가압류채무, 임대차보증금반환채무를 인수하면서 그 채무액을 매매대금에서 공제하기로 약정했다면, 다른 특약이 없는 한 이행인수로 본다(92다23193). 그러나 매수인이 매도인의 제3자에 대한 채무를 변제하기로 약정했다면 제3자를 위한 계약으로서 병존적 채무인수이다(96다33846).

Ⅲ. 계약인수

1. 계약인수와 계약가입의 구별

　매매계약상 양도인 또는 매수인의 지위, 임대차계약상 임대인이나 임차인의 지위 등과 같은 계약당사자의 지위를 승계하거나 가입(참여)할 목적으로 체결하는 계약을 계약인수라고 말한다. 채무인수에서 종래 채무자의 면책 여부에 따라 면책적 채무인수와 병존적 채무인수로 구별하는 것처럼 양도인이 기존 계약관계에서 탈퇴하게 되는지 여부에 따라 면책적 계약인수와 병존적 계약인수(계약가입)로 나누어진다.

　면책적 계약인수에서는 종래의 계약당사자 일방이 가지고 있던 일체의 권리·의무가 승계인에게 이전하게 되고, 양도인은 계약관계에서 탈퇴하게 되어 기존의 채권채무관계도 소멸한다(2007다31990). 병존적 계약인수에서는 가입자가 계약관계에 가입하여 새로이 당사자가 되지만, 면책적 계약인수와 달리 종래의 당사자가 계약관계에서 벗어나지 않고, 가입자와 더불어 당사자의 지위에 머물게 되는 경우를 말한다.

민법에 이들 2가지 계약인수에 대한 규정이 없더라도 사적자치의 원칙에 따라 인정이 가능하며, 이들의 요건과 효과가 다르므로 어느 형태인지는 구체적 약관내용의 해석에 따라 파악해야 한다(82다카508).

2. 면책적 계약인수

가. 인수의 범위

채권양도나 채무인수의 방법으로는 특정한 채권이나 채무만을 양도·이전하게 될 뿐, 그 채권이나 채무가 발생하게 된 원인된 계약에서 발생하는 취소권·해제권 등은 양수인이나 인수인에게 이전되지 않고 그대로 기존의 계약당사자에게 귀속된다. 이에 반해 계약인수는 채권관계 전체의 양도이므로 채권·채무뿐만 아니라, 취소권, 해제권 등도 동시에 인수인에게 승계된다(2007다63089).

공동주택을 신축분양하려는 토지매수인(건설사)이 매도인(토지소유자)의 대금채권을 보장해주기 위하여 매도인 명의로 건축허가를 받아 매도인 명의로 주택을 분양하였으나, 매수인의 공사포기로 인하여 토지매매계약이 해제되면서 매도인과 매수인 사이에 계약상 지위 인수계약을 한 경우 대법원은 매수인이 수분양자들에게 공동주택을 분양한 자로서의 권리의무는 계약상 지위 인수계약의 포괄승계 대상에서 제외된다고 판시하였다(96다25548). 즉, 분양한 공동주택에 대하여 추후 위배되는 사실이 발견될 때 매수인이 모든 책임을 부담하겠다고 약정하였고, 매도인은 토지대금채권을 확보하기 위하여 공동주택의 건축허가 명의를 가졌던 것에 불과할 뿐, 공동주택은 매수인이 건축하고 분양한 것이어서 매도인을 분양당사자로 볼 수 없다는 점에서 매도인의 수분양자에 대한 이전등기의무를 부정하였다.

나. 계약형식

계약인수는 계약상의 쌍방 당사자와 양수인과의 3면계약으로 할 수 있고, 당사자 중 2인의 합의와 나머지 당사자가 이를 동의 내지 승낙하는 방법으로 할 수 있는데, 이때에는 타방 당사자의 승낙을 정지조건으로 효력을 발생한다. 이때 승낙은 단순한 승인이나(95다21662), 사후적 승낙도 가능하다(91다32534). 그러나 계약당사자의 인적 요소가 문제되지 않고, 계약상 지위가 승계됨으로써 상대방에게 불이익을 주지 않아야 한다.

다. 효   과

계약인수로부터 발생하는 채권·채무의 이전 이외에 그 계약관계로부터 생기는 취소권이나 해제권 등 포괄적 권리의무가 인수인에게 양도된다. 이로써 원채무자(양도인)는 계약관계에서 탈퇴하게 되고, 특별한 사정이 없는 한 채권자와 양도인 사이의 계약관계가 부존재하게 됨에 따라 채권채무관계도 소멸한다(85다카733·734).

3. 병존적 계약인수(계약가입)

병존적 계약인수에서는 가입자가 계약관계에 새로 가입하여 당사자가 되어도 종래의 당사자가 계약관계에서 탈퇴함이 없이 가입자와 함께 당사자의 지위에 머물게 된다. 그러므로 가입자는 종래 당사자와 동일한 지위를 가지며, 그의 채무에 대하여 가입자도 연대채무를 부담한다. 이에 따라 가입자는 채무인수인의 항변권에 관한 규정(§458)을 준용하여 계약가입이 있기 전까지 당사자가 타방과의 법률관계로부터 발생한 항변으로 타방에게 대항할 수 있다.

한편 채권에 관하여는 가입계약의 내용에 따라 종래 당사자와 분할채권·연대채권 또는 채권의 준합유가 될 수 있다.

제7장 채권의 소멸

제1절 채권의 소멸원인 개관

I. 채권소멸의 의의

채권이 객관적으로 존재하지 않게 되는 것이 채권의 소멸이다. 물건을 직접 지배하는 권리로서의 물권과 달리 채권은 일정한 목적을 실현하기 위한 수단이므로 목적이 소멸하면 채권도 소멸한다. 그러므로 소멸은 채권에 있어서 매우 중요한 부분을 차지한다.

II. 민법상 채권의 소멸원인

채권의 소멸원인에는 여러 가지가 있다. 즉, 채권도 권리의 한 종류이므로 권리의 일반적 소멸원인에 해당하는 목적의 소멸·소멸시효의 완성·권리 존속기간의 경과 등으로 당연히 소멸한다. 또한 채권이 법률행위에 의하여 발생한 경우에는 법률행위의 취소·해제조건의 성취·종기(終期)의 도래·계약의 해제나 해지 등에 의하여 소멸한다. 한편 채권양도나 채무인수는 채권자나 채무자 입장에서는 소멸로 볼 수 있겠지만, 채권 또는 채무가 동일성을 유지하면서 이전하는 것에 불과할 뿐 채권 자체가 소멸하는 것은 아니다.

민법에서는 채권편에 채권의 소멸원인으로 변제(대물변제 포함)·공탁·상계·경개·면제·혼동 등을 정하고 있다. 본장에서는 이들을 중심으로 살펴보기로 한다.

Ⅲ. 채권의 소멸원인의 분류

민법이 채권편 총칙 제6절에서 정하고 있는 6가지 채권의 소멸원인은 목적의 도달 여부와 소멸의 원인이 되는 사실의 성질에 따라 다음과 같이 분류할 수 있다.

1. 목적의 도달 여부를 기준으로 한 분류

채권의 목적인 급부가 실현되면 채권은 더 이상 존재하지 않고 소멸한다. 채권 본래의 소멸원인으로서 변제가 대표적이다. 대물변제·공탁·상계도 목적의 도달로 인한 채권의 소멸원인이 된다.

그런데 채권의 목적달성이 불가능한 경우에도 본래의 채권은 소멸한다. 물론 목적달성의 불가능에 대하여 채무자에게 귀책사유가 없어야 한다(§ 537 참조). 그러나 채무자에게 귀책사유가 있는 때에는 채권은 소멸하지 않고 채무자는 이행불능에 따른 손해배상책임을 진다.

한편 목적달성 여부와 무관한 소멸원인으로 경개·면제·혼동이 있다. 경개(§§ 500 이하)는 구채권에 갈음하여 신채권을 성립시킴으로써 구채권이 소멸하는 것이고, 면제(§ 506)는 물권에 있어서 물권의 포기처럼 채권의 포기를 의미하는 것이며, 혼동(§ 507)은 채권과 채무가 동일인에게 귀속하기 때문에 채권을 존속시킬 실익이 없게 된 것이므로 채권의 목적달성으로 인한 소멸원인으로 볼 수 없다.

2. 소멸의 원인이 되는 사실의 성질에 따른 분류

가. 법률행위로 인한 소멸

채무면제·공탁·상계는 단독행위에 의한 채권의 소멸원인이 된다. 면제는 채권자의 단독행위에 의하여, 공탁과 상계는 채무자의 단독행위에 의하여 채권이 소멸한다. 공탁은 제3자를 위한 계약으로 이론구성하는 견해도 있다. 이와 달리 대물변제(§ 466)와 경개(§§ 500 이하)는 당사자 사이의 계약을 통해 채권이 소멸한다.

나. 준법률행위로 인한 소멸

채권이 변제에 의하여 소멸하는 것은 채무자의 변제의사에 의한 것이 아니라, 급부행위에 대해 법으로 일정한 변제효과를 정하고 있기 때문이다.

다. 사   건

혼동은 사람의 정신작용에 기하지 않은 사건으로서 채권의 소멸원인이 된다. 채무자에게 귀책사유가 없는 이행불능도 사건으로서 채권의 소멸원인이 된다.

제 2 절   변   제

Ⅰ. 변제의 의의 및 성질

1. 의   의

예를 들어, 금전소비대차에서 차주가 차용금을 지급하거나, 또는 도급계약상 수급인이 완성된 목적물을 인도하는 것과 같이, 변제란 채무자 또는 제3자가 채무의 내용인 급부를 실현함으로써 채권의 목적이 달성되어 채무가 소멸하는 것을 말한다. 여기서 '변제'와 '채무의 이행'은 채무내용의 실현이라는 결과를 가져온다는 측면에서 보면 차이가 없다. 다만 채무의 이행이 채무의 내용에 좇은 급부를 하여 채권을 소멸시키는 실현과정에 중점을 둔 표현이라고 한다면, 변제는 채권의 소멸이라고 하는 법률효과에 중점을 두어 소멸원인의 하나로 파악한다는 점이다.

채무가 소멸하는 것은 채무자의 급부행위를 통해 이루어지기 때문에 급부행위와 변제는 인과관계처럼 밀접하게 연계되어 있다. 즉, 급부실현을 위한 변제의 방법으로 급부행위가 이용되는 것이다. 그러므로 급부행위는 변제의 필수적 구성요소가 되고, 다시 급부행위에 의사표시가 내재되었는지 여부에 따라 그 성질이 법률행위가 될 수도 있고, 사실행위가 될 수도 있다.

2. 변제의 법적 성질

변제의 성질에 관하여는 준법률행위설, 사실행위설, 법률행위설로 학설이 대립되고 있다. 이렇게 학설이 나뉘는 원인은 변제를 위하여 변제자와 변제수령자에게 변제의사와 변제수령의사가 각각 필요하냐에 따라 견해를 달리하기 때문이다. 그러나 앞에서 설명한 바와 같이 급부행위는 변제의 필수적 구성요소가 되므로 변제의 성질 또한 급부행위의 성질에 따라 판단해야 한다. 즉, 급부행위에 의사적 요소가 내재되었다면 변제의 성질을 법률행위로 볼 수 있겠지만, 의사적 요소가 없다면 사실행위로 파악해야 한다. 그렇다면 변제의 성질을 밝히기 위하여 급부행위에 의사적 요소가 있는지를 먼저 판단해야 한다. 변제의 성질을 획일적·단정적으로 정할 수 없는 이유가 바로 여기에 있다.

그러나 변제와 관련하여 우리 민법에는 제460조 이하 및 부당이득 등 기타 여러 곳에 많은 규정을 두고 있다. 채무의 소멸을 가져오는 변제효과는 변제자의 변제의사에 기하여 발생하는 것이 아니라, 그의 의사와 무관하게 이들 민법 규정이 변제자의 이행행위에 대하여 일정한 변제효과를 부여하기 때문에 발생하는 것이다. 이들 규정이 변제효과의 발생근거가 되므로 결론적으로 변제는 준법률행위로 보아야 할 것이다.

Ⅱ. 변제자

1. 채무자

채무자에게는 채무를 변제해야 할 의무가 있다. 그러므로 원칙적으로 채무자가 변제자이다. 급부의 성질이 채무자 아닌 자가 이행할 수 있는 것이라면 이행보조자나 대리인에 의해서도 변제가 가능하다.

2. 제3자의 변제

가. 원   칙

제3자도 원칙적으로 채무를 변제할 수 있다(§ 469 Ⅰ). 제3자는 변제뿐만 아니라, 대물변제와 공탁도 할 수 있다. 이는 채권이 제3자에 의하여 실현되어도 채권자에게 불이익이 되지 않기 때문이다. 그러나 제3자가 채권자에 대하여 가지는 채권으로써 채무자의 채무와 상계하는 것은 허용되지 않는다.

제3자의 변제는 타인의 채무를 '자기 이름으로' 변제하는 것이어서 일종의 사무관리(§ 734)의 성질을 지닌다. 그러므로 변제한 제3자는 채무자에 대하여 취득한 구상권을 확보하게 하기 위하여 일정한 경우에 채권자의 권리를 대위한다(변제에 의한 대위). 즉, 제3자의 변제에 의하여 채권자에 대한 채권은 소멸하지만, 이 채권은 변제자에게 이전하므로 제3자의 변제는 상대적 소멸의 효과를 발생한다. 예컨대 직무수행 중 고의 또는 중과실이 아닌 불법행위로 타인에게 손해를 입힌 공무원이 피해자에게 직접 손해를 배상했다면 제3자의 변제에 해당하여 국가에 대해 구상권을 갖는 것과 같다(2012다54478).

나. 제3자의 변제가 제한되는 경우

민법은 채권관계의 당사자의 입장을 고려하여 다음 세 가지의 경우에는 제3자의 변제를 제한하고 있다.

(1) 채무의 성질에 의한 제한

세계적인 바이올린 연주자의 연주를 다른 사람이 대신할 수 없는 것처럼 채무의 성질이 제3자의 변제를 허용하지 않는 때에는 제3자가 변제할 수 없다(§469 Ⅰ 단서). 다만, 채권자의 동의가 있으면 제3자의 변제가 가능한 경우도 있다(상대적 일신전속적인 급부). 가령 노무자에 갈음하여 제3자로 하여금 노무를 제공하게 하는 경우(§657 Ⅱ), 제3자로 하여금 위임사무를 처리하게 하는 경우(§682) 등이다.

(2) 당사자의 의사표시에 의한 제한

당사자가 의사표시로 제3자의 변제를 허용하지 않는 때에는 제3자는 변제하지 못한다(§469 Ⅰ 단서). 이는 사적자치의 원칙상 당연한 것이며, 채권의 발생과 동시에 제3자의 변제를 허용하지 않는다는 의사표시를 할 필요는 없고 제3자의 변제가 있기 전에 하면 충분하다.

(3) 이해관계 없는 제3자의 변제 제한

이해관계가 없는 자는 채무자의 의사에 반하여 변제하지 못한다(§469 Ⅱ). 채무자의 반대의사는 여러 사정에 비추어 판단하면 되며 적극적으로 표시되어야 하는 것은 아니다.

연대채무자·보증인·물상보증인·담보부동산의 제3취득자 등은 법률상 이해관계가 있는 제3자로서 이들은 채무자의 의사에 반하여서도 변제할 수 있다. 또한 건물매수인 겸 임차인도 건물 공사금채무를 변제할 이해관계가 있는 제3자이자 '변제할 정당한 이익이 있는 자'에 해당한다(93다9903).

한편 제3자의 변제가 유효하지 않은 경우 변제자는 채권자에게 부당이득의 반환을 청구할 수 있다.

Ⅲ. 변제수령자

1. 원   칙

채권자가 변제수령자인 것이 원칙이지만, 채권자라도 수령권한이 없는 경우가 있고, 채권자가 아니라도 수령권한이 있는 경우가 있다.

2. 변제수령권한이 제한된 채권자

가. 채권자의 채권이 압류된 경우

예컨대, 회사에 근무하는 사원이 금융기관에서 차용한 대출금의 상환을 지체할 경우 사원이 회사로부터 수령할 급여채권을 채권자인 금융기관이 압류한 때에는 회사는 사원에게 급여를 지급하는 것이 금지된다(민사집행법 §§ 227 Ⅰ, 296 Ⅲ). 이와 같이 법원의 명령을 통해 채무자(사원)가 그의 채권자(금융기관)로부터 급여채권을 압류 또는 가압류를 당한 때에 제3채무자(회사)는 채무자에게 급여를 지급할 수 없다. 압류 또는 가압류명령에도 불구하고 회사가 사원의 청구로 급여를 지급했다면 이러한 지급행위가 압류채권자(금융기관)에 대한 관계에서는 무효가 된다. 이 경우 압류채권자는 전부명령 또는 추심명령을 얻어서 제3채무자에 대하여 변제를 청구할 수 있다(민사집행법 § 229).

나. 채권에 질권이 설정된 경우

예를 들어, 전세권자가 금융기관으로부터 전세자금을 대출받으면서 전세권설정자에 대한 전세보증금 반환채권에 대하여 질권을 설정해 주고, 질권설정자가 이 사실을 전세권설정자에게 통지하거나 승낙을 받은 경우를 생각해 볼 수 있다. 이 경우 보증금반환채권의 입질에 대해서는 대항력을 갖추었으므로 제3채무자(전세권설정자)가 질권자(금융기관)의 동의 없이 질권의 목적인 보증금반환채무를 채무자(질권설정자)에게 변제하더라도 이로써 질권자에게 대항할 수 없다(§ 349 Ⅰ). 전세보증금의 수령권한은 채무자(질권설정자)가 아니라, 질권자에게 있기 때문이다(§§ 352, 353 Ⅱ).

다. 채권자가 파산선고를 받은 경우

채권자가 파산선고를 받았다면 파산선고와 동시에 그의 모든 재산은 파산재단에 귀속되어 파산관재인이 관리 및 처분권을 행사하게 된다(채무자회생법 §§ 382, 384). 이 경우 채권자는 자신의 채권을 추심할 권한을 상실하게 되고, 채무자는 파산관재인에게 변제하여야 한다. 그러나 파산선고가 공고되기 전에 그 사실을 모르고 한 변제는 유효하지만, 공고 후에는 몰랐더라도 악의로 추정되어 파산자에게 변제하더라도 효력이 없다(채무자회생법 §§ 332, 334 참조).

3. 변제수령권한을 부여받은 자

변제수령권한은 채권자에 의하거나 법률의 규정에 의하여 부여되기도 한다. 채권자로부터 대리권을 수여받은 자·부재자가 선임한 재산관리인·채권자로부터 추심을 위임받은 수임인 등은 채권자에 의하여 변제수령권한이 부여된 자이고, 제한능력자의 법정대리인·법원이 선임한 재산관리인·채권질권자(§ 353)·채권자대위권자(§ 404)·파산관재인(채무자회생법 § 384) 등은 법률의 규정에 의하여 변제수령권한이 부여된 자이다.

4. 표현수령권자

수령권자가 아닌 자에 대한 변제는 원칙적으로 무효이나, 외견상 수령권한이 있는 자에 대한 변제는 일정한 요건하에 변제의 효력을 인정한다.

가. 채권의 준점유자

(1) 준점유자의 의의

채권의 준점유자란 채권을 사실상 행사하는 자이다(§ 210 참조). 변제자의 입장에서 볼 때 일반의 거래관념상 채권을 행사할 정당한 권한을 가진 것으로 믿을 만한 외관을 가지는 사람을 말한다(2004다5389). 예컨대, 예금증서 기타 채권증서와 인장을 소지한 자·채권양도가 무효 또는 취소된 경우 채권의 사실상 양수인·채권자의 대리인으로 채권을 행사하는 자(2004다5389)·표현상속인(93다32996) 등이 채권의 준점유자이다.

(2) 준점유자에 대한 변제가 유효하기 위한 요건

채권의 준점유자에 대한 변제가 유효하려면 변제자가 선의이며 과실이 없어야 한다(§470 참조). 여기서 선의라는 것은 단순히 변제수령권한이 없음을 몰랐다는 것만으로 부족하고 적극적으로 수령권한이 있다고 믿었어야 한다. 또 무과실은 그렇게 믿은 데에 과실이 없는 것이다. 가령 인장의 소지자에게 예금을 수령할 권한이 있는지 확인하려면 은행은 충분한 주의를 다하여 인감을 대조해야 할 주의의무가 있는데, 이러한 주의의무를 다하지 못하여 예금을 지급하였다면 변제로서 효력이 없다(91다9244).

(3) 준점유자에 대한 변제의 효과

채권의 준점유자에 대한 변제가 선의이며 무과실인 때에는 변제의 효과가 확정적이어서 채권은 소멸한다. 따라서 변제자는 준점유자에 대하여 변제한 것의 반환을 청구할 수 없다. 채무자가 채권관계의 구속으로부터 벗어나므로 진정한 채권자는 채권을 수령한 준점유자에 대하여 부당이득의 반환을 청구할 수 있을 뿐이다. 이와 달리 준점유자에 대한 변제가 무효인 때에는, 채권은 소멸하지 않으므로 채무자는 진정한 채권자에게 다시 변제해야 한다.

나. 영수증소지자

(1) 영수증을 소지한 자에 대한 변제는 그 소지자가 변제를 받을 권한이 없는 경우에도 효력이 있다(§471). 그러나 영수증소지자에게 변제수령의 권한이 없음을 변제자가 알았거나 알 수 있었을 경우에는 변제의 효력이 없다(§471 단서). 즉, 변제자는 선의이며 무과실이어야 한다. 영수증이란 변제를 수령할 권한을 증명하는 문서를 의미하는데, 제470조의 특칙으로 볼 수 있는 제471조에서 정하고 있는 영수증은 진정한 영수증만을 가리키며 위조된 영수증은 포함되지 않는다. 위조된 영수증에 대해서는 제470조의 일반원칙에 따라 채권의 준점유자에 대한 변제로 구제될 수 있기 때문이다. 여기서 진정한 영수증은 작성권한이 있는 자가 작성한 영수증으로서 대리인이 작성한 영수증과 무권대리인이 작성한 것이라도 표현대리의 요건을 충족한 영수증이 이에 해당된다.

(2) 영수증소지자에 대한 변제의 효과는 채권의 준점유자에 대한 변제와 동일하다.

다. 증권적 채권증서의 소지인

지시채권·무기명채권·지명소지인출급채권과 같은 증권적 채권증서의 소지인에 대한 변제는 그 소지인이 진정한 권리자가 아니더라도 변제자가 악의 또는 중과실인 경우를 제외하고는 언제나 유효하다(§§ 514, 518, 524, 525). 이는 단순히 채권증서의 소지인을 보호하려는 것이 아니라, 무엇보다 거래의 안전을 보호하기 위하여 양도성 및 유통성을 본질로 하는 증권적 채권의 특성에 기인하는 것이다.

5. 권한 없는 자에 대한 변제의 효력

급부수령권한이 없는 자에 대한 변제는 원칙적으로 무효이다. 독일민법에서는 채무자가 채권자 아닌 '제3자에게 변제의 목적으로 급부를 행한 경우' 처분수권에 관한 제185조를 적용한다고 정하고 있다(BGB § 362 Ⅱ). 즉, 변제받은 제3자에게 수령권한이 없더라도 채권자의 추인이나 동의가 있으면 유효한 변제가 되어 채무가 소멸한다는 것이다.

이와 달리 우리 민법에서는 변제받을 권한 없는 자에 대한 변제에 대하여 채권자가 이익을 받은 한도에서 효력이 있다고 정하고 있다(§ 472). 그러므로 채권자의 동의나 추인이 없더라도 채무자의 변제에 의하여 채권자가 사실상 이익을 받았다면 그 한도에서 유효한 변제가 된다. 채권자의 수익은 변제와 인과관계가 있는 것만으로 충분하고 변제를 통해 직접 이익을 받아야 하는 것은 아니다. 판례에서는 무권리자의 변제수령을 채권자가 사후에 추인한 경우(2015다71856, 2010다32214)뿐만 아니라, 변제수령자가 변제로 받은 급부를 채권자에게 전달한 경우, 채권자의 자신에 대한 채무의 변제에 충당하거나 채권자의 제3자에 대한 채무를 대신 변제함으로써 채권자의 기존 채무를 소멸시키는 등 채권자에게 실질적인 이익이 생긴 경우를(2013다17117) '채권자가 이익을 받은' 것으로 파악하고 있다.

그렇다면 채권자에게 이익이 되지 않는 부분은 제3자가 변제를 받았더라도 효력이 없다. 이 부분은 무권리자에 대한 변제가 되기 때문에 채권자의 동의나 추인을 받는다면 유효한 변제로 전환시킬 수 있게 된다. 이 부분에 독일의 처분수권이론이 유용하게 적용될 수 있다.

Ⅳ. 변제의 목적물

민법은 채무의 변제로 인도하여야 할 물건과 관련하여 몇 개의 특칙을 두고 있다.

1. 특정물의 현상인도

특정물의 인도가 채권의 목적인 때에는 채무자는 이행기의 현상대로 그 물건을 인도하여야 한다(§ 462). 이는 특정물에 하자가 있음에도 불구하고 채무자가 이행기의 현상대로 인도함으로써 모든 책임을 면한다는 것은 아니다. 채무자는 목적물을 인도할 때까지 선량한 관리자의 주의로 보존하여야 하기 때문이다(§ 374). 여기서 물건을 '인도할 때까지'는 '이행기'로 파악한다.

2. 타인 물건의 인도

채무의 변제로 타인의 물건을 인도한 채무자는 다시 유효한 변제를 하지 아니하면 그 물건의 반환을 청구하지 못한다(§ 463). 남의 물건으로 채무를 변제한 것이므로 원칙적으로 유효한 변제가 될 수 없고, 다시 자기 물건으로 유효한 변제를 하지 않으면 인도한 물건의 반환을 청구할 수 없다. 그런데 채무자(변제자)만이 반환을 청구할 수 없다는 것이지 채무자가 아닌 다른 권리자(소유자)까지 인도한 물건의 반환을 청구할 수 없는 것은 아니다(93다14998). 이때 채권자가 선의취득을 주장할 수 있는 여지는 있다.

한편 채무변제를 위하여 남의 물건을 인도했더라도 예외적으로 유효한 변제가 될 수 있다. 즉, 채권자가 수령한 물건을 선의로 소비하거나 타인에게 양도한 때에는 채무자의 변제가 유효하다(§ 465 Ⅰ). 이때 변제는 채무자와의 관계에 있어서만 유효할 뿐이어서 소유자는 물건을 수령한 채권자에게 소유권에 기한 물건의 반환을 청구하거나 부당이득의 반환을 청구할 수 있고, 이에 따라 채권자는 물건 또는 부당이득을 반환해야 한다. 이 경우 채권자는 변제자에게 구상권을 행사할 수 있다(§ 465 Ⅱ).

그러나 채권자가 수령한 물건에 대한 소유자의 반환청구에 대하여 채권자에게 선의취득이 인정된다면 부당이득반환도 청구할 수 없게 되어 결국 구상권을 행사할 수 없게 된다. 이 경우 채권은 소멸하고 제465조는 적용되지 않는다.

3. 양도능력 없는 소유자의 물건 인도

단독으로 유효한 법률행위를 할 수 없는 미성년자 등 제한능력자가 법정대리인의 동의 없이 자기 소유의 물건을 채무변제를 위해 채권자에게 인도한 경우 제한능력자 본인이나 법정대리인은 물건의 인도행위를 취소하고 그 반환을 청구할 수 있다(§§ 5, 140, 141). 그런데 취소에 의한 물건의 반환청구에 대하여 제464조에서는 변제자가 다시 유효한 변제를 하지 않으면 그 물건의 반환을 청구할 수 없다고 규정하고 있다. 그러나 이 경우에도 채권자가 변제로 받은 물건을 선의로 소비하거나 타인에게 양도한 때에는 채무자의 변제가 유효하다(§ 465 I). 변제자의 양도능력의 흠결을 이유로 법률행위를 취소한 경우이지 타인의 물건을 인도한 경우가 아니므로 채권자에게 선의취득을 인정할 여지는 없다.

V. 변제장소와 변제비용의 부담

1. 변제의 장소

채무를 이행하여야 할 장소가 변제의 장소이다. 변제의 장소는 채무의 성질 또는 당사자의 의사표시로 정하여진다(§ 467 I). 이들 표준에 의해서도 변제장소가 정해지지 않은 경우에는 특별한 규정이 없다면(§§ 586, 700, 상법 § 56 등) 지참채무를 원칙으로 한다(§ 467 II).

가. 특정물 인도

특정물의 인도를 목적으로 하는 채무는 채권이 성립하였을 당시에 그 물건이 있던 장소에서 변제하여야 한다(§ 467 I). 그러나 채무의 성질이나 당사자의 의사에 따라 변제장소가 달리 정해질 수 있다. 즉, 도급계약에서 급부의 목적이 무형인 경우에는 인도 없이 일의 완성만으로 변제가 가능하고, 장비의 제조 및 설치를 약정한 경우에는 완성된 장비를 인도한 후 설치작업까지 마쳐야 변제가 되었다고 할 것이다.

나. 특정물 인도 이외의 급부

특정물의 인도 이외의 급부를 목적으로 하는 채무는 채권자의 현주소에서 변제하여야 한다(§467 Ⅱ). 이른바 지참채무가 된다. 특정물의 인도를 목적으로 하는 채무가 이행불능으로 인하여 손해배상채무로 전환된 경우도 마찬가지로 채권자의 현주소가 변제장소가 된다. 채권자의 주소가 변경되거나 채권이 양도된 경우에는 변경된 주소 또는 양수인의 주소가 새로운 변제장소가 된다. 이와 같이 민법은 특정물의 인도 이외의 급부를 목적으로 하는 채무는 지참채무를 원칙으로 하지만, 채무가 영업에 관한 때에는 채권자의 현영업소가 변제장소가 된다 (§467 Ⅱ 단서).

다. 변제의 제공

변제의 제공은 원래의 변제장소에서 하여야 한다. 그러므로 원래의 변제장소에서 변제가 제공된 것이 아니라면 채무내용에 좇은 제공이 아니므로 채권자는 수령을 거절할 수 있다. 다만, 변제장소가 아닌 곳에서 변제제공하는 것이 채권자에게 불이익이 되지 않는다면 신의칙상 수령을 거절할 수 없다고 할 것이다.

2. 변제비용의 부담

특약이 없는 한 변제비용은 채무자가 부담한다(§473 본문). 그러나 채권자의 주소가 변경되거나 채권양도와 같은 기타의 행위로 변제비용이 증가하였다면 그 증가액은 채권자의 부담으로 한다(§473 단서). 그 밖에 채권자가 담보권을 확보하기 위하여 양도담보 목적물의 소유권을 이전하는 비용(등기비용과 취득세 등)은 채권자가 부담한다(81다531).

Ⅵ. 변제의 시기

1. 변제의 시기는 채무를 이행하여야 할 시기, 즉 이행기 또는 변제기를 말한다. 이행기 또는 변제기는 당사자의 의사표시·급부의 성질 또는 법률의 규정 (§§585, 603, 613, 635, 660, 699 등 참조)에 의하여 결정되지만, 이들 표준에 의하여 이

행기를 정할 수 없는 경우에는 채권이 발생함과 동시에 이행기에 있다고 볼 수밖에 없다.

2. 채무자는 이행기(변제기)에 채무를 이행하여야 한다. 그러나 이행기가 아니더라도 채권자가 미리 이행을 청구하거나, 채무자가 미리 이행할 수 있는 경우가 있다. 예컨대, 기한이익을 포기 또는 상실한 때(§§ 153, 388), 이행이 유예된 때, 또는 쌍무계약에서 동시이행의 항변권을 가지는 경우(§ 536) 등이다.

3. 민법은 특히 변제기 전의 변제와 관련하여 기한이익의 포기로 이해하는 규정을 두고 있다. 즉, 당사자 사이에 특별한 의사표시가 없으면 채무자는 기한이익을 포기하여 변제기 전에 변제할 수 있다(§§ 468, 153). 판례는 이행에 착수하기 이전에만 계약을 해제할 수 있도록 정하고 있는 제565조의 해약금 조항에 따른 계약해제를 저지하기 위하여 이행기의 약정이 있더라도 이행기 전에 이행에 착수한 경우를 기한이익의 포기로 보았다(2004다11599). 그러나 변제기 전의 변제에 의하여 상대방이 손해를 받은 때에는 이를 배상하여야 한다(§ 468 단서).

4. 채권자가 이행기(변제기)에 이행을 청구하면 채무자는 채무의 내용에 좇은 이행을 하여야 한다. 만일 채무자가 이행기에 이행하지 않으면 이행지체의 책임을 지며(§ 387), 채권자가 이행을 받을 수 없거나 수령하지 않은 때에는 수령지체의 책임을 져야 한다(§ 400). 한편 변제의 시기는 소멸시효의 기산점과 밀접하게 관련되어 있다. 즉, 소멸시효는 '권리를 행사할 수 있는 때'부터 진행하기(§ 166) 때문에 변제기가 확정기한인 때에는 변제기가 도래한 때부터, 변제기가 불확정기한인 때에는 객관적으로 기한이 도래한 때부터 진행한다. 또 기한을 정하지 않은 채권의 경우는 채권이 성립한 때부터 소멸시효가 진행한다.

Ⅶ. 변제의 증거

1. 증거의 필요성

채권·채무는 변제에 의하여 소멸하지만 변제와 함께 영수증을 교부받지 않았거나, 차용증을 회수하지 않았다면 추후 채권자의 이행청구에 대하여 변제했다는 증거를 제시할 수 없어 다툼이 발생할 수 있다. 이에 민법은 영수증청구권과 채권증서반환청구권을 정하고 있다.

2. 영수증청구권

변제자는 변제를 받는 자에게 영수증을 청구할 수 있다(§ 474). 영수증은 변제를 수령한 사실을 증명하는 서면으로서 그 형식에 제한이 없고, 영수증의 작성 및 교부의 비용은 해석상 채권자가 부담한다. 또 변제와 영수증의 교부는 동시이행관계에 있으며, 전부변제뿐만 아니라, 일부변제나 대물변제의 경우에도 영수증의 교부를 청구할 수 있다.

3. 채권증서반환청구권

채권증서란 채권의 존재를 증명하기 위하여 채권자에게 제공된 문서로서 여기에는 작성교부가 필요한 증권적 채권과 특별한 방식이 필요하지 않은 지명채권이 있다. 임대차계약서는 쌍방의 권리의무관계의 내용을 정한 서면이므로 채권증서가 아니다(2013다32574).

채권증서가 있는 경우 채무자가 채무 전부를 변제한 때에는 채권자에게 채권증서의 반환을 청구할 수 있으며, 제3자가 변제를 한 경우 제3자도 채권증서의 반환을 청구할 수 있다(§ 475). 채권이 변제 이외의 사유로 전부 소멸한 때에도 같다(§ 475 후단). 이처럼 채권증서반환청구권은 채권 전부를 변제한 경우에 인정되는 것이고, 영수증 교부의무와 달리 변제와 동시이행관계에 있지 않다(2003다22042). 즉, 채무자가 변제를 했더라도 채권자가 채권증서를 분실했다면 영수증을 교부받는 것으로 변제사실을 증명할 수 있기 때문이다. 일부를 변제한 경우 변제자는 채권증서의 반환을 청구할 수 없고, 채권증서에 일부를 변제했다는 사실을 기재해줄 것을 청구할 수 있다.

Ⅷ. 변제의 충당

1. 변제충당이 필요한 경우

변제충당이란 채무자가 동일한 채권자에게 같은 종류의 목적을 가지는 여러 개의 채무(주로 금전채무)를 부담하거나(§ 476), 1개의 채무의 변제로서 수개의 급부를 하여야 하거나(§ 478), 채무자가 1개 또는 수개의 채무에 관하여 원본 외에 비용·이자를 지급하여야 할 경우(§478)에 그가 제공한 급부가 채무전부를 소멸하기에 부족하다면 그 급부를 어느 채무의 변제에 할당할 것인가의 문제이다. 여러 개의 동종채무에는 이자의 유무, 담보 여부, 이행기의 도래 여부 등과 관련하여 어느 채무의 변제에 충당하느냐에 따라 당사자들의 이해관계가 달라진다. 그렇기 때문에 이 문제는 변제뿐만 아니라, 공탁과 상계 등 그 밖의 채무소멸원인에도 적용된다(2004재다818).

2. 변제충당의 방법

변제충당에 관한 제476조 내지 제479조는 임의규정이므로(84다카1324) 당사자는 우선적으로 합의에 의하여 충당할 수 있다. 그러므로 합의충당은 다른 충당방법에 우선한다. 그러나 당사자 사이에 변제충당방법에 관하여 합의가 없는 때에는 당사자의 일방적 의사표시에 의한 지정충당(§476)과 지정이 없는 경우에 적용되는 법정충당(§477)의 순서로 충당이 이루어진다.

3. 합의충당

민법에 합의충당에 대한 규정은 없으나, 변제자와 수령자는 사적자치의 원칙상 제공된 급부의 충당방법을 합의로 정할 수 있다. 즉 이해관계 있는 제3자의 이익을 해치지 않는다면 급부를 마친 뒤에도 기존의 충당방법을 배제하고 제공된 급부를 어느 채무에 어떤 방법으로 다시 충당할 것인지를 약정할 수 있다(2012다118044). 또한 변제충당의 순서에 관한 약관조항이 있더라도 당사자 사이에 다른 내용을 합의했다면 당사자의 합의가 우선한다(97다53663). 다만, 채권자가 자의적으로 변제충당을 할 수 있도록 하고, 충당에 대하여 채무자가 이의제기를 할 수 없는 내용의 약정이라면 효력이 없다(99다68652).

한편 채권자와 채무자 사이에 변제충당에 관한 합의가 있더라도 담보권 실행을 위한 경매에서는 획일적으로 공평·타당한 방법인 제477조 및 제479조의 법정충당의 방법에 의해야 한다(2000다51339).

4. 지정충당

가. 변제자 또는 변제수령자의 지정충당

지정충당이란 변제의 충당이 지정권자의 지정에 의하여 결정되는 경우를 말한다. 변제시 변제자가 변제수령자에 대한 의사표시로 변제에 충당할 채무를 지정할 수 있다(§476 I). 변제자가 충당할 채무를 지정하지 않으면 변제수령자가 급부 수령시 어느 채무를 지정하여 그 채무에 충당할 수 있지만, 변제수령자의 지정에 대하여 변제자가 즉시 이의를 제기하면 변제수령자에 의한 지정은 효력이 없다(§476 II). 이런 경우에는 법정충당(§477)에 의하여야 한다. 즉, 변제자의 이의는 지정충당을 저지하고 법정충당에 의하도록 하는 효과를 가진다. 지정변제충당의 의사표시는 명시적 또는 묵시적으로 행하여질 수 있으며, 상대방에 대한 의사표시로 한다(§476 III). 지정권자가 충당할 채무를 지정함에 있어서는 늦어도 급부와 동시에 행하여져야 하며, 착오를 이유로 취소할 수 있다.

나. 지정충당에 대한 제한

지정충당에는 일정한 제한이 있다. 즉, 채무자가 원본 이외에 채무의 비용·이자(지연이자를 포함)를 지급하여야 할 경우 변제자가 그 전부를 소멸시킬 수 없는 급부를 한 때에는 지정에 의한 충당보다 비용·이자·원본의 순서로 변제에 충당하여야 한다(§479 I). 또한 비용·이자·원본 상호 간의 충당에 대하여는 법정충당에 따른다(§479 II).

비용·이자·원본에 대한 변제충당의 순서에는 제476조의 지정충당이 준용되지 않으므로 당사자가 이와 다르게 일방적으로 충당의 순서를 지정할 수는 없다. 그럼에도 불구하고 당사자가 충당순서를 합의하거나, 일방적인 지정에 대하여 상대방이 지체 없이 이의를 제기하지 않음으로써 묵시적인 합의가 있을 수 있다 (2002다12871·12888).

5. 법정충당

당사자가 충당을 위한 지정행위를 하지 않은 경우와 지정을 하였으나 상대방의 이의로 지정이 실효된 경우에는 법정충당의 방법에 따른다.

가. 이행기가 도래한 채무

채무 중에 이행기가 도래한 것과 도래하지 않은 것이 있으면, 먼저 이행기가 도래한 채무의 변제에 충당한다(§§ 477 i, 478).

나. 변제이익이 큰 채무

채무 전부의 이행기가 도래하였거나 또는 아직 도래하지 않은 때에는, 채무자에게 변제이익이 많은 채무의 변제에 먼저 충당한다(§§ 477 ii, 478). 예컨대, 무이자채무보다는 이자부 채무, 저이율의 채무보다는 고이율의 채무 등이 변제이익이 많다. 물론 변제이익의 많고 적음은 모든 사정을 고려하되 변제자를 기준으로 판단하고, 변제자가 여러 명인 경우에 개별적으로 판단한다(99다22281·22298).

다. 변제이익이 동일한 경우

채무자에게 변제이익이 같으면 이행기가 먼저 도래한 채무 또는 먼저 도래할 채무의 변제에 충당한다(§§ 477 iii, 478).

라. 채무액에 비례한 변제충당

위와 같은 기준으로 선후를 정할 수 없는 채권 상호간에 있어서는 각 채무의 채무액에 비례하여 변제에 충당한다(§§ 477 iv, 478). 그러나 이러한 법정변제충당의 방법은 부진정연대채무에는 유추적용할 수 없다고 한다(2012다74236). 왜냐하면 채권의 담보력 강화라는 부진정연대채무의 규정목적과 채무자의 변제이익을 우선하는 법정변제충당의 규범목적이 서로 상반되기 때문이다. 대법원은 부진정연대채무자에 의한 일부변제시 다른 부진정연대채무자들에게도 모두 공동면책된다는 종래의 절대적 효력설의 입장을 전환하여 채권자 보호를 위한 채권의 담보력 유지 필요성 때문에라도 채권이 전부만족을 얻을 때까지는 일부변제가 있더라도 각 채무는 독립성을 가진다는 상대적 효력설을 취하고 있다(2012다74236).

IX. 변제의 제공

1. 변제제공의 의의

가. 변제와 채권자의 협력

채무 중에는 채권자의 협력 없이 채무자가 단독으로 급부행위를 완료하는 것만으로 변제가 가능한 채무가 있지만, 채무자의 급부행위만으로 변제를 완료할 수 없고 채무의 이행에 채권자의 협력을 필요로 하는 채무도 있다. 이런 채무는 채무자가 아무리 변제를 하려고 해도 채권자의 협력이 없으면 채무를 소멸시킬 수 없게 되어 결국 채무자가 채무불이행책임을 질 수 있게 된다. 이런 문제에서 채무자를 보호하려는 제도가 '변제의 제공'이다. 즉 채무의 내용에 좇은 변제의 제공이 있으면, 채무자는 그때부터 모든 채무불이행책임을 면하게 된다(§ 461).

여기서 '변제의 제공'이란 채권자의 협력을 필요로 하는 채무에 있어서 채무자가 급부의 실현에 필요한 모든 준비를 다하여 채권자의 협력을 요구하는 것을 말한다.

나. 변제제공의 방법

민법은 변제제공의 방법으로 현실제공과 구두제공의 두 가지를 정하고 있다. 현실제공은 채무자가 급부행위를 채무내용에 좇아 현실적으로 하는 것이며(§§ 390, 460 참조), 민법상 변제제공의 원칙이다. 이와 달리 구두제공은 채무자가 언제든지 변제할 수 있는 준비를 해놓고 채권자에게 수령 기타의 협력을 통지하는 것이다(§ 460 단서). 채권자가 미리 수령을 거절하거나 채권자의 협력이 필요한 경우에는 현실제공이 무의미하므로 구두제공만으로 변제제공을 한 것으로 보는 것이다.

2. 현실제공

가. 원   칙

제460조 본문에서는 변제제공으로 현실제공을 원칙으로 한다. 현실제공이 되려면 제공한 사실을 채권자가 알 수 있을 정도의 제공행위가 있으면 족하고, 채권자가 현실제공을 실제로 알고 있어야 하는 것은 아니다.

나. 금전채무의 경우

금전채무의 경우 현실제공은 특별한 사정이 없는 한 채권자가 급부를 즉시 수령할 수 있는 상태에 있어야만 인정될 수 있다. 그러므로 채무자가 변제를 위해 채권자의 주소에 가서 채권자가 수령할 수 있도록 제공한 것만으로 현실제공이 있었다고 본다. 채무자의 현실제공이 있었지만 채권자의 부재로 인해 그가 수령할 수 없었더라도 변제제공이 인정된다. 또 변제장소를 미리 지정하였는데 채권자가 출석하지 않은 경우에는 수령을 최고하지 않아도 변제제공을 한 것으로 본다. 그러나 채무자가 채무내용에 좇은 급부를 제공하면서도 채권자가 그 급부를 즉시 수령하기 어려운 장애요인을 형성·유지한 경우(예: 배당이의 및 청구이의의 소송제기, 부당이득반환청구 소송제기)에는 현실제공이 있다고 할 수 없다 (2011다17403).

한편 금전채무에서는 채무액 전부를 변제하여야 채무의 내용에 좇은 제공으로 보며, 채무액의 일부를 변제로 제공하는 것은 채권자의 승낙이 없는 한 원칙적으로 유효한 변제제공이 되지 않는다(84다카781). 그러나 제공한 금액이 전액변제에 근소하게 부족한 경우에는 적법한 변제제공으로 인정하여 채권자는 신의칙상 수령하여야 한다고 해석한다.

금전채무의 지급수단은 통화이므로 변제를 하려면 통화로 지급하여야 한다 (§376 참조). 통화가 아니라도 거래상 통화와 마찬가지로 취급하는 우편환은 현실제공이 가능하다. 수표로 지급할 경우 채권자의 주소지에 소재하는 은행의 수표로 한다는 특약에 따라 제공된 수표는 거래상 현금제공과 동일하게 본다(4292민상784). 다만 보통의 수표는 부도의 가능성이 있으므로 금전으로 볼 수 없다. 예금통장 역시 그 자체가 금전의 지급수단이 될 수 없기 때문에 예금통장을 교부하는 것으로 현실제공이 있었다고 볼 수 없다.

다. 금전 이외의 물건을 목적으로 하는 채무

특정물 매매에서 급부한 목적물이 견본품과 다른 경우에도 채무내용에 좇은 제공으로 인정한다. 이 경우 매수인은 매도인에게 하자담보책임을 물어 계약해제나 손해배상을 청구할 수 있을지는 몰라도 수령을 거절할 수는 없다. 상품을 발송하는 방법으로 제공할 경우 수령인이 처분할 수 있는 형식의 화물상환증을 송부하는 것만으로 원칙적으로 현실제공이 된다.

일정한 기일 또는 일정한 기간 내에 채권자가 일정한 장소에 와서 수령하는 추심채무에 있어서는, 그 기일 또는 그 기간 중 그 장소에서 언제든지 채권자에게 인도할 수 있도록 해 두는 것이 현실의 제공이다.

라. 채무자의 이행행위에 채권자의 협력이 필요한 경우

부동산등기는 등기권리자와 등기의무자의 공동신청으로 행해지는 것이 원칙이다(부동산등기법 §23 I 참조). 따라서 등기와 상환으로 대금을 지급하여야 할 채무자는 대금 및 등기에 필요한 준비를 갖추어서 등기소에 출석하여야 현실의 제공이 된다. 하지만 피담보채무가 변제되어 저당권자가 저당권등기를 말소해 주어야 할 의무가 있는 경우에는 저당권자는 말소등기의무자로서 말소등기서류를 준비한 다음 등기소에 출석하여 말소신청을 준비해야 현실제공이 있었다고 볼 것이다. 이 경우 저당채무자는 말소등기권리자로서 단지 말소신청서에 날인하는 것으로 협력이 이루어진다.

쌍무계약에서는 상대방이 제공할 때까지 자기의 제공을 거절할 수 있다(§536). 그러므로 매수인이 잔금지급을 미루는 등 계약이행에 비협조적인 경우 매도인은 법무사 사무소에 소유권이전등기에 필요한 대부분의 서류를 작성해 주고 일부 미비한 서류들은 언제라도 발급받을 수 있다면 충분한 변제의 제공이 있었다고 할 것이므로 매수인은 동시이행을 이유로 잔대금지급을 거절할 수 없다(2001다36511).

3. 구두제공

가. 구두제공이 필요한 경우

구두제공을 하려면 단순하게 이행을 준비하는 것만으로는 부족하고, 채무자가 변제준비를 완료하여 이를 채권자에게 통지하고 그 수령을 최고하여야 한다. 제460조 단서에서는 구두제공을 할 수 있는 경우로 두 가지를 정하고 있다.

첫째, '채권자가 미리 변제받기를 거절'한 경우이다. 채권자의 거절은 묵시적으로도 가능하다. 채권자가 계약의 무효를 주장하거나 급부목적물에 하자가 있다고 하면서 수령을 거절했음에도 불구하고 현실제공을 하는 것은 무의미하기 때문에 이런 경우에는 채무자가 단지 구두제공만 하면 된다.

둘째, '채무의 이행에 채권자의 행위를 요하는' 경우이다. 채무자의 이행행위에 채권자가 수령행위 이외의 협력을 해야 할 경우가 여기에 해당하는데, 추심채무가 대표적인 예이다. 그 밖에 채권자가 선택권을 가지는 선택채권에서 선택권의 행사나 채권자가 미리 공급하는 재료에 가공해야 할 채무 등이 이에 속한다. 이들 채무에서는 채권자의 협력이 없으면 채무자가 급부를 완료할 수 없기 때문에 구두제공으로 충분하다.

나. 구두제공이 필요 없는 경우

신의칙에 비추어 구두제공조차 필요 없는 경우가 있다. 즉, 채권자가 변제를 수령하지 않을 의사가 명백하고 그것이 번복될 가능성이 없어 변제제공을 하지 않아도 채무불이행 책임을 지지 않는 경우에는 구두제공이 필요하지 않다(76다2218, 94다16083). 또 채권자가 협력해야 할 일정이 이미 정해진 경우라면 채무자는 사전에 준비를 완료해 놓으면 되고, 이 사실을 채권자에게 통지하고 수령을 최고할 필요는 없다.

일시적 급부와 달리 일정한 시간적 간격을 두고 일정한 행위가 반복되는 분할적·회귀적 급부에서는 채권자가 수령지체 중인 경우에도 채권자가 이미 사실관계를 알고 있다는 점에서 구두제공을 하지 않아도 된다.

4. 변제제공의 효과

가. 채무불이행책임의 면제

변제제공이 있었던 것만으로 채권이 소멸하지 않는다. 그러나 변제제공이 있으면 채무자는 채무불이행의 책임에서 면제된다(§461). 이에 따라 채무자는 손해배상·지연이자·위약금의 청구를 받지 않고, 담보권의 실행을 당하지 않는다. 또 채무불이행책임을 면하므로 채권자는 이행지체를 이유로 계약을 해제할 수 없다(§544).

나. 약정이자 미발생

변제기에 변제제공을 하면 채무가 소멸하지 않더라도 더 이상 약정이자가 발생하지 않는다. 나아가 변제제공 이후에 채권자가 수령할 수 없거나 수령하지 않으면 채권자지체가 되므로 채무자는 이자있는 채무라도 이자를 지급할 의무가 없다(§402).

그러나 변제기 이전에 미리 변제제공을 한 경우라면 채무자가 기한이익을 포기하고 채무내용에 좋은 이행의 제공을 한 것이므로 약정이자가 발생하지 않는다고 볼 것인지, 아니면 기한이익은 포기할 수 있지만 상대방의 이익을 해하지 못하고(§153 Ⅱ), 상대방에게 손해가 있으면 이를 배상하여야 한다(§468)는 규정을 고려해야 할지 의문이다. 전자는 기한이익이 채무자에게만 있는 것을 전제로 한 것이므로 기한이익이 누구에게 있는가에 따라 판단을 달리해야 한다. 만일 기한이익이 채무자에게만 있는 것이 아니라면 채무자는 변제기까지 채권자가 입은 손해를 배상하고 미리 변제제공을 할 수 있다고 해야 할 것이다.

다. 쌍무계약상 동시이행항변권의 상실

동시이행항변권이 있는 쌍무계약에 있어서 일방이 변제제공을 하였을 때 상대방의 채무가 이행기에 도래하였다면 상대방은 이행지체에 빠지게 된다. 이 경우 상대방의 이행지체 상태가 지속되게 하려면 일시적 이행제공만으로는 안 되고 이행의 제공이 계속되어야 한다(94다26646). 그래야만 상대방에 대해 이행지체나 채권자치제의 책임을 물을 수 있게 된다.

X. 변제에 의한 대위

1. 의   의

변제에 의한 대위란 제3자에 의하여 채무가 변제됨으로써 채권자에게 만족을 준 경우 변제한 제3자가 채무자 또는 공동채무자에 대하여 구상권을 취득하게 되고, 이로써 기존 채권자가 가지고 있던 채권에 대한 권리를 변제자가 대신 행사할 수 있도록 한 제도를 말한다. 변제에 의한 대위에 의하여 기존에 채권자가 가지고 있던 권리는 구상권의 범위 내에서 법률상 당연히 채권자에게 이전한다. 이 경우는 양도계약에 따른 채권양도와 달리 법률의 규정에 의한 채권의 이전이다. 다만, 임의대위에 있어서는 채무자와 제3자를 보호하기 위하여 채권양도의 대항요건에 관한 규정을 준용한다(§480 Ⅱ).

2. 변제에 의한 대위의 요건

가. 변제로 채권자에게 만족을 줄 것

변제자대위는 변제 등을 한 제3자가 가지는 구상권의 실현을 확보하기 위하여 인정된 제도이므로 이러한 제도의 목적에 비추어 볼 때 당연히 변제 기타로 채권자에게 만족을 주었을 것이 필요하다. 구상권을 발생시키는 모든 채권소멸사유는 변제에 한하지 않으며, 대물변제·상계·공탁뿐만 아니라, 기타 자기의 출재로 채무자가 채무를 벗어나게 한 것도 포함된다(§486). 그러므로 공동채무자의 상계(§418 Ⅰ), 연대채무자가 채권을 양수하거나 상속에 의하여 혼동이 생긴 경우, 물상보증인이나 저당부동산의 제3취득자가 저당권 실행으로 소유권을 상실한 경우 등도 변제에 의한 대위의 성립을 인정한다.

나. 변제자가 채무자에 대해 구상권을 가질 것

변제자대위제도가 본래 변제자 등의 구상권의 실현을 확보하기 위한 것이므로 구상권이 없으면 대위는 일어나지 않는다(94다38106). 구상권을 가진 자로는 우선 불가분채무자(§411), 연대채무자(§§425 이하), 보증인(§§441 이하), 물상보증인(§§341, 335, 370), 담보물의 제3취득자, 후순위 담보권자를 들 수 있다. 그 밖에 제3자가 채무자를 위하여 변제한 경우, 채무자의 부탁에 의하여 변제한 때에는 위임사무 처리비용의 상환청구권(§688)에 의하여, 그리고 제3자가 사무관리에 의하여 채무자를 위하여 변제한 때에는 사무관리비용의 상환청구권(§739)에 의하여 구상권을 취득할 수 있다(94다38106).

다. 변제할 정당한 이익이 있거나(법정대위), 채권자의 승낙이 있을 것(임의대위)

이 요건과 관련하여 변제자대위는 법정대위와 임의대위로 구별되며, 대위를 위해서는 각각의 요건을 충족해야 한다.

(1) 법정대위

변제할 정당한 이익이 있는 자는 변제에 의하여 법률상 당연히 채권자를 대위한다(§481). 이 경우에는 채권자의 승낙이 없어도 법률상 당연히 대위가 생기기 때문에 법정대위라고 한다. 여기서 '변제할 정당한 이익이 있는 자'란 변제를 하지 않으면 채권자로부터 집행을 받게 되거나 또는 채무자에 대한 자기의 권리를 잃게 되는 지위에 있기 때문에 변제함으로써 당연히 대위의 보호를 받아야 할 법률상의 이해관계를 가지는 자를 가리킨다(2008마109). 불가분채무자·연대채무자·보증인·물상보증인·담보물의 제3취득자(91다25369)·후순위 권리자·이행인수인(2009마461) 등을 예로 들 수 있다. 특히 부진정연대채무자 중 1인을 위하여 보증인이 된 자가 그의 채무를 변제한 경우, 다른 부진정연대채무자에 대하여 직접 구상권을 취득하며, 채권자를 대위하여 채권자의 다른 부진정연대채무자에 대한 채권 및 그 담보에 관한 권리를 행사할 수 있다(2009다85861).

(2) 임의대위

변제할 이익이 없는 자는 변제와 동시에 채권자의 승낙이 있어야 채권자를 대위할 수 있다(§480 Ⅰ). 여기서 채권자의 승낙은 반드시 명시적일 필요는 없고, 변제의 동기 내지 이유와 그 과정, 변제받을 때 채권자가 보인 태도, 변제 후의 사정 등 여러 사정을 두루 참작하여 그 승낙이 있는 것으로 추단될 수 있으면 된다(2010마1447).

채무자 입장에서 보면 변제는 물론이고 채권자의 승낙이 있었는지조차 알기 어렵다. 여기서 민법은 임의대위에 대하여 지명채권양도의 대항요건에 관한 규정을 준용하고 있다. 이에 따라 변제자가 채무자에 대하여 대위를 가지고 대항하려면 채권자가 채무자에게 대위통지를 하거나 채무자의 승낙이 있어야 하며, 채무자 이외의 제3자에게 대항하려면 확정일자 있는 증서에 의한 대위통지나 대위승낙이 있어야 한다. 이 경우 제3자라 함은 대위변제의 목적인 그 채권 자체에 관하여 대위변제자와 양립할 수 없는 법률상 지위에 있는 자만을 의미한다(94다21160). 예컨대 임금채권을 대위변제한 자와 양립할 수 없는 지위에 있는 자는 채무자인 사용자의 전 재산에 대해 경매신청을 한 채권자이다(94다21160).

3. 변제자대위의 효과

가. 대위변제자와 채무자 사이의 효과

(1) 원   칙

채권자를 대위한 자는 자기의 권리에 의하여 구상할 수 있는 범위에서 채권 및 그 담보에 관한 권리를 행사할 수 있다(§ 482 I). 여기서 '자기의 권리에 의하여 구상할 수 있는 범위'에서만 대위가 허용되기 때문에 내부관계에서 구상권이 상실되면 대위도 허용되지 않는다. 그리고 '채권 및 그 담보에 관한 권리를 행사할 수 있다'는 것은 채권자가 가진 권리가 구상권의 범위 내에서 법률상 당연히 대위변제자에게 이전된다는 의미일 뿐 계약당사자의 지위까지 이전된다는 것은 아니다(2015다206973). 이처럼 대위변제로 계약관계가 인수되는 것은 아니므로 취소권·해제권·해지권 등과 같이 계약당사자의 지위에 따르는 권리는 변제자대위에 의하여 이전되지 않는다.

(2) 일부대위

채권의 일부에 대하여 대위변제가 있는 때에는 대위변제자는 그 변제한 가액에 비례하여 채권자와 함께 그 권리를 행사한다(§ 483 I). 이 경우 일부대위변제자와 채권자가 대등한 권리를 가진다면 채권자에게 불리할 수 있다. 따라서 일부대위변제자는 단독으로 대위한 권리를 행사하지 못하며, 채권자가 그 권리를 행사하는 경우에 채권자와 함께 그 권리를 행사할 수 있을 뿐이고, 나머지 채무액의 변제에 관해서도 채권자가 우선한다(88다카1797, 2001다2426). 또 일부변제된 경우에 저당권을 가진 채권자는 일부대위변제자에게 저당권 일부이전의 부기등기를 마쳐 줄 의무가 있다(88다카1797). 그러나 이 경우에도 채권자의 채무자에 대한 담보권 외에 일부 대위변제자에 대한 우선변제특약에 따른 권리까지 당연히 대위하거나 이전받는 것은 아니라고 한다(2000다37319). 마찬가지로, 일부 대위변제자의 채무자에 대한 구상채권에 대하여 보증한 사람이 자신의 보증채무를 변제함으로써 일부 대위변제자를 다시 대위하는 경우에도, 채권자와 일부 대위변제자 사이의 '우선회수특약'에 따른 권리까지 당연히 대위하거나 이전받는 것은 아니다(2015다206973).

나. 대위변제자와 채권자 사이의 효과

(1) 채권자의 채권증서·담보물의 교부의무

제3자로부터 채권 전부의 변제를 받은 채권자는 그 채권에 관한 증서 및 점유한 담보물을 대위변제자에게 교부하여야 한다(§484 Ⅰ). 그리고 채권의 일부에 대한 제3자의 변제가 있는 때에는 채권자는 채권증서에 그 대위를 기입하고 자기가 점유한 담보물의 보존에 관하여 대위자의 감독을 받아야 한다(§484 Ⅱ). 담보물이 부동산인 경우 채권자는 대위의 부기등기에 협력할 의무를 부담한다(2001다2846).

(2) 채권자의 담보물 보존의무

'법정대위를 할 자가 있는 경우'에 채권자의 고의나 과실로 담보가 상실되거나 감소된 때에는 대위할 자는 그 상실 또는 감소로 인하여 상환을 받을 수 없는 한도에서 그 책임을 면한다(§485). 이는 보증인 등 법정대위를 할 자가 있는 경우에 채권자에게 담보보존의무를 부담시킴으로써 대위할 자의 구상권과 대위에 대한 기대권을 보호하기 위한 것이다(2015다65042). 담보의 상실 또는 감소행위에 해당하는 경우를 예로 들면, 채권자가 담보권을 포기하거나 순위를 불리하게 변경하는 경우(2017다292756), 채권자가 보증채무를 면제해준 경우, 일부대위변제자에게 근저당권을 전부 이전해준 경우(96다35774), 주채무자가 가등기담보권설정의 이행을 지체하는데도 채권자가 담보권자의 지위 확보를 위한 조치를 해태함으로써 제3자에 의해 압류 또는 가압류된 경우(2009다60527) 등이 있다. 그러나 제485조는 임의규정이어서 법정대위권자는 채권자와의 특약으로 이 규정에 의한 면책이익을 포기하거나 면책의 사유와 범위를 제한 내지 축소할 수 있다(86다카520, 84다카1324).

(3) 해지·해제시 변제가액의 반환

일부대위의 경우에 채무불이행을 원인으로 하는 계약의 해지 또는 해제는 채권자만이 할 수 있으며, 채권자가 계약을 해지 또는 해제하는 경우에 일부대위변제자에게 그 변제한 가액과 이자를 상환하여야 한다(§483 Ⅱ). 즉, 이 경우 악의의 부당이득에 준하여 특별한 반환의무를 인정하고 있다.

다. 법정대위변제자 상호 간의 효과

(1) 법정대위자가 다수인 경우 이해관계의 조정

동일한 채권에 대하여 변제할 정당한 이익이 있는 자가 여러 명인 경우에 혼란을 피하고, 공평을 유지하기 위하여 대위변제자 상호 간의 우선순위와 비율을 정할 필요가 있다. 예를 들어 연대보증인과 물상보증인이 있는데 채무자가 무자력인 상황에서 연대보증인이 대위변제를 한 후에 물상보증인이 제공한 담보물에 대하여 담보권을 실행했다면 물상보증인은 자신의 구상권을 확보하기 위하여 다시 연대보증인에 대하여 연대보증책임을 묻게 될 것이어서 누구를 우선할 것인지 문제된다. 이런 문제를 해결하기 위하여 제482조 제2항에서는 보증인과 제3취득자 사이, 제3취득자들 사이, 물상보증인들 사이 및 물상보증인과 보증인 사이에 대한 관계를 정하고 있다.

(2) 보증인과 전세물·저당물의 제3취득자 사이

이해를 위한 사례를 제시해 보면, 부동산을 처분한 매도인이 매수인에게 등기를 이전해 주기 전에 은행에 근저당권을 설정하고 연대보증인까지 세우면서 대출을 받았는데 무자력자가 되자 은행은 그 사이 등기를 이전받은 매수인과 연대보증인에게 대출금의 상환을 청구한 경우이다. 이 경우 연대보증인이 먼저 변제한 후 은행을 대위하여 근저당권을 실행할 수 있는지, 제3취득자인 매수인이 변제한 후 연대보증인에 대하여 채권자를 대위할 수 있는지 문제된다.

먼저 연대보증인이 변제한 경우를 살펴보면, 그는 저당물의 제3취득자인 매수인에 대하여 채권자(은행)를 대위하려면 미리 근저당권을 대위하는 부기등기를 해야 한다(§ 482 Ⅱ i). 그런데 부기등기를 '미리'해야 한다는 규정에 대해 학설은 제3취득자가 출현하기 전에 부기등기가 있어야 한다는 점에서는 일치하면서도 보증인의 변제 전후와 관련한 부기등기의 시점에 대해서는 견해가 대립하고 있다. 이는 제3취득자가 저당물을 취득한 시점을 기준으로 부기등기가 있었는지 여부에 따라 대위를 판단하면 된다고 본다. 왜냐하면 저당권이 설정된 부동산을 취득했다는 것은 만일 저당권이 실행될 경우 소유권을 상실할 수도 있다는 위험을 감수한 것이므로 제3취득자의 이익을 미리 고려할 필요는 없기 때문이다. 부동산 물권의 공시방법은 등기이므로 부기등기를 해야 저당권자의 지위를 대위할 수 있는 것인 만큼, 그 대위방법도 저당권의 실행을 통해 행사할 수 있는 것이다. 또 변제한 보증인은 저당권의 부기등기를 하지 않아도 후순위근저당권자에 대해 채권자를 대위할 수 있으므로 제3취득자에 후순위근저당권자는 포함되지 않는다 (2012다48855).

한편 매수인이 변제한 후 연대보증인에게 대위할 수 있는지에 대하여 민법은 제3취득자가 변제한 경우에는 원칙적으로 채권자를 대위할 수 없다고 정한다 (§ 482 Ⅱ ⅱ). 제3취득자는 저당물을 취득하면서 소유권 상실의 위험을 인수하였기 때문에 연대보증인은 근저당권의 책임영역으로 모두 포섭이 가능하며, 그가 변제를 하는 것은 자기의 권리를 보호하려는 것이어서 처음부터 손해를 감수한 자에게 대위권을 부여해 다시 보호할 필요는 없다는 것이다.

(3) 보증인과 물상보증인 사이

물상보증인과 보증인 사이에서는 그 인원수에 비례하여 채권자를 대위한다 (§ 482 Ⅱ ⅴ 본문). 가령 A와 B가 보증인이고, C와 D가 물상보증인인데 C가 2000만 원, D가 1000만 원 상당의 부동산을 담보로 제공한 경우, 채무액이 1200만 원이라면 인원수에 비례하여 이들은 각각 300만 원씩 채권자를 대위한다. 만일 보증인이 물상보증인을 겸하는 경우에는 특약이 없는 한 인원수에 따라 대위비율을 정하는 것이 공평하고 법률관계를 간명하게 처리할 수 있다는 점에서 1인으로 산정한다(2007다61113·61120). 그리고 물상보증인이 여러 명인 경우에는 먼저 보증인의 부담부분을 공제하고 그 잔액에 대하여 물상보증인들이 각 재산의 가액에 비례하여 채권자를 대위한다(§ 482 Ⅱ ⅴ 단서). 위의 예에서 보증인 A와 B의 부담부분 합계 600만 원을 공제한 나머지 600만 원을 물상보증인 C와 D의 재산가액의 비율에 따라 2 : 1로 나누면 C는 400만 원, D는 200만 원을 대위할 수 있다.

한편 물상보증인의 담보재산이 부동산인 때에는 대위요건으로서 부기등기를 전제로 하고 있는 제1호의 규정을 준용한다고 정하고 있다. 이는 인원수에 비례하여 채권자를 대위한다는 제5호 본문에 준용하자는 것이 아니라, 물상보증인이 여러 명인 경우인 제5호 단서에 한정하여 파악해야 할 것이다. 판례도 채무를 대위변제한 물상보증인이 다른 물상보증인 소유의 부동산에 설정된 근저당권설정등기에 관하여 대위의 부기등기를 하지 않은 동안에 제3취득자가 이 부동산을 취득했다면 대위변제한 물상보증인은 제3취득자에 대하여 채권자를 대위하지 못한다고 하고 있다(90다카10305).

(4) 물상보증인 상호 간 또는 제3취득자 상호 간

보증인만 여러 명인 경우는 상호간에 구상권이 발생하는 데 비하여, 물상보증인만 여러 명인 경우 이들 사이의 대위는 제3취득자에 있어서와 같다(§482 Ⅱ iv). 즉, 물상보증인 중 1인이 변제하거나 담보권이 실행되어 소유권을 상실한 경우에 그는 담보에 제공된 각 부동산의 가액에 비례하여 다른 물상보증인에 대하여 채권자를 대위한다(§482 Ⅱ iii 준용). 이때에도 대위의 부기등기를 해야 한다(90다카10305).

제3취득자가 2인 이상이고 이들 중 1인이 변제하거나 담보권이 실행되어 소유권을 상실한 경우에 그는 각 부동산의 가액에 비례하여 다른 제3취득자에 대하여 채권자를 대위한다(§482 Ⅱ iii). 예를 들어, A가 X(가액이 5천만 원)와 Y(가액이 1억 5천만 원) 두 개의 부동산을 담보로 제공하여 금융기관으로부터 1억 원을 대출하였다가, 이후에 이들 부동산을 B와 C에게 각각 처분하였는데, A가 무자력자가 되자 채권자가 제3취득자 B, C에게 이행을 독촉하여 B가 채무전액을 변제하였다면 그는 C에게 부동산 가액에 비례하여 7500만 원을 대위할 수 있게 된다.

제 3 절   대물변제

Ⅰ. 서   설

1. 의   의

대물변제란 채무자가 부담하고 있는 본래의 급부에 갈음하여 다른 급부를 현실적으로 이행함으로써 채권을 소멸시키는 채권자와 변제자 간의 계약이며, 변제와 같은 효력이 있다(§466). 예를 들면, 금전채무를 부담하는 채무자가 채권자와 합의하여 금전을 지급하는 대신 아파트 소유권을 이전해 주기로 하는 경우가 여기에 해당한다. 대물변제 역시 현실의 급부를 통해 채권자에게 변제만족을 주고, 이로써 채권의 목적을 달성하기 때문에 변제와 같이 채권의 소멸원인이 된다.

2. 법적 성질

대물변제를 위해서는 반드시 채권자의 승낙이 있어야 한다(§ 466). 따라서 대물변제는 계약이다. 또 채권자와 대가관계에 있는 본래의 급부 자체가 소멸하는 것이 아니라, 이에 갈음하여 다른 급부를 해야 하므로 대가관계가 유지된다는 점에서 일종의 유상계약이며, 이미 존재하는 본래의 채무에 갈음하여 다른 급부를 현실적으로 이행하는 때에 성립되는 요물계약이다(86다카1755). 그러므로 다른 급부가 현실적으로 이행되기 전에는 반대채무가 소멸하지 않으므로 예약에 불과하다.

대물변제는 본래의 급부와 다른 급부를 함으로써 채권을 소멸시킨다는 점에서 경개(§§ 500 이하)와 유사하다. 그러나 경개는 본래의 급부와 다른 급부가 현실적으로 이행되는 것이 아니고, 단순히 다른 급부를 해야 할 새로운 채무를 부담하는데 불과하다는 점에서 대물변제와 다르다.

이와 같이 대물변제는 유상의 요물계약으로서 준법률행위인 변제와 그 법적 성질이 다름에도 불구하고 제466조에서는 대물변제를 변제와 같은 효력이 있다고 정하고 있다. 그렇다면 변제에 관한 규정을 어느 정도 대물변제에 적용할 것인지 문제되는데, 일정한 급부를 통해 채권이 소멸한다는 공통된 특성이 허용하는 범위 내에서 대물변제에도 적용된다고 할 것이다.

3. 대물변제의 예약과 가등기담보

대물변제는 채권자나 채무자의 편의를 위하여 이행의 보조수단이나 대체방법으로 이용되는 것을 본래의 목적으로 하고 있지만 실제 이런 목적으로 이용되는 경우는 매우 드물다. 오히려 대물변제는 예약과 결합한 '대물변제의 예약'의 형태로 활용되고 있다. 그런데 대물변제예약은 대물변제의 본래의 목적을 위해 행해지는 것이 아니라, 채권담보의 목적으로 이용되고 있다는 점이다. 예컨대 금전소비대차를 하면서 장차 채무불이행시에는 특정부동산의 소유권을 이전하기로 당사자 사이에 예약하는 방식이다. 그리고 이때에는 장래 취득할 소유권을 보전하기 위하여 가등기를 한다. 이를 통해 채권자의 우선적 지위가 확보되므로 가등기담보라고 부른다.

그런데 대물변제의 예약으로 행해지는 가등기담보에서는 채권자가 담보가액을 초과하는 부동산을 취득하게 된다는 점에서 채권자의 폭리가 특히 문제된다. 이러한 폭리성을 방지하기 위하여 민법의 소비대차에서 특별규정(§§ 607, 608)을 두고 있지만 이들 규정만으로 미흡하여 채무자를 보호하기 위한 특별법(가등기담보 등에 관한 법률)을 제정하여 시행하고 있다.

Ⅱ. 대물변제의 요건

1. 본래의 급부가 존재할 것

대물변제가 본래의 급부에 갈음하여 다른 급부를 이행함으로서 채권을 소멸시키는 것이므로 당연히 본래의 채권이 존재해야 한다. 그렇다면 만일 본래의 급부가 무효 또는 취소된 경우는 법률관계가 어떻게 될지 의문이다. 예컨대, A가 B에게 또 B가 C에 대하여 각각 채무를 부담하고 있는 상황에서, A가 B에 대한 대물변제로 B에 대한 채권을 갖고 있는 C에게 직접 소유권이전등기를 해주었는데, A의 B에 대한 본래의 채무가 존재하지 않는 경우이다. 판례는 이런 경우 대물변제계약이 무효가 되어 소유권은 이전되지 않으므로 A는 C에게 이전한 소유권의 반환을 청구할 수 있다고 한다(91다9503). 그러나 현실적으로 다른 급부를 이행했다면 본래의 급부는 소멸하게 되고, 이는 본래의 급부가 존재하지 않았더라도 마찬가지로 해석해야 한다. 사례에서와 같이 제3자(C)가 있을 수 있기 때문이다. 만일 판례대로 해석한다면 '본래의 급부'와 '다른 급부' 사이의 인과관계를 인정하고 있는 경개와 구분이 모호하게 된다. 즉, A와 B 사이의 급부가 부존재하더라도 A의 등기이전으로 B의 C에 대한 채무가 소멸하게 되는데 판례에 의한다면 경개(§ 504 참조)와 마찬가지로 소멸하지 않게 되는 모순이 발생한다. 결국 A의 등기이전은 B에 대한 비채변제가 되어 부당이득의 반환을 청구하거나, B의 채무를 변제한 것이므로 A가 C를 대위할 수 있을 것이다.

2. 당사자 사이의 합의가 있을 것

제466조에서 대물변제를 위해서는 반드시 채권자의 승낙이 있어야 한다고
규정한 것은 대물변제가 성립하려면 당사자 사이에 대물변제에 관한 합의가 있
어야 한다는 것을 의미한다. 즉 채무자의 대물변제를 위한 청약이 있으면, 이에
따른 채권자의 승낙을 통해 대물변제계약이 성립하는 것이다. 이처럼 대물변제는
변제와 달리 계약이므로 당사자는 행위능력을 보유하고 있어야 한다.

3. 본래의 급부와 다른 급부를 현실적으로 이행했을 것

대물변제는 요물계약이므로 본래의 급부와 이에 갈음한 다른 급부를 단순히
약정하는 것만으로는 대물변제가 성립하지 않으며, 다른 급부가 현실적으로 행해
져야 한다(95다13371). 여기서 다른 급부의 현실적 이행에 등기나 등록이 필요한
경우에는 그 등기나 등록까지 행해져야 채권이 소멸한다. 그러므로 실제 등기가
이전되지 않았다면 대물변제계약은 성립하지 않은 것이어서 대물변제계약을 근
거로 이전등기를 청구할 수 없다.

본래의 급부와 다른 급부를 하여야 하는데 그 다른 급부의 내용이나 종류는
묻지 않는다. 물론 양도가 금지된 것을 다른 급부로 가름할 수는 없다(65다563).
그렇다면 본래의 급부에 갈음한 다른 급부가 이행되었으나 다른 급부가 무효 또
는 취소가 된 경우 기존에 소멸했던 본래의 급부가 다시 부활하는지 의문이다.
만일 다시 성립한다면 앞에서 기술한 바와 같이 경개(§504 참조)와 차이가 없게 된
다. 이런 경우에는 원칙적으로 본래의 급부가 다시 성립하지 않으며, 다른 급부
가 법률상 원인이 없이 행해진 것이므로 부당이득 문제로 해결해야 할 것이다.

한편 다른 급부(대물)가 본래의 급부(채무액)와 대등한 가치여야 하는가에 대
하여는 의문 없이 대등할 필요가 없다. 다른 급부의 가치가 본래의 채무액보다
적더라도 일부의 대물변제라는 취지가 표시되지 않았다면 채무 전부가 소멸한다.
반대로 다른 급부의 가치가 본래의 채무액의 원리금을 초과한다고 하더라도 제
607조·제608조가 적용되지 않는다(91다25574). 다만, 이러한 대물변제가 채무자의
궁박·경솔 또는 무경험을 이용한 것이라면 폭리행위로서 무효가 될 수 있다(63다
479, 67다2227).

4. 본래의 급부에 '갈음하여' 다른 급부가 행하여질 것

대물변제가 성립하려면 다른 급부가 단순히 '변제를 위하여'가 아니라, 본래의 채무를 소멸하기 위한 '변제에 갈음하여' 행해져야 한다. 일반적으로 '변제를 위하여'도 마찬가지로 본래의 채무를 소멸하기 위한 것으로 이해될 수 있는데, 어음이나 수표를 변제수단으로 교부한 경우에 특히 문제가 된다. 왜냐하면 변제를 위하여 교부한 어음이나 수표가 나중에 지급이 거절된 경우 기존채무가 소멸되는지 여부와 관련하여 이해관계인의 이익이 대립되기 때문이다. 즉, 어음이나 수표를 '변제를 위하여' 교부한 것이라면 대물변제가 아니므로 채권은 소멸하지 않고 새로운 채무가 추가되는 결과가 되지만, '변제에 갈음하여' 교부한 경우에는 지급이 거절되더라도 대물변제가 되어 채권은 소멸하게 된다. 그렇다면 이들 중 어느 것에 해당하는지는 각 경우의 구체적인 사정을 종합적으로 고려하여 판단하여야 할 문제이다. 그러나 판례와 학설은 특별한 사정이 없으면 단순히 변제를 위하여 행해진 것으로 추정한다(63다1162 외 다수). 본래 어음이나 수표는 금전지급의 한 수단이지만 현금처럼 지급이 확실하지 않기 때문이다.

한편 채무자가 채무와 관련하여 채권자에게 채무자 소유의 부동산을 이전해 준 것이 '지급을 담보하기' 위한 것인지, '변제에 갈음하기' 위한 것인지에 대하여도 판례는 소유권이전 당시 채무액과 부동산 가액, 채무를 지게 된 경위와 소유권이전 당시 상황, 부동산 지배 및 처분관계 등을 종합적으로 고려하여 판단하고 있다(2010다94410·94427, 92다19880). 또 채무자가 채무변제를 위하여 다른 채권을 양도하는 것은 특별한 사정이 없는 한 채무변제를 위한 담보나 변제의 방법으로 양도된 것으로 추정할 것이지 채무변제에 갈음한 것으로 볼 수 없다(95다13371, 2012다40998).

Ⅲ. 대물변제의 효과

대물변제에는 변제와 같은 효력이 있다(§ 466). 따라서 채무자가 본래의 급부 대신 다른 급부를 현실적으로 함으로써 채권이 소멸한다(63다168). 이로써 그 채권을 위한 담보권도 당연히 소멸한다.

대물변제계약은 유상계약이므로 매매계약상 매도인의 담보책임에 관한 규정이 준용된다. 그러므로 대물변제로 급부된 목적물에 하자가 있다면 채권자는 매도인의 담보책임에 관한 규정(§§ 569 이하)에 따라 변제자에게 계약의 해제 또는 손해배상을 청구할 수 있다.

제 4 절 공   탁

I. 공탁의 의의 및 성질

1. 의   의

변제를 위하여 채권자의 협력을 필요로 하는 경우 채무자의 변제에도 불구하고 채권자가 수령을 지체하거나 거절할 경우 채권자지체에 빠지면서 채무자는 채무불이행책임을 면하지만(§§ 461, 400), 채무 자체는 소멸하지 않는다. 물론 채권자에게 지체책임을 물을 수는 있다. 그러나 변제를 통해 채무관계의 구속으로부터 완전히 벗어나려는 채무자로서는 채권자지체로 말미암아 이행이 지연되는 것을 원치 않는다. 이런 문제를 해결하려는 제도가 공탁제도이다. 변제자는 목적물을 공탁함으로써 채무를 면할 수 있게 된다.

여기서 공탁이라고 하는 것은 '변제공탁'(§§ 487 이하)을 의미한다. 즉, 변제자가 변제목적물을 채무의 이행에 갈음하여 공탁소에 임치하고 채무를 벗어나는 제도이다. 이와 같이 변제공탁은 채무이행에 채권자의 협력이 필요한 경우 채권자의 협력 없이도 채무를 벗어날 수 있다는 점에서 의미가 있다.

그 밖에 공탁은 담보공탁(§ 353 Ⅲ, 민사집행법 § 19), 보관공탁(상법 § 70), 민사집행법상의 공탁(보증·배당·가집행해방 등) 등이 있다. 또 변제공탁과 집행공탁의 사유가 함께 발생한 경우 채무자는 혼합공탁을 할 수 있다(96다2583, 2017다221501).

2. 법적 성질

공탁의 법적 성질에 관하여 학설은 제3자를 위한 임치계약설과 공법관계설로 나뉜다. 공법관계설은 공탁을 공탁법에 따른 공탁절차에 따라 공탁공무원에 의한 행정처분의 일종으로 파악한다. 그러나 이는 공탁절차를 정하고 있는 특별법에 따른 것이어서 채권소멸원인을 정하고 있는 민법에 기초하여 판단해야 할 것이므로 공탁의 성질은 당연히 제3자를 위한 임치계약이라고 해야 할 것이다. 즉, 수익자를 채권자로 하여 변제자와 공탁소 사이의 이루어지는 임치계약이다. 다만 판례는 채권의 소멸효과가 채권자에 대한 공탁통지나 채권자의 수익의 의사표시가 있는 때에 발생하는 것이 아니라, 공탁공무원의 수탁처분과 공탁물보관자의 공탁물수령으로 그 효력이 발생한다고 한다(72마401).

Ⅱ. 공탁의 요건

1. 공탁원인의 존재

가. 채권자가 변제를 받지 아니하거나 받을 수 없을 때

제400조에서는 채권자지체를 '채권자가 이행을 받을 수 없거나 받지 아니한 때'라고 정하고 있고, 제487조 1문에서는 '채권자가 변제를 받지 아니하거나 받을 수 없는 때'로 정하고 있어서 채권자지체가 공탁원인이 되는지 문제된다. 이에 대하여 요건이 서로 다르다는 데 대하여 학설이 일치한다. 공탁을 위해서는 채권자에게 귀책사유를 요하지 않으므로 수령지체나 수령거절이 전제되어야 하는 것은 아니다. 판례도 채권자의 태도로 보아 수령거절이 명백한 경우에는 이행제공을 하지 않고 곧바로 공탁을 할 수 있다고 한다(80다2851).

나. 변제자의 과실없이 채권자를 알 수 없을 때

이는 객관적으로 채권자 또는 변제수령권자가 존재하고 있으나 채무자가 선량한 관리자의 주의를 다하여도 채권자가 누구인지 알 수 없을 때를 의미한다(96다2583 등 다수). 예컨대 채권자가 사망한 후 상속인을 확인할 수 없을 때(91다3055), 채권자라고 주장하는 자가 다수인 경우 등이다. 그러나 채권자가 누구인지 전혀 알 수 없는 경우에는 공탁이 허용되지 않는다(96다11747).

2. 공탁의 당사자

공탁은 변제에 갈음하여 이루어지는 제3자를 위한 임치계약이므로 계약의 당사자는 공탁자와 공탁소이다. 공탁자는 변제자로서 채무자에 한하지 않고 제3자라도 가능하다. 또 공탁하여야 할 장소로서 채무이행지는 공탁소가 되는데(§488 I), 공탁소는 지방법원·그에 소속된 지원·시 법원·군 법원에 두며, 공탁사무는 지방법원장·지방법원 지원장이 그 소속 공무원 중에서 지정하는 자가 담당한다(공탁법 §2). 공탁소는 단순히 공탁사무를 집행할 뿐이고, 실제 공탁물을 보관하는 것은 공탁물보관자인데, 대법원장이 공탁하는 금전·유가증권·그 밖의 물품을 보관할 은행이나 창고업자를 공탁물보관자로 지정한다(공탁법 §3 I).

한편 공탁의 경우 채권자는 계약의 당사자가 아니지만, 피공탁자로서 반드시 특정되어야 한다(96다11747). 제3자 약관에 따른 수익자가 되기 때문이다.

3. 공탁의 목적물

변제의 목적물이 공탁의 목적물이 된다. 금전·유가증권·그 밖의 물품 등 동산이나 부동산을 가리지 않는다. 그러나 변제의 목적물이 공탁에 적당하지 않거나 멸실·훼손의 염려가 있거나 또는 공탁에 과다한 비용이 필요한 경우에는 변제자는 법원의 허가를 얻어 그 물건을 경매하거나 시가로 방매하여 대금을 공탁할 수 있다(§490).

4. 공탁의 내용

공탁의 내용은 채무의 내용에 좇은 것이어야 한다. 이와 관련하여 문제가 되는 경우는 채무의 일부만을 공탁한 경우와 조건을 붙여서 공탁한 경우이다.

가. 일부공탁

일부공탁은 원칙적으로 무효이다. 그러나 채무의 일부공탁은 그 채무를 변제함에 있어서 일부의 제공이 유효한 제공이라고 시인될 수 있는 특별한 사정이 있는 경우를 제외하고는 채권자가 이를 수락하지 아니하는 한 유효한 변제공탁이 될 수 없다(85다카1792). 그러므로 일부공탁이 유효하려면 채권자가 공탁금을 채권의 일부에 충당한다는 유보의 의사표시를 하고 이를 수령하여야 한다(96다14616).

나. 조건부공탁

채권자에게 반대급부 기타 조건의 이행의무가 없음에도 불구하고 채무자가 이를 조건으로 공탁한 때에는 특별한 사정이 없는 한 효력이 없다. 다만, 채권자의 본래의 청구권에 선이행 또는 동시이행의 항변권이 붙어 있는 경우(70다1061)와 채권자가 이를 수락한 경우(2001다2846)에는 조건부 공탁이라도 유효한 공탁이 될 수 있다.

Ⅲ. 공탁의 효과

1. 채권의 소멸

공탁이 있으면 변제가 있었던 것과 마찬가지로 채권이 소멸한다(§ 487). 그러나 공탁물을 회수한 경우에는 공탁하지 않은 것으로 본다(§ 489 Ⅰ). 채권의 소멸 시기는 공탁공무원의 수탁처분과 공탁물보관자의 공탁물 수령이 있는 때이며, 채권자에 대한 공탁통지나 채권자의 수익의 의사표시가 있는 때에 공탁의 효력이 발생하는 것이 아니다(72마401).

한편 하자가 있는 공탁에 대하여 이의 없이 이를 수령했다면 하자가 치유된 것으로 보아 공탁요건의 흠결을 이유로 공탁의 효력을 다툴 수 없다(88다카34148). 또 토지수용의 경우 토지수용위원회가 재결한 토지수용보상금에 대해 이의신청 또는 소송을 하던 중 이의유보의 의사표시 없이 공탁된 보상금을 수령했다면 이의신청이나 소송이 계속 중이라는 사실만으로 이의유보의 의사표시가 있었다고 볼 수 없어 공탁의 효력이 발생한다(82누197).

2. 채권자의 공탁물인도청구권

기술한 바와 같이 공탁은 제3자를 위한 임치계약으로 파악한다. 그러나 채권자는 수익의 의사표시를 하지 않더라도 공탁소에 대하여 공탁물 인도청구권을 취득한다. 취득절차에 대해서는 공탁사무처리규칙에 따른다. 공탁에 의하여 채무가 소멸하는 것에 대해 민법이 정하고 있지는 않지만, 이는 채권자가 공탁물인도청구권을 취득하기 때문이다.

채권자의 공탁물인도청구권은 본래의 급부청구권에 갈음하는 것이어서 그 권리의 성질 및 범위는 본래의 급부청구권과 같아야 한다. 그 결과 본래의 급부청구권에 동시이행의 항변권이 붙어 있는 경우에는 채권자는 반대급부를 하지 않으면 공탁물을 수령하지 못한다(§491, 공탁법 §10).

한편 채권자가 공탁소에 지급을 청구하였으나 출급이 거절된 경우 공탁공무원의 처분에 대하여 공탁법 제12조에 따라 이의신청을 하고, 이에 따른 결정에 대하여 항고할 수 있을 뿐, 직접 국가를 상대로 민사소송을 제기할 수는 없다(91다15447).

3. 공탁물의 소유권 이전

공탁물의 소유권이 채권자에게 이전하는 시기에 대해서는 공탁물의 종류에 따라 다르게 판단해야 한다.

첫째, 공탁물이 금전인 경우 공탁과 동시에 공탁물 보관자에게 이전되고, 채권자가 금전의 종류를 따지지 않고 동일가액을 공탁소로부터 수령함과 동시에 소유권을 취득하는 데 비하여, 금전 이외의 소비물인 경우에는 공탁물의 소유권은 일단 공탁물 보관자에게 귀속하고, 채권자가 공탁소로부터 동종·동질·동량의 물건을 수령하는 때에 채권자가 그 소유권을 취득한다.

둘째, 공탁물이 특정물인 경우에는 공탁소에 소유권이 귀속되는 일이 없이 공탁자로부터 곧바로 채권자에게 이전된다. 그 이전시기는 특정물이 동산이면 공탁소로부터 채권자가 목적물을 인도받은 때이고 부동산인 경우에는 등기를 갖춘 때이다.

Ⅳ. 공탁물의 회수

1. 민법상의 회수

민법은 피공탁자(채권자)가 공탁물을 수령하기 전에 공탁자(변제자)의 공탁물 회수를 인정하고 있다(§ 489). 이 경우 공탁소와의 관계에서는 임치계약이 해지된 것으로 보아야 하고, 피공탁자의 입장에서 보면 제3자약관이 취소된 것이다. 그런데 공탁의 효과로서 채무가 소멸되었는데, 요건을 갖추어 회수했다고 하여 소멸된 채권이 다시 부활하는가? 이런 의문은 해제조건설에 따라 공탁이 있으면 채권이 소멸하지만, 공탁물이 회수된 때에는 채권이 소급적으로 소멸하지 않은 것으로 보는 것으로 해결하고 있다. 민법에서도 공탁물을 회수한 때에는 공탁하지 않은 것으로 본다(§ 489 Ⅰ 2문).

이와 같이 민법은 채권자나 제3자에게 불이익을 주지 않는 한도에서 공탁물의 회수를 허용하지만, 다음과 같은 경우에는 회수를 인정하지 않는다.

① 채권자가 변제자에 대한 의사표시로 공탁을 승인하거나 공탁소에 대하여 공탁물을 받기를 통고한 때(§ 489 Ⅰ 1문 전단)

② 공탁유효의 판결이 확정된 때(§ 489 Ⅰ 1문 후단)

③ 공탁으로 질권 또는 저당권이 소멸한 때(§ 489 Ⅱ). 공탁 후 회수 전에 새로운 이해관계인이 있는 경우 회수로 인해 소급효를 인정한다면 이들에게 불측의 손해를 줄 수 있기 때문에 담보물권이 소멸한 경우에는 회수 자체를 할 수 없도록 정한 것이다. 이와 달리 인적 담보인 경우에는 회수하더라도 소멸된 채권이 부활한다.

④ 공탁자가 회수권을 포기한 때

2. 공탁법상의 회수

공탁법은 민법 제489조에 따르는 경우 이외에 착오로 공탁한 경우와 공탁의 원인이 소멸한 경우에도 공탁물을 회수할 수 있다고 정한다(공탁법 § 9 Ⅱ).

제 5 절 상 계

Ⅰ. 상계의 의의

1. 의 의

채무자와 채권자가 상호 같은 종류의 채권·채무를 가지고 있을 경우에 그 채무액을 대등액에서 소멸하게 하는(§492 Ⅰ) 일방적 의사표시, 즉 단독행위이다. 예컨대, A가 B에게 오일펌프와 분쇄기 등을 판매·설치해 주고 5000만 원의 대금 채권을 가지고 있고, A가 제공한 물건의 하자로 인해 B에게 1000만 원의 손해가 발생한 경우 A 또는 B는 각각 상대방에 대하여 1000만 원의 금액에서 쌍방의 채권·채무를 소멸시킬 수 있는데, 이런 제도가 상계이다. 상법에서는 이를 '상호계산'이라 하는데, 상인 간 또는 상인과 비상인 간에 계속적 거래관계가 있는 경우에 일정한 기간의 거래로 인한 채권·채무의 총액에 대하여 상계하고 잔액을 지급할 것을 약정할 수 있다(상법 §72 참조).

2. 법적 성질

법적 성질에 관하여 상계는 채무자의 일방적 의사표시에 의하여 채권을 소멸시킨다는 점에서 단독행위(§493 Ⅰ)이지만, 계약자유의 원칙상 계약에 의해서도 상계의 목적을 달성할 수 있다(일명 상계계약). 단독행위인 경우와 달리 상계계약에서는 민법이 정하고 있는 상계의 요건이나 상계금지가 적용되지 않고, 조건·기한을 붙일 수 있다. 상법상 상호계산은 당사자 사이의 약정이 필요하므로 전형적인 상계계약이다(상법 §§72~77).

3. 상계의 기능

가. 간편한 결제기능

채무자와 채권자가 같은 종류의 채권·채무를 서로 청구하고, 이행을 주고받는 것은 매우 부담스럽고 번거로운 일이므로 상계를 통해 시간적·경제적·절차적으로 간편하게 결제할 수 있다.

나. 담보적 기능

채무자와 채권자 상호간에 같은 종류의 채권·채무를 가지고 있는데, 이 중에서 일방이 파산으로 무자력자가 된 경우 타방은 자기의 채무는 전액을 변제하면서 파산한 일방으로부터 자기 채권을 실현하지 못할 우려가 있다. 이 점에서 상계는 당사자의 자력과 무관하게 쌍방이 서로 동종의 채권을 가지고 있는 때에는 대등액의 범위에서 채권의 효력이 같다고 함으로써 불공평을 제거하였다. 예컨대, 은행에서 1억 원을 대출받은 고객이 대출받으면서 가입한 적금의 불입총액이 5000만 원인 상황에서 파산한 경우 은행은 5000만 원의 예금채무와 대등액에서 자신의 채권과 상계할 수 있다. 이처럼 상계를 하게 되면 상대방이 무자력이 된 경우라도 상대방에 대한 자신의 채무를 면함으로써 사실상 우선변제를 받는 것과 같은 결과가 된다. 즉, 수동채권의 존재가 사실상 자동채권에 대한 담보로서 기능하게 된다(2002다59481).

Ⅱ. 상계의 요건(상계적상)

상계가 유효하려면 당사자 쌍방의 채권이 다음과 같은 여러 요건을 충족하고 있어야 한다.

1. 쌍방이 서로 대립된 채권을 가지고 있을 것

상계를 하려면 먼저 당사자 쌍방이 서로 대립하는 채권을 가지고 있어야 한다(§492 Ⅰ). 이때 상계를 하고자 하는 자의 채권을 자동채권이라 하고, 상계를 당하는 상대방의 채권을 수동채권이라고 한다.

원칙적으로 자동채권은 상계자(채권자)가 피상계자(채무자)에 대하여 가지는 채권이어야 한다. 그러나 이 원칙에는 예외가 있다. 연대채무(§418 Ⅱ)·보증채무(§434)의 경우에는 상계자 자신의 채권이 아니고 타인의 채권으로 상계할 수 있다. 그리고 연대채무(§426 Ⅰ)·보증채무(§445 Ⅰ)·채권양도(§451 Ⅱ)의 경우에는 피상계자에 대한 채권이 아니고, 타인에 대한 채권으로 상계할 수 있다.

수동채권은 피상계자가 상계자에 대하여 가지는 채권이어야 한다. 따라서 피상계자가 제3자에 대하여 가지는 채권과 상계하지 못한다. 그런데 수동채권은 상대방과 사이에 직접 발생한 채권에 한정되지 않으며, 신의칙에 반하여 상계권을 남용하는 것이 아니라면 제3자로부터 양수받아 취득한 채권도 포함된다(2002다59481).

한편 제3자가 피상계자에 대해 가진 채권을 자동채권으로 하여 상계자의 피상계자에 대한 채권을 수동채권으로 상계할 수 있을까? 이들 채권은 우선 상호 대립하는 채권이 아니라는 점에서 상계가 허용될 수 없다. 제3자가 채무자의 채무를 변제하는 것은 가능하지만, 상계자의 자신에 대한 채권이 아닌 채무자에 대한 채권을 수동채권으로 상계하는 것은 불가능하다.

2. 쌍방의 채권이 동종의 목적을 가질 것

상계를 할 수 있는 것은 종류채권에 한한다. 이 가운데에서도 주로 금전채권이 상계에 이용된다. 물론 수량이나 채권액이 동일하거나, 이행지가 같아야 하는 것은 아니다(§494).

3. 두 채권이 모두 변제기에 있을 것

상계를 하려는 자동채권은 반드시 변제기에 있어야 한다(§492 Ⅰ). 아직 변제기가 도래하지 않은 자동채권으로 상계를 허용하게 되면 상대방에게 허용된 기한이익을 박탈당하게 되기 때문이다. 그러나 수동채권은 반드시 변제기가 도래하고 있어야 하는 것은 아니다. 상계자가 기한이익을 포기할 수 있는 상황이라면 이를 포기하고 상계할 수 있다.

또 임대차 존속 중 차임채권의 소멸시효가 완성된 후 임대인이 소멸시효가 완성된 차임채권을 자동채권으로 삼아 임대차보증금 반환채무와 상계할 수 없다(2016다211309). 물론 소멸시효 완성 전에 임대인이 임대차보증금 반환채무에 관한 기한이익을 실제로 포기하였다는 등의 특별한 사정이 없어야 한다. 한편 매도인 또는 수급인의 담보책임에 의한 손해배상채권의 제척기간이 도과하였으나, 도과하기 전에 상대방의 채권과 상계할 수 있었다면 제495조를 유추·적용하여 손해배상채권을 자동채권으로 하여 상대방의 채권과 상계할 수 있다(2018다255648).

4. 성질상 상계가 가능할 것

양 채무의 성질상 상계가 허용되지 않는 것이 아니어야 한다(§492 Ⅰ 단서). 성질상 상계가 허용되지 않는다는 것은 서로 현실의 이행이 필요하다는 의미인데, 부작위채무 또는 하는 채무가 여기에 해당된다. 그리고 자동채권에 항변권이 붙어 있는 경우 상계를 허용하면 상대방의 항변권이 박탈당하게 되므로 상계가 허용되지 않는다(74다48). 여기에는 지급거절의 항변권이 붙어 있는 기성공사대금채권(2002다25242), 담보제공청구권이 항변권으로 붙어 있는 수탁보증인의 사전구상권(2001다81245, 2017다274703) 등을 예로 들 수 있다.

5. 상계금지가 되어 있지 않을 것

이에 대해서는 이하에서 따로 설명한다.

Ⅲ. 상계의 금지

1. 당사자의 의사표시에 의한 금지

채권을 가진 당사자는 상계를 금지하는 특약을 할 수 있으며, 그때에는 상계하지 못한다(§492 Ⅱ). 그러나 상계금지는 선의의 제3자에게 대항하지 못한다(§492 Ⅱ 단서).

2. 법률에 의한 금지

현실의 변제를 받아야 할 특별한 사정이 있는 수동채권에 대하여는 법률의 규정에 의하여 상계할 수 없도록 금지하고 있다.

가. 수동채권이 고의의 불법행위에 의한 손해배상채권인 경우

채무가 고의의 불법행위로 발생한 것인 때에는, 그 채무자는 상계로 채권자에게 대항하지 못한다(§ 496). 즉, 고의로 불법행위를 한 자는 피해자의 손해배상청구권을 수동채권으로 하여 상계하는 것이 금지된다. 이는 보복적 불법행위의 유발을 방지하고, 사회정의의 관념에서 불법행위의 피해자에게 현실의 변제를 받게 하려는 취지이다(2014다19776). 그러므로 상계가 금지되는 것은 고의의 불법행위로 인한 손해배상채권에 대한 것이지, 과실의 불법행위인 경우(91다513)와 중과실의 불법행위인 경우(93다52808)까지 유추·확장되지는 않는다. 그리고 고의의 불법행위채권을 자동채권으로 하여 피해자가 상계하는 것은 금지하지 않는다(83다카542).

나. 수동채권이 압류금지채권인 경우

민사집행법 제246조 제1항에서는 압류금지채권에 대하여 열거하고 있다. 이러한 압류금지채권의 채무자는 상계로 채권자에게 대항하지 못한다(§ 497). 즉, 압류금지채권을 수동채권으로 하여 상계할 수 없도록 하였다. 이는 압류금지의 취지를 관철하여 상대방으로 하여금 현실의 변제를 받게 하려는 취지이다. 그런데 압류금지채권의 변형으로 볼 수 있는 부당이득반환청구권을 수동채권으로 하는 상계도 허용되지 않는다(77다309). 압류금지채권을 수동채권으로 하는 상계만 금지되므로 그것을 자동채권으로 하여서는 상계할 수 있다.

다. 수동채권이 지급금지채권인 경우

지급금지명령을 받은 제3채무자는 지급금지명령이 있은 후에 그의 채권자에 대하여 취득한 채권을 자동채권으로 하여 지급금지된 채권과 상계하더라도 이를 가지고 그 명령을 신청한 채권자에게 대항하지 못한다(§ 498). 가령, 건설업자인 A가 B에게 공사대금채권을 가지고 있는데, A에 대하여 금원을 대출해준 은행 C가 법원에 지급금지명령을 신청하여 제3채무자인 B에게 A에 대한 공사대금의 지급금지명령이 송달되자, B가 A에게 금원을 대출한 것처럼 새로운 채권을 일으켜 이로써 공사대금채권과 상계하더라도 지급명령을 신청한 C에게 대항할 수 없다는 것이다. 이는 지급금지명령 이후에 취득한 채권으로 상계를 금지함으로써 A, B 사이의 행위에 의하여 법원의 지급금지명령의 효력을 무력화시키는 것을 방지하기 위한 것이다. 그러므로 앞의 사례에서 공사대금의 지급금지명령이 B에게 송달되기 전에 이미 A에 대한 B의 대여금채권이 상계적상에 있었다면, 비록 송달 전에 상계하지 않았더라도 후에 상계가 가능하다.

여기서 지급금지명령을 받은 채권이란 압류 또는 가압류된 수동채권을 가리킨다. 그렇기 때문에 자동채권이 압류 또는 가압류된 경우에는 압류의 처분금지효력(민사집행법 §227 참조) 때문에 상계할 수 없다.

한편 채권에 질권이 설정되면 지급금지의 효력이 생기므로 지급금지명령을 받은 채권과 마찬가지로 다루어진다. 따라서 그 채권의 채무자(제3채무자)는 입질채권을 수동채권으로 하여 질권설정의 통지(§349 I) 후에 채권자에 대하여 취득한 채권과 상계하더라도 질권자에게 대항하지 못한다.

라. 수동채권이 양도된 경우

수동채권이 양도되어 채무자에 대한 통지·승낙으로 대항력까지 갖추었다면 채무자는 양도인에 대한 채권으로 상계할 수 없다. 그러나 채무자가 양도통지를 받을 당시 승낙에 이의를 보류하였고, 이미 양도인에 대한 채권으로 상계할 수 있었다면 아직 상계적상에 있지 않더라도 그 후 상계적상에 이르면 양수인에 대하여 상계로 대항할 수 있다(2017다222962).

Ⅳ. 상계의 방법

상계는 단독행위로서 상계를 할 것인지에 대한 판단은 채권자의 의사에 따른 것이고 상계적상에 있는 자동채권이 있다고 하여 반드시 상계를 해야 할 것은 아니다(2015다209347). 즉, 상계적상에 있고 상대방에게 상계의 의사표시를 하여야 상계의 효과가 발생한다(§493 I 1문). 다만 특약이 있는 경우에는 상계적상을 따지지 않고 별도의 의사표시 없이 상계할 수 있다. 예컨대, 건설공사 수급을 위해 공동이행방식의 건설공동수급체를 구성한 구성원은 공동수급체에 대한 출자의무와 이익분배청구권을 가지는데, 출자의무를 지체할 경우 구성원이 지급받을 이익분배금에서 출자금과 그 연체이자를 '공제'하기로 약정한 경우이다(2015다69990).
또한 단독행위인 상계에 조건이나 기한을 붙이면 상대방의 지위를 불안하게 하
므로 조건이나 기한을 붙이지 못한다(§493 Ⅰ 2문).

Ⅴ. 상계의 효력

1. 채권의 소멸

상계가 있으면 당사자 쌍방의 채권은 대등액에서 소멸한다(§492 Ⅰ). 한편 수
동채권이 여러 개이고 자동채권이 그 전부를 소멸하기에 부족한 때에는 변제충
당에 관한 규정에 따라 상계충당된다(§499). 이 경우 상계적상의 시점을 기준으로
상계충당을 하게 된다. 따라서 상계적상 이전에 수동채권의 변제기가 이미 도래
하여 지체가 발생한 경우에는 상계적상 시점까지의 수동채권의 지연손해금을 계
산한 다음 자동채권으로 그 지연손해금을 먼저 충당하고 잔액을 가지고 원금을
충당하여야 한다(2013다46023).

2. 상계의 소급효

상계가 있으면 각 채무가 상계할 수 있는 때에 대등액에서 소멸한 것으로 본
다(§493 Ⅱ). 즉, 상계에는 소급효가 있다. 따라서 상계적상이 생긴 뒤에는 이자가
발생하지 않으며, 이행지체도 상계적상시로 소급하여 소멸한다. 그러나 상계는
상계의 의사표시를 할 당시에 상계적상에 있어야 하므로 해제·변제·경개 등으
로 상계적상이 현존하지 않으면 상계의 의사표시에 필요한 요건을 결여하게 되
어 상계의 의사표시를 하여도 상계로서의 효력이 발생하지 않으며(79다1257), 소
급효도 문제되지 않는다.

3. 이행지가 다른 경우

상계는 쌍방의 채무의 이행지가 다른 경우에도 할 수 있으나, 이때 상계를
하는 당사자는 상대방에게 상계로 인한 손해를 배상하여야 한다(§494 단서).

제 6 절 경 개

Ⅰ. 경개의 의의 및 종류

1. 의 의

경개는 채무의 중요 부분을 변경함으로써 신채무를 성립시키는 동시에 구채무를 소멸시키는 유상계약이다(§ 500). 가령, 대출한도와 이율이 변경되자 새로운 조건의 신규대출을 받으면서 기존의 대출채무를 소멸시키기로 한 경우, 아파트 공사대금채무에 갈음하여 일부 세대의 소유권을 양도하기로 한 경우 등이다. 이처럼 구채권을 소멸시킨다는 점에서 민법은 경개를 채권소멸원인의 하나로 규정한다.

경개에는 세 가지 유형이 있는데, 채권자 변경에 의한 경개 · 채무자 변경에 의한 경개 · 채권목적의 변경에 의한 경개가 그것이다. 과거 채권에 있어서 인적 요소를 중요시하던 로마시대에서는 채권자 · 채무자 · 채권의 목적 중에서 어느 하나라도 변경이 되면 채권이 동일성을 상실하여 소멸하고 신채권이 성립하는 것으로 보았다. 이러한 경개제도가 과거에는 중요한 역할을 하였지만, 근대에 이르러 채권의 재산적 요소가 강조되고 채권양도와 채무인수제도가 정립되면서 그 존재가치가 점차 줄어들게 되었다.

2. 경개의 종류

가. 목적의 변경에 의한 경개

금전채무를 부담하는 채무자가 이와 관련하여 채권자와 토지에 관한 소유권을 이전해 주기로 약정했다면, 대물변제가 되는지 경개계약으로 볼 것인지가 불분명하다. 이러한 약정이 채권의 목적의 변경이라는 점에서 경개와 대물변제가 차이가 없다. 다만 본래의 금전채무의 이행에 대신하여 토지소유권을 현실적으로 이전해 주었다면 대물변제가 되고, 금전채무를 단지 다른 급부를 목적으로 하는 신채무로 변경하였다면 경개계약으로 볼 수 있다. 경개계약인지 여부는 금전채무의 소멸과 관련하여 당사자의 의사·약정서 작성 경위·약정서의 문구 등 여러 사정을 종합적으로 고려하여 판단한다(2018다28273).

　　당사자가 목적물을 소비대차의 목적으로 할 것을 약정한 경우 경개로 볼 것인가 준소비대차로 볼 것인가에 대하여 당사자의 의사가 명백하지 않을 때에는 준소비대차로 본다(2014다64752). 경개나 준소비대차는 모두 기존채무를 소멸하게 하고 신채무를 성립시키는 계약인 점에 있어서는 동일하지만 경개의 경우에는 기존채무와 신채무 사이에 동일성이 없는 반면, 준소비대차의 경우에는 원칙적으로 동일성이 인정된다는 점에 차이가 있다.

나. 채무자의 변경에 의한 경개

　　채무자의 변경으로 인한 경개는 구채무자·신채무자·채권자의 3면계약으로 할 수 있으나, 채권자와 신채무자 간의 계약으로 할 수도 있다(§501). 그러나 후자의 경우에는 구채무자의 의사에 반하여 채무자를 변경하지 못한다(§501 단서). 한편 구채무를 개별보증한 보증인이 있는 경우에는 채무자변경에 대한 구채무자의 승낙이 있더라도 보증인이 이를 승낙하였다는 특단의 사정이 없는 한 그의 보증책임은 구채무의 소멸과 함께 소멸한다.

다. 채권자의 변경에 의한 경개

　　채권자의 변경으로 인한 경개는 구채무자·신채무자·채권자의 3면계약에 의한다. 이 경우 확정일자 있는 증서로 하지 않으면 제3자에게 대항하지 못한다(§502). 기존 채권이 제3자에게 이전된 경우 당사자의 의사가 명백하지 않으면 일반적으로 채권양도로 본다(96다16612). 다만 당사자의 명확한 의사에 기하여 구채무를 소멸시키고 신채무를 성립시키고자 했다면 경개가 성립할 수 있다.

Ⅱ. 경개의 요건

1. 구채권의 존재

　　소멸할 채무가 존재하고 그에 대한 처분권한이 있어야 한다. 만일 구채무가 존재하지 않거나 무효라면 경개가 무효가 되고 신채무는 성립하지 않는다. 다만,

채권자 변경에 의한 경개에서 채무자가 이의를 보류하지 않고 경개를 승낙했다면 그는 구채권자(양도인)에게 대항할 수 있었던 사유로서 신채권자(양수인)에게 대항할 수 없으므로(§§ 503, 451 Ⅰ) 신채권은 유효하게 성립한다.

2. 신채무의 성립

가. 구채무의 소멸

경개에 의하여 소멸할 채권이 존재하지 않으면 경개는 무효가 되며, 신채권도 성립하지 않는다. 다만, 구채권의 발생원인이 되는 법률행위가 취소될 수 있음에도 불구하고 아무런 이의를 보류하지 않고 경개계약을 체결했다면 신채권이 성립한다. 기술한 바와 같이 채권자를 변경하는 경개의 경우 채무자가 이의를 보류하지 않은 때에도 같다.

나. 신채무 불성립시 구채무 불소멸

신채무가 성립하지 않으면 경개는 무효이고, 따라서 구채무도 소멸하지 않는다. 이와 관련하여 민법 제504조에서는 구채무 불소멸사유로 다음의 세 가지를 규정하고 있다. 첫째, 신채무가 원인의 불법으로 성립하지 않은 때, 둘째, 신채무가 불법원인 이외의 사유로 성립하지 않았는데 당사자가 이를 알지 못한 때, 셋째, 신채무가 취소된 때 등이다.

3. 채무의 중요부분 변경

채무의 중요한 부분에 대한 변경이 있어야 한다(§ 500). 채무의 중요한 부분이란 채무의 동일성을 결정하는 부분을 가리키는 것으로서 채권의 발생원인·채권자·채무자·채권의 목적이 여기에 해당한다. 그런데 경개가 인정되려면 중요부분의 변경이 있는 것만으로는 부족하고 신·구채무 사이의 동일성이 없어야 한다. 이 점에서 채권양도·채무인수와 다르다. 그리고 당사자 사이에 신채무를 성립시키고 구채무를 소멸시키려는 의사, 즉 채무의 동일성을 변경하려는 경개의사가 명확해야 그 효과로서 경개가 성립한다.

Ⅲ. 경개의 효과

1. 구채권의 소멸(종된 권리 포함)

경개에 의하여 구채무는 소멸하고 신채무가 성립한다(§ 500). 그리고 이 두 채무는 동일성이 없기 때문에 구채무에 관하여 존재하였던 담보권·보증채무·위약금·기타의 종된 권리는 모두 소멸한다. 채권양도와 채무인수에 있어서 종된 채권·채무가 주된 채권·채무와 함께 양도·인수되는 것과 대비된다. 다만, 경개의 당사자는 특약에 의하여 구채무의 담보를 소멸시키지 않고 그 목적의 한도에서 신채무의 담보로 이전할 수 있다(§ 505). 그러나 구채무의 담보를 제3자가 제공한 경우에는 그의 승낙을 얻어야 한다(§ 505 단서). 그리고 채권자의 변경에 의한 경개의 경우 채무자가 이의를 보류한 때에는 구채무에 관한 항변권은 존속한다(§§ 503, 451 Ⅰ).

2. 신채무의 불이행과 경개계약의 해제

경개계약에 의하여 성립한 신채무를 채무자가 이행하지 않을 경우 채권자는 채무불이행을 이유로 경개계약을 해제하고, 해제의 소급효에 따라 소멸된 구채무가 원상회복되므로 구채무의 이행을 청구할 수 있을지 논란이 있었다. 그러나 경개계약은 신채권을 성립시키고 구채권을 소멸시키는 처분행위로서 신채권이 성립되면 그 효과는 완결되고 경개계약 자체의 이행의 문제는 발생할 여지가 없으므로 경개에 의하여 성립된 신채무의 불이행을 이유로 경개계약을 해제할 수는 없다(2002다62333). 경개계약과 신채무는 그 이행의 대상이 서로 다르기 때문이다. 경개계약에 의하여 구채무가 소멸하고 신채무가 성립되면 경개계약은 이미 이행되었으므로 당연히 해제할 수 없다.

제 7 절 면   제

Ⅰ. 면제의 의의

면제는 채권자가 채무자에 대한 일방적 의사표시에 의하여 채권을 무상으로 소멸시키는 제도이다(§506). 채권자의 단독행위라는 점에서 결국 채권의 포기와 다르지 않다(2003도3516). 사적자치의 원칙상 면제는 당사자의 계약에 의해서도 채권을 소멸시킬 수 있고, 제3자를 위한 계약의 방법으로도 할 수 있다. 또 면제는 상대방에게 이익이 되므로 조건을 붙일 수 있다.

한편 파산절차상의 면책(免責)은 파산채권자의 채권을 법원의 면책허가결정에 의하여 면제해 준다는 점에서 처분권한을 가진 채권자의 면제와 다르다. 즉, 면책은 파산채무자의 신청으로 법원이 채무자심문을 거쳐 면책을 허가하며(채무자회생법 §556 이하), 면책을 받은 채무자는 파산채권자에 대한 채무의 전부에 관한 책임이 면제된다(동법 §566).

Ⅱ. 면제의 요건

면제는 처분행위이므로 채권의 처분권한을 가진 자만이 할 수 있다. 면제는 채권자가 채무자에 대하여 일방적인 의사표시로 한다(§506). 면제의 의사표시는 방식의 제한을 받지 않으며, 반드시 명시적인 의사표시만에 의하여야 하는 것은 아니고 묵시적으로도 할 수 있다(79다705). 다만, 채권자의 어떠한 행위 내지 의사표시의 해석에 의하여 그것이 채무의 면제라고 볼 수 있어야 한다. 그러나 이를 인정하려면 당해 권리관계의 내용에 따라 이에 관한 채권자의 행위 내지 의사표시의 해석을 엄격히 하여 그 적용 여부를 결정하여야 한다(2004다50426). 특히 검사를 상대로 이루어지는 피의자 진술의 기재내용에 채무면제의 의사가 표시되어 있다고 하더라도 이 내용은 곧바로 채무면제의 처분문서로 볼 수 없다(98다17046). 나아가 면제나 포기의 의사표시는 채무자가 요지할 수 있는 상태에 있어야 한다(87누760).

Ⅲ. 면제의 효과

면제의 효과로서 채무는 소멸한다. 다만 채권에 관하여 정당한 이익을 가진 제3자에게 면제로써 대항하지 못한다(§506 단서). 일부면제도 유효하며, 이 경우 채권은 면제된 범위에서 소멸한다.

제 8 절 혼   동

Ⅰ. 혼동의 의의

서로 대립하는 법률상의 지위가 동일인에게 귀속하는 사실을 혼동이라고 한다. 혼동은 물권과 채권의 공통된 소멸사유가 된다. 즉, 동일한 물건에 대한 소유권과 제한물권이 동일인에게 귀속하는 경우(§191 Ⅰ)와 채권과 채무가 동일인에게 귀속하는 경우이다(§507). 이들 혼동의 경우에는 원칙적으로 제한물권이나 채권이 소멸하며, 예외적으로 소멸하지 않는 것으로 정하고 있다(§191 Ⅲ, §507 단서).

Ⅱ. 혼동의 효과

혼동을 채권의 소멸사유로 인정하고 있는 것은 권리의무 관계를 간소화하려는 데 그 목적이 있다(93다48373). 그러므로 혼동이 있으면 채권은 원칙적으로 소멸한다(§507). 예컨대, 채권자가 채무자를 상속하거나, 채무자가 채권을 양수받은 경우 혼동이 발생한다. 또 대항력을 갖춘 주택임차인이 임차주택을 경락받아 그 소유권을 취득한 경우에도 임차권은 혼동으로 인하여 소멸한다(97다28650).

Ⅲ. 혼동으로 소멸하지 않는 경우

채권이 제3자의 권리의 목적인 때에는 제3자의 이익을 해하지 않도록 하기 위하여 혼동이 있어도 소멸하지 않는다(§507 단서). 이러한 경우로 판례는 채권과 채무가 동일한 주체에 귀속되더라도 그 채권의 존속을 인정하여야 할 특별한 이유가 있는 때에는 채권을 존속시켜야 한다고 한다(94다36698).

그리고 지시채권·무기명채권과 같은 증권화한 채권은 그 자체가 독립한 유가물로서 거래되고, 유통성이 강하기 때문에 혼동에 의해서도 소멸하지 않는다(§ 509, 어음법 §11 Ⅲ, 수표법 §14 Ⅲ).

판례색인

4288민상232 … 34

4294민상1087 … 248

4294민상1135 … 191

62다10 … 223

62다161 … 242

62다585 … 191

62다634 … 138

63다370 … 149

63다452 … 46

63다479 … 285

63다634 … 121

63다1162 … 286

63마54 … 118

64다804 … 120

64다1156 … 43

64다1483 … 131, 134

64다1702 … 248

65다563 … 285

65다669 … 210

66다663 … 62

66다1149 … 116, 127

66다1202 … 248

66다1861 … 244

67다75 … 138

67다2227 … 285

67다2367 … 98

67다2440 … 116, 123

68나588 … 43

68다663 … 118

68다1271 … 191

68다1726 … 97

69다1351 … 119, 123

69다1665 … 118

69다1930 … 210

70다877 … 43

70다1061 … 290

71다1931 … 121

71다2747 … 210

72다108 … 101

72다187 … 118

72다2600 … 73

72마401 … 288, 290

73다42 … 209

73다1133 … 70

73다114 … 120

73다1516 … 72

74다48 … 296

74다584 … 71

74다1664 … 130

74다1700 … 136

75다819 … 99

75다1086 … 118

75다1193 … 177

76다408 … 105

76다1623 … 219

76다2218 … 274

77다1909 … 223

77다2298 … 208

77다309 … 297

78다404 … 142

79다407 … 123

79다705 … 304

79다1257 … 299

79다1928 … 120, 127

79마95 … 109

80나258 … 177

80다557 … 98

80다756 … 155

80다1351 … 119

80다1362 … 25

80다1403 … 137

80다1796 … 178

80다1812 … 91

80다2613 … 138

80다2694 … 54

80다2699 ··· 197

80다2851 ··· 288

81다531 ··· 265

81다카600 ··· 235

82누197 ··· 290

82다283 ··· 122

82다카508 ··· 252

82다카789 ··· 207

83다191 ··· 100

83다카57 ··· 119

83다카195 ··· 53

83다카542 ··· 297

84가합1090 ··· 19

84다카68 ··· 133, 137

84다카188 ··· 120

84다카440 ··· 98

84다카781 ··· 272

84다카1532 ··· 95

84다카1324 ··· 268, 279

84다카2159 ··· 153

85다카733 ··· 253

85다카734 ··· 253

85다카1491 ··· 77

85다카1792 ··· 290

86다카520 ··· 279

86다카858 ··· 226

86다카908 ··· 221

86다카1340 ··· 193

86다카1569 ··· 194

86다카1755 ··· 283

87누760 ··· 304

87다카8 ··· 155

87다카1271 ··· 188

87다카1489 ··· 141

87다카1836 ··· 240, 247, 248

87다카2429 ··· 226

87다카2803 ··· 220

87다카3104 ··· 248

88다카1797 ··· 278

88다카4994 ··· 17

88다카6358 ··· 216

88다카8132 ··· 220

88다카10524 ··· 198

88다카12803 ··· 50, 244

88다카13806 ··· 249

88다카16867 ··· 99

88다카20774 ··· 181, 213, 225

88다카23186 ··· 138

88다카27232 ··· 179

88다카29962 ··· 213, 242

88다카31866 ··· 98

88다카33442 ··· 68

88다카34148 ··· 290

89다카10811 ··· 102

89다카26250 ··· 104

89다카29129 ··· 100

90다2147 ··· 47

90다6651 ··· 119

90다8053 ··· 102

90다9407 ··· 125, 126

90다13628 ··· 149

90다카10305 ··· 282

90다카10343 ··· 66

90다카24762 ··· 137

90다카26065 ··· 202

91다483 ··· 119, 123

91다513 ··· 297

91다3055 ··· 288

91다3901 ··· 155

91다8104 ··· 71, 72

91다9244 ··· 261

91다9312 ··· 121

91다9503 ··· 284

91다14116 ··· 85

91다15447 ··· 291

91다23486 ··· 130

91다25574 ··· 285

91다28740 ··· 22

91다29972 ··· 95

91다32534 ··· 242, 253

91다33070 ··· 89

91다37270 ··· 53

91다37553 ··· 168, 197

91다41316 ··· 152

92다4345 ··· 190

92다4581 ··· 73

92다16652 ··· 72

92다19880 ··· 286

92다20163 ··· 98

92다21760 ··· 17

92다23193 ··· 251

92다32494 ··· 119

92다32876 ··· 121

92다44350 ··· 125

92다46905 ··· 104

92마214 ··· 109

93다289 ··· 124

93다4656 ··· 206

93다9903 ··· 258

93다11821 ··· 85

93다13131 ··· 218, 236

93다14998 ··· 263

93다20191 ··· 34

93다21477 ··· 194

93다24223 ··· 229

93다32996 ··· 260

93다35551 ··· 224

93다38444 ··· 62

93다43590 ··· 77

93다47431 ··· 194

93다48373 ··· 305

93다48526 ··· 92

93다52808 ··· 297

93다59502 ··· 127

93다62478 ··· 111

94다2534 ··· 135

94다2787 ··· 98

94다4882 ··· 188

94다14582 ··· 139

94다16083 ··· 274

94다19242 ··· 222

94다21160 ··· 277

94다26646 ··· 275

94다36698 ··· 306

94다38106 ··· 276

94다46008 ··· 207

94다47469 ··· 248

94다57800 ··· 51

94다57817 ··· 73

94다61359 ··· 97

94다61366 ··· 97

95다6601 ··· 74

95다13371 ··· 285, 286

95다14190 ··· 33

95다17533 ··· 207

95다21662 ··· 253

95다22917 ··· 115

95다26476 ··· 149

95다27905 ··· 135

95다27998 ··· 128

95다46265 ··· 201

95다47176 ··· 203

95다49141 ··· 185, 188

95다50875 ··· 145

95다51908 ··· 141

95다54167 ··· 125

96그8 ··· 129

96다2583 ··· 287, 288

96다7793 ··· 101

96다11747 ··· 289

96다14616 ··· 290

96다18281 ··· 219

96다22648 ··· 224

96다26176 ··· 27

96다27476 ··· 243, 245

96다27858 ··· 208

96다33846 ··· 249, 251

96다35774 ··· 279

96다37879 ··· 189

96다47302 ··· 77, 79

97다8809 ··· 242

97다10864 ··· 143

97다12082 ··· 8, 76

97다16077 ··· 185

97다24542 ··· 97

97다28650 ··· 305

97다28698 ··· 249, 251

97다29264 ··· 66

97다34334 ··· 135

97다42830 ··· 178

97다45532 ··· 121

97다50985 ··· 136

97다53663 ··· 268

97다54420 ··· 139

97다57320 ··· 139, 141

97다58316 ··· 143

98다5777 ··· 162, 177, 179

98다17046 ··· 304

98다23195 ··· 42

98다43137 ··· 151, 155

98다47542 ··· 63

98다48033 ··· 101

98다53707 ··· 181, 225

98다56690 ··· 134

98다58016 ··· 115

99다8711 ··· 69

99다10479 ··· 79

99다12888 ··· 98

99다22281 ··· 270

99다22298 ··· 270

99다23901 … 74

99다29916 … 139

99다38699 … 21

99다49644 … 48, 64, 102

99다51265 … 155

99다52831 … 40

99다56192 … 182

99다63138 … 145

99다67079 … 25

99다68652 … 268

99두2222 … 169

2000다3262 … 146

2000다4210 … 213

2000다5336 … 219

2000다9734 … 182

2000다13887 … 224

2000다13948 … 151, 155

2000다21017 … 139

2000다32437 … 21, 24

2000다37319 … 278

2000다38718 … 8, 76

2000다41820 … 22

2000다42618 … 140

2000다44348 … 145

2000다50015 … 141

2000다51339 … 268

2000다51797 … 136

2000다57351 … 72

2000다73049 … 123

2000다73377 … 140

2001다833 … 198

2001다2426 … 278

2001다2846 … 83, 279, 290

2001다3122 … 19

2001다3764 … 63

2001다3771 … 219

2001다10151 … 126

2001다20394 … 8

2001다22840 … 169

2001다32533 … 138

2001다41766 … 63

2001다44338 … 65

2001다52568 … 30, 77

2001다55222 … 198

2001다62114 … 164

2001다64547 … 143

2001다66314 … 95

2001다69122 … 217

2001다73138 … 146

2001다79013 … 83

2001다81245 … 198, 296

2001다82507 … 95

2003다1205 … 138

2003다1250 … 115

2002다12871 … 269

2002다12888 … 269

2002다15917 … 179

2002다1673 … 198

2002다21509 … 181, 217, 225

2002다23857 … 136

2002다25242 … 296

2002다36228 … 248

2002다40456 … 212

2002다50484 … 156

2002다51586 … 77

2002다53865 … 89

2002다55908 … 149

2002다57119 … 91

2002다59092 … 141

2002다59481 … 294, 295

2002다59764 … 190

2002다62333 … 303

2002다63275 … 8, 76

2002다64148 … 117

2002다73852 … 103

2003도3516 … 304

2003다22042 … 267

2003다35659 … 213

2003다45410… 180, 186, 190

2003다46758 … 198

2003다50061 … 141

2004다5389 … 260

2004다7873 … 138

2004다11582 … 48

2004다11599 … 266

2004다23110 … 144

2004다26287 … 194

2004다27440 … 206

2004다30675 … 189

2004다44506 … 77

2004다50426 … 304

2004다58963 … 138

2004다70024 … 127

2004재다818 … 268

2005다3137 … 207

2005다7085 … 153

2005다19378 … 178, 179

2005다25021 … 23

2005다27188 … 116

2005다29474 … 73

2005다35554 … 194

2005다39211 … 70, 71

2005다45537 … 229

2005다52214 … 38

2005다63337 … 63,
 67, 68, 97, 235

2005다65579 … 213

2005다75002 … 178

2005마1130 … 123

2006다1442 … 141, 143

2006다2940 … 50

2006다19603 … 99

2006다22715 … 196, 197

2006다25745 … 95

2006다31887 … 148

2006다33258 … 137

2006다37465 … 38

2006다42566 … 105

2006다56848 … 186

2006다79742 … 79

2006다82700 … 115,
 116, 118, 119

2006다82717 … 115

2006다85921 … 125

2007다2718 … 137

2007다21245 … 139

2007다29119 … 136

2007다31990 … 251

2007다36537 … 212

2007다37837 … 145

2007다40802 … 143, 145

2007다54849 … 138

2007다61113 … 281

2007다61120 … 281

2007다63089 … 252

2007다63102 … 138,
 140, 141

2007다73765 … 136

2007다74621 … 141

2007다84352 … 132

2007다89494 … 153

2008다37223 … 117

2008다42416 … 62

2008다51649 … 99

2008다65839 … 121

2008다72394 … 142

2008다76556 … 118

2008다81534 … 23

2008다97218 … 178

2008마109 … 277

2009다3234 … 116

2009다12399 … 49, 53

2009다24842 … 95

2009다32409 … 249

2009다47685 … 219

2009다59237 … 48

2009다59671 … 210

2009다60527 … 279

2009다66549 … 32

2009다77327 … 238

2009다77754 … 47

2009다83797 … 102

2009다85861 … 203, 277

2009다87621 … 97

2009다93992 … 122

2009다98652 … 99

2009다105222 … 250

2009도11576 … 53

2009마461 … 277

2010가합7928 … 108

2010나97688 … 110

2010다100711 … 214

2010다12067 … 141

2010다16090 … 34, 40

2010다20617 … 139

2010다28604 … 73

2010다32214 … 262

2010다35138 … 238

2010다36209 … 143

2010다46657 … 249

2010다50014 … 115

2010다52072 … 111

2010다53754 … 162, 249

2010다68084 … 135, 139

2010다69940 … 155

2010다71431 … 73, 74

2010다77699 … 63

2010다81315 … 93

2010다87672 … 144

2010다91886 … 178
2010다94410 … 286
2010다94427 … 286
2010다96911 … 222
2010마1447 … 277
2010후1435 … 141
2011다1330 … 65
2011다9372 … 180, 186
2011다17403 … 272
2011다29307 … 136
2011다32785 … 230
2011다42348 … 99
2011다56033 … 241, 248
2011다62144 … 201
2011다76105 … 180
2011다83110 … 229
2011다87235 … 126
2011다100527 … 123
2011다108095 … 130
2011다109586 … 189
2012가합2996 … 195
2012다952 … 140
2012다15060 … 77
2012다15077 … 77
2012다20604 … 122
2012다23412 … 213
2012다29557 … 62
2012다34740 … 136
2012다40998 … 236, 286
2012다48855 … 281
2012다54478 … 258
2012다72582 … 79

2012다74236 … 270
2012다75239 … 123
2012다83100 … 141
2012다84370 … 238
2012다86895 … 33, 72
2012다86901 … 33
2012다97420 … 171, 249
2012다118020 … 219
2012다118044 … 268
2012다118334 … 138
2012마712 … 137
2013다522 … 78
2013다7769 … 74
2013다17117 … 262
2013다31137 … 98
2013다32574 … 267
2013다34143 … 98
2013다36453 … 137
2013다46023 … 172, 299
2013다49404 … 249
2013다49411 … 249
2013다50367 … 109
2013다71784 … 118
2013다74769 … 116
2013다80627 … 109
2013다83992 … 139
2013다84162 … 137
2013다86076 … 41
2013다90402 … 138
2014다2723 … 226
2014다14511 … 104
2014다18988 … 139

2014다19776 … 297
2014다26521 … 151
2014다64752 … 301
2014다200763 … 98, 101
2014다200770 … 101
2014다227225 … 63
2014다233268 … 213
2015다12130 … 208
2015다33656 … 142
2015다46119 … 216, 228
2015다55397 … 47
2015다65042 … 279
2015다69990 … 299
2015다71856 … 262
2015다206973 … 278
2015다209347 … 298
2015다235766 … 90
2015다236547 … 127
2015다239324 … 104
2015다246186 … 65
2015다249383 … 84
2016다24284 … 219
2016다33196 … 77
2016다52265 … 55
2016다205915 … 128
2016다211309 … 296
2016다211620 … 181
2016다212524 … 70, 71
2016다220044 … 75
2016다233576 … 183
2016다252898 … 178
2016다272311 … 146

2017다865 ··· 178

2017다22407 ··· 48

2017다205073 ··· 142

2017다206922 ··· 103, 196

2017다217151 ··· 17

2017다221501 ··· 287

2017다222962 ··· 298

2017다228762 ··· 103

2017다237339 ··· 119

2017다242409 ··· 62

2017다274703 ··· 296

2017다275447 ··· 66

2017다287891 ··· 140

2017다290057 ··· 143

2017다292756 ··· 279

2017두68370 ··· 62

2018다879 ··· 123

2018다28273 ··· 301

2018다210539 ··· 121

2018다214319 ··· 143, 144

2018다215756 ··· 146

2018다255648 ··· 296

사항색인

ㄱ

경개계약의 해제 … 303

경개의 효과 … 303

계속적 급부 … 29

계약가입 … 251

계약인수 … 251

공동면책 … 171

공탁물의 회수 … 292

공탁물인도청구권 … 290

공탁의 목적물 … 289

과실상계 … 97

구두제공 … 273

구상관계 … 170, 195

구상권의 성립요건 … 171

구상권의 제한 … 173

근보증 … 206

금액채권 … 45

금종채권 … 46

급부 … 5

급부보유력 … 14

급부위험 … 38

급부의 종류 … 28

급부의무 … 7

ㄷ

다수당사자의 채권관계 … 147

대가위험 … 39

대물변제 … 282

대물변제의 예약 … 283

대물변제의 요건 … 284

대물변제의 효과 … 286

대상청구권 … 73

대위소송 판결의 기판력 … 129

대위적합성 … 122

ㅁ

면제 … 304

면제의 요건 … 304

면책 … 304

면책약관 … 69

면책적 채무인수 … 237

무기명채권 … 3, 235

ㅂ

배서 … 232

법정대위 … 277

변제 … 256

변제공탁 … 86

변제비용의 부담 … 264

변제수령자 … 259
변제에 의한 대위275
변제의 목적물 … 263
변제의 충당 … 267
변제자 … 257
변제자대위 … 276
변제제공의 효과 274
변제충당의 방법 … 268
병존적 계약인수 … 253
병존적 채무인수 … 246
보전필요성 … 118
보조참가 … 129
보증인보호법 … 180
보증인의 대위권 … 203
보증인의 이행거절권 … 193
보증채무 … 179
보증채무의 내용 … 188
보증채무의 범위 … 189
보증채무의 법적 성질 … 180
부담부분 … 170
부수적 의무 … 7
부작위급부 … 28
부진정연대채무 … 176
분별의 이익 … 205
분할채권 … 152
불가분채권 … 156
불가분채권관계 … 155
불가분채무 … 158
불완전이행 … 76

ㅅ
사전구상권 … 197

사해의사 … 140
사해행위 … 136
상계적상 … 294
상환무자력자 … 175
선관주의의무 … 30
선택채권 … 39
성질상 양도가 제한되는 채권에 대해
    법률로 양도금지를 규정한 경우 …
    218
소구력 … 14
소멸시효완성 … 17
소송고지 … 129
손익상계 … 99
손해배상 … 88
손해배상액의 예정100
손해배상의 방법 … 91
손해배상의 범위 … 92
손해배상청구권 … 90
송부채무 … 37
수인의 채권자 및 채무자 … 3
수탁보증인 … 196
신원보증 … 208

ㅇ
양도금지특약 … 218, 219
양도통지 … 223
연대보증 … 203
연대채무 … 161
연대채무의 대외적 효력 … 163
연대채무의 특색 … 162
연대채무자 사이의 부담부분 … 170
외화채권 … 47

우열관계 … 227

원시적 불능 … 44

위약금 … 103

이율 … 50

이자 … 50

이자제한법 … 53

이자채권 … 49

이행대행자 … 65

이행보조자 … 65

이행불능 … 70

이행인수 … 250

이행지체 … 61

인수계약의 당사자 … 240

인수인의 항변권 … 243

인적 항변 … 233

일시적 급부 … 29

임금채권 … 220

임의채권 … 41

ㅈ

자연채무 … 15

작위급부 … 28

재판상 대위신청 … 125

전세금반환채권 … 218

정보제공의무 … 184

제3자를 위한 계약 … 248

제3자에 의한 채권침해 … 19

종된 채권 … 217

종류채권 … 34

주는 급부 … 28

주된 채권 … 217

주채무에 대한 시효중단 … 194

주채무자의 자구책 … 198

증권의 멸실 … 234

증권의 상실 … 234

증권적 채권의 양도 … 231

지급금지채권 … 297

지명소지인출급채권 … 235

지명채권의 양도 … 214

지시채권 … 3

지시채권의 양도 … 232

지참채무 … 36

집행력 … 14

ㅊ

채권 … 6

채권 및 채무의 공동적 귀속 … 148

채권과 물권 … 4

채권관계 … 5

채권법의 법원 … 2

채권법의 의의 … 1, 57, 58

채권법의 특질 … 2

채권양도 … 211

채권양도계약의 체결 … 215

채권양도의 기본구조 … 214

채권양도의 대항요건 … 221

채권양도의 무인성 … 214

채권양도의 효과 … 230

채권의 대외적 효력 … 19

채권의 목적 … 3, 26

채권의 소멸 … 3

채권의 소멸원인 … 254

채권의 속성 … 8

채권의 양도 … 3

채권의 준점유자 … 260
채권의 효력 … 3
채권자대위권 … 114
채권자대위권의 행사 … 124
채권자의 승낙 … 241
채권자지체 … 80
채권자취소권의 소멸 … 145
채권자취소권의 행사 … 141
채권자평등주의 … 112
채권침해 … 20, 21
채권침해의 효과 … 24
채무 없는 책임 … 10
채무불이행 … 20
채무불이행에 대한 구제 … 87
채무불이행의 유형 … 61
채무불이행의 효과 … 60
채무와 책임 … 8
채무의 이전성 … 239
채무인수 … 3, 211, 237
채무인수와 유사한 제도 … 246
채무인수의 효과 … 243
채무자의 승낙 … 223
책무 … 8
책임 없는 채무 … 10
책임재산의 보전 … 112
처분권한 … 216

처분수권 … 241
처분행위 … 213
청구권 … 6
청구력 … 14
최고 검색의 항변권 … 190
추심채무 … 37
취소소송의 상대방 … 142

ㅌ
통지의 효력 … 222
특정금전채권 … 46
특정물급부 … 28
특정물의 현상인도 … 263

ㅍ
표현수령권자 … 260
피보전채권 … 115, 133

ㅎ
하는 급부 … 28
현실제공 … 271
호의관계 … 5
혼동 … 305
확정일자 있는 증서 … 226
후발적 불능 … 44

이상영

동국대학교 법학과 및 동 대학원 졸업

법학박사(독일 Freiburg 대학교)

대전대학교 법학과 부교수

독일 Kiel대학교 Institut für Osteuropäisches Recht의 Gast Professor(교육부 해외파견교수)

동국대학교 법과대학 학장

법무부 민법개정위원

한국비교사법학회 회장

경찰대, 연세대, 중앙대, 충남대, 한남대 출강

사법시험 · 행정고시 · 외무고시 · 입법고시 · 변리사 · 세무사 등 각종 시험위원

현재 동국대학교 법과대학 교수

[주요 저서 및 논문]

Die Sicherung durch Grundpfandrechte

외국파산법

법학입문(공저)

민법총칙 기본판례평석 100선(공저)

Das auf die Legitimation und die Adoption anwendbare Recht nach dem deutschen IPRG

Neuerungen im koreanischen Verbraucherinsolvenzrecht durch das Gesetz für Sanierung von Individualschuldner

ADRの實際と理論 II — 韓國の個人信用回復支援制度の特色

韓國国的成年監護制度引進和主要修改內容

독일연방법상 문화유산에 대한 법적 보호

부동산매매계약상 담보책임에 관한 비교법적 연구

독일파산법상 갱생절차의 채택

임치계약상 수치인의 책임

소비자파산제도의 법사회학적 과제

특허소송의 특허법원에의 관할집중

부동산거래에 있어서 공증인의 역할

독일개정민법상 소멸시효제도

채권양도에 있어서 채무자보호

보증계약상 채권자의 정보제공의무

러시아연방 민법상 토지소유권의 특색과 이해

파산관재인의 선임 및 법원과의 업무에 있어서 독일 개정파산법이 주는 시사점

처분수권의 개념과 요건

처분수권의 유용성

보증계약상 채권자에 의한 보증인 지위의 침해

제1판
채권총론

초판발행   2020년 2월 25일
중판발행   2021년 2월 25일

지은이   이상영
펴낸이   안종만·안상준

편 집   박가온
기획/마케팅 이영조
표지디자인   이미연
제 작   우인도·고철민

펴낸곳   (주)**박영사**
          서울특별시 금천구 가산디지털2로 53, 210호(가산동, 한라시그마밸리)
          등록 1959. 3. 11. 제300-1959-1호(倫)

전 화   02)733-6771
f a x   02)736-4818
e-mail   pys@pybook.co.kr
homepage   www.pybook.co.kr
ISBN   979-11-303-3573-5   93360

* 파본은 구입하신 곳에서 교환해 드립니다. 본서의 무단복제행위를 금합니다.
* 저자와 협의하여 인지첩부를 생략합니다.

정 가   23,000원